知識教育學：

智慧人．做創客

鄭崇趁　著

作者簡介

鄭崇趁　1953 年生　臺灣省雲林縣人

• 學歷

國立政治大學教育學博士（1999）
國立高雄師範大學教育學碩士（1989）
國立臺灣師範大學教育學學士（1986）
省立臺北師範專科學校畢業（1974）

• 經歷

國民小學教師五年（1976～1981）
教育部行政職務十九年（1982～2000），
經任幹事、秘書、組主任、專門委員
國立臺北教育大學專任教師（2000～），經任主任秘書、教育政策與管理研究所所長、教育經營與管理學系系主任、研發長

• 現職

國立臺北教育大學教育經營與管理學系教授（2006～）

• 榮譽

高等考試教育行政人員（1981）
教育部 1991 年及 2000 年優秀公務員

• 專長

教育經營學、校長學、教師學、教育計畫、教育評鑑

• 著作

知識教育學：智慧人‧做創客（2017）
教育經營學個論：創新、創客、創意（2016）
家長教育學：「順性揚才」一路發（2015）

教師學：鐸聲五曲（2014）

校長學：成人旺校九論（2013）

教育經營學：六說、七略、八要（2012）

教育經營學導論：理念、策略、實踐（2011）

教育的著力點（2006）

國民中小學校務評鑑指標及實施方式研究（2006）

教育計畫與評鑑（增訂本）（1998）

教育與輔導的軌跡（增訂本）（1998）

教育與輔導的發展取向（1991）

序

讀書・教書・寫書：智慧人・做創客

從事教育事業的人，一生都在讀書、教書、寫書，讀書在探索知識，教書在傳遞知識，寫書則在統整知識，並創新知識。「知識」是教育的實體，藉由書本呈現，再由教育的課程設計及教師的教學，遞送轉移到學生身上，成為學生的素養與能力，然後「人」就能夠實踐有價值的行為：智慧人・做創客。因此，教育人員的一生都在經營知識，經由讀書、教書、寫書，教育學生們都能成為「有智慧的人」（知識優化成為共好價值的行為表現），以及「有作品的人」（會操作知識裡的技術，完成學習作品，傳承創新自己的知識），這是作者撰寫本書的主要旨趣。

為了探索知識、統整知識、傳遞知識、創新知識，作者寫了十二本書，這十二本書分成三類：「政策計畫」的書、「經營教育」的書，以及「知識遞移」的書。「政策計畫」的書，在註解教育政策方案的價值，以及傳承優質計畫的核心知識及技術，都是較早期的作品，以 1998 年《教育計畫與評鑑》、2006 年《教育的著力點》，以及 2011 年《教育經營學導論：理念、策略、實踐》三本書為代表；「經營教育」的書，從「行政領導」、「校長」、「教師」、「家長」四者「本位」出發，統整研發「經營教育」的著力點（核心知識及技術），包括 2012 年《教育經營學：六說、七略、八要》、2013 年《校長學：成人旺校九論》、2014 年《教師學：鐸聲五曲》，以及 2015 年《家長教育學：「順性揚才」一路發》四本書，其中的六說、七略、八要、九論、五曲，家長教育學中的一觀、六說、八論，都是經營教育的具體著力點，作者期待「系統思考新教育，本位經營創價值」。

「知識遞移」的書，則依知識為本位（實體），探討人「學習知識」之後，如何獲得「致用知識」、「經營技術」、「實踐能力」、「共好價值」的「解碼」→「螺旋」→「重組」→「創新」之歷程，以及其教育作為（也稱之為「要領」或「著力點」），這部分包括兩本書：2016 年《教育經營學個論：創新、創客、創意》，以及2017年《知識教育學：智慧人‧做創客》（本書）。前一本書（個論），重在「創新領導」→「創客教師」→「創意經營」，用十八篇論著，引導教育人員以「知識」為本位，經營「知識、技術、能力、價值」四位一體的教育，邁向「智慧人‧做創客」；而本書則明確定位四者之間的關係，研發「知識遞移說」理論及「新五倫‧智慧創客教育 KTAV 單元學習食譜」為教學工具，期待它能轉動臺灣新教育，讓臺灣新一代公民都能成為「智慧人」、「做創客」。

本書具有下列七大教育意涵（特質）：

1. 知識為本位的教育：教育是人教人的事業，事業的主體對象是人（學生），教育事業的「語料」則是「知識」，知識本位的教育要受到重新關注。
2. 知識含技術的教育：知識包括可操作的技術，兩者是「上位系統」（鉅觀）與「次級系統」（微觀）之間的關係，掌握知識裡的技術，就能夠「做中學」。
3. 知識組能力的教育：教育在教人「知識」及「能力」，能力也是從「知識」系統重組而來的，內隱的新知能模組稱為「核心素養」，外顯的行為實踐就稱為「能力」。
4. 知識展價值的教育：「價值觀」及「價值行為」也都是知識的一種，稱之為「人倫綱常的知識」，係德育與情意教學的基石，新五倫及其核心價值的教育，可以開展知識新價值。
5. 知識能遞移的教育：學習知識到創新自己的知識，要經由「知識解碼」→「知識螺旋」→「知識重組」→才能「知識創新」，此之謂「知識遞移說」，知識能遞移的教育，說明教育的核心目的在促進知識遞移的「流量」（學生學到知識的質能）。
6. 知識成智慧的教育：智慧包括「知識、技術、能力、價值」四大元素，並且四位一體才能產生智慧，實施有價值觀的教育與價值評量的教學（採行 KTAV 單元學習食譜），就能培育有智慧的人。
7. 知識達創客的教育：創客教育關注「做中學」、「有作品」，本書揭示四創一體的教育：研發「有創意」的學習食譜→教導「能創造」的操作學習→建構「再創新」的知能模組→完成「做創客」的實物作品，人一生的創客作品，能定位人生的意義、價值與尊嚴。

作者期盼《知識教育學：智慧人・做創客》一書能帶著「經營教育四學」，點亮臺灣新教育，幫助更多的學校早日成為「新五倫智慧（價值）學校」、「智慧創客學校」，或者「創客特色學校」。

尚祈　方家

指導斧正

鄭崇趁　序於崇玉園

2017 年 4 月 10 日

目　次

第一篇
知識本質篇

知識來自萬物之名，廣義的知識浩瀚無垠，存在宇宙與人的理性中。狹義的知識是指人學習到的知識，它包括：「致用知識」、「經營技術」、「實踐能力」、「共好價值」。知識分成五大類：物理現象的知識、生命系統的知識、事理要領的知識、人倫綱常的知識、時空律則的知識，教育機制啟動生命系統的知識來學習這五大類知識。人類用四大途徑習得知識：感覺而來的知識、知覺而成的知識、概念建構的知識、現象詮釋的知識。知識含技術，知識組能力，知識展價值，能遷移。實施「知識→技術→能力→價值」四位一體的教育，可以培育「智慧人」；實施「有創意學習食譜」→「能創造操作學習」→「再創新知能模組」→「做創客實物作品」四創一體的教育，可以培育「做創客」。

- 第一章　知識本體說
- 第二章　知識先天說
- 第三章　知識管理說
- 第四章　知識遷移說
- 第五章　知識智慧說
- 第六章　知識創客說

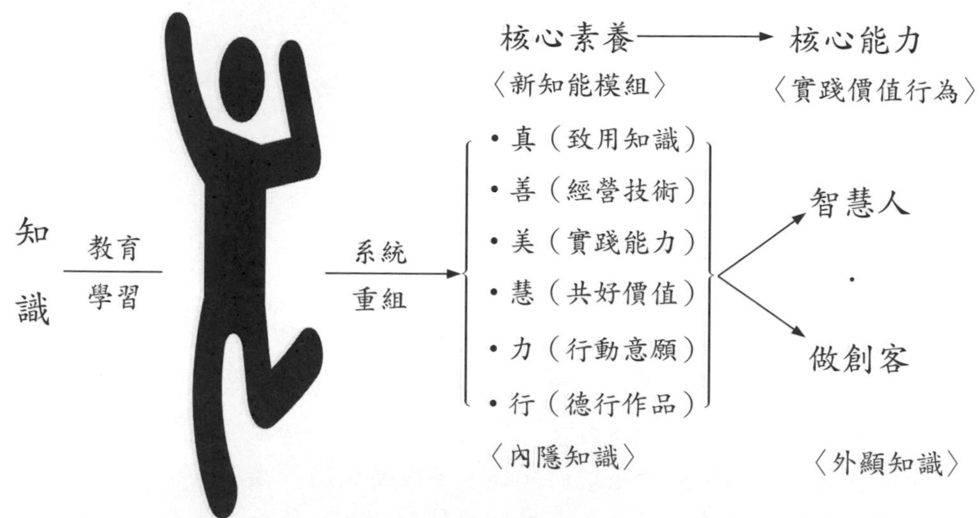

知識經由教育與學習進入人的身體，人的知識基模經過對話螺旋及系統重組之後，產生「新知能模組」。此一新知能模組藏在身體之內，看不到者稱為「核心素養」，能夠外顯化，實踐有價值行為者，就稱之為「核心能力」。在本書內隱的素養之主要元素包括：真（致用知識）、善（經營技術）、美（實踐能力）、慧（共好價值）、力（行動意願），以及行（德行作品），外顯的能力則指「智慧人」及「做創客」。

第一章　知識本體說

〈知識的起源與性質・經驗名實取向〉

知識（knowledge）係指人類語言、文字、思想、行為表達的對象，是感覺知覺的實體，也是概念現象的描述。本書定名為「知識教育學」，旨在探討知識與教育的關係，尤其是知識經由教育之經營，為人類帶來的積極功能，例如：人之所以為人，人的自我實現與智慧資本，傳承文化與創新文明等。本書對於「知識」的定義採最廣義，主張「泛知識論」，包含：神學、形上學、哲學、科學、天文學、地理學、社會學、藝術學、人文學、數學、物理學、生命科學等，可以驗證的知識、已經驗證一半的知識，以及尚未驗證的知識；也包含實體知識、抽象知識，以及虛擬知識。

本章為全書第一章，定名為「知識本體說」，從「知識的起源與性質」開展全書的內容，分五節論述說明：第一節「知識是上帝化身」，從「上帝創造萬物，包括知識」說起，主張「知識的總稱如同上帝」、「知識恰似宇宙存有的第一因」，以及「知識的增生幻滅是人類行為表現的跡象」；第二節「知識乃萬物之名」，逐一說明「感覺而來的知識」、「知覺而成的知識」、「概念建構的知識」，以及「現象詮釋的知識」；第三節「知識可傳承文化」，闡明知識傳承文化的性質，包括：「知識傳承人類生活」、「知識傳承教育機制」、「知識傳承意識形態」，以及「知識傳承技術能力」；第四節「知識能創新文明」，分析知識創新的性質，內含：「知識創新人類生活」、「知識創新教育內容」、「知識創新價值意識」，以及「知識創新智慧能力」；第五節「知識在註解人生」，說明「知識奠定人的生活條件」、「知識開展人的生涯發展」、「知識點亮人的專長優勢」，以及「知識彩繪人的價值貢獻」。

第一節　知識是上帝化身

「知識」二字，用中文來註解可以是「知道」的「見識」，也就是讓人明白的「料」與「雜多」（吳汝鈞，2009）。「料」與「雜多」是所有知識的基本元素，經由人的感覺，而形成人類有感的人、事、物、時空；經由人類的知覺，這些人、事、物、時空的知識進一步概念化、意義化與價值化。人了解自己以及周邊的事物、理則，稱為知識；人拿物做事，為自己的生活意義化、價值化，必須靠知識。有生活能力的人必須是有知識並且會操作知識裡技術的人，並據以做出有價值的行為。是以「知識」、「技術」、「能力」、「價值」四位一體，廣義的「知識」也包括「技術」、「能力」及「價值」在內。本書主張「知識→技術→能力→價值」四位一體，賦予知識與教育之間的縝密關係，有利於尋找「經營教育」的著力點，發揚知識經由教育，對於人類產生之「大用」。

知識經由「料」與「雜多」而來，這是「知識論」的說法。哲學上的宇宙論，對於萬物生成的第一因，始終存有多元見解，尤其是「第一因」的探究，除了風、火、水、雷、電、原子、分子、細胞之外，「上帝」就是最終的選項（上帝是西方宗教的共主），主張「上帝創造萬物」再由「初元萬物進化成當前世界宇宙」，似乎可以讓人接受。我們人類當今雖無能力證明上帝之存在，但似乎也還沒有能力證明祂的不存在。作者主張知識是上帝化身，基於下列幾項理由。

一、上帝創造萬物，包括知識

哲學上的宇宙論，討論兩個層面的問題：一個是本體論，探討萬物生成第一因的問題；另一個是宇宙生成論，探討萬物生成的歷程與法則。本體論（第一因）的探究始終沒定論，也不可能有定論，因為當前人類的能力似乎無法證實（作者主張也不用再去證實）。上帝創造萬物（包括人類），賦予萬物事理、時空的名稱，這些名稱與事理的總稱，就叫做「知識」。是以上帝創造萬物，也包括創造各種看得到的「知識」。知識存在於這浩瀚無垠的宇宙之中，人類個人接觸到、用得到的知識，都是有限的知識；每一個人因緣各殊，接觸到的知識十分有限，能夠化為己有，再使用出來的知識更為有限。

宇宙間存有的知識浩瀚無垠，它是所有人類及「有覺生物」的公共財產，等待人類去「擷取知識」、「儲存知識」、「運用知識」，並「創新知識」。知識本身是無私的、公平的、公正的，端賴人類如何面對它、獲得它、運用它。人要它，它就給，不要它，也無損於它的存有，人有能力駕馭它、使用它，它就發揮功能，改善人類生活品質，所以培根（F. Bacon）說「知識就是力量」。知識的存有與移動是人為的，是在探討人類獲得知識的歷程、傳承創新知識的脈絡，哲學上稱為「認識論」或「知識論」。

在西洋哲學史上，實證主義的哲學家，例如：孔德（A. Comte）、卡納普（R. Carnap）、帕波（K. Popper）等，主張可以重複驗證的知識才是「真知識」，這是狹義的「知識論」。因為實證主義的哲學家，仍然沒有辦法證明「知識第一因」的問題：「知識最初的原型（成因）究竟是什麼？」是以本書採最廣義的「知識觀」，認同神學與形上學本體論的重要主張：「上帝創造萬物，包括知識」，或者「上帝創造之萬物、事理、文明、文化的總名（稱）叫知識」。

二、知識的總稱如同上帝

作者主張「知識是上帝化身」的第二個理由是：這個世界是各種知識搭建起來的，靜態的物質充滿知識，動態的生物（包括人類）更以「知識」

為存活互動的工具。本書第二章粗略地將知識分成五類：(1)物理現象的知識；(2)生命系統的知識；(3)事理要領的知識；(4)人倫綱常的知識；(5)時空律則的知識。這五大類知識同時存在宇宙之間，是以人為本位、人類用得到的知識為範圍之分類，知識的真實存有還包括這五大類沒有含括在內的知識。是以知識的總稱，除了還是「知識」之外，就如同「上帝」一般，它（祂）的存在是「個別」的，同時也是「整體」的。

「整體」大於「個別」的總和，這是我們學習「心理學」時不斷強調的觀念，就像當前的「智慧型手機」，為何零組件都很「相同」，但不同廠牌與價格的手機，有時功能就差別很大，此乃因個別零組件的精緻度與連結技術決定了手機的整體外型與功能。「人」與「知識」的關係均適用「整體」大於「個別（部分）」的總和法則，「教育」與「知識」之間的關係是「人用知識教人學知識」的關係，教師與學生都在操作「系統知識」，都在學習「鉅觀與微觀的知識（技術）」之間的關係，我們不再探究知識的第一因以及知識的總稱，我們的教與學都在系統重組「次級系統」連結「上級系統」的知識，「第一因」與「總稱」的知識，我們交給上帝，唯有上帝知道知識的第一因是什麼（從「無」到「有」的因子是什麼？），也唯有上帝有能力為知識的總稱命名，到底是宇宙創化知識還是知識創化宇宙，俗稱「天曉得」，也就是唯有上帝知道（在作者的觀念裡，「上帝」一詞也是知識之一）。

三、知識恰似宇宙存有的第一因

雖然作者主張「知識是上帝的化身」，但也進一步主張「知識」的地位有時也跟上帝一樣，恰似宇宙存有的第一因。知識先創造了「上帝」這個名詞，再由上帝創造萬物；知識將上帝命名為上帝，再與上帝一起命名上帝所創萬物的名稱。從這樣的視角來看「知識」本身，知識才是宇宙當前存有的第一因。當前浩瀚無垠的知識，都是知識本身的演化，知識創造知識，演化成今天人類窮畢生之力，仍然探索不盡的知識。知識是第一因，同時也是當前大學教育各學門知識的總體。

據此觀點來看教育與知識的關係，就會有下列幾個較明確的論述：(1)人本身是知識的一種（生命系統的知識），但人要學習其他知識，而與其他知識融合，生命才有意義、價值與尊嚴；(2)教育在探索對人類有用的知識：教師的教、學生的學都是以「知識」學習為主體，知識是教育的實體；(3)知識也是教育的工具：教育活動均由教師帶著學生用「已經習得」的知識，來學習「尚未習得」的知識，用知識學習知識就是教育；(4)教育就是創新人類知識的歷程：人類的知識生活搭配教育機制，形成了今日的文化與文明，並且永續開展、創新知識，傳承創新人類社會，普及宇宙洪荒的未來。

四、知識的增生幻滅是人類行為表現的跡象

知識存有於大宇宙之中，人類因為擁有知識，於是創化了今日的文化與文明。知識本身是靜而不動的，知識之所以有動能貢獻，是因為生物擁有了知識，尤其是人類，不但擁有了知識，還會操作知識裡的技術（即次級系統的知識，作者名之為微觀的知識，或者稱之為技術），並且進一步成為「帶得走」的能力，再用能力實踐有價值的行為。人類本身之生理（生命）系統的知識加上習得的知識，轉化為各種生活能力、專門職業技術以及產品功能，再提供給人類共享，豐厚人類世界間知識的開展與致用，創化了當前大家看到的、直接享受的文化與文明。

是以知識的增生幻滅是人類行為表現的跡象，以下以當代智慧型手機為例，來說明知識的增生幻滅。五十年前電腦與數位科技的知識尚未被開展，臺灣人民的生活多以農業社會為主軸，當時人們使用的「知識」總量

以及生活用品使用到的「知識」、「技術」、「能力」、「價值」，約為現在的十分之一。接著，電腦軟體與硬體的知識開發一日千里，直接改變了教育的教學與型態，也改變了人類的生活方式，電腦讓知識學習與創新產生了革命性的進展。是以，緊接著有手機的發明（創新知識、技術、能力及價值），電腦、數位、影音媒體的連結技術，讓各種數位零組件精緻化、晶片化，再加上賈伯斯（S. P. Jobs）等人的智慧，創新組合成今日的 iPad 及 iPhone。而智慧型手機進一步與電腦雲端知識整合，從二十世紀的後二十年開始，提供人類開啟二十一世紀的新文明，其致用知識（流通）的總量，遠遠超過前二十世紀的總和。

知識流通數量的暴增，創造當前的人類文明與文化。從人類演進與變化的歷史來觀察，知識也遭遇過滅絕崩壞的時代，例如：在東方文明中，中國歷經春秋戰國時代的「諸子百家爭鳴」，知識文化盛極一時，接著秦朝統一大中國後，就遇到了「焚書坑儒」的愚民政策；又如：佛教傳入中國之後，幾度昌盛也幾度滅絕。在西方文明裡，有希臘羅馬時期的知識興旺，也經歷了中古歐洲黑暗時期的漫漫長夜。因為當時政教合一，人類核心價值在「來生」、「死後升天」以及「勤勞苦修」，人活著的當下是沒有價值的，大家都期待死後升天就好，不必再學習知識、創新知識，一直到文藝復興運動，知識的復活與再生，將人的價值從天上又轉回到人間，注重當下、現實生活的快樂與感受，知識的增生又盛極一時。

我們這個時代，稱之為「知識經濟的時代」，意味著當前「知識」的經濟價值明顯地超越了傳統的土地、人口、設備、資金所能創造的經濟價值，擁有知識的人最有價值，能夠創新知識及其產品的人，更有價值。當前的電腦數位知識產品，如智慧型手機、動畫電影、手機知識產品等，共同改變了人類的生活，創造了空前未有的經濟價值，也等同於創造了人的新價值。二十一世紀的人類，都要扮演創新知識的人，人人都是知識的創客。二十一世紀的地球，是知識最旺盛的世紀，空前未有，知識流量愈大，代表知識愈用愈為到位，人類愈為幸福圓滿，人人都能藉知識追求自我實現，人人也都能運用知識成為組織及社會國家的有效智慧資本。

第二節　知識乃萬物之名

世界上的知識存在人的身上，人用感覺認識萬物，用知覺形成認知，用概念思維形成系統的知識，也用互動對話來註解宇宙生物間的行為現象。人類的生活都在不同的時空中拿物做事，因此知識乃萬物、萬事之名，東西的名稱與功能都是廣義的知識，事情本身的名稱（主題）及其事理結構系統〔如標準作業流程（SOP）〕也是廣義的知識；人類發現了「時空律則」，發明了「人倫綱常」也都是「知識」。布魯姆（B. S. Bloom）曾主張，教育的教學目標包括認知、情意、技能三大部分，更是具體的知識。我國的《國民教育法》第1條揭示：「國民教育……，以養成德、智、體、群、美五育均衡發展之健全國民為宗旨」（教育部，2016），因此就稱之為德育的知識、智育的知識、體育的知識、群育的知識，以及美育的知識。作者曾主張教育經營學的「全人發展說」（鄭崇趁，2012），教育的知識主要在幫助每一個人發展為成熟人、知識人、社會人、獨特人、價值人，以及永續人，其中「知識人」的知識就是微觀（狹義）的知識，而六種人所應備的「知識、技術、能力、價值」才是鉅觀（廣義）的知識。因此，知識是人、事、時、地、物、萬物、萬事之名，知識是萬物的第一因，同時也是萬物萬事的總名稱。人類的生活，就是生命本能的知識與習得知識之間的交流互動。

一、感覺而來的知識

康德（I. Kant）在《純粹理性批判》一書中說：人類的知識有兩大本源：感性與知性，此兩者可能有一個我們並不熟悉的共同根本。透過感性，對象被給予；透過知性，它們被思索（引自吳汝鈞，2009，頁 67）。人身體上的各種感覺器官，覺察（有感）到外界出現在我們身上的「料」與「雜多」就是感覺而來的知識。人有諸多感覺器官：眼、耳、鼻、舌、皮膚。眼司視覺，看到的物及事實，就是視覺而來的知識；耳司聽覺，聽到的聲音、訊息、音樂或奇特的對話、爆破，就是聽覺而來的知識；鼻司嗅覺，聞到的香氣、臭味或各種不同的味道，就是嗅覺而來的知識；舌司味覺，人進食時，舌頭嚐到各種酸、甜、苦、辣、澀的味道，就是味覺而來的知識；皮膚司觸覺，皮膚與外界的人、事、物互動，有痛、癢、擠壓、舒爽之感，就是觸覺而來的知識。

羅素（B. Russell）的知識論認為，「感覺」而來的訊息不能算是「知識」，要有「知覺」的作用才能稱為知識，那是受到實證主義及經驗論的影響。感覺而來的訊息多為「被動」、「自然發生」、「不主動重複」，在「感→覺→知→識」的歷程中，屬於最前端，如果只有感，而沒有覺及知，很難算是知識之一。作者持更廣義的看法，「有感的」就是知識。「感覺怎麼樣」是有名稱來形容的，這個名稱就是廣義的知識之一。

二、知覺而成的知識

「感→覺→知→識」是本書對於知識形成的四大步驟。「有感」是「覺知」的基石，例如：聽到聲音、看到色彩是有感，聽到的聲音是「鳥鳴」、是「蟬噪」，則是「覺知」，看到的色彩是「晨曦」、是「晚霞」，則是「覺知」。「有感」到「覺察」再到「知道」，就是「覺知」的歷程，經由人的感覺器官蒐集到訊息（有感），再由人的知覺器官（大腦及心）加以「覺察」、「辨識」，進而「知道」這一訊息的「名稱」及「意涵」，就是知覺而成的「知識」。

知覺而成的知識占人類生活所需的大部分知識，例如：人、事、時、地、物的各種基本知識，都是知覺而成的知識。我們要知道自己及周圍的人在做什麼事，用了哪些東西（物），在什麼時間及空間上，完成了食、衣、住、行、育、樂及其內涵都是知識；而自己及所見的人之食、衣、住、行、育、樂及有效行為事功，成為「表象的知識」，就是知覺而成的知識。

「有感→覺察→辨識→知道」是從感覺到知覺的主要歷程。「有感而覺察」到的知識可稱為「感覺而來」的知識，經由進一步「辨識而知道」其名稱的知識，可稱之為「知覺而成」的知識。覺察到有訊息，尚停留在感覺的階段，能夠「辨識」訊息的名稱，進而「知道」訊息來源及基本型態，則進入了「知覺」的階段。感覺是知覺的基礎，知覺通常需要感覺以及自己的「心思」做條件。大腦及心是人辨識知覺的主要器官，然而大腦及心的功能還能統整各種知覺收到的訊息，並且系統重組各種知識、創新知識，而形成個人新「覺識」的知識，這些新的「覺識」也是知覺而成的知識。但屬於更高階層次的「知」，則需要「概念建構的知識」以及「現象詮釋的知識」融入此一知覺的運作。

三、概念建構的知識

有感覺的知識，賦予個人知識基本的存有。知覺的知識，建構了人的基本生活能力，以及人類普及化的基本生活型態。人是群體生活的族群，人類用這些「知識」、「技術」、「能力」及「價值」共存共榮，彩繪了今日的人類文化，並且不斷地衍生新的文明。人類的文化傳承以及新文明的創新，都靠「知識」的「被用」、「重組」、「傳承」以及「創新」所賜，是以廣義的「知識」包括「技術」、「能力」及「價值」，且四位一體。

個人獨處的生活，靠「感覺」與「知覺」而成的知識就已足夠；但人類群體生活的本質則需要與人「互動」、「溝通」、共同「做事」、共創「事業」，則要用到「溝通」與「事業」所需的高階「知識→技術→能力→價值」，這些廣義的知識，就需要「概念建構的知識」以及「現象詮釋的知識」。

「概念建構的知識」，指人對於已經「覺知」的知識，給予系統化、概念化，並賦予這一系統知識或概念知識名稱之謂，例如：各專門學術及專門學程所探討的「原理」、「原則」、「理論」、「理念」、「主義」、「學說」等。上述六種名詞的個別意涵不盡相同，其共同的特質有四：(1)是學門有關知識的深層結構分析或現象；(2)是知識本身的尋根探源；(3)代表一組知識基模，可以用具體的形式予以表達，例如：教學八大原則、學習型組織理論、教育機會均等理念、學習三律、民主主義教育等；(4)此一知識基模的發展與論述，已獲致大多數此一學門領域研究者的認同與實踐，愈為認同者，實踐愈多，愈能夠流傳後代（鄭崇趁，2012，頁 45-46）。

「概念建構的知識」是人類探索及學習知識之後，經由「大腦」及「心」的「概念化」（重組作用）結果。概念化（重組作用）所形成的理論、理念、原理、學說、原則、主義，在實際的教與學歷程中，常被某一程度的交互使用，然就知識本身的性質而言，仍有發生先後及精確運用上的區隔。以教育人員為例，從其接受教育歷程與職務上學到了有關的「知識」，這些知識具有明確系統基模者，稱為教育「原理」或「原則」；在各種教育原理、教學原則中，再逐漸被教育學家發展或驗證成有較固定疆界的知識基模者，稱為「理論」。教育人員個人特別強調的教育原理、原則或理念，即成為個人的教育理念或學說。組織（群體）共同重視或強調的主張，即為「主義」，例如：民國初年《教育基本法》頒布前，我國即為「三民主義教育」時期。「原理」、「原則」、「理論」、「理念」、「學說」、「主義」都是概念建構的知識，它們是人類留給後代最珍貴的「知識資產」，也是人類文明文化永續經營的基石。

四、現象詮釋的知識

最高層次且運用最廣的知識，即是用以「詮釋」人類「行為現象」與「知識意涵」的知識，本書稱之為「現象詮釋的知識」。我們每一個人都會看到自己及他人的「行為表現」，自己及他人在做哪些事，說哪些話，自然界的環境資源如何與人互動，人類結合時空律則的生活節奏與作為表現，都可以用「現象」來稱呼，這些現象的命名本身就是知識，例如：「日出而作，日落而息」、「人在不同的時空中，拿物做事」、「搭乘捷運的旅客百分之九十以上都在滑手機」、「每年有365天，一年分12個月」、「地球上的海洋比陸地大得多」等。這些「現象」本身就是事實的知識，也是當前人類取得共識的「知識」。

在詮釋事實現象時，人類行為現象以及知識意涵的知識會隨著人的不同，而有不同的詮釋，例如：對「日出而作，日落而息」的現象會有以下不同的詮釋：(1)順著自然律則作息，最健康，也最有效能效率；(2)二十一世紀的雲端科技與24小時便利超商已逐漸突破此一自古而來的律則；(3)知識經濟時代的競爭需求，人力資源及物力資源的統整，早已超越日夜循環的束縛。這三種不同的詮釋都是高階的知識，反映詮釋人所擁有的知識水準及個人「生命系統知識」中的「價值觀」（價值觀也是知識）。

現象詮釋的知識可大可小，小到身體對「感覺而來」及「知覺形成」知識的「覺識」，例如：「腳好痛，似乎踩到釘子」、「我看到烏雲滿天，即將要下雨」等。大則大到人類「本然」與「應然」行為現象的詮釋，例如：作者出版「經營教育四學」（包括2012年《教育經營學：六說、七略、八要》、2013 年《校長學：成人旺校九論》、2014 年《教師學：鐸聲五曲》、2015 年《家長教育學：「順性揚才」一路發》），就是用六說、七略、八要、九論及五曲（二十章）來詮釋行政官員、校長、教師及家長經營教育「本然」及「應然」的知識行為，且「知識→技術→能力→價值」四位一體，期待教育人員都能掌握經營教育的著力點（關鍵知識及其內含的操作技術），迅速提升「教師的教」以及「學生的學」之能力行為表現，彰顯共好價值，提高教育品質及競爭力。

政府頒布的各種「政策報告書」，也都是詮釋現象的知識。政策報告書通常包括四大部分：「探討社會變遷」→「分析時代需求」→「研議發展策略」→「策定行動方案」，四者詮釋到位。前二項剖析「本然」知識，後二項統整「應然」知識，優質的「政策報告書」（白皮書），確實可以揭示國家經營方向，運用「知識」帶領國家人民共同經營民富國強的社會，邁向幸福人生。

本節詮釋「知識乃萬物之名」，作者用自己學習哲學中的「認識論」之心得（習得的知識），以及自己撰述「經營教育四學」之經驗，主張「最廣義」的知識論，認為「萬物的名稱都可以列為知識」；其中的「萬物」是廣義的人、事、時、地、物，也都是與人有關的食、衣、住、行、育、樂的總稱，泛指人類當前所呈現的文化與文明，也含括了人類窮畢生之力，尚未完全發現之「宇宙洪荒」及「人類未來」的知識（潛在的知識，存有而尚未被發現、尚未被命名的知識）。因為知識乃萬物之名，作者用「感覺而來的知識」、「知覺而成的知識」、「概念建構的知識」，以及「現象詮釋的知識」四者，來說明人類命名知識的主要歷程與不同層次的知識。

第三節　知識可傳承文化

本章探討知識的起源與性質，前兩節集中論述分析知識的起源。作者在第一節用「知識是上帝化身」，將「知識」本身視同上帝，是創造知識的第一因；第二節用「知識乃萬物之名」，將有名稱的人、事、時、地、物及各種概念組合的現象都名之為知識。知識的生成隨著「感→知→覺→識」而定名，尤其是定名之後的「概念建構」以及「現象詮釋」讓知識豐富化、意義化、價值化。知識的存有、生成、發現、致用、滅絕，與人類在宇宙中的生存和行為表現息息相關，生命與知識融合得愈好的人，愈有意義、價值、尊嚴。「知識分子」是「人之所以為人」的基本條件。

第三節、第四節及第五節則從「文化」、「文明」及「人生」的視角來探討知識的性質。作者認為，「知識」本來浩瀚無垠、無所不在，但知識要被「人」所用，在宇宙之中產生「流動」、「轉移」，能「幫助」到人類的「傳承創化」，才有「性質」可言，也就是從「功能」的層面來闡述知識的性質。是以第三節用「知識可傳承文化」，第四節用「知識能創新文明」，第五節用「知識在註解人生」為節的名稱。本章五節節名的決定，都是作者運用「概念建構的知識」以及「現象詮釋的知識」，綜合考量「認識論」的「經驗主義」、「理性主義」、「唯名論」、「唯物論」，以及「唯識論」、「現象學」、「詮釋學」的基本主張後的化約觀點，希望帶領讀者從「感→知→覺→識」的歷程，掌握知識的來源與性質（功能）。

一、知識傳承人類生活

「知識可傳承文化」的第一個意涵是知識傳承人類生活。人的生活有下列四個層面：(1)基本的生活：如食、衣、住、行、育、樂；(2)學習（教育）的生活：如幼兒園、國小、國中、高中、大學、研究所的學習生活；(3)事業的生活：如工作服務及事業經營的生活；(4)休閒的生活：如娛樂、運動、消遣、平衡身心的活動。四個層面的生活內容，都要藉由知識作工具。人要擁有食、衣、住、行的先備知識及資源才會有基本生活行為；人要與不同的教師及同學長期的互動，才能藉由知識學習新的知識；人要學習到專門、專業及專長的知識及技術，才會有適配的能力，經營自己的事業工作；人本身也要有健康、運動、才藝、休閒的觀念知識與能力，才有可能實踐力行平衡身心的休閒生活。

人類的本能是「生命系統的知識」，經由「成熟」及「學習」而習得「物理現象的知識」、「事理要領的知識」、「人倫綱常的知識」，以及「時空律則的知識」。人的大腦及心智統整這些知識，結合心理需求、行動意願及價值詮釋，化作每一個人的日常生活實踐及各種行為表現。每一代人的生活形式與實質改變均十分有限，因為知識傳承人類生活，生活的知識也是漸進的；每一個人有機會學習到的生活知識都十分雷同，且非常有限；每一個不同族群的生活知識不盡相同，就形成了不同的生活文化。個別的人都以學習自己族群的生活知識、延續自己的文化為主，而不可能學盡人類所有的生活知識，且也沒有必要。

二、知識傳承教育機制

「知識可傳承文化」的第二個意涵是知識傳承教育機制。知識浩瀚無垠，存在宇宙中無限龐大，等待著人類及各種生物去發現、探索、學習、取得、擁有，以便成為改善生活、更新文化的工具。知識決定了人類生活與文化的內容，有時我們也可以化約地說：知識即生活，生活即知識。人類由族群部落發展成國家之後，每一個國家為了人民的知識學習與傳承生活，創新文化與文明，設學校、辦教育，專司知識的教與學，演變成今日的教育機制。

當前的教育機制也靠著知識的流動、知識的學習、知識的傳承、知識的重組，逐漸發展而來。教育機制的歷史演變，可以用「沒計畫→半計畫→完全計畫」三個時期來劃分：沒計畫的教育時期，係指遠古時代人類過著農、漁、牧的生活，沒有正規的教育機制，父母對子女的教育，只有教他們如何農作、捕魚、放牧，如何生存下來罷了，教育即生活，是沒有規則性或規範性的教育機制。私塾教育是半計畫的教育，由村落中的領導人，聘請「師爺」到廟堂或員外提供的大房子（學堂）教導村中的小孩，何時上課、上課教學的內容、學習生活規範、考課規準，一律由師爺決定，沒有像當前學校教育機制的嚴謹，稱為半計畫教育的時代。當代的學校教育，從學制、課程內容、師資條件、設備基準、授課時數、日課作息等，都有明確的設計與規範，稱之為完全計畫教育的時代。任何現代化的國家，其教育機制都是精緻的，也都是知識傳承創化而來的；每一個國家的教育機制，都是其國人生活的重要部分，也是其優質文化的重要象徵。

三、知識傳承意識形態

「知識可傳承文化」的第三個意涵是知識傳承意識形態。人類潛在共同的生活主張叫意識形態，通常同一族群的人共同生活愈久，對於生活共同主張的意識形態愈明顯（根深蒂固）。意識形態是人類知識的深層（底層）系統結構，它是主導人類生活價值取向的根，每一個人所能學習的知識，通常是他們的族群前輩依據族群意識形態知識為軸心，向外拓展選擇的知識。族群意識形態知識的傳承與變化，也靠知識轉化為教材，傳承給後代。意識形態本身亦具有時代性，那是因為不同時代的子孫在統整「意識形態知識」時，會融入當時的「知識」新發現，以及當時社會「核心價值」主流變遷的知識所致。是以「系統重組」之後的行為實踐仍有意識形態的影子，但不盡然完全相同。

意識形態的知識是人類擁有而不容易自我覺察（根底）的知識，其建構元素有四：(1)信仰的知識：如族群部落的祭典文化，就是信仰的知識；(2)習慣的知識：如各項慶典及競賽活動、歷程、頒獎，都是經驗而習慣傳承的知識，其相似性與雷同度大於創新與變化；(3)共鳴的知識：族群中大多數人認同，能喚醒大家共鳴覺察「就是這樣」的知識，例如：當代的民主選舉，候選人的政見如能獲得多數人共鳴認同，此一政見的知識往往是族群意識形態知識的再生；(4)價值的知識：意識形態的知識也通常是當代人深層價值選擇的知識，例如：「人不親土親」的民主選舉行為（優先選自己家鄉的候選人），是意識形態知識影響行為的表現，也是一種深層價值選擇的知識。知識包括各種的意識形態，意識形態的知識也靠知識的遞移作用，永續傳承。

四、知識傳承技術能力

知識包括其內在的核心技術，以及人類學習該知識（含技術）之後所得到的能力及有價值的行為。作者主張，所有的教育工作都在「教」「學」「知識→技術→能力→價值」，且四位一體，也唯有學到四位一體的知識、技術、能力、價值，才是真實的教育，才是有意義、有價值的教育。因此，「知識可傳承文化」的第四個意涵是知識傳承技術能力，尤其是營利性質的企業體。公司最重要的知識管理，就是產品「核心技術」的管理，並且要傳承創新公司產品的「核心技術」，才能確保產品的市場競爭力。教育單位的經營，關注在學生「核心能力」的孕育，學生習得且表現出來的「能力」能夠滿足職場任務的需求，才有可能受雇而成為員工。「能力」是每一個人工作及事業的基石，我們期待每一個人都能人盡其才、才盡其用。

「技術」及「能力」都是知識的化身，企業組織核心技術的傳承與研發，都要將技術轉化為知識的一種，才能「教」與「學」，進而知識遞移成功，再進而能夠「傳承創化」。學生核心能力的養成也要經由其上位「知識」及其「技術」的學習，才有辦法「知識遞移」成功，成為學生「帶得走的能力」。知識傳承技術能力，知識傳承意識形態（價值），知識傳承教育機制，知識傳承人類生活，都在註解知識最大的性質，知識可傳承文化。

第四節　知識能創新文明

文化是人類生活的總稱，文明是文化的創新與精緻發展。文化是普及的，是一般人的共同生活方式與實質內容；文明則是卓越的，是少數菁英優先開啟的新生活模組。功能更強大的機具（知識的創新及系統化）能改善人類的做事與生活品質，例如：當代的數位電腦及智慧型手機，實質地創新人類的新文明，並且日益普及化，即將成為文明國家的二十一世紀新文化。知識可傳承文化，知識能創新文明，傳承文化、創新文明是知識最珍貴的性質。

一、知識創新人類生活

文化是普及化的生活，文明則是卓越化的生活，兩者都靠知識來傳承創化。基層人類多靠著一般性的知識，處於勞動階層及從事服務性事業，日出而作，日落而息，朝九晚五，日復一日，食、衣、住、行、育、樂與社會大眾同步開展，傳承著大眾文化，享受著族人文化傳承的生命。菁英分子擁有較高階層的知識，並將這些知識轉化為技術、能力及價值觀，創新自己的生活工具（知識），也創新自己的生活實質，站到一般人的前頭，開展新的文明生活。因此，「知識能創新文明」的首要意涵是：知識創新人類生活。

知識從下列四個層面創新人類生活：(1)知識滿足人的基本需求：人靠著知識才能滿足與他人一起過著食、衣、住、行、育、樂的基本生活需求；(2)知識表達人的基本情緒：人也靠著知識表達自己的喜、怒、哀、樂、愛、惡、欲（七情俱），並發而中節（致中和）；(3)知識優化人的生活工具：居家用具及處事器物持續地推陳出新，創新生活工具，優化生活品質；(4)知識深化人的生活風格：每個人擁有的生活知識有類別及深度的差異，能深化形塑各種獨特的生活品味與風格。

二、知識創新教育內容

「知識能創新文明」的第二個意涵是知識創新教育內容。知識更新了課程、知識更新了教材、知識也改變了教學方法、創新教育內容，進而能帶領人類創新文明。文明也是學習來的、研發來的，新文明的試探、發現與實踐、誕生，都要靠知識的創新，都要藉由知識創新教育內容。教育機制中的課程、教材、教法不斷創新，教給學生新思維、新創意、新要領、新產品，學生習得新知識、新技術、新能力、新價值，師生都是教育的創客。師生新的教育產品（研發學習成果），是新知識的一部分，是創新文明的起點。

知識創新教育內容就是教師帶領學生實踐課程統整，可從下列四個層面著力：(1)發展學校本位課程：統整學校教師專長、學生需求、社區資源，在課程綱要規範之原則上，發展學校本位課程，為學校學生設計最有價值的知識教育內容；(2)經營學校特色教育：如「教育 111」（一校一特色、一生一專長、一個都不少）標竿學校認證、特色學校、優質學校、新五倫・智慧創客學校認證等，形塑學校教育品牌；(3)激勵教師自編教材：教師使用自編教材，並實施主題統整教學，就是對學生最有價值的課程統整教學；

(4)實施創客教育教學：師生編製創客學習食譜，運用「知識→技術→能力（作品）→價值」教學模式，用教育產品創新知識學習內容。

三、知識創新價值意識

知識可傳承意識形態，知識也能創新價值意識。人類的意識形態在每一個國家或每一個地區都有所不同，都有其自己的知識傳承，也都因為各族群所認同的核心價值不同，而形成「文化差異」。核心價值會因為時代、政治取向以及組織任務的不同而調整改變。新的核心價值也是一種知識，經由領導人（或菁英分子）揭示之後，逐漸獲得大眾認同，就會形成新的集體潛意識，再進一步成為演進中的意識形態，是以知識也能創新價值意識。

當代知識所創新的價值意識有下列四大趨勢：(1)全人發展說：每一個人都能發展為「成熟人」、「知識人」、「社會人」、「獨特人」、「價值人」，以及「永續人」，六種角色責任均衡到位；(2)自我實現說：每一個人的「理想抱負」都能與「成就表現」吻合適配，做一個充分自我實現的人；(3)智慧資本說：每一個人都能人盡其才、才盡其用，對於自己隸屬的家庭、學校、任職單位、社會、國家都是有動能貢獻的人，是有效的智慧資本；(4)適配幸福說：每一個人都有適配的教育、適配的事業、適配的伴侶、適配的職位，過著適配的幸福人生。

四、知識創新智慧能力

知識包含技術能力，知識傳承技術能力，知識也包含智慧能力，知識也能創新智慧能力。「知識→技術→能力→價值」四位一體，係指次級系統知識的學習歷程，學會操作「核心知識」裡的「核心技術」（次級系統的知識），就會擁有帶得走的能力，知識遷移的關鍵在學會次級系統「核心技術」之操作。「知識→技術→能力→價值」四位一體稱為智慧，智慧能力指向上位（鉅觀）系統知識的通達歷程，知識學習之後，擁有「智慧」及「圓融有度」的能力，是崇高教育目標的實現。知識遞移的關鍵在學習者本身對關鍵技術要領的掌握，以及知識通達的行為表現。知識傳承「技術」能力，知識也創新「智慧」能力。

當代的知識創新人類下列四大智慧能力：(1)「永續經營」的智慧能力：「永續」已成為二十一世紀人類最優先的核心價值，每一個人的生命、生活、學習、事業、處世、待人，均須永續經營；人要透過高階知識的系統學習，創新自己永續經營的智慧能力；(2)「適力要領」的智慧能力：做人要掌握人際互動的要領，處世更要找到做好該件事物的 SOP，並且「圓融有度」、「適力經營」，這是高階知識學習，創新人的第二種智慧能力；(3)「順性揚才」的智慧能力：人創人、人教人、人做事、人用物，都要順性揚才，才能盡人性、盡物性、成事功、創新價；「順性揚才」本身是知識，是「概念建構」以及「現象詮釋」交織而成的「新知識」，此一新知識被認同、運用之後，不但能造福二十一世紀的教師與學生，也造福了家長及孩子，也就成為知識（順性揚才）創新人類智慧能力的好範例；(4)「適配生涯」的智慧能力：人生有夢、有夢最美，「作夢」、「築夢」、「成真」都是知識；人也要學習「築夢踏實」的知識運用要領，例如：「有夢最美」→「解夢尋根」→「築夢有梯」→「適配之夢」的智慧能力（參考鄭崇趁，2015a，頁 247-261）。

第五節　知識在註解人生

「知識」與「人」關係密切，從「人類」整體來看，知識有兩大性質：知識可傳承文化，知識能創新文明。從「人」的個體來看，知識尚有第三個性質：知識在註解人生。知識浩瀚無垠地存在大宇宙之中，每一個人的一生，取得、具備、會用、有產出的知識都十分有限，而且種類、數量以及品質、程度、位階差別很大。也因為「能夠致用」的知識，才對擁有知識的人產生意義價值，是以「知識在註解人生」，每一個人用自己的「知識、技術、能力、價值」（廣義的知識），詮釋註解自己的一生。

一、知識奠定人的生活條件

人一生下來之後，從「未成熟」邁向「成熟」的人，除了「生理器官」發展成熟外，還需要「知識」的陪伴、融合、交織，「心智系統」才能一起成熟，有符合「常態人」的生活行為能力表現；知識與生命存有結合，奠定人的生活條件，人才能夠順利生長、發展，成為健康而成熟的人。知識是人「生命」與「生活」的必備條件之一，人在邁向成熟的歷程中，如果有「知識、技術、能力、價值」（廣義的知識）未到位或「偏食」情況，往往會成為身心特殊發展、未必是常態而健康的「成熟人」。

知識奠定人的生活條件，可以從下列四種現象加以詮釋（運用現象詮釋的知識）：(1)「文化沙漠」（或文化不利地區）的人，知識流通的數量與品質相對稀少，當地人的生活機制就相對地簡易，或深層而制式（如祭祀文化、知識）；(2)人的食、衣、住、行、育、樂，都要個人知識的伴隨，個人知識的有無、內容與傾向，決定實際生活的條件；(3)在同一族群的人中，獲取知識最多、能夠運用知識最好的人，能夠優化個別的生活條件，例如：農村子弟或偏鄉部落學生在「公平的教育機會」下，拿到博士、碩士學位也可以翻轉成大學教授，改善生活條件，創造人的社會階層流動；(4)「富不過三代」是中國流傳的智慧，也往往是正確的描述（真知識），大部分的原因是富家第三代常形成紈褲子弟，其擁有的知識不足以支持產業（產品）競爭上的需求，「知識、技術、能力（產品）、價值」落後他人，就換成有時代需求「知識、技術、能力（產品）、價值」的人創價、超越、富有。上述這四種現象，都可以說明「知識奠定人的生活條件」。

二、知識開展人的生涯發展

「知識在註解人生」的第二個意涵是知識開展人的生涯發展。當代的國家都規劃完整的學制，提供國民對「知識」的永續學習。以臺灣而言，小學六年、國中三年、高中三年、大學四年，從2014年起，國民至少要就讀十二年國民基本教育，如果再加上大學四年，正規的學制就要學習十六年。人的生涯發展與「知識」學習的脈絡攸關，可以這麼說：學生學到的知識脈絡不同，會開展其不同的生涯發展；人有不一樣的「知識、技術、能力、價值」（廣義的知識），就會有不一樣的人生。

知識開展人的生涯發展也可以從下列四種現象加以詮釋：(1)學習發展生涯：習得知識（含技術、能力、價值）是人接受長期教育的主要目的，所以國家有完整的學制規劃、投資教育、設學校、聘教師、排課程、施教學，用知識開展人的「學習生涯」發展；(2)全人發展生涯：「知識人」是每一個人全人發展重要基石，人從小孩到成人，「全人發展說」的教育強調「成熟人」、「知識人」、「社會人」、「獨特人」、「價值人」及「永續人」之六大角色責任均衡發展到位，才會是理想中的「責任公民」（鄭崇趁，2014，頁91-108）；「知識化」讓個人成為知識人，「有知識的人」也才能作為「社會化」、「獨特化」、「價值化」及「永續化」的基石，是知識開展人的「全人生涯發展」；(3)性向興趣生涯：知識的學習與開展必須順著個人的性向與興趣，結合天賦秉性與需求；已經習得的知識內容與脈絡，通常是性向與興趣生涯的跡象指標；(4)理想抱負生涯：人生知識的學習，厚實了生命及生涯發展條件，知識建構人的階段「理想抱負」生涯，知識的累增成果，也幫助人的階段性「自我實現」，並扮演「有效智慧資本」。

三、知識點亮人的專長優勢

多元智能理論（multiple intelligence theory），是二十世紀末期到二十一世紀之間，影響知識學習最深遠的教育理論。多元智能理論的核心主張有四：(1)每一個人的潛在智能（待開展的知識）有七、八種之多（如語文、數學、繪圖、肢體、音樂、社會人際、自省、自然觀察者），且每個人的智能結構強弱不一致；(2)因為每個人的智能結構強弱不一，自己相對較優的智能稱為優勢智能；(3)教育（知識的學習）在幫助人的優勢智能明朗化，能夠誘發學生優勢智能明朗化的教育，最能滿足學生的性向與興趣，學習最容易成功，具最大價值；(4)優勢智能明朗化的人，會用習得的知識點亮自己的專長優勢，行行可以出狀元，每一個人都可以「普遍卓越」。

當前的教育機制大都依據「多元智能理論」，從「優勢學習」及「順性揚才」兩大要領（鄭崇趁，2012）著力，用知識學習點亮人的四大專長優勢：(1)「學習力」的專長優勢：學習力的知識是指聽、說、讀、寫、算、做等基本學習能力的知識。學習力的知識多從語文、寫作、數學、資訊科學與學科教學而來，每一個人的學習方法與要領不盡相同，找到最適合自己的學習方法與要領，順性揚才，每一個人都可以點亮學習力知識的專長優勢；(2)「知識力」的專長優勢：狹義的知識力是指專門行業所需專業能力及其員工具備的專長核心技術能力，教育機制在於誘發學生優勢智能明朗化，才能造就大部分的學生具備專長優勢的知識力；(3)「藝能力」的專長優勢：藝能力是指人文藝術（繪畫、音樂）、運動技能及特殊才藝方面的知識能力，這些知識能力與時空律則的知識攸關（例如：音樂是時間律則的知識、繪畫是空間律則的知識、各項球類運動則統整時空律則的知識）。籃球選手、棒球選手、網球選手、音樂家、美術家，他們都用這些

「藝能力」的知識點亮自己的專長優勢；(4)「品格力」的專長優勢：新五倫及其核心價值的研發運用，是概念建構及現象詮釋交織而成的新知識，家人有親相依存、同儕認同能共榮、師生盡責傳智慧、主雇專業多創價、群己包容展博愛，結合「優勢學習」及「順性揚才」的品德教育（含情意教學），似乎可以經營每一個人「品格力」的專長優勢，邁向適配幸福人生。

四、知識彩繪人的價值貢獻

知識幫助每一個人能夠充分自我實現，知識也幫助每一個人對它隸屬的組織系統（如家庭、學校、職場、任務組織、社會、國家）產生動能貢獻，成為有效的智慧資本。自我實現的知識，代表個人的理想抱負與現實成就「吻合適配」，是「做得到」的生命；智慧資本的知識，代表個人的行為表現（動能知識）對自己的組織產生「績效價值」，是「有貢獻」的生涯，也是人的意義、價值與尊嚴所在。

教育在教人「學習知識」、「運用知識」、「傳承知識」、「創新知識」，幫助自己自我實現，幫助人對組織產生價值貢獻，成為智慧資本。這一成就「人之所以為人」的知識致用歷程，還可以用下列六點現象來詮釋表達：(1)人盡其才：「知識、技術、能力、價值」四位一體，適配的知識能力，讓大家都能人盡其才、才盡其用，共創興隆富足、和平穩定的社會；(2)地盡其利：人有知識之後，開墾荒地，善用自然資源，播種萬物，擘建工廠，生產食物以及生活設施工具，知識帶人地盡其利，滋養萬物，成就文明及文化；(3)物盡其用：物本身就是知識的一種，人有「物理現象」的知識之後，就能夠了解萬物之性，知道物本身的系統結構，以及物與物、物與事、物與自然時空之間的脈絡關係，善用物性、盡物之性、以物造物，物盡其用，盡物的最大價值；(4)貨暢其流：狹義的「貨」指的是「東西」，廣義的「貨」指的是「資源」，包括人力、物力、自然、文史、科技、知識及智慧各種資源，資源帶有各種存有的知識；「貨暢其流」是人類知識活用的成果之一，可以均衡暢旺世界各地不同族群人類的生活品質；(5)時中其機：時空律則的知識（例如：規律生活的好習慣）可以增進學習力，可以美化人生，結合人際關係的經營，更可以滋長情意，彰顯人的生活品味與知識風格；教育的知識要講究時中其機，掌握學生專注學習的時機，掌握學生關鍵期的學習時機，才得以教會學生，時空律則的知識，整合得愈好的人，愈有品味風格，有美的價值貢獻；(6)事畢其功：知識讓人完成他所要完成的事，知識幫助每一個人完成「學習」大事，知識幫助每一個人點亮專長優勢，知識也幫助每一個人找到適配的工作事業，知識更幫助每一個人實踐專業創價。人生就是在不同的時空之中，拿物做事，知識幫助人事畢其功，把事做好，彩繪人的價值貢獻。

第二章　知識先天說

〈知識的存有與類別‧理性詮釋取向〉

知識是「本來存在」（先天說），還是經由人「創造出來」（人為說）的？哲學上的理性主義，偏向先天說，並且認為人的理性存有人的知識，教育的啟發與大腦的思辨，創發了宇宙間現有的知識，本來就存在。理性主義似乎主張這些尚未發現的知識，是存在人類身體裡面，尤其是存在大腦（或心）的理性作用中。本書作者主張，尚未發現的知識也本來就存在，但存在於這浩瀚的宇宙中，包括部分的人，而人只是宇宙中的一種生物。

哲學上的經驗主義，對於知識存有的主張是「後天學來」的，只有人已經學會的知識才是真知識。人類透過生活與教育學習（經驗）各種知識，知道、了解、會用、可以重複驗證的「知識、技術、能力或價值觀」才稱為知識。人類有數十億人，人類的歷史有數千年，在「經驗主義」的定義下，人類經驗過（發現、證實）的知識就已經浩瀚無垠，絕大多數的人「窮畢生之力」，均無法學會宇宙間已經存有的知識。經驗主義對於新知識的「創造發明」（例如：今日的數位科技及智慧型手機），並沒有明確的闡述，似乎是人類「經驗」的嘗試錯誤或「深度學習」碰撞後「無中生有」來的，與理性主義主張本來存在，有立場上的不同。然近代人類對於兩大主義的主張，在詮釋上已趨於融合看待，取其同而捨其異。

作者主張「知識先天說」，已經發現的知識本來就存在，存在這浩瀚的宇宙中，也存在每一個人的身上。人要有生命及生活的「知識、技術、能力、價值觀」，才能存活在自然宇宙之中。每一個人擁有的知識都不一致，數量及品質有時落差極大，但個人擁有的知識多寡與品質，並不影響宇宙間浩瀚無垠知識的存有。尚未發現的知識，也存在這宇宙之中，它們期待人類「經驗的優化」交織「理性的思維」，然後「賦予存在」（to being），永續經營新知識的發展與運用。新知識與既有的知識融合統整，再經由教育、學習與生活，永續地傳承文化，創新文明。知識永遠伴隨著人類，支持灌溉每一個人的成長、發展，也維繫著人類的繁榮與和平，更定義人的意義、價值、尊嚴與幸福。

本章旨在分析知識的存有與類別，依據知識先天論為基調，分五節說明知識的類別與存有：第一節「物理現象的知識」，物有物理，列舉物理學、地理學、自然學、動物學，以及植物學的重要知識；第二節「生命系統的知識」，說明與人命有關的知識系統，包括生物學、生態學、生命學、認識學，以及價值學的核心知識；第三節「事理要領的知識」，事有事理，分析探究生活的、學習的、工作的、休閒的，以及人脈的事理要領知識；第四節「人倫綱常的知識」，從新五倫及其核心價值，探討家人關係、同儕關係、師生關係、主雇關係，以及群己關係的知識；第五節「時空律則的知識」，從生命、生活、職涯、動能、休息等五大層面，論述人類如何融合時空律則的知識。

第一節　物理現象的知識

人、事、時、地、物的名稱及其相屬結構關係的存有，都稱之為知識，是以本書主張「知識乃萬物之名」，萬物的「物」是廣義，它是人、事、時、地、物的總稱。「物」是知識，也是成就任何事功的基礎元素要件。中國有句名言「不學無物」，道盡「物」知識的重要性質。物又稱為「東西」，它是有實體的，它的存在通常看得到、摸得到、有形狀，與它有關的知識，稱為物理現象的知識。萬物無所不在，太多了，浩瀚無垠，本節僅將學校教育有開設的「物」及「自然」有關學門，例如：物理學、地理學、自然學、動物學、植物學等，列舉其核心知識，以歸納其大要。

一、物理學的知識

從一般大學的物理學系課表，可以大致了解物理學的知識主要是什麼。大學的物理學系核心課程，包括：「普通物理學」、「普通物理學實驗」、「應用數學」、「力學」、「電磁學」、「量子物理」、「熱物理」、「基礎物理實驗」、「近代物理學實驗」等。另有「天文物理領域」、「高能物理領域」、「固態物理領域」、「軟物質物理領域」、「光學物理領域」、「生物物理領域」六大領域課程，以及綜合領域課程。其中，高能物理領域的課程開設有：「粒子物理的世界」、「弦論專題」、「核物理導論」、「離子物理導論」、「超對稱」，以及「粒子天文物理之實驗技巧」等（2016 年 8 月 9 日摘自臺灣大學網頁資料）。物理學的知識分工精密，本身已經浩瀚無垠，一般人（非物理系學生）僅能探究了解其基礎的小部分。

二、地理學的知識

地理也是廣義的物理之一，係以整個地球的地質及表象建構地理學知識，其核心課程包括：「地理學通論」、「自然地理學通論」、「人文地理學通論」、「普通地質學」、「普通氣象學」、「氣候學及實習」、「地圖學及實習」、「文化地理學」、「環境水文學及實習」、「城鄉、區域及發展」、「文化、社會與自然」、「遙測學及實習」、「地理資訊系統概論」、「環境生態學及實習」、「經濟地理」、「都市地理學」、「環境資源保育經營及實習」等，另分自然領域、人文領域、地理資訊科學，以及綜合應用課程，較特殊的科目有「野外地形學」、「環境水質分析」、「自然地理基本力學原理」、「坡地水文與崩山」、「湖泊沉積地形學」、

「地殼變形原理與觀測」、「運輸地理學」、「時空分析與應用」、「觀光地理學」等。這些地理學的知識本就存在「地球」之上，經人類先賢不斷「發現」、「系統整理」，才形成今日的風貌（2016 年 8 月 9 日摘自臺灣大學網頁資料）。

三、自然學的知識

知識的分類多元而分歧，很難有明確共識，自然學包括物理、化學、生物及地球科學，本書則將自然學劃入「物理現象的知識」之一。自然是「物」搭建起來，存在於地球上的萬物（包括動、植物的生態）。我們也可以從大學「自然科學系」的課表，了解「自然學」主要探究的「知識」內涵為何。自然科學系的核心課程包括：「普通物理學」、「普通化學」、「普通生物學」、「地球科學導論」、「物理數學」、「熱物理」、「力學」、「生理學」、「生物化學」、「物理化學」、「有機化學」、「普通地質學」、「全球環境變遷」、「植物形態學」、「天文學導論」、「微生物學」、「化學研究技術」、「食品化學」、「熱力學」、「組織學」、「菌類學」、「科學史」、「電磁學」、「化學數學」、「昆蟲學」、「光學」、「生態學」、「遺傳學」、「大氣科學導論」、「生物多樣性」、「海洋學導論」、「無機化學」等（2016 年 8 月 9 日摘自臺北教育大學網頁資料）。

四、動物學的知識

動物學的核心知識，包括：「遺傳學」、「家禽學」、「動物解剖生理學」、「肉用動物學」、「動物營養學」、「乳用動物學」、「實驗動物學」等學科，另分動物科學領域、生產技術領域，以及綜合領域等三大領域，各領域中較有特點的學科有：「組織工程與動物醫學導論」、「細胞生理學」、「泌乳生理學」、「動物生理學」、「動物細胞生物學」、「動物生殖學」、「動物消化生理學」、「動物內分泌學」、「幹細胞學導論」、「動物代謝學」、「基因體學導論」、「發育生育學」、「家禽肉品概論」、「寵物飼養學」、「乳品微生物學」、「羊學」、「動物育種學」、「動物產品化學」、「飼料學」、「動物環境生理學」、「伴侶動物學」、「動物衛生學」、「動物資源經營學」、「肉品學」、「動物產品加工廠規劃及管理」、「優質保健動物產品開發」等。學科知識琳瑯滿目，對動物的研究幾乎等同於對人本身的研究（2016 年 8 月 9 日摘自臺灣大學網頁資料）。

五、植物學的知識

依據國立臺灣大學植物病理與微生物學系公告的課表（2016 年 8 月 9 日摘自臺灣大學網頁資料），植物學攸關的知識，主要有下列幾項：「普通植物學」、「植物生理學」、「生物化學」、「真菌學」、「植病研究法」、「植物病毒學」、「植物病理學」、「應用微生物學」、「植病防治學」、「線蟲學」、「微生物學」、「遺傳學」、「分子生物學」、「植物病原學」、「植物檢疫」、「昆蟲與病害」、「果樹病害」、「種子病理學」、「生物技術與植物病理學」、「環境污染與植物生長」、「花卉病理學」、「森林病理學概論」、「植物健康管理」、「病態植物生理」、「熱帶植物病理學」、「植物細菌學」、「真菌生理學」、「分子真菌學」、「農業微生物學」、「微生物生理學」、「分生技術與原理」、「分子生物與細胞學」、「生物分子交互作用之網絡」、「菇類的生態與應用」等，植物學的知識同樣浩瀚無垠，不下於動物學的知識。

第二節　生命系統的知識

人類的生命系統，是所有動植物中最優質的生命系統，特質有四：(1)有理性：能思考、能學習、能經營；(2)能溝通：有語言文字，可以對話互動，成為生命共同體；(3)辦教育：興學校、建機制、聘教師、教學生，傳承創新文化及文明；(4)用知識：藉由知識布建語言文字，再用知識的傳承創新彩繪人生。是以，人是萬物之靈，地球中的各種生命系統大部分由人類主宰，人類知識學習的總量也關係著過去「宇宙洪荒的知識」，以及未來「人類命運交響曲的樂章」。

人類生命系統的知識，包括人身體本身各種器官的名稱、組合系統名稱，以及功能系統名稱。人之所以能夠活著，有生命跡象的必要條件與行為表現的知識，也包括前述四大特質中與「知識」學習，互動運用、分享、重組、創新有關的知識。人類之所以偉大，就是能啟動自己生命系統的知識，在不同的時空中學習「物理現象的知識」、「事理要領的知識」、「人倫綱常的知識」，以及「時空律則的知識」，並使之產生「交互作用，整合發展」。「知識基模，系統重組」，運用在人的食、衣、住、行、育、樂及事業經營之上，開創人類的文明。是以，本節以人的生命系統為本位，統合介紹生物學、生態學、生命學、認識學，以及價值學的核心知識。前三學偏重吸收知識系統的知識介紹；後二學（認識學、價值學）則偏重在心理（理性）系統（重組知識系統）的知識介紹與論述。

一、生物學的知識

動物學＋植物學＝生物學，是以生物學的核心知識多與前述「動物學知識」及「植物學知識」重複。現代的大學多將「生物學系」調整為「生物環境系統工程學系」（例如：臺灣大學），以培育跨領域專門又實用的人才。臺灣大學的「生物環境系統工程學系」除了院、系核心課程外，分為「環境系統與資訊領域」、「生物環境工程領域」、「水土資源領域」，以及「綜合領域」四大領域培育學生。較特殊的學科有：「有機化學」、「生物化學」、「水質污染」、「溫室設計」、「污染傳輸」、「畜舍工程」、「養殖環境物理學」、「濕地生態與工程」、「自然處理系統」、「農村轉型與休閒產業」、「生物環境與設施工程」、「環境影響評估」、「生物環境熱與質傳」、「環境計測學」、「環境生物物理學」、「生態建築學」、「微氣候學」、「綠建築特論」、「生態社區與綠色住宅規劃」、「土地利用變遷模擬」、「颱洪災防治實務」、「時空模式分析特論」等。人類真的很偉大，能夠將生物學攸關的知識，研發這般深入而專門專業。

二、生態學的知識

生態學的核心知識有：「動物行為學」、「空間分析專題」、「生態學專題討論」、「生物統計學」、「哺乳動物學及實驗」、「遙測生態學」、「生態資料分析」、「海洋哺乳動物學」、「族群生物學」、「植物分子演化學」、「蕨類植物分類學」、「藻類學」、「孢粉學」、「植物型態形成學」、「植物生態學」、「維管束植物型態與演化」、「植物多樣性及實驗」、「植物解剖學」、「動物生態學」、「生態模式」、「植物學技術」、「鳥類學」、「菌類學」、「族群遺傳學」、「植物分子發育及演化」、「潮間帶生態學」、「生態系統的規律性專題討論」、「長期生態研究專題」、「植物與動物的關係」、「植物生理生態學」、「親緣地理分析」等學科（2016 年 8 月 9 日摘自臺灣大學網頁資料）。生態學主要在整合探討「植物」與「動物」之間的關係，及其如何共同存在地球的表面上。

三、生命學的知識

生命學也稱生命科學，其核心知識，依臺灣大學生命科學系的課表，大致包括：「細胞生物學」、「遺傳學」、「動物生理學」、「植物生理學」、「生物統計學」、「生態學」、「生物化學」、「生物技術核心實驗」、「普通生物學」等。又分五大群組、課程：分子生物領域群組、型態與功能領域群組、生物多樣性領域群組、生態與演化領域群組，以及實驗與技術群組。較特殊的學科有：「分子生物學」、「發生生物學」、「基因體學」、「動物組織學」、「植物解剖學」、「神經生物學」、「免疫學」、「無脊椎動物學」、「魚類多樣性」、「分類學原理」、「演化生物學」、「族群生物學」、「水產養殖學」等（2016 年 8 月 9 日摘自臺灣大學網頁資料）。尤其，實驗與技術群組課程提列二十餘科的實驗，證明「知識本身」可以分解成次級系統的「技術」，它們可以經由「實驗」（操作中學習）證明其存有，知識本身包含技術，它是可操作的。

四、認識學的知識

「認識學」原稱「知識論」，是哲學三論之一。知識論探討下列三大主體：(1)知識是什麼？知識是如何形成的？(2)知識的性質為何？(3)人類如何習得進而擁有知識？關注前兩個主題稱之為「知識論」，關注第三個主題則稱之為「認識論」，認識知識的來源與發展之意。本書多用「知識論」來統稱，本處因要接續生物學、生態學、生命學等「學」之運用，暫稱「認識學」，取其「認識知識的學問」之意。

認識學（知識論）的知識在本書第一章已概略統整介紹，有經驗主義、理性主義、觀念主義、實證主義、現象論、唯物論、唯名論、唯實論、唯識論等不同主張。本書第一章「知識本體說」，採經驗名實取向；第二章

「知識先天說」，則採理性詮釋取向；第三章介紹「知識管理說」，採技術經營取向；第四章至第六章則主張「知識遞移說」、「知識智慧說」、「知識創客說」，以註解「知識、技術、能力（作品）、價值」四位一體的知識及其關係。

五、價值學的知識

「人生哲學」或「人生觀教育」是「價值學」的來源。哲學上的「人生觀」有「樂觀主義」及「悲觀主義」，「人性學說」也有「性善觀」、「性惡觀」、「善惡混觀」，不同人性假定會影響人的行為取向與選擇。人活著一輩子都要做「價值判斷」以及「價值選擇」，當代的領導人運作「願景領導」，揭示群組組織的願景（vision）、任務（mission），以及核心價值（core value），來策動組織成員集體智慧，對組織（機構）產生動能貢獻，此就是「價值學」的知識。

價值學的知識，包括「核心價值」的建立（個人及組織的核心價值是什麼）、「核心價值」的成因（個人需求及組織任務交織的價值取向）、「核心價值」是否需要轉變（個人價值與組織價值的一致性或融合性），價值學的知識才剛啟蒙，亟待教育學者永續研發，早日定位。

第三節　事理要領的知識

人的一生，用最簡要的話來描述，就是「活在不同的時空中，拿物做事」。我們有生活上的事（食、衣、住、行、育、樂及雜事），有學習上的事（讀寫算、做中學、觀摩、練習、複習、完成作品、德行實踐），有休閒的事（身心動靜平衡調配、運動、旅遊、休息），也有人脈上的事（新五倫人際關係的經營，學術事業、人脈關係的經營）。事有事理，運用學到的知識，順著事理，把每一件事都做好，做得妥適、做得精緻、做得有價值，人生就充滿意義、價值與尊嚴。

不同職務的人，所用到的事理要領知識會有層次上的不同，無論是公務人員或私人企業員工，組織領導幹部最需要「政策與計畫」的知識。領導幹部一定要有「系統思考」以及「本位經營」的素養與知能，並運用習得的政策規劃及方案計畫之知識與技術，為自己領導的組織，測定優質合宜的「政策與計畫」，帶動服務單位精緻發展。因此，領導幹部要有「政策與計畫」的知識，組織的事才能做得好，符合事理要領。

中階的職工需要之事理要領知識，則以「程序與標準」的知識以及「溝通與篤行」的知識較為重要。程序與標準的知識是指，各行各業都針對核心工作事項訂定 SOP，並列為「知識管理」的一部分，就是顯著的例子。溝通與篤行的知識是指，要把「政策與計畫」之內容做到什麼程度及核心事務「方法」選擇的知識，這些事理要領要「溝通」明確，大家選用「最佳方法」信實執行，政策與計畫的精神旨趣與實際作為才得以實踐，也才代表組織成員能夠掌握「事理要領的知識」。

最基層的職工需要之事理要領知識，則集中在「實踐與貫徹」的知識以及「績效與價值」的知識。一個優質的政策與計畫，仍然要基層員工能夠實踐，做得到、可完成，符合預期成效的設定，可以彰顯方案核心價值，才有意義，才是好的政策方案。實踐與貫徹的知識以認同、承諾、按部就班、績效責任、如期達成任務的實踐知能為主。績效與價值的知識則是指，基層員工執行事務的工作態度及價值反思的知識，好習慣、好態度、顧客第一、歷程檢核、創價為先。每一個員工都有正向積極價值觀，分工協力，共同投入計畫與任務的實踐與完成，成為最基本、也是最上位的「事理要領」知識。

一、政策與計畫的知識

任何組織（單位）的領導幹部（如科長以上公務員、學校校長、主任，以及私人企業經理、協理以上人員），最需要政策與計畫的知識。政策與計畫的知識，包含規劃政策及策定計畫（方案）的有效技術（次級系統的知識），本書為使讀者容易了解，以優質的政策報告書（2011 年第二本教育白皮書）為例，說明政策攸關的核心知識（含技術）之主要內涵，也以優質的教育計畫要件為例，說明計畫攸關的知識與技術的核心內涵。

教育部在 2011 年頒行我國第二本教育白皮書——《中華民國教育報告書：黃金十年、百年樹人》，2013 年頒行《中華民國師資培育白皮書：發揚師道、百年樹人》。兩本教育政策有關的白皮書，其是否優質、能否真的帶動國家教育事業的精緻發展，決定在下列四大層面「知識（含技術）」的「系統重組」：(1)探討社會變遷與時代需求：如數位科技產品對於知識管理、知識遞移與人民教育生活的影響；(2)分析焦點議題與發展策略：如少子化與學校經營最適規模（策略聯盟、系統重組學校、整併再生）；(3)揭示政策目標與核心價值：如師資培育的願景目標在「自我實現、責任良師」，師資培育政策的核心價值是「專業、精緻、責任、價值」；(4)頒布行動方案與實踐措施：用行動方案調整教育機制，以實踐措施，達成政策目標。四大層面的知識及技術重組到位，必能引導教育人員提升教育品質，提高國家整體的教育競爭力。

政府（公部門）通常是用「中長程計畫」或「主題式計畫」來實現重要政策，我們也可以從當下政府正在推動的「計畫方案」來了解國家政策之所在，也就是說有「怎樣的計畫」，代表政府當下重視「怎樣的政策」。計畫與政策是一體兩面，重視優質教育計畫的知識以及有能力擬定優質的教育計畫，對領導人來說最為重要。優質的教育計畫強調下列五大特質：

(1)計畫的型態具有系統結構，尤其是目標、策略、項目等三者彼此關係密切，可以用圖或表來呈現；(2)計畫的背景緣由或實施原因是一種教育理念的實踐，整個計畫的意涵具有教育理論的基礎；(3)計畫的實施項目與內容是可行的、可以操作的，也是教育組織學校當前最需要的；(4)計畫的執行設定了固定的期程、項目與經費，資源投入的量與質能規劃妥適；(5)計畫本身包含了「配套措施」的設定與執行，推動計畫本身的「組織」、「運作」、「考核」、「檢討」、「回饋」、「品質保證」等機制，有明確的規範（鄭崇趁，2012，頁 158；鄭崇趁，2013，頁 141）。

二、程序與標準的知識

事理要領知識的第二個環節，在於找到「做好事情的 SOP」。各行各業核心事務的 SOP，繁簡不一，並且有各自的特質與規範。就行政類事務的SOP而言，應符合下列四大原則（這四大原則也是知識）：(1)最經濟的時間：用最節約的時間完成事情與任務最好；(2)最合理的資源：每一件事都要能量與相對資源的投入，事情要辦得好，辦得到位、精緻，要有「標準」而合理的資源投入，這些資源包括人力、物力、財力、數位資源等；(3)最簡約的步驟：尤其是程序步驟愈少愈好，但要多數使用的人看得懂、會操作；(4)最永續的價值：SOP 的設定不只是「把事做好」即可，它是要「可以重複使用」、「可以服務更多顧客」、可以為所有的使用者，花最少的能量，創發最大的價值，追求最永續的價值。所以各種行業都在推廣 SOP 的設定以及 ISO 認證。

教育事業的 SOP 有別於一般純行政事務，它是一種「教人」的事業，因此具有下列五大特質（這五大特質也是知識）：(1)是一種人與人的對話及互動為主軸的事務（多不屬個人獨自完成的事務）；(2)教育事業（工作）要符合教育、教學、學習、自主的本質；(3)施教者要重視專業示範與帶領學生在操作中學習；(4)關注知識管理、知識螺旋、知識遞移，以及知識基模系統重組的技術傳承；(5)逐漸重視知識（智慧）學習與要求教育作品的學習成果，例如：智慧創客教育 KTAV 教學模式的倡導。

三、溝通與篤行的知識

事理要領知識的第三個環節，在於如何與實際做事的人（執行事務者）溝通，讓他們充分了解如何把任務做對、做好、做得完善，創發產品的價值。要做對、做好任務工作，還包括執行方法與技術的選擇，必須選擇最便捷與具價值的方法技術，才是把事做好的最佳作為。

因此，組織領導人要關注下列「溝通與篤行知識」的溝通：(1)目標與學理的溝通：讓核心幹部及職工了解任務工作目標，以及這些工作任務主要依循的學理或理念；(2)方法與技術的溝通：揭示幹部及職工完成任務的多元方法與核心技術，以及核心事務SOP的說明；(3)要領與資源的溝通：如何才能掌握關鍵？主要與輔助資源之所在，以及資源統整的運用及要領有關；(4)時限與品質的溝通：要有成品（含標準）範例，以及明確的完成時間與數量、品質的要求。

四、實踐與貫徹的知識

事理要領知識的第四個環節，在於如何激勵最基層員工「實踐與貫徹」，將組織的核心工作或主要產品做好，貫徹組織目標與任務的達成。實踐與貫徹的知識長期被大家忽略，以致於造成組織（單位）雖有好的想法或創新產品，但因為基層員工欠缺同一水準的執行力，讓組織（單位）沒有達到預期的創價結果或永續經營實力，至為可惜。

組織（單位）領導人應關注基層員工下列四種「實踐與貫徹的知識」：(1)理念的貫徹：組織的重要工作或創新產品都有原始的理念與原因，它是產品與工作的靈魂，經營者要讓員工了解這些靈魂（理念）的存在，員工工作才有意義；(2)作法的貫徹：很多同類型產品（或工作）的競爭力在於產制流程的厚實與到位，方法貫徹的知識與技術服務，才能維持既定的服務（產品）品質；(3)標準的貫徹：就產品而言，原料（元素）要符合既定（樣本）標準；就服務性事務而言，也要提供標準化的服務品質表現，每一次的服務都要讓顧客滿意（符合預期標準）；(4)成果的貫徹：事情如期完成，產品限期交貨，員工工作快樂，老闆與顧客皆大歡喜，即為成果的貫徹（成果的貫徹屬於流動型的知識與技術，它存在於領導幹部與員工之間，要大家在流動中調整，而不只是觀念型的知識）。

五、績效與價值的知識

事理要領知識的第五個環節，在於如何讓全體職工了解自己組織（單位）的績效與價值是什麼？為什麼要做這些事（任務）？為什麼要產製這些產品？這些事（或產品）對自己的意義價值是什麼？這些績效成果對組織及社會國家會有哪些價值貢獻？績效與價值知識之存有與流動，往往是組織（單位）是否興旺的關鍵元素，績效與價值知識在員工中流動愈暢旺，就是組織（單位）興盛的時期。

績效與價值的知識可分成下列四類：(1)量的績效（價值）：產品與服務的數量達到預期水準，有時超量擴能，創造更大價值；(2)質的績效（價值）：產品與服務的品質符合標準，顧客滿意，促成社會公平交易與知識之流動；(3)成果績效（價值）：事務任務完成，績效成果達標，人與組織和諧、圓融有度、智慧生新；(4)潛在績效（價值）：每一個人在不同的時空中，拿物做事，既能完成組織任務，又能充分自我實現，對於人類的文明與文化也有可能產生潛在績效（價值），例如：體制的影響程度、環境的影響程度、心理的影響程度，以及文化的影響程度等（參見鄭崇趁，1995，頁 345-347）。

第四節　人倫綱常的知識

人的一生，因為要做事，所以要了解「事理要領的知識」，做事的時候，都要與他人相處，一起做事、一起生活、一起學習、一起完成任務目標、一起創新產品、一起創造價值。人與人相處之間的「關係描述」稱為人際關係，人際關係的倫理訴求稱為「人倫綱常」，人倫綱常的知識也浩瀚無垠，並且言人人殊。我們可以從中國傳統的「五倫之德」（父子有親、君臣有義、夫婦有別、長幼有序、朋友有信）以及「五常之德」（仁、義、禮、智、信）即可窺見其大要。

人倫綱常的知識是在談「人與人之間」互動關係的知識，在五育的教育中屬於德育，就個人而言是「情緒→情感→情操」行為表現的全人格教育，就組織群體而言，是「私德到公德」的倫理道德教育。從當代的顯學「輔導與諮商」看德育，則又是協助人認清「自我」、適應「群我」的本然與應然之「內在素養」與「外顯能力」行為表現。凡是人與人的關係行為論述（包含內隱素養與外顯能力），均可稱之為人倫綱常的知識。作者於 2014 年撰寫《教師學：鐸聲五曲》一書時，倡議「新五倫及其核心價值」，其核心意涵結合當前品德教育的具體作法，是詮釋「人倫綱常的知識」最佳素材，扼要說明如下。

一、新五倫的分類標準

新五倫包括：第一倫「家人關係」、第二倫「同儕關係」、第三倫「師生關係」、第四倫「主雇關係」，以及第五倫「群己關係」。家人關係係指住在一起的人，通常彼此之間有血緣關係。同儕關係係指同學及同事，一起學習或一起工作的人，也包括部分共同執行任務的團體。師生關係係指教育者與受教育者之間的關係，每個人的一生會經由數十至上百位教師的教導與學習，實質的師生關係經歷二十年左右，部分教師則一輩子都在教書，一輩子都享有師生關係。主雇關係係指老闆與員工的關係，成年以後的公民都要進入職場工作，不是老闆（發薪水的人），就是當員工（領薪水的人），主雇關係通常須扮演二十年至四十年之久。群己關係係指個人與社會大眾（沒有前述四倫關係者）之間的關係，群己和諧，勤奮共榮，需要人人有知識，更需要精緻化的知識——智慧。上述這些人倫綱常的知識，本來就存在，由人類的集體智慧逐次地發現它，並逐次布建成具有邏輯結構的知識系統。

新五倫的分類（家人、同儕、師生、主雇以及群己），由作者「直觀」而來，它是經驗與學理交織累積的成果，立基於下列四項標準：(1)長期一起生活的對象；(2)具有共同生活目標的群體：如家人為了親密、依存；同儕中的同學為了學習，同儕中的同事為了共同完成組織目標；師生為了教與學；主雇的共同目標在為組織產製優質產品，共同創價；群己關係的共同目標，則是為了包容互助、國富民強；(3)得以呈現族群的樣態與文化：如學校的教育機制，讓師生關係具有固定的樣態與文化；(4)得以著力經營的族群對象：新五倫的五大族群，皆可以用政策著力引導以及計畫經營，例如：研發其核心價值，將新五倫的核心價值作為學校品德教育中心德目，並設定學生行為規準加以實踐；五大族群人際關係的優化是優質文化的基石，也是國家創新文明的條件。

二、新五倫核心價值的探究

「核心價值」是願景領導的重要內涵，在二十世紀末及二十一世紀初，依循管理學的發展，逐漸被世人關注。當代的先進企業或英明的公私部門領導人，都會為自己主持（領導）的單位，進行願景領導，同時揭示組織（機構、單位）的願景（vision）、任務（mission），以及核心價值（core value），運作願景領導來凝聚組織成員的向心力，增進個人自我實現的同時，也能聚焦組織的有效智慧資本，為單位（機構）創造最大價值，例如：中國大陸於 2014 年頒布「社會主義核心價值」（富強、民主、文明、和諧、自由、平等、公正、法治、敬業、愛國、誠信、友善），地方政府及公家部門、公共場所全面配合運用、經營、價值行銷，其影響力巨大，無與倫比。

核心價值的建構來自兩大元素交織的共同價值取向：一為個人的「需求與心願」；另一為隸屬組織的「任務目標」。以「兩人成家」為例，兩位交往親密的男女，為何要宣示結婚、共組家庭？就個人而言，有「性的需求」以及「心儀的對象」，所以相互承諾，要共結連理，期能幸福一生。就家庭（組織）而言，家庭的目標任務在繁衍子孫，興旺家業，是以有位大學的年輕教授結婚時，與太太「約法三章」——忠誠、孝順、努力，用現代「願景領導」的語言來說，就是揭示兩個人之所以要結婚的「核心價值」。前述中國大陸的「社會主義核心價值」之所以影響巨大，代表十二個能夠充分反映人民的共同需求與心願，也符合中國國家社會現階段的目標任務，所以能獲致廣大民眾的認同，積極參與，進而承諾力行。

「新五倫」明確劃分了五大族群人員的類別，如能揭示（研發）各類別族群人員的核心價值，做為共處的倫理準則，一定有助於族群之間的人際互動，既能共同協力完成組織任務目標，也能結合個人的心聲宏願，幫助組織及個人均能自我實現。作者持續深耕研發（2014～2016 年）新五倫的核心價值，已具初步成果，概要如表 2-1 所示。

表 2-1　新五倫及其核心價值

新五倫	核心價值
第一倫　家人關係	親密、觀照、支持、依存
第二倫　同儕關係	認同、合作、互助、共榮
第三倫　師生關係	責任、創新、永續、智慧
第四倫　主雇關係	專業、傳承、擴能、創價
第五倫　群己關係	包容、尊重、公義、博愛

資料來源：修改自鄭崇趁（2015a，頁 7）

家人有親相依存，同儕認同能共榮，師生盡責傳智慧，主雇專業多創價，群己包容展博愛，就是幸福太平盛世，就是人類共同營造的人倫綱常之知識。

三、核心價值（中心德目）行為規準的開展

「新五倫」為當代人類的人際關係，做相對性妥適的分類（相較於五倫而言）。五大族群的「核心價值」研發之後，如果沒有教給學生，沒有針對「核心價值」本身開展學生（或人）可以實踐的「行為規準」，那就只是學校教育「中心德目」的「標語」，有宣示引導作用，卻無實踐力行意涵，要其成為「人的素養」與德育的「行為能力」，就會十分有限。是以大部分的學校在推動學生品德教育時，多選用中心德目（核心價值）開展適合學生年級（年齡）實踐的行為規準（通常二至三條），並且貼在班級教室布告欄，由老師適時講解，帶領實踐。

核心價值（中心德目）行為規準的開展，配合品德教育的理論基礎（好習慣與服務心），每一年段或年級的行為規準最好二至三條：第一條揭示應然行為的好習慣，第二條揭示服務助人的服務行為，第三條則引用經典名句或偉大人物的智慧語錄。每一年段或年級都用一至二週時間，來實踐

力行這些中心德目（核心價值）的行為規準，學生的好習慣與服務心逐步累增，就會經由教育，逐步涵育成有品格情操的責任公民，每一個學生都會扮演好新五倫的人際關係，都會力行新五倫的核心價值及行為規準，是一個具有核心素養以及品德行為能力的人。

四、品德教育的實踐與趨勢

品德教育的知識、技術與方法策略，遠比「新五倫及其核心價值」廣大深遠。前述依「新五倫」的「核心價值」選定為中心德目，並開展其「行為規準」僅是實踐方法的一種。周延到位的品德教育，尚須「品德情境營造」、「主題課程教學設計」、「藝文表演作品實踐」、「服務學習」、「服務社團」、「梯隊經營服務」等。

品德教育的發展趨勢概要有五：(1)由私德到公德：傳統的品德教育由個人出發，重視自我要求，要慎獨，內在清明，己所不欲勿施於人；近代的品德逐漸強調公德，例如：公車捷運的讓座，主動站出來致力於公共服務事項，此即所謂「積公德」遠勝「大宅男」；(2)由內隱之德到外顯之德：內隱之德近似「核心素養」，關注動機；外顯之德近似「核心能力」，較重視行為表現；(3)由自我實現論到智慧資本論：自我實現論為自己負責，理想抱負與現實成就吻合；智慧資本論為組織負責，對自己隸屬的組織單位（或國家社會）具有動能貢獻；(4)由自由、平等、人權到民主、博愛、法治：自由、平等、人權保障個人的基本人權；民主、博愛、法治則期待發揮人類的集體智慧，共同提升人類的幸福指數；(5)由五倫到新五倫：用家人關係、同儕關係、師生關係、主雇關係，以及群己關係之新五倫，取代過往五倫的分類。

品德教育的知識都屬於人倫綱常的知識，這些知識蘊藏於宇宙大地之間，也潛藏在人類理性之中。人類數千年的傳承與發展，開展了今日品德教育的機制與內容；品德教育的發展趨勢，象徵著人倫綱常之知識、技術、能力與智慧（價值）的永續「系統重組」。

第五節　時空律則的知識

時間留給人類萬古常新，空間提供人類浩瀚舞臺，人類站在地球上，盡情享受著宇宙留給人類揮灑的時空。時空也是知識的一種，只是時空律則的知識與其他知識之性質不太一樣，它是一種節奏與旋律的現象，它與人的生命同存於宇宙之中，而其他的知識（物理現象的知識、事理要領的知識以及人倫綱常的知識）都要與人的生命系統知識直接產生交互作用、整合發展（知識解碼→知識螺旋→知識基模系統重組→知識遞移創新），發展成人的內隱知識（素養），再發展成人的外顯知識（行為能力），進而發展成人的核心價值觀（指導內在素養外顯化的動能意願）。時空知識伴隨著生命系統的知識，提供人類經營「知識→技術→能力→價值」展現的時間與空間。

探討時空律則的知識，近代出現了「時間管理」、「運用時間的藝術」、「音樂美學與時間」、「教師學：鐸聲五曲」、「空間營造」、「空間美學」、「學校建築規劃」、「校園規劃」，以及「空間領導」等名詞，尤其是本書作者的《教師學：鐸聲五曲》（鄭崇趁，2014）一書，與湯志民（2014）空間領導的研究，為「時空律則的知識」探討開了新頁。《教師學：鐸聲五曲》一書，用「鐘鳴大地・人師」、「朝陽東昇・使命」、「春風化雨・動能」、「明月長空・品質」，以及「繁星爭輝・風格」五部曲，歌頌教師連結教師生命系統的知識與時空律則的知識，展現了「知識教育學」全新的風采。

時空律則的知識屬於自然現象的知識，自然的時間與空間，可以發現四種律則：循環、節奏、旋律，以及模式，因此本節分循環的知識、節奏的知識、旋律的知識，以及模式的知識四大重點，逐一說明如下。

一、循環的知識

時間與空間雖屬自然現象，但它有明確的律則可循，第一種律則就是「循環」。從時間的立場觀察，我們用的計時器，每天有 24 小時，每一小時是 60 分鐘的循環，每一分鐘又是 60 秒鐘的循環，每天是 24 小時的循環，每週是七天的循環，每月是 30 天或 31 天的循環（2 月份除外），每年是 12 個月或 365 天（或 366 天）的循環，這些光陰（時間）的律則，人類發現之後給予日、時、分、秒以及星期、月、年之定名，定名之後就成為知識的一部分，得以用之於教學，傳承記錄人類文化的發展與進程。

從空間來看人類運用空間的循環歷程，雖未若時間循環般明確，亦有下列跡象可循：(1)生活空間的循環：每日的食、衣、住、行呈現定型化的循環，循環使用房間、客廳、餐廳、車子的空間；(2)事業空間的循環：每天何時進辦公室，辦公室（或事業空間）的使用也幾近定型化的循環；上下班，何時使用哪些設施幾乎都周而復始地循環著；(3)學習空間的循環：尤其是學校教育，依週排課，教師與學生就必須按週期使用選讀課程的教室空間，是學習空間的循環，通常要一學期才能改變循環的律則；(4)職位空間的循環：人的職位通常愈做愈大，官位愈大者使用的「標準配備」與「官印」就愈為「高級」、「周全」；人類通常隨著職務的升遷，而形成一種職位空間的循環。

二、節奏的知識

「節奏」與「旋律」是音樂的兩大元素，音樂需要明快的節奏結合優雅的旋律，才能成為好聽的曲調，時空的第二種律則就是節奏。較為短時間的規律使力稱為節奏，例如：「澎洽、澎洽」、「澎恰恰、澎恰恰」。人使用時間的習慣性循環稱為節奏，例如：每天有「早睡早起」的習慣，晚上 11 點以前睡覺，隔天清早 6 點以前起床，是一種生活時間的節奏；又如：作者每天清早起床之後，先行晨讀（或寫作）一小時，然後運動一小時，再洗澡吃早餐（也大約一小時），接著開車上班，歡喜迎接一天的授課或輔導行程，天天如此，周而復始，也形成一種時間的節奏。因此，每一個人固定使用時間與空間的習慣，就會是一種「節奏」的循環，時空節奏規律愈明顯的人，其所累積的事功也會愈為明顯（因為其促進相關知識能力的流動就愈大，愈能夠點滴成河）。

「空間的節奏感」較不易覺察與表現，但其仍舊存在，例如：作者每天定量使用房間（浴室及床鋪）、書房（書桌及座椅）、研究室、運動場、教室（授課）的各種不同空間，每天都有近似雷同的小習慣循環，這就是空間運作的「節奏」；又如：作者清晨運動的習慣，已發展成「跑步」、「投籃」、「爬山」三種每週都有的「短期循環」，且必須與不同的空間結合，也屬於近似「空間的節奏感」。時空節奏的掌握十分重要，作者透過電視轉播，欣賞了法國網球大滿貫及英國網球大滿貫的比賽，由播報員的賽情分析，作者有了新的心得：在高手對決中，誰有能力掌握比賽中的節奏，讓擊球之後的時空落點最符合自己優勢的發揮（節奏），誰就能贏得該場的比賽。

三、旋律的知識

節奏是較短時間律則的重複及循環，旋律則是以節奏為基礎，加上律則長短與高低變化。在音樂（時間的藝術）之表達上，節奏是伴奏，旋律的變化才能成為曲調，音樂之美通常包括節奏之美、旋律之美，以及詞曲之美，其中的「曲」就是「節奏」加上「旋律」的整體表現。就時間而言的旋律知識，音樂的旋律及曲調就是最佳範例，也是一般人比較容易了解的部分。

有人說人生如戲，也有人說生命像一首歌。「人生如戲」的戲，通常是指劇情，人有悲歡離合、喜怒哀樂，人有成長階段、學習階段、發展階段、風華階段，以及老邁階段。古典劇、現代劇、愛情片、武打片、科幻片、歷史片、小說片，應有盡有，道盡各種人生在不同時空中所譜寫的故事（旋律），劇情之美在於內在的故事旋律之美。「生命像歌」的歌，通常是指生命階段的旋律，例如：當我們唱起岳飛「滿江紅」的歌時，我們一定會想到岳飛當時悲壯的旋律：「怒髮衝冠，憑欄處，瀟瀟雨歇。抬望眼，仰天長嘯，壯懷激烈……。」生命的旋律，用歌劇傳唱，或用書冊記載，較能永續傳承及創新。

四、模式的知識

在時空循環歷程中，每一階段節奏及旋律的組合，往往形成一種較為固定的「模式」，例如：一年四季中的春、夏、秋、冬，因為時空階段不同，而呈現不同模式的知識。春天來時百花開，萬物甦醒，生意盎然，人人充滿希望。夏天雨水豐沛，澆灌百業，暢旺興隆，大家勤勞豐足。秋風來時帶蕭瑟，楓紅遍野，如詩如畫，幾家歡樂幾家愁。冬雪覆蓋山頭白，大地靜寂，蓄勢待發，休養生息藏量能。北半球與南半球的春、夏、秋、冬正好顛倒，其呈現景緻（時空知識模式）也不盡然相同。

大地的法則稱為「模式」，指的是與大地運行的時空大律則，例如：太陽系九大行星的運行軌道，可稱之為「時空律則」的知識，也可稱之為「法則」或「模式」。在地球上隨時空季節產生的氣候變遷以及生態循環，都是大地的法則，也是自然的「模式」。模式的知識以及前述的循環、節奏、旋律的知識統稱為時空律則的知識。

時空律則的知識與物理現象的知識、事理要領的知識，以及人倫綱常的知識併同存留於宇宙大地之間，也併用存在於人類理性思維之中。人類經由教育與學習，啟動「生命系統的知識」，主動與前述四大類的知識整合。多元知識在人的身體內產生「知識交會」、「知識螺旋」、「知識基模系統重組」，以及「知識遞移」等作用，進而建構新知能模組（具有「真・知識」、「善・技術」、「美・能力」、「慧・價值」KTAV 四位一體的人），每一個人都成為有智慧的人（責任公民），每一個人也都有豐厚的知識（教育）作品，每一個人都是創客。「智慧人・做創客」是作者撰寫本書《知識教育學》最原始的初心，也是對教育本質與目的最深層的主張。

第三章　知識管理說

〈知識的取得與儲存・技術經營取向〉

關於知識的性質與本質的探討，哲學上的「認識論」貢獻最大。本書第一章的「知識本體說」及第二章的「知識先天說」之大部分觀點與論述，多來自認識論（知識論）的摘介申論。本章「知識管理說」則屬於管理學上的研發貢獻，公私部門都需要「企業管理」，公司企業「產品」的「核心技術」更需要有效管理，才得以傳承創新。部分企業的「產品配方」及「核心技術」屬於商業專利機密，是企業生存競爭的利器〔這些經營武器受「智慧財產權」保護，有時就直接名之為「組織（企業）智慧」，智慧包括了知識及其衍生的技術、能力及價值觀〕。管理學上重視的知識管理通常是指企業組織之核心知識、技術、能力及核心價值的有效管理。

知識管理說，係以分析知識的取得與儲存為主軸，並以「技術經營取向」的觀點來看待知識，將「知識」視為可以經營的「技術」，也就是知識中有技術。人類之所以取得知識，從本章的立場來看，就是學會操作這些知識中的技術，而「知識管理」就是管理組織單位「核心知識」的「操作技術」。這些操作技術，包括「產品」的配方、核心「知識」的元素（次級系統知識），以及產製流程的核心技術 SOP。「知識管理說」也意味著知識是可以操作、經營、管理的，找到操作、經營管理知識的著力點，知識就可以有效傳承，知識就可以創新知識（經由技術的系統重組而創新知識）。

本章分五節說明知識管理說的概要內涵：第一節「知識管理的教育意涵」，以管理學對「知識管理」的一般定義，論述其在教育上的意涵；第二節「知識管理的運作模式」，深入探討 $KM = (P + K)^{S}$ 知識管理模式的意涵；第三節「內隱知識的經營管理」，將內隱知識視為人的素養內涵，並提列教育人員應行管理的內隱知識；第四節「外顯知識的經營管理」，將外顯知識視為人的能力實踐，並說明教育人員應行管理的外顯知識；第五節「組織知識的經營管理」，將組織應管理的知識集中在「核心技術」的管理，並說明教育單位（機構及學校）應行管理的組織知識。

第一節　知識管理的教育意涵

知識管理是一種觀念，也是一種技術，更是一種行動。每一個人的成長發展需要知識管理，每一個組織單位的發展變革也需要知識管理。知識管理係指：「組織成員能夠運用現代資訊科技，對於組織中的知識進行搜尋、組織、儲存、轉換、擴散、移轉、分享、運用的過程，以促進組織知識的持續創新與再生。」其操作型定義可分成四大步驟：「知識搜尋與組織」→「知識儲存與運用」→「知識分享與轉型」→「知識創新與擴散」（鄭崇趁，2012，頁 283）。

本書關注「人」、「知識」與「教育」三者之間的關係：人要經由教育才能學到知識，教育在幫助人的知識學習、儲存、運用與創新。人與組織重視知識管理，要先解析「知識管理」的「教育」意涵，分五點闡明如下。

一、學到的知識才算知識

「知識」浩瀚無垠，廣博地存在這世界宇宙之中。每一個人能夠接觸到的知識十分有限，不可能都了解與掌握這世界留給我們人類的全部知識。每一個人學會擁有的知識，能夠滿足生活所需、事業經營所需，以及與人相處所需三大方面的知識也就夠了。無論是多偉大的人，也似乎沒有必要學盡天底下所有的知識。

就人與知識的深層關係而言，個人「學到的知識才算知識」，此句話具有下列三個層次的意涵：(1)知識浩瀚無垠，個人教育歷程或生活經驗中有學到的知識，才是自己能夠知道的知識範圍，換言之，自己沒學到的知識（雖然存在），自己就不會知道與擁有；(2)學到的知識通常有名稱及知識本身次級系統（技術）的結構關係，才算是真的知識；(3)學到的知識才能進行管理、分享、致用與創新，是「知識管理說」論述的基石。

二、管理的知識得到儲存

「知識管理」應界定「哪些知識」可以「管理」？以及「管理知識」的「基本樣態」又是什麼？前述「學到的知識才算知識」概括界定了知識管理的對象（有學習到的知識），至於管理知識的基本樣態是什麼？則可用「管理的知識得到儲存」來說明，或者說：知識管理是為了儲存知識備以致用。

「管理的知識得到儲存」也具有下列三個層次的意涵：(1)管理得到的知識才能儲存，管理不到的知識就難以系統存在（操作不及）；(2)由儲存知識的「質量與系統結構」可以觀察知識管理的優化程度，人與組織都有責任儲存管理應備的核心知識及技術；(3)知識的儲存最好儲存在人的身上（隨時可用），然當代數位科技產品（如電腦、手機、隨身碟）可協助管理知識，備以致用。因此，管理的知識得到儲存之第三層意涵是，人學到很多知識，經由系統整理之後，儲存在各種數位科技媒體中的知識（就像從前的學生上課記筆記，將教授的授課內容系統摘記或將書本閱讀心得寫成重點摘要，也是在進行知識管理；而當代的學生則直接儲存在電腦、平板、手機之中）。

三、分享的知識代表精熟

知識管理的重要方法之一是「分享」，是指能夠用學到的知識，經由自己「系統重組」之後，再分享給其他學習者，其分享的作為也是「有效且重要的」知識管理。「分享的知識代表精熟」，意味著已經精熟消化過的知識才能與他人分享。「分享知識」既是目的也是手段：從目的來看，人類之所以接受教育、學習知識，其主要目的之一，就是要將學會的知識與他人分享，提升自己及他人的素養，增益社會共好；從手段來看，分享知識才能確認自己是否真的學到這些知識、學會這些知識，這些知識是否有用、這些知識有否必要儲存與管理。分享的知識也可以是知識管理實踐的手段方法。

「分享的知識代表精熟」，也蘊含著下列三個層次的意涵：(1)個人已經學會、精熟的知識才能向他人（或朋友）分享，還沒習得與半生未熟的知識不宜分享、不宜勉強；(2)能夠分享的知識通常已經由當事人的「系統重組」，系統重組所呈現的「邏輯結構」是知識精熟的深層底蘊；(3)分享的知識是進一步得以「致用」及「創新」的基石，人類靠著教育活動的「分享知識」，奠定日後的知識致用及傳承創新知識的新境界。分享的知識代表人與知識融合的成熟與發展。

四、致用的知識產生價值

人與知識的關係至為密切，學到的知識繁多，但知識本身是中性，使用它，它才有價值，沒有用它或不用它，知識就看不出「當下」的價值，因此「致用的知識」才能產生價值。人習得的知識在下列四方面都會產生致用的價值：(1)生活上的致用：人的食、衣、住、行、育、樂用得上的知識，產生人的尊嚴與價值；(2)工作上的致用：人成年之後一定要工作，用工作創發價值，工作上需用到的知識隨著職業類別不同，專門知識與專業知識都會有程度及模組結構的不同；(3)學習上的致用：如讀、寫、算及資訊科技有關學習力知識能力的區隔；(4)人際上的致用：如新五倫的認同，以及新五倫核心價值及行為規準知識之能力表現間，人倫綱常知識的研發與使用。

「致用的知識產生價值」，也具有下列三個層次的教育意涵：(1)學以致用，指的是知識的學習乃經由學習得到的知識，要使用它，知識獲得致用才能產生價值；(2)知識本身的價值，端賴人類如何使用這些知識，知識被用得愈多，愈有價值；(3)知識產生的價值是實用性的價值，知識要轉化為可操作的技術，形成學生帶得走的能力，知識才有明顯的教育價值。

五、創新的知識要成作品

這個時代，簡稱為知識經濟的時代，知識經濟時代的核心價值是「創新」，其強調唯有不斷創新企業組織的知識及產品，才是企業組織永續經營的命脈，若不再創新就會面對挑戰與滅亡。「知識管理」的定義中也談創新，主張知識經由好的管理，也會產生傳承創新的效果。知識管理可促進永續創新，也包括管理好創新的知識。

本書主張「知識管理」係為「知識創新」與「創新產品」預作準備。「知識管理」本身，尚未談及「創新」，知識的創新宜在「知識螺旋」、「知識基模系統重組」，以及「知識遞移」之後再加以論述說明，此乃因為作者主張，「創新的知識要成作品」，知識要以新的作品呈現，大家才會對「新知識」有感有覺，可以認識。

「創新的知識要成作品」，亦具有下列三個層次的意涵：(1)創新的知識範圍廣泛，包括觀念態度的創新、方法技術的創新，以及產品內容的創新，但是唯有作品的創新才是有形的創新；(2)創新的作品本來就永續出現在人類的歷史文化之中，它是用作品賦予「知識」新的存在（to being）；(3)只要能以新作品出現在人類面前的東西，它都是之前就存有的（知識先天說），只是當代人類目前才發現（創新）了它（發現知識之間新系統結構，並用作品呈現）。因此，創新是發現「知識新的存在」，而不是無中生有。

第二節　知識管理的運作模式

日本學者 Nonaka 與 Takeuchi（1995）發表了知識管理的運作模式，如圖 3-1 所示。

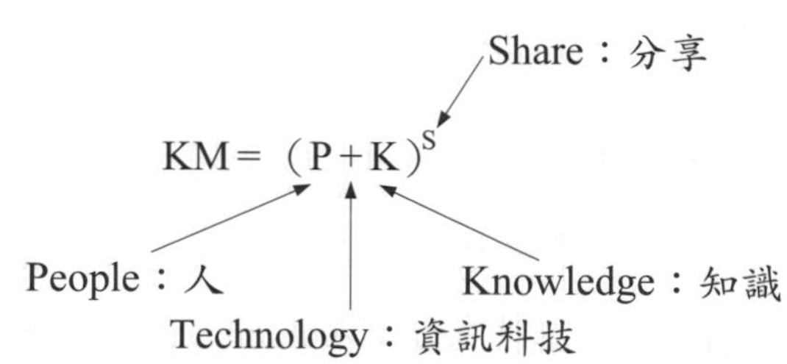

圖 3-1　知識管理公式

資料來源：修改自 Nonaka 與 Takeuchi（1995）

本書定名為「知識教育學」，為增進讀者了解此一運作模式的深層意涵與正用，申論其四大要義，包括：「人」是知識管理的主體、「科技」幫助人與知識的融合、「分享」豐富知識的流動與創新，以及「人」與「組織」都要實踐知識管理。逐一說明如下。

一、「人」是知識管理的主體

此一公式（操作模式）之所以被全世界學者認同，並加以使用，在於它的三個特質：(1)簡易精要：很清楚地界定人與知識及管理三個詞性之間的關係，精要易懂；(2)將「科技」列為知識管理的最重要工具，具有時代趨勢；(3)提出「分享」的經營管理要素，從「個人」的知識管理連結到組織成員的「互動」與「集體智慧」，頗為高明。

此一公式，從表象觀察，容易將「人」與「知識」視為同等重要，認為知識管理就是人與知識「對等」性的組合。事實上，「人」與「知識」兩個名詞的詞性內涵不一樣，「人」是活的，「知識」是死的，人要主動求之，知識才有可能跑到人的身上，被人來管理與使用。是以「人與知識」兩個名詞雖然並列，但「人」才是知識管理的主體，人要主動蒐集、儲存、分享、運用知識，進行知識管理，知識與人的關係，才能傳承創新。人是知識管理的主角，知識管理的論述與運作，都是為了「人」。

二、「科技」幫助人與知識的融合

從 $KM = (P + K)^S$ 公式的表象觀察，括號內的「＋」，有人會認為是「加」，有人會解讀為「Technology：資訊科技」，實際的意涵則為兩者「加乘」，既是「加」也是縮小的「T」。為什麼「資訊科技」和知識管理有關？因為它是融合「人」與「知識」的「加乘器」。資訊科技的使用，會幫助人「很快找到要用的知識」，「很快蒐集到此一知識的定義與可操作事項」，「很快提供比對的知識訊息」，「很快幫助人系統重組這些知識」，「也很快幫助人把需用的知識系統儲存」，「也很快可以提供已經儲存備用的知識」。資訊科技（數位媒材）幫助人與知識的融合，是人類進行知識管理的利器，當個人或組織進行「知識管理」時，它已經成為不可或缺的工具。

三、「分享」豐富知識的流動與創新

此一公式的中文意涵：知識管理是「人」與「知識」的「分享」次方。「分享」（share）占「次方」的角色地位，代表它「重要」、「崇高」、「具有深層意涵」。作者認為它有三大深層意涵：(1)「流動」的知識：分享的作為是人類用知識與他人的分享，分享具有促進知識「流動」之意，「流動」的知識提供人類知識的「取得」與「管理」；(2)「集體」的知識：知識及知識管理不再是「個人」的事，而是大家（集體）的事，經由各類型態的知識分享與知識系統平臺的建置，管理知識，經由分享，由個人的知識管理，連結到組織成員集體知識及智慧的管理；(3)「創新」的知識：分享的知識，都經由當事人的「系統重組」與「重新展現」，這些知識都有「創新」的意涵（重組系統即創新），而分享討論的結果，也往往帶來「新知識」的產生，而產生「創新的知識」。因此，「分享」豐富了知識的流動與創新，也標示了「集體智慧」在知識管理中的重要性。

四、「人」與「組織」都要實踐知識管理

「知識管理」的重要性非常顯著，商學院的企業管理學系，多將「知識管理」列為正式課程，成為二至三學分的必（選）修學科來教學。作者撰寫的經營教育四學（《教育經營學》、《校長學》、《教師學》，以及《家長教育學》），每一本書都有一章「知識管理」。但人類也很健忘，在二十世紀後十年，「知識管理」好像是大企業公司「組織」的事，只有企業規模龐大，面臨產品競爭市場劇烈挑戰的組織單位才在談「知識管理」，重視企業產品「核心技術」的有效管理，並且「防弊」重於「傳承創新」；都沒有在談員工個人的知識管理。

進入二十一世紀第一個十年之後（約 2010 年），大家談的「知識管

理」，好像有逐漸偏向個人為主體的知識管理，並且不太談論組織的知識管理。本書作者主張「人」與「組織」的知識管理同等重要，「人」與「組織」都要實踐知識管理。是以，接續的第三節及第四節是在論述「個人」的知識管理，第五節則闡述「教育組織」的知識管理。

第三節　內隱知識的經營管理

由前述兩節的說明與論述，我們對知識管理可以再整理成更為簡明的定義：「管理好自己已經學到、看到的知識，將其儲存在自己的身體裡面（成為內隱知識），或儲存在手機、電腦、影音媒材中（成為隨時可用的外顯知識）」（鄭崇趁，2015a，頁231）。知識管理說的意涵有四大重點：(1)知識的實體到底是什麼？(2)哪些知識需要管理？(3)不同角色任務的人與組織要管理哪些不同的核心知識？(4)知識管理的方法技術與具體的操作事項又是什麼？本章第一節及第二節已綜合闡明了前兩個重點，本節連同第四節、第五節接續完成第三個及第四個重點的探究。

Nonaka 與 Takeuchi（1995）將「知識」分為「內隱知識」及「外顯知識」。內隱知識係指存在於人的身體裡面的知識，有人說存在大腦（如智多星），有人說存在肚子（如墨水多多），但是看不到、摸不著，沒有具體的「實相」可進行「操作管理」，偏於「抽象的知識」。外顯知識是指看得到、聽得到、人的感覺器官能直接感受覺察得到的知識，例如：書本著作、講課時使用的教材教具、PPT 授課綱要、圖像與講解說明的話語等，都是外顯的知識。本節先說明內隱知識的管理要領。

一、內隱知識代表人的素養內涵

臺灣與中國在近期修訂頒行基礎教育階段的新課綱有一共同趨勢，即是將「核心能力」導向的課程目標，都調整為「核心素養」導向的課程目標，引發兩岸教育學者以及中小學校長、教師們必須密集因應討論，方得實踐。本書作者主張，教育的功能就是由學校安排課程與教學，由教師帶著學生系統學習知識，知識與人融合，形成內隱的基本素養以及外顯的核心能力。基本素養（核心素養）及核心能力（帶得走的基本能力），是知識與人融合後的一體兩面，是故核心素養的內涵可用內隱知識來加以論述說明。

二、人需管理的內隱知識（核心素養）

本書對於「知識」的主張有廣狹兩義：狹義的知識是指「知識本身」；廣義的知識是指「知識本身」及其經由人的學習後，與人融合而成的新知能模組。此新知能模組包括下列四大元素：(1)真（的知識）；(2)善（的技術）；(3)美（的能力）；(4)慧（的價值）。是以，內隱知識應是人學習知識之後，由「知識、技術、能力、價值」所留存在人內在的素養「真、善、美、慧」。從廣義的「知識」來看「內隱知識」（素養）以及「外顯知識」（能力），它們兩者都有共同元素：知識、技術、能力及價值。「內隱素養」實踐力行就成為「外顯能力」，行為能力表現習慣之後，也終將形成「內隱素養」，它們都是知識四大元素「交互整合」之後留在人身上的「一體兩面」（新知能模組）。

人需要管理的內隱知識（核心素養）概指下列四大種類的知識：(1)生命哲學的知識：人為萬物之靈，教育的目的在教「人之所以為人」，理想中的人是什麼？自已想要的人生又是什麼？這些生命哲學的知識是人之所以為人的應備知識；(2)事業理論的知識：人不管從事哪一種行業，都有專門行業的理論知識，這些理論知識是人類先賢留給我們人類最珍貴的智慧（知識）資產，與我們事業攸關的理論知識，是我們應備的第二種內隱知識；(3)核心價值的知識：人活在各種不同的組織系統之中，組織有組織的任務目標，組織內的人也都有「人之所以為人」的共同心願與需求。「組織任務」×「人的共同需求及心願」所交織而成的價值取向，就稱之為核心價值，每一個人都需具備「自己」及其隸屬「組織」核心價值的知識；(4)人倫綱常的知識：人是群體生活的動物，生活、工作、休閒、學習都要與他人相處，發揮群體動能作用，人才能自我實現，也才能成為組織的有效智慧資本。人際關係與品德行為、情緒、情感、情操等人倫綱常攸關的知識，就成為人人應備的內隱（核心素養）知識之一。

三、教育人員的內隱知識

教育人員包括教師、校長、幹部、教育領導及教育行政人員。教育人員的行業特質有別於其他職業人員，其工作特質有四：(1)「教人」的工作：要扮演經師、人師及良師，與其他行業以「做事」、「產製產品」或「服務顧客」的性質有別；(2)「互動」的工作：人教人必須直接互動，教育人員的神聖使命，就是要確定每一次的「師生互動」及「生生互動」都產生有價值的學習成果；(3)「示範」的工作：教育中的教學活動是極為「專業」的行為，教師必須專業示範給學生看，提供學生模仿操作學習的對象；(4)「重組」的工作：教與學的互動行為表現，都在「做中學」，並進行「知識基模系統重組」，操作知識中的技術，建構新知能模組，完成新的知識產品，就是「系統重組」的工作。

從教育工作的性質來看教育人員應管理的知識，重要者有：教育理論的知識、行政效能的知識、課程教學的知識、輔導學生的知識、環境設施的知識，以及資源統整的知識。就內隱知識的管理而言，則集中在下列四種：(1)教育哲學的知識：自己有好的生命哲學，並教給學生正確的人生觀與價值觀；(2)教育核心價值的知識：要充分了解國家（教育部）、地方（縣市政府）及學校（單位）的教育核心價值，並建構自己的教育核心價值觀；(3)課程設計與教學原理的知識：課程是教育的內容，教學是教育的方法，要會設計適合學生學習的教材內容，選用學生喜歡的教學原理與方法，學生方能學會，產生知識遷移；(4)學生身心發展的知識：教育人員要了解工作服務的對象——「學生」，依學生的認知發展及生理發展需求來教育學生，才會是有效的學習，因此學生身心發展知識也是教育人員應備的內隱知識。

四、內隱知識的管理要領

用「核心素養」的方向來論述內隱知識的經營，有下列四大原則：(1)既要廣博又要精要：知識的廣與深很難兼顧，但對個人的知識素養來說，適度的「廣而精」才是最佳素養；(2)兼重智育與德育：智育知識重質量，德育則將其轉化為人的素養；(3)整合善的技術與美的能力：技術與能力屬於可實踐力行的知識，要與美、善融合，方能展現素養；(4)個人核心價值與組織（群體）核心價值一致：個人與組織核心價值取向一致，相互得以交流融合的素養，才是自我實現與有效智慧資本的基石。

內隱知識的經營管理要領可參照下列作法：(1)札記省思：內隱知識的覺察，需要自己與自己對話，寫日記或平時的札記省思可為自己經營省思檢討及自我策進激勵的對話；(2)文章著作：寫文章或撰寫專門著作，雖是內隱知識外顯化的作為，卻是最佳的內隱知識管理，也是整理與系統化內隱知識的最佳作法；(3)知己對話：內隱知識常有模糊與不確定的特質，將尚在形成或已形成未把握的知識，找知己死黨討論、分享、對話，可以釐清自己知識的有無、濃烈程度、妥適性與可行性；(4)群組激勵：在專業社群中分享自己的生命哲學與理論理念的詮釋，或進行價值論述與反思，可以經由彼此共鳴支持及交互激勵動能，優化內隱知識及核心素養。

第四節　外顯知識的經營管理

外顯知識是指人看得到、聽得到、摸得到的有形知識，例如：書本、文章、著作、演講者的投影片（PPT）及其說明等，都可以說是外顯知識。外顯知識既然大家看得到、聽得到、摸得到，為什麼還需要經營管理？這不是多此一舉嗎？因為一般人所談論、所認識、所了解的知識，大部分都是外顯知識，都是有形的知識，有形的知識本就浩瀚無垠，存在這宇宙之間，我們不加以管理，就不容易學習。已習得的外顯知識如果不加以經營管理，它就會很快回歸大地，與我們身體「脫離關係」，變成不是我們所擁有或可以運用的知識。

廣義的外顯知識尚包括人實踐知識及行為能力表現的成果，例如：歌曲、聲樂、舞蹈展演、藝文、繪畫、美術勞作作品、運動競技比賽、田徑賽會的身體動能展現出來之行為能力，都可以稱之為廣義的外顯知識。這些外顯知識由於歷代人類的傳承創發，留給當今的人類無窮無盡的知識資產，等待著每一個人去發現它、擁有它、使用它、創新它。知識的獲得與致用，豐厚了人類生命的意義、價值與尊嚴。

一、外顯知識象徵人的能力實踐

知識原本是中性的，不具價值取向，人類正用知識就可以造福群己，人類誤用知識（例如：恐怖攻擊、電信詐騙、結黨營私）就會產生禍害災難。人與知識的整合，要有正確的價值取向，發展正用，創新福慧，避免誤用而蒙災難。內隱知識代表人的素養內涵，外顯知識則象徵人的能力實踐，都是正面價值觀論述知識與人整合之後的兩種性質。

既有的外顯知識是前人留給我們的，它們的存有都是前人運用「習得知識」組合「自己創發的能力」，再「系統重組」而「實踐（表現）出來」

的知識。我們進行的知識學習，都從既有的外顯知識入手。未來的外顯知識，正等待著人類經由各自的學習（或群組的學習），將習得的知識與自己的內隱知識產生「知識螺旋（knowledge spiral）作用」，再「系統重組」成新的外顯知識，這些新的外顯知識，都是人吸收知識，轉化為技術及能力後，再透過行為表現「實踐出來」。是以，既有的及將來的外顯知識，都象徵著人的能力實踐，人類知識流通量愈大的時代，象徵人的行為實踐能力愈為暢旺，這通常就是文明鼎盛的時代。

二、人需管理的外顯知識（含知識、技術、能力、價值四位一體）

本章第三節曾用「真、善、美、慧」的「核心素養」來表達人的「內隱知識」，其中的真，指的是真的知識；善，指的是善的技術；美，指的是美的能力；慧，指的是慧的價值。真、善、美、慧就是人的核心素養，屬於內隱知識。本節介紹外顯知識，作者主張外顯知識就是內隱知識的外顯化，因此「真、善、美、慧」能夠展現出來的行為能力，讓我們看得到的作品及行為實踐，都是外顯知識。外顯知識較合適的定義是：人在知識的操作學習之後新建構的知能模組，系統重組表達出來的實踐能力或作品。這樣的外顯知識同樣具備四大元素：知識、技術、能力（作品），以及價值，也就是能致用的知識、可操作的技術、成作品的能力（或有表現的能力），以及具共好的價值。

人需要管理的外顯知識當包含下列四大類：(1)核心知識：人的生活、學習、工作、休閒用得到的核心知識，是第一種要經營管理的外顯知識；(2)核心技術：核心知識中可操作的次級系統知識，稱之為核心技術，這是第二種要經營管理的外顯知識；(3)核心能力：能力是經由學習知識及技術之後身體能量的新組合，是每一個人要經營管理的第三種外顯知識，也就是每個人在學習與職業上的能力表現（從產品及績效觀察能力）；(4)核心價值：人在自處及組織中的核心價值論述及實踐表現，就是第四種要經營管理的外顯知識。

三、教育人員應備的外顯知識

外顯知識是別人看得到的知識，教育人員應備的外顯知識繁多，不勝枚舉，且會因為職務的不同，而有重點上的區別。茲以教育人員中占最多數的「教師」為例，其應經營管理下列幾項外顯知識：(1)教育理念及個人檔案的知識：要有個人照片、理念標語、自己對教育的看法、經營教育的願景、任務與核心價值、班級經營計畫、簡要的學經歷、重要的進修研習紀錄、重要績效、得獎紀錄等；(2)課程設計及教學資源的知識：這類知識包括任教領域的課程計畫、主題教學教案、領域教學補充教材、參考網絡系統資料目次、學生學習評量設計、學生學習成果及優秀實作、與展演成果資料有關知識等；(3)進修資料及札記省思的知識：包括生涯進修研究計畫、進修研究主題資料檔案系統、年度閱讀計畫、進修閱讀、研究之札記省思紀錄；(4)研究著作及教育產品的知識：例如研究報告、文章著作、專書出版、編輯手冊、磨課師製作（MOOCs 數位教學影片），以及有聲圖書、製作教學輔具或教具、教材、教案等，都是教師應備的外顯知識。

四、外顯知識的管理要領

外顯知識的經營管理得參照下列四項作法：(1)數位系統儲存：重要的外顯知識均使用數位媒材儲存管理，手機、電腦、隨身碟都是不錯的選擇；(2)系統結構整理：各類外顯知識增生速度快，宜按月、按季、按年度進行系統結構之整理與進修，增加圖表及綱要結構，系統結構的知識可以增加知識價值；(3)串聯核心資料庫：自己用的外顯知識十分有限，尤其是授課領域學科的知識就已浩瀚無垠，自己的電腦主題知識系統要串聯國際核心資料庫，方便及時閱讀、統整最新的核心知能；(4)發表分享新知：研究、著作、發表、分享自己的新知識、講學、授課等，依舊是外顯知識最好的經營管理要領；為了發表，會針對主題知識進行系統整合，為了分享授課，會在傳統的教材知識中加上自己的新發現，這也是傳承創新知識的重要方法。

第五節　組織知識的經營管理

「人」的知識管理，分成「內隱知識的經營管理」以及「外顯知識的經營管理」，已在第三節及第四節中敘明，本節接續說明機構單位（組織）知識的經營管理。組織（機構）是人與設備的集合，「知識」本身不可能自主流動，是以組織知識的管理，仍然要靠「人」（員工）將知識管理在單位的「數位設施」之中。組織的知識在不同的機構有不同的重點：(1)產製機構通常是指產品的「核心技術」或產品的「專利配方」；(2)服務性質的單位，組織的知識則以「服務的 SOP」及「服務文化」為主；(3)教育單位（如學校）則指「帶好每位學生」的專門及專業知能；(4)宗教信仰組織則是指「信仰宗派」及「修持流程」的知識。本書係「知識教育學」，僅以教育機構（學校）為例，說明組織知識的經營管理。

鄭崇趁（2014，頁 272-275）曾論述教師應管理的學校知識，包括：「教育法令與政策計畫的知識」、「學校機制與歷史發展的知識」、「學校特色與校本課程的知識」，以及「教育績效與師生亮點的知識」。在此重新以「學校組織」為本位，系統重組「學校應行經營管理的知識」，包括：「校史變遷及教育機制」的知識、「學校特色及經營策略」的知識、「師生亮點及典範榮耀」的知識，以及「智慧資本及績效價值」的知識，逐一說明如下。

一、「校史變遷及教育機制」的知識

除了少部分十年內的新設學校之外，就大部分的學校教育而言，學校的存有都比在校的師生久遠，其歷史有的是百餘年老校，大部分都在三、五十年以上，較短的也有二、三十年。就學生而言，小學就學六年，國中及高中各就學三年，大學就學四年，平均每位學生在同一個學校接受教育約三至六年。就教師而言，在同一個學校的任教時間雖有長有短，平均也大概在十五年之間。學校長久存在，師生都是相對短期的過客，要「過客」將當下的「學校教育」辦理好、經營好，就要提供「校史變遷及教育機制」的知識，讓每一屆的師生「融入教學」，了解學校的過去、發展脈絡，以及每一個興旺時期的教育精神與優質傳承。

校史變遷及教育機制的知識主要包括下列幾項：學校的設校背景緣由、學校的設校精神及核心價值、學校階段任務的變遷、學校配合政府的教育政策及教育計畫推動、學校發展的重大調整與變遷，例如：改名、改制、招收不同對象的學生與教育目標的發展，以及學校興旺時期對國家社會的重大貢獻與績效價值。在教育機制方面，則指教師與職工的人才配置、課程教學的整體設計、校園環境規劃及設施整備、學校行事曆與重點教育活動之計畫方案，以及計畫、組織、領導、溝通、評鑑的運作現況。

二、「學校特色及經營策略」的知識

在常態教育中經營出學校的辦學特色，是二十一世紀學校教育的重大挑戰。無論是基礎教育階段的中小學，或高等教育階段的大學，都要有特色；沒有特色的學校，不受家長及學生的青睞，會面臨生員短缺的問題，沒有學生選讀的學校，就要面臨整併的命運。二十一世紀臺灣學校教育的組織再造，已由小學到中學再發展到大學階段，成為全面性「系統思考」

的議題。因此，有關「學校特色及經營策略」的知識，是學校組織應予經營管理的第二種知識。

學校特色及經營策略的知識，每個學校都不同。在學校特色方面，臺北市的「優質學校」及「教育111」（一校一特色、一生一專長、一個都不少）標竿學校認證、新北市的「新北之星特色學校」、教育部的「學校特色及空間美學特色學校」，以及桃園市的「智慧創客學校」等，都是可以參照的作法。在經營策略方面，作者於《教育經營學：六說、七略、八要》（鄭崇趁，2012）一書中的「七略」是可以參照的著力點：「願景領導策略」、「組織學習策略」、「計畫管理策略」、「實踐篤行策略」、「資源統整策略」、「創新經營策略」，以及「價值行銷策略」。

三、「師生亮點及典範榮耀」的知識

學校應經營管理的知識，第三個重點在「師生亮點及典範榮耀」的知識。師生亮點的知識是指師生知識學習之後的「優勢智能明朗化」，以專長或競賽的得獎成績呈現在大家的面前。凡是學校教師和學生曾經有過的卓越表現都是亮點，例如：學校基本能力檢測成績名列前茅、各種教育品質評比而成為典範學校、教師和學生參加各種教育競賽活動的成績表現、教師的卓越專長表現與學生的相對亮點績效等。學校應管理這些知識，讓教師與學生榮辱與共，充分發揮專長優勢，而形成亮點爭輝的優質校園文化（鄭崇趁，2014，頁275）。

典範榮耀的知識是指學校師生「集體智慧」的亮點，也就是學校給社區民眾的整體觀感，是由他人所描繪或傳頌的榮耀，例如：這是一所競相跨區選讀的學校、這是一所得獎無數的學校、這是一所師生禮儀最高表現的學校、這是一所師生核心素養最齊一的學校、這是一所品德教育最佳的學校、這是一所人文藝術的學校、這是一所藝能爭輝的學校、這是一所運動競技的學校、這是一所「教育 111」（一校一特色、一生一專長、一個都不少）標竿學校、這是一所智慧創客學校、這是一所新五倫智慧（價值）學校、這是一所創客特色學校。典範榮耀是組織整體的特色亮點被社區大眾所認同，是學校集體智慧的光亮；師生亮點則是師生個別智慧的光亮，集體智慧來自個別智慧的總和，共同傳承創新學校榮耀的故事。

四、「智慧資本及績效價值」的知識

宗教及信仰的知識為何歷久不衰？因為基督教有聖經、回教有可蘭經、佛教有佛經，聖經、可蘭經以及佛經都是三大宗教的智慧資本。尤其是佛教，更發展了「經、律、論」三個層次的實體智慧資本，作為信仰、研發、傳承的教材。學校應管理經營的組織知識，第四種就是學校本身「智慧資本及績效價值」的知識。智慧資本是指師生的教育產品，績效價值則是指學校表現的價值詮釋。

當下的智慧資本指的是人力資源「好點子」及「好表現」的貢獻。任何組織都期待現職員工表現「有效的智慧資本」，為自己服務的機構（單位）產生立即性的動能貢獻。管理學上的人力資源管理比較重視當下能產出的智慧資本，而永續的智慧資本則指員工的新產品為組織帶來永續創價。就學校組織而言，師生的教育活動、教學歷程以及各種競賽展演的優秀卓越表現是當下的有效智慧資本，而在師生教與學的歷程中，教師與學生的「教學及學習」作品，為學校開創後續的教育價值，則為永續的智慧資本。永續的智慧資本往往成為學校績效價值論述與行銷的主角，也是組織知識亮點之所在。

學校的教育產品愈多愈好，例如：教師的研究報告、文章著作、專書出版、編輯教學手冊、自編主題教學教案、上課使用的投影片（PPT）、教學輔具等，學生的學習作品也是智慧資本，也是愈多愈好，如實物作品：

陶藝作品、紙藝作品、繪畫作品、器物模型；展演作品：歌唱、音樂展演、舞蹈展演、扯鈴踢毽展演、運動藝能展演，經由數位錄影也成為智慧教育作品。當代的學校之所以推動智慧創客教育，成為智慧創客學校，就是順應時代趨勢，致力經營管理「智慧資本及績效價值」的知識，以激勵學校師生成為「智慧人‧做創客」，增加學校的教育產品。

第四章　知識遞移說

〈知識的螺旋與重組．能力實踐取向〉

本書探討人與知識及教育三者之間的深層關係，定名為「知識教育學」。前三章重在知識本身的性質及其與人之間的關係：第一章「知識本體說」，說明知識是萬物之名，人經由四大途徑得到知識：感覺而來的知識、知覺而成的知識、概念建構的知識，以及現象詮釋的知識；第二章「知識先天說」，主張知識是先天存有的，人類運作經驗的學習及理性的開展，持續傳承創新知識，並將知識分成五大類：物理現象的知識、生命系統的知識、事理要領的知識、人倫綱常的知識，以及時空律則的知識；人類經由教育，習得這五大類知識，並統整融合在每個人的身上；第三章「知識管理說」，則從實用的觀點，探討知識的取得與儲存，並進一步分析人（尤其是教育人員）應經營管理的知識，以及組織（尤其是學校）應經營管理的知識。

本書對於「知識」有廣狹二義：狹義的知識是指「知識本身」，一般人對知識的看法是什麼，它就是什麼；廣義的知識，則是指人經由生活及教育活動習得的知識，它包含知識本身及其可以操作的次級系統知識（名之為技術），而形成學習者帶得走的能力，以及學習者可以完成的作品，或表現出有價值行為。是以廣義的知識，係指人學習各種知識之後的新知能模組之行為表現，它包含「知識、技術、能力（作品）、價值」四位一體的「知能素養」或「行為實踐」。

本章起（連同第五章及第六章）強化「教育」的功能：第四章「知識遞移說」，剖析「教育歷程」如何促使人與知識產生互動整合，包含四大步驟：知識解碼→知識螺旋→知識重組→知識創新；第五章「知識智慧說」，主張教育幫助人「學習知識」的主要目的，在培育每一個人都成為有智慧的人，智慧來自「致用知識」、智慧展現「經營技術」、智慧彰顯「實踐能力」、智慧彩繪「人生價值」；第六章「知識創客說」，認同政府推展創客教育的政策，將習得的知識，系統重組成各種教育產品，就是創客教育；創客教育的主要歷程也有下列四大步驟：研發有創意的學習食譜→教導能創造的操作學習→建構再創新的知能模組→完成做創客的實物作品。「知識遞移」的教育歷程，幫助每個人都有能力成為「智慧人・做創客」。三者的共同模式如圖 4-1 所示，作者名之為「智慧創客教育 KTAV 教學模式」。

「知識遞移」係指，教師能將自己身上的知識或教材上的知識「遞送、轉移」到學生身上，學生知道、了解這些「知識」，並且會「操作運用」

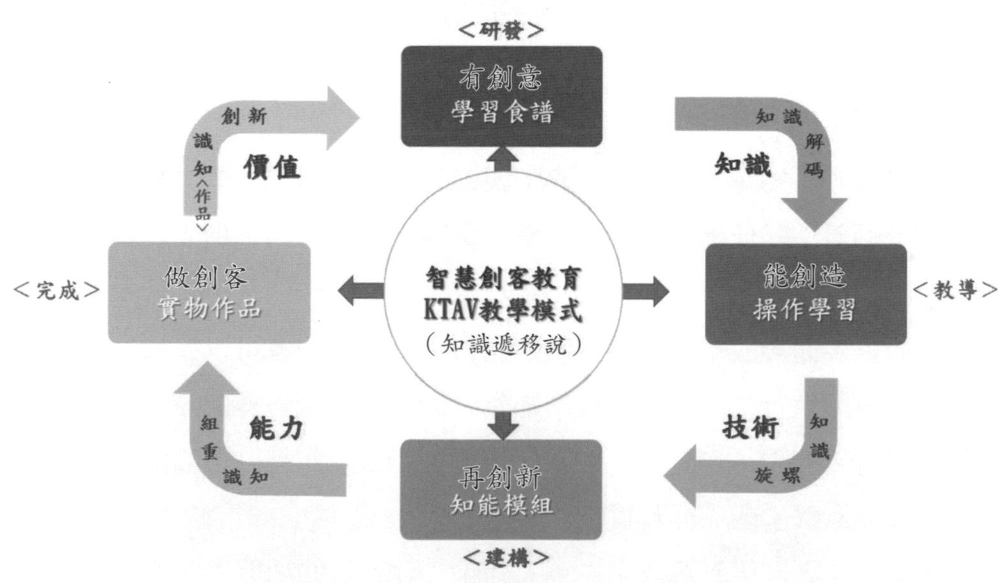

圖 4-1　智慧創客教育 KTAV 教學模式

資料來源：鄭崇趁（2016a，頁 132；2016b）

這些知識裡的技術，成為帶得走的能力。能力實踐往往用「作品」表現成為有價值的行為。知識遞移成功係指「知識」、「技術」、「能力（作品）」、「價值」四位一體的學習，是所有教育活動的本質。本章分五節敘述：第一節「知識能遞移的教育意涵」，說明經營教育之主要目的在促進學生知識遞移的績效價值（流量）；第二節「知識解碼」，分析知識本身的次級系統結構，協助師生找到教與學的操作變項；第三節「知識螺旋」，依據知識螺旋（knowledge spiral）理論說明內隱知識外部化及外顯知識內部化的交互作用，改變心智模式，進而提升知識基模的主要歷程；第四節「知識重組」，闡述「新知能模組」產生的「知識基模系統重組」（整合建構原理）；第五節「知識創新」，說明人如何用「作品」及「行為表現」來展現知識的永續創新。

第一節　知識能遞移的教育意涵

從學生本位看「知識遞移」，學生經由學習，從教師身上或教材內容，學到知識的質量，而學習到其應備的知識，才是教育真實的績效價值。但是，教師和課程教材的知識如何有效地遞送、轉移到學生身上，在教學八大原則中有「類化原則」（類似的刺激引起相同的反應），或是學習理論中的「學習遷移」（共同元素與技術的學習，會有遷移作用），例如：有桌球的學習經驗再學習網球，會有遷移作用，學得較快。閱讀僅是小部分的知識流動，Nonaka 與 Takeuchi（1995）的知識管理理論提出之「知識螺旋」，重點在內隱知識與外顯知識的轉化及螺旋融合作用，也只能解釋約四分之一整體遞送轉移的過程，而沒有得到應有的重視及詮釋，是以教育的績效價值沒有預期理想，至為可惜。

知識能否遞移？需要「知識解碼」、「知識螺旋」、「知識重組」，以及「知識創新」的完整歷程；知識遞移成功，教育活動才有意義與價值。知識遞移的觀念與操作歷程，所有的教師均應了解，而且會運用在自己的教學活動上。知識能遞移具有下列四大教育意涵。

一、教育目的在促進師生知識遞移的流量

知識是中性的，不可能主動流到學生身上。知識預先留存在教師及授課教材之上，教育活動安排教師教學及學生學習，其主要目的就是促進師生之間的知識遞移流量，由教師身上流到學生身上，或是由原本在教材上的知識流到學生身上，變成為學生身上擁有的知識。這些知識停留在學生身上以後會與原先既有的知識產生「螺旋」與「系統重組」之作用，最後形成新的知識技能模組，再由「實物作品」或「行為實踐」表達出人的「能力」及「價值」。

是以，知識遞移的流量愈大愈好，是所有教育活動的本質。沒有講究「知識遞移」的教育，都是沒有效果的教育，會虛耗教師與學生的寶貴時間，也是教育競爭力不佳的主要原因。本書更強調「知識遞移」的完整性，「知識→技術→能力（作品）→價值」四位一體的遞移，才是完整的知識遞移過程。是以，教育的目的在促進師生完整「知識遞移」的流量。

二、課程設計在準備師生知識遞移的核心內容

知識浩瀚無垠，學生可學的知識無窮，但教育的時間有限。政府設學校、頒課綱、聘教師、招學生，實施教育機制，就是要教師設計課程，並執行教學，讓學生在有限的時間之內，學會課程綱要標示的知識（基本素養及核心能力）。課程設計則「分科目」、「排單元」，為學生準備師生知識遞移的核心內容。

知識的存有本身具有「邏輯性」及「系統性」，有「相屬結構」（邏

輯）及「群組排列」（系統）的特質。「分科目」主要是就知識的類別（如五大知識系統：物理現象的知識、生命系統的知識、事理要領的知識、人倫綱常的知識，以及時空律則的知識），進行系列學習科目的劃分與設計，提供學生選讀，確保學生學到核心知識的系統脈絡。「排單元」則依據學習科目，劃分為十至二十個主題知識，以單元的形式設計學習內容與步驟，確保學生能夠學到應備的知識，並且是完整的「知識遞移」〔知識→技術→能力（作品）→價值〕四位一體的完整學習。

三、教學實施是執行知識遞移的方法技術

教育界有一弔詭的現象，各級學校課綱修訂的時候，都要求課程統整，精簡分科的授課時數，並且降低學校每週授課的總時數。學生正課的時間愈來愈精簡，但大部分學生的「補習」時間，卻愈來愈多，學生既要上學校的正課，也每天要上「補習班」、「才藝班」及「安親班」的課，苦不堪言，然而教育的績效成果，卻也沒有看到明顯提升。學生的成績與學習成果，很難辨識到底是「學校正課」還是「補習教育」的功勞。

學校的課程由任課教師執行教學，補習班及才藝班由老闆聘請「專長教師」執行教學（有的教師還不一定具備合格教師資格），兩邊的教學都在幫助學生「知識遞移」，其教學本身就是知識遞移的方法技術，哪邊所使用的方法技術比較適合學生或學生喜歡，專注投入，產生「群組動能」，學生習得的知識流量就會增加。是以，教學的方法技術與帶動要領決定學生「知識遞移」的流量，各級學校教師及教授，都應該關注「知識遞移」的重要性，針對自己授課的主題知識，找到最佳、最有價值的教學方法與操作技術，讓每一年教過的學生，都獲致完整的「知識遞移」。

四、評量作品得以檢核知識遞移的績效價值

「知識遞移」的績效價值是教育興旺與衰敗的判準基石，其流量須豐沛，知識遞移之後的人，行為表現要有德，要具備核心素養，要有相對豐富的學習作品。當代的教育流行創客，師生都要有教育產品，評量學生作品的數量與品質，就可以周延地檢核師生知識遞移的績效價值。

學生的作品，就是學生學習之後「新知能模組」的表現。每一件作品，都可以分析出其所具備「知識」、「技術」、「能力」及「價值」，有作品的學習結果通常就是「完整的知識遞移」成果，是「知識→技術→能力（作品）→價值」四位一體的學習。教育界目前在倡導多元評量，推動實物評量、操作評量，以及展演評量，係以多元的方式在評量學生作品，用以檢核知識遞移的績效價值。

教育目的、課程設計、教學實施，以及評量作品，都在詮釋教育與知識遞移的關係。人必須接受教育，教育的歷程都屬於知識遞移的關鍵環節，知識遞移成功，知識遞移流量大，品質佳，就是教育興旺的時期。「知識遞移」的理論與操作方法，當得到教育界的關注，而成為教育經營學及知識教育學的新焦點。

第二節　知識解碼

知識遞移有四大步驟（可稱之為知識遞移的核心技術）：「知識解碼」→「知識螺旋」→「知識重組」→「知識創新」，本節先闡述「知識解碼」的內涵。

所謂「知識解碼」，係指教師在教學之前或編寫教材教案之時，將要講授的「主題知識」解析成學生可以操作的次級系統知識或技術。這些次

級系統的知識或技術，可以是原本主題知識的「原型」、「元素」、「成因」、「脈絡」、「系統」，統稱為次要變項或操作變項，能提供學生學習時，得以進行操作中的學習。此一解析知識為可操作技術之歷程，謂之知識解碼。

將知識解碼成「可操作技術」的歷程，稱之為知識解碼。為何用「解碼」？係採用「解開知識密碼」之意。作者認為：所有的知識本身都具有可操作的技術，我們找到它可以操作的技術，就可以完整的了解知識、運用知識、駕馭知識，作為知識的主人，而不淪為知識的奴隸。

鄭崇趁（2015a）曾主張「物理現象的知識找元素」、「事理要領的知識重結構」、「人倫綱常的知識分等差」，以及「時空律則的知識譜旋律」，似可當成知識解碼的一般原則。至於知識解碼的要領與實例，依前述定義中的操作變項：原型、元素、成因、脈絡、系統，逐一闡明如下。

一、還原知識的原型

知識可大可小：在小系統中的知識就小，例如：「家人」一詞指的是三至六個人之間的關係；在大系統中的知識就大，例如：「社會倫常關係」一詞就大，屬於整個國家社會，甚至是全人類的倫常關係。過去有五倫之教：父子有親、君臣有義、夫婦有別、長幼有序、朋友有信。作者在撰寫《教師學：鐸聲五曲》（鄭崇趁，2014）一書與指導學校品德教育時常有困擾，因為社會變遷太大，原有五倫關係的界定與社會的「原型關係」已有太大落差，不能吻合，例如：君臣關係已不存在，教師與學生之關係，還有老闆與員工之關係，普及到每一個人身上，卻沒有界定。是以，作者自 2014 年起倡議用「新五倫及其核心價值」來還原「人際關係」知識之原型與本質。新五倫及其核心價值，如表 4-1 所示。

表 4-1 新五倫及其核心價值的意涵

新五倫（原型）	核心價值
第一倫　家人關係	親密、依存（家人有親相依存）
第二倫　同儕關係	認同、共榮（同儕認同能共榮）
第三倫　師生關係	責任、智慧（師生盡責傳智慧）
第四倫　主雇關係	專業、創價（主雇專業多創價）
第五倫　群己關係	包容、博愛（群己包容展博愛）

資料來源：修改自鄭崇趁（2015b）

「新五倫對人際類別的劃分」，以及其「核心價值」內容的研發，都是人倫綱常知識的「原型」。還原知識的原型，就可以把它當作可以操作的技術。「原型」的探討是「知識解碼」的關鍵要領之一。

二、分析知識的元素

用物理現象的知識，來分析其「元素」最容易了解。以「汽車」及「智慧型手機」為例，這兩種「物」都是當代文明最流通的「知識」，人都要了解汽車及智慧型手機，並使用它、駕馭它，用它來改善生活並可學習其他知識。汽車及智慧型手機都是「零組件」系統的知識建構而成的，汽車的主要零組件有引擎、方向盤、變速箱、油箱、冷卻系統、電機系統等，這些零組件就是汽車的「元素」，其功能品質及其組合技術決定了汽車的好壞與價值，擁有這些零組件產製技術的工廠，就有能力產製汽車。汽車是「主題知識」屬上位系統的知識，各種「零組件」都是次級系統「知識」，也稱之為「核心技術」，它們都是可以操作的。

再以「智慧型手機」為例，它本身是上位系統的「知識」，它的次級系統知識（技術）有四大類，包括：「零組件系統」、「組裝連結技術系統」、「結構系統技術」，以及「功能介面技術系統」，這四大系統技術就是建構「智慧型手機」的主要「元素」。分析知識的元素，掌握其「可操作的技術」，就可以擁有知識，使用知識，駕馭知識。掌握手機零組件產製技術的廠商，從優化部分零組件的功能與技術，就有能力產製更具競爭力的智慧型手機。分析物理知識的「元素」（如零組件），也是「知識解碼」的重要途徑。

三、探討知識的成因

校長是學校的領導人，必須綜理校務，達成「成就人、旺學校」的使命，但校長的「角色責任」是什麼？言人人殊，各種專家學者的說法與詮釋都不一樣。「角色責任」是一種知識，這種知識是有成因的，是校長這個人「系統思考」四大因素之「規範與訴求」後建構而來的。這四大因素是「教育目標」、「法定權責」、「辦學理念」，以及「社會期望」。是以，作者在《校長學：成人旺校九論》一書的第三章「角色責任論」（鄭崇趁，2013，頁 71-96）就主張，校長的角色責任有五：教育理論的實踐家、行政效能的經理人、課程教學的規劃師、輔導學生的示範者，以及資源統整的工程師，並繪製人形來隱喻註解（如圖 4-2 所示），獲致校長們的普遍認同與實踐。

校長的五大「角色責任」是知識，建構角色責任的四大因素：「教育目標」、「法定權責」、「辦學理念」，以及「社會期望」也都是知識（可當次級系統的技術），我們要探究「角色責任」（鉅觀知識）的深層緣由（微觀知識），才能定位其彼此之間的系統結構關係，才能明確而精準地運用這些知識；這些知識因為已經可以操作，我們真的操作使用後，就可以成為帶得走的「能力」，創新事業工作的「績效價值」。探討知識的成因，也是「知識解碼」的要領之一。

圖 4-2　校長的角色責任及建構元素（成因）

資料來源：鄭崇趁（2013，頁 72）

四、註解知識的脈絡

當代的教師，被社會期望要具備「核心素養」及「核心能力」，核心素養是「知識」，核心能力也是「知識」，兩者之間的關係為何？如何表達才可以讓教師容易了解，進行「做中學」？註解「知識」之間的「脈絡關係」是一個有效的方法。作者在撰寫《教師學：鐸聲五曲》（鄭崇趁，

2014，頁 157-179）一書時，曾針對教師的「核心素養」與「核心能力」繪製了一張圖（如圖 4-3 所示），來註解兩種知識之間的脈絡關係。

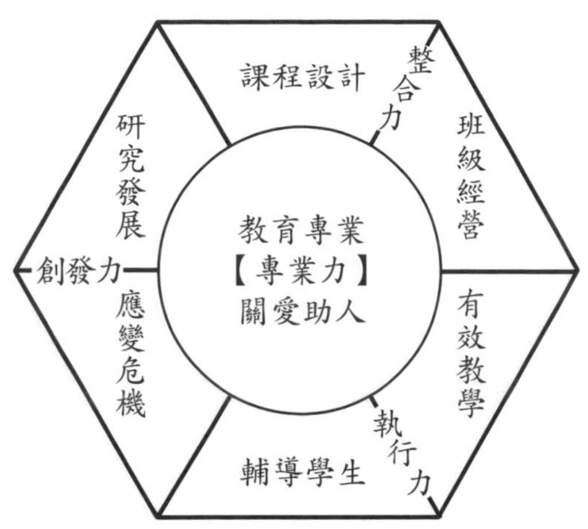

圖 4-3　教師的核心素養及核心能力

資料來源：鄭崇趁（2014，頁 166）

教師的核心素養有四：專業力、整合力、執行力，以及創發力。專業力包括兩大核心能力：教育專業的能力以及關愛助人的能力。整合力包括兩大核心能力：課程設計的能力以及班級經營的能力。執行力包括兩大核心能力：有效教學的能力以及輔導學生的能力。創發力包括兩大核心能力：應變危機的能力以及研究發展的能力。看不到的內隱知識稱核心素養；看得見、表達得出來的稱核心能力。用圖或表來呈現各種知識之間的關係，是註解知識脈絡的有效方式。知識的脈絡關係圖像化之後，就可以呈現操作此一知識的著力點（次要變項），也是「知識解碼」的要領之一。

五、重組知識的系統

教育學的知識廣泛地分布在教育學院系所的各個學科之中，臺灣教育學者的著作十分豐富，管理學的知識也已從商學院中獨立出來，成為管理學院。兩大學門知識的交織，是辦理好教育、管理好教育、經營教育品質與提升教育競爭力的基石。然而，臺灣當前的教育尚未實現「教育輸出國」的理想，可以再常態化、優質化、精緻化的地方仍多，因此作者依據「本位管理」及「本位經營」的理念，思考如何從「行政領導者」、「校長」、「教師」及「家長」立場，重組當事人應備的核心知識系統，是以從 2009 年起致力於「經營教育之學」的研發，並於 2012 年出版《教育經營學：六說、七略、八要》一書，2013 年出版《校長學：成人旺校九論》一書，2014 年出版《教師學：鐸聲五曲》一書，2015 年出版《家長教育學：「順性揚才」一路發》一書。「經營教育四學」中的六說、七略、八要、九論、五曲，以及家長教育學中的「一觀、六說、八論」都是行政領導者、校長、教師、家長經營教育的著力點。經營教育四學是重組「教育學」及「管理學」知識之後的新知識系統，六說、七略、八要、九論、五曲則是次級系統知識，都是「當事人」得以「操作」（經營）的技術（知識）。經營教育四學與教育學及管理學之間的系統結構關係，如圖 4-4 所示。重組知識的系統也成為「知識解碼」的重要途徑。

知識解碼，解開知識的密碼，在本書的核心意涵是：解析「主題知識」的次級系統知識，使之成為可操作學習的技術，亦是知識遞移的第一個步驟。在本書中，「主題知識」通常以上位系統（鉅觀）的知識稱之，其次級系統的「知識」，通常以「微觀知識」或可操作的「技術」稱之。知識解碼較實用的方法有：還原知識的原型、分析知識的元素、探討知識的成因、註解知識的脈絡，以及重組知識的系統。

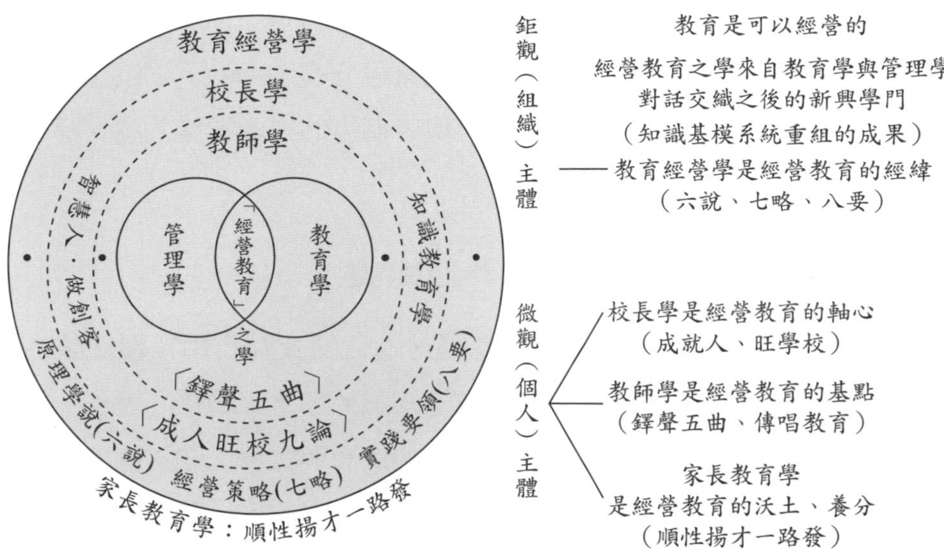

圖 4-4　經營教育四學重組「教育學」及「管理學」知識系統圖

資料來源：修改自鄭崇趁（2015a，頁 9；2016a，頁 40）

第三節　知識螺旋

知識遞移的第二個步驟是「知識螺旋」。知識螺旋（knowledge spiral）是 Nonaka 與 Takeuchi（1995）發表知識管理理論時，在書中所提出的，是知識管理的「核心技術」。知識螺旋的意涵是：學習者在進行知識學習時，其身上既有的內隱知識，會不斷地與正在學習中的外顯知識進行交流，是一種「外顯知識內部化」及「內隱知識外部化」的交互作用、整合發展之歷程。知識螺旋效應可以改變學習者的心智模式，提升其原有的知識基模（學習到新的知識，並與既有的知識融合並存在於人的身體中）。

因此，知識螺旋是知識能否遞移的重要關鍵，它在將第一個步驟針對「主題知識」進行解碼後的次級系統「知識、技術」（原型、元素、成因、脈絡、系統），與個人既有的內隱知識產生交流與螺旋。Nonaka與Takeuchi的知識管理公式KM ＝（P ＋ K）^{S}之所以重視分享（share），就是要由持續多元的知識分享平臺與交流，增加參與者個人的知識螺旋效應。提升知識螺旋效應的要領可參照下列幾項作為。

一、明確釐清內隱知識與外顯知識

知識螺旋是兩大類知識在人的身體內進行的交互作用（螺旋整合效應），要有「外顯知識內部化」及「內隱知識外部化」的核心歷程，是以學習者必先明確釐清內隱知識與外顯知識的概念與對象。知道兩者的對象不同，能夠操作運用這兩類知識之後，「知識螺旋」才有實質意義。

「內隱知識」是人已經擁有的知識，它已經存在於人的身體之內，但是看不到、摸不著，沒有具體形象，很難正確估量。我們批判知識短缺的人是「井底之蛙」，我們讚賞知識豐富的人，就尊稱他為「知識分子」，佛家描繪「得道的人」智慧如海，但實際的「知識」到底有多少，我們看不到，要當事人用「外顯知識」表現出來，大家才能「知道、了解」。「外顯知識」則是可以由人表達出來的知識，也是學習者可以看到、聽到、摸到、接觸到的知識，所以文字產品（書、文章、著作、文字標語）、影音產品（錄音、電影、動畫）、語言產品（演講、授課、輔導、服務）等看得到的「物」、「事」及其名稱、交流、討論，都是外顯知識。「知識螺旋效應」是頗為重要的學理發現，尚未被普遍關注流傳，首要原因在於教育人員（教師及學生）大多數均不在乎「內隱知識」與「外顯知識」的劃分，沒有明確螺旋的「對象」。

二、著力可操作技術的學習

只要有學習，學習者多多少少都會直接進入「知識螺旋效應」。知識螺旋效應明顯者，學習得較快、較多，是真的懂了；知識螺旋效應不明顯者，學習得較慢、進度緩慢，似懂非懂。了解「知識螺旋效應」及「知識遞移」原理的教師，除了要適時向學生（學習者）講解「內隱知識」與「外顯知識」的區隔外，還要運作前一個步驟「知識解碼」的成果，著力「主題知識」解碼之後「可操作技術」的學習，引導學習者「內隱知識」直接與次級系統的知識（可操作的技術）為對象進行交流對話，既有的「內隱知能」比較能「接受、認識、了解」這些可操作的技術（次級系統知識），進一步「作伴、交融、螺旋」的交互整合就容易出現，而產生「知識螺旋效應」。

著力「可操作技術」的學習，其原理類似「編序教學法」，將要學習的整套知識由易而難排列順序，教導學生由易而難依序拾階而上學習，學生就會較容易順利達成學習目標。「知識螺旋效應」的需求也有「編序」及「由易而難」的需要，內隱知識螺旋的對象由「可操作技術」入手，較容易實質地改變心智模式，逐步地提升知識基模。

三、廣建知識分享平臺

「知識螺旋」的產生才能豐富學習者的知識。知識螺旋的基本條件是要有分享對話的機會，學生要和教師分享對話，學生與學生之間要分享對話，學生與課本教材之間也要設法產生分享對話，學生也要透過資訊網路平臺，與學習主題知識攸關的知識資訊資料庫定期分享對話，學生的學習歷程經由多元、多次的分享對話，「知識螺旋」的效應才能充分發揮。是以，學校為教師及學生廣建知識分享平臺，是促進學校師生增益「知識螺旋」的重要方法策略。

學校的師生知識分享平臺，可分動態的及靜態的。動態的如教師的專業學習社群、課程發展委員會各領域小組定期的專業進修及對話、教師的教學觀摩及學術研討會、國內外的教育特色參訪等。又如：學生的班級學習群組、專案任務會議及分組學習報告、智慧行動學習平臺、各種學藝運動競技賽會、學習成果展演活動、社團技藝學習活動等。靜態的有圖書館的閱讀王、主題教育月及各種激勵閱讀寫作分享平臺、定期的藝文競賽活動及學生學習作品展示活動、班級知識情境布置、教室廊道藝文科技知識主題情境、各領域學科知識資料庫、班級網頁、各領域學科數位學習步道、博物館學學校（如宜蘭縣羅東國小）等。

四、實施半強迫分享

「知識螺旋效應」來自於學習者與教師或學習者與學習者之間的對話分享，有實質對話分享（討論），知識螺旋之效應才能明顯。是以，除了廣建知識分享平臺之外，也要每一位學習者均能適時地直接參與分享對話，不能每次均由少數特定人員分享，也避免平臺資源被少數學習者壟斷，沒有均等地提供所有學習者「知識螺旋」的機會。因此，通常要激勵學校實施半強迫分享機制，才能擴大整體師生「知識螺旋」的最大效果功能。

「半強迫分享機制」通常在各項進修研習時實施，宜規定每一位參與師生，至少在研習進修的歷程中，要分享「研習報告」或「學習心得與建議」，各項會議以及委員會，也要參與成員「定期專案報告」，半強迫分享重要的知識能力及自己的經驗心得。師生得到校內外教育獎項，都要發表「得獎感言」及「對後續參加者的建議」。半強迫分享可以提升群體「知識螺旋」的效率與效能。

第四節　知識重組

知識遞移的第三個步驟為「知識基模系統重組」，簡稱「知識重組」。

知識重組係指學習者經由「知識解碼」及「知識螺旋」的學習歷程後，新知識與既有知識互動產生系統重組的新知能模組，此一新知能模組包含「真」的知識、「善」的技術、「美」的能力，以及「慧」的價值。新知能模組的行為表現，得以「創新人的知識」，而成為「智慧人．做創客」。

知識重組的關鍵在「新知識」與「既有的知識」之間能否有效的「系統重組」，兩種知識元素融合之後的新知能模組是否具有完整的邏輯結構，是決定能否產出「實物作品」或者「行為實踐創價」的基石。新知能模組也是指每個人經由學習之後，新建構的各種知識系統，這些新知識系統就是「創新知識」的動能。

知識基模系統重組，可能由學習者在學習歷程中就「自然形成」，但有的學習者很快就能系統重組，所建構的新知能模組非常明顯；也有些學習者非常緩慢，所學的新知能很難與既有的知能融合，「沒有系統」（或不能系統地各自存在），看不出所謂「新的知能模組」。教學者及學習者的「好習慣」、「信念」、「意志」、「毅力」或「態度」，結合優質的學習要領，就能夠促進「知識基模系統重組」的效果。以下就個人的教學經驗，提供四個增進「知識重組」的參考作法。

一、實施「系統思考」訓練

具有「系統思考」能力或習慣的人，在學習的歷程中，「知識基模系統重組」的實際表現較佳。教師在教育的過程中，適度地對學生進行「系統思考」訓練，可以幫助學生提升「知識重組」的能力表現。「系統思考」來自彼得聖吉（P. Sange）學習型組織理論的「第五項修練」，係指人對大小事務做決定時，會有全面性的整全思考，然後做最關鍵核心的決定，此一決定可為組織及個人帶來最大價值。鄭崇趁（2012）將「系統思考」列為教育經營學八大「實踐要領」之一，以專章說明論述，並將系統思考剖析成四大步驟：「觀照全面」→「掌握關鍵」→「形優輔弱」→「實踐目標」（即是經由知識解碼，剖析成四個可操作的技術）。系統思考本身也是知識，經解碼成可以操作的四個變項（技術）之後，學生就可以進行操作中學習，此一系統思考的小型模式，就可以用來培訓學習者「系統思考」的能力。

作者曾有三次採用「系統思考教學法」的經驗，來培訓學生「系統思考」的能力。第一次是在2013年能源教育分組研討報告時使用，來自各個縣市的能源教育種子教師四十八人，分六組研討「能源教育」的重大議題與問題。作者先對種子教師進行「系統思考」的教學，講解「觀照全面」→「掌握關鍵」→「形優輔弱」→「實踐目標」的意涵及操作範例，然後要求分組討論時要依這四個步驟進行討論，分組報告的代表也要依這個模式報告，教授也依這四項給分及講評。結果效果奇佳，參與的學員反應熱烈，收穫滿滿，確能彰顯部分「知識基模系統重組」的具體成果。第二次是作者在2014年擔任學術研討會的評論人，以系統思考的四個次要變項評論三篇文章，也獲得參與者的認同。第三次則用在近兩年大學部課程「教育評鑑」及「教育計畫」兩門課的學生「報告」與「評論」部分，讓這一屆畢業學生在畢業敬師餐會時，頒給作者「系統思考大師獎」。

二、養成「博觀約取，厚積薄發」的習慣

「博觀而約取，厚積而薄發」是大文豪蘇東坡留傳千古的名言，告訴我們在做學問時，要廣博地吸收新知，但要掌握最精要與關鍵的部分，不必什麼都要。平時就要經營耕耘自己的實力，累積豐厚的知能，但在該我們表現時，要一次就能盡情地展現自己的能耐。約取代表掌握關鍵的知識，掌握最核心的知識，掌握最有價值的知識；薄發強調找到關鍵表現機會，盡情發揮，從自己的優勢專長「薄發」。經由自己「約取」的知識較能與

自己既有的知識相融，而產生「知識螺旋效應」；經由自己「薄發」出來的知識，通常都經過一定程度的「系統重組」，是以「約取」與「薄發」的經驗，就是「知識重組」的練習場。養成「博觀約取，厚積薄發」的為學好習慣，有助於「知識基模系統重組」能力的培養。

三、多用「圖、表」教與學

「知識本身含有可操作的技術，這些可操作的技術以一種穩定的『系統結構』關係共同表達了原有知識」，這是本書作者最重要的觀點看法。是以，知識可以解碼，解析成可操作的技術，知識也可以系統重組，新知識與既有的知識經由螺旋之後，系統重組成「新知能模組」。教學上的圖與表，都是將要學的知識給予邏輯化、系統化及結構化，多用「圖、表」教與學，可以為學生提供系統化知識範例，可以催化學生知識基模系統重組的意向與實踐能力。

從學生學習的立場來看，教師要求學生的單元學習，至少要繪製一張圖或表，來當作學生學習的作品之一，學生就會仔細思考學習到的核心知識、核心技術，以及其間的關係，並將此關係用圖表來呈現，也是學習知識結構及系統重組的最佳方法。從教師的「教」出發，或學生的「學」收尾，圖、表都可以催化知識重組的動能，為學生的新知能模組奠基。

四、做事流程力求邏輯架構

人生的四大面向：生活、學習、工作、休閒都需以知識為主體，豐富其內涵；有知識的生活才會有品味，有知識的學習才是教育真正的本質，有知識的工作才能為組織（老闆）創價，定位人生，有知識的休閒才能澆灌生命的尊嚴與價值。尤其，「做事」是每個人核心知識的致用場域，做事的 SOP，是致用知識本身的邏輯系統結構；關注做事流程的邏輯結構，就可以促進實用知識之系統重組表現。

做事的SOP也需要持續調整優化。核心幹部要能設計資深員工與新聘員工都能適用精熟的SOP，才會帶給職工產能最大化。調整優化SOP有以下三大原則可資遵循；(1)精簡化：對於資深員工及核心幹部而言，SOP愈精要愈好；(2)邏輯化：工作流程步驟愈符合知識的邏輯系統，做事的效果效率愈佳；(3)價值化：每一套SOP都有時間成本，較短時間之內有定量及高品質的相同產品，最具價值。這三大原則也都可以導引「知識重組」的意向與實踐。

第五節　知識創新

知識遞移的第四個步驟是「知識創新」，也是知識遞移的目的。知識遞移成功，是指學生學到教師教給或者教材中的知識，這些知識學生真的學到了，能夠與學生既有的知識併存在學生身上，對學生而言，就是知識創新。知識創新最基本的意涵是學生自己學到新的知識，其最深層的意涵則是學生能創發（發現）新的知識。本節專指學生的「知識創新」，都是在接受教育的歷程中，有「學習知識」的需求與事實，但有部分的學生雖然努力，但不一定能學會這些既定的（課程教材）知識。是以，只要學生個人「學會」就是個人的「知識創新」。「學到的新知識」如何與學生「既有知識」併存在學生身上而被「帶得走」並加以「使用」呢？通常學生會經由「知識螺旋」及「知識重組」的遞移歷程，產生「新知能模組」，此「新知能模組」再做出「實物作品」及「好的行為實踐」。本書主張：「新知能模組」的建構、「實物作品」及「好的行為實踐」（如服務助人），都是學習者本人的「知識創新」。

因此，教師與學生「知識遞移」的過程是學生「創新自己知識」之歷程。本書作者曾主張：「創新」是「賦予存在」（to being）的歷程，無論人所從事的行業是什麼（百業分工），只要關注「實→用→巧→妙→化」的著力深耕，都可以創新。創新的教育意涵有五：(1)創新是發現新的知識產品；(2)創新是發現新的因果關係；(3)創新是發現新的深層結構；(4)創新是發現新的方法策略；(5)創新是發現新的意義價值（鄭崇趁，2013，頁163-167）。「知識遞移」理論就是學生「創造自己的知識」並「賦予存在」的歷程，此一歷程要經由「知識解碼」→「知識螺旋」→「知識重組」的過程，才能達到「知識創新」。「知識遞移」理論的「知識創新」具有下列四大特質。

一、由外顯知識到內隱知識的創新

學生（學習者）因學習知識進而創新知識。學習者要先有學習的對象，這些學習的對象是從「外顯知識」開始的，教材內容的主題知識、教師的講解說明、教具、輔具及影音媒體的補充教材、課後各種「學習資料庫」的自主學習對象，通通是「外顯知識」；這些「外顯知識內部化」以後，和學習者本身「既有的內隱知識」產生「互動、交流、螺旋、重組」，然後「建構新知能模組」。有「新知能模組」的創新，學習者才能完成他的「實物作品」及「有價值的行為實踐」。其中，所謂「互動、交流、螺旋、重組」的效應，係以「內隱知識」帶動「外顯知識」所產生的變化，其所形成的「新知能模組」則純屬內隱知識，做出來的「實物作品」及「有價值的行為實踐」才是外顯知識。是以，「知識遞移理論」中的「知識創新」，其首要特質為：由外顯知識到內隱知識的創新。

二、學習者主體的知識創新

「創新知識」與「知識創新」的意涵與範圍不太一樣，「創新知識」

的概念及範圍較為廣泛，比較接近前述之「創新的五大教育意涵」，可以分為「偉大的創新」（如手機、電腦、《哈利波特》等）、「專利的創新」、「著作的創新」，以及「創客教育的創新」。「知識創新」專指學習者主體的知識創新，學習者因為「學習新知識」進而能夠「創新自己的知識」。「知識遞移理論」關注的焦點在於師生之間有效的「知識遞移」，關注學習者能否將教師身上的知識及教材呈現的知識，「遞送、轉移」到自己身上，創新自己的知識。是以，本章所談「知識創新」專指學習者主體的知識創新。相對於一般知識分子討論的「創新知識」較為狹義與專注，它是相對「有限」的創新，是學習的「知識」帶來的創新，也與百業中「研發人員」的「研究創新」稍有不同（「研究創新」可以蒐集串聯天下所有知識後「創新知識」）。因此，學習者主體（本身）的知識創新，是「知識創新」的第二大特質。

三、建構「新知能模組」的創新

人是否有「建構新的知能模組」？並不確定，這是一種假說（假設的說法），不一定能夠被驗證。「建構新的知能模組」儲存在學習者的「內隱知識」之中，我們看不到它的有無，無法直接辨識它「成型」的程度。只因創客教育的教學模式（有創意的學習食譜→能創造的操作學習→再創新的知能模組→做創客的實物作品）之四大步驟歷程中，學生的學習成果要用「實物作品」來呈現（有教育產品的學生就是創客）；學生所完成的實物作品，不管它是哪一類、哪一種的實物作品，要把它做出來、完成它，一定有一個「新知能模組」（新知識、技術、能力、價值的共同組合）為其基礎，學生才有辦法讓它外顯化，操作（動手做）並完成實物作品。實物作品是外顯知識，新的外顯知識及行為，都是內隱知識中的「新知能模組」外顯化來的。從創客教育的教與學模式來說，人要先建構新的知能模組，才能完成「實物作品」；只要有實物作品的學習者，其本人的內隱知識一定有一個「新知能模組」的存在。因此，知識創新的第三個特質是：建構「新知能模組」的創新。

四、「知識→技術→能力（作品）→價值」四位一體的創新

本書對於知識的定義，分為廣狹二義：狹義的知識是指「知識本身」，廣義的知識則指知識本身及其經人學習之後，在人身上形成的「致用知識」、「可操作技術」、「實踐的能力」，以及「共好的價值觀」。「知識遞移理論」（本章稱知識遞移說）本即「知識創新」的一種，其關注教育知識的遞移流量，關注「知識」經過人（師生）「解碼→螺旋→重組→創新」的技術操作後，所增加知識能遞移的績效價值。完整的、有價值的知識遞移，一定是「知識→技術→能力（作品）→價值」四位一體的「新知能模組」。

「知識→技術→能力（作品）→價值」四位一體的「新知能模組」外顯化之後，表現在做人方面，就會成為「智慧人」，表現在實物作品上，就成為「做創客」。「智慧人」代表教育把國家未來主人翁，都能教成「責任公民」（有智慧的人），「做創客」表示人人都有豐富的作品，每一個人的「畢生作品」可以定位其「人生」價值。是以知識創新的第四個特質是「知識→技術→能力（作品）→價值」四位一體的創新（如圖4-1所示）。

「知識→技術→能力（作品）→價值」四位一體的「新知能模組」，需要「智慧創客教育 KTAV 單元學習食譜」做媒介（KTAV 單元學習食譜的內容與樣張，在本書第六章中說明）。此一新知能模組，將「知識→技術→能力（作品）→價值」的學習，系統重組成「真、善、美、慧」的新組合，再表現為「智慧人．做創客」。

第五章　知識智慧說

〈知識的致用與績效・價值詮釋取向〉

在教學「知識管理說」時，師生往往要探討「資料」、「資訊」、「知識」及「智慧」四個名詞的意涵及區隔，此時通常會這樣解釋：雜亂無章的文字訊息稱「資料」，從表象中看不出其意義與系統；讓人「有感」其稍具系統脈絡的資料叫「資訊」，資料、資訊都普遍存在，但對人不一定有意義價值；「知識」則是有系統結構的資料訊息，普遍存在宇宙之中，然「知識本身」就具有「個殊存有價值」，人類學到知識之後，整合身體能量就會產生「致用」價值，傳承創新人類的文化與文明；「智慧」則是「知識」的躍升，通達知識的人稱「有智慧的人」，「知識致用」成果能夠自我實現的人，能夠扮演有效智慧資本的人都叫「有智慧的人」。教育的實施，在教導學生系統整理「資料、資訊」，進而學習「知識」，培育「有智慧的人」，因此「智慧人」成為「知識教育學」的主要目的。

智慧來自知識，是知識優化以後的結晶。智慧必須要由人表達出來，是人學習知識以後表現出來的有價值行為。本書對「智慧」的定義有二：(1)智慧是指學習者學到的「知識→技術→能力→價值」四位一體的知識（當作名詞，是優化的知識）；(2)智慧是指人學習知識之後，新知能模組表現出來的有價值行為，此一價值的行為包括實物作品的完成（做創客），以及厚德助人的實踐（智慧人）（當作動名詞，是知識教育學最崇高的目的：「智慧人・做創客」）。

本章依此二大定義，以「價值詮釋取向」闡明知識的致用與績效，共分五節說明：第一節「知識成智慧的教育意涵」，申論教育在幫助人「有智慧」的使用知識，創新知識價值；第二節「智慧來自致用知識」，說明建構智慧的核心知識及其定位關係；第三節「智慧表現經營技術」，說明智慧是良善經營技術的運作；第四節「智慧彰顯實踐能力」，說明智慧轉化知識成為實踐能力，做好人、做好事，有好的人際關係，並與自然時空律則融合，具有獨特生活品味及風格；第五節「智慧彩繪人生價值」，說明「智慧人」的人生價值在：「自我實現」的人生、「智慧資本」的人生、「成人旺業」的人生，以及「適配幸福」的人生。

第一節　知識成智慧的教育意涵

最近，臺灣及中國大陸都因為「新課綱」的修訂，而將「核心能力」導向的課程目標，調整為「核心素養」的課程目標。「核心素養」的內涵及行為實踐是什麼？眾說紛紜、莫衷一是，並且潛藏了一股「反智」的浪潮，許多學者專家相繼批判「知識的學習」，回頭過來重視「德育的養成」，好似智育與德育很難兼融並用。作者參與了兩岸多次「核心素養」學術研討會，意識到這將是兩岸新課綱推動執行時的隱憂，教育人確實有必要研修「知識教育學」，明確釐清「知識→技術→能力→價值」四位一體的知識系統結構的關係，以及「核心素養外顯化成能力」、「核心能力內部化成素養」的「知識遞移說」（見本書第四章）。

智慧是人經「知識學習」之後，新知能模組的有價值行為表現。是以，「智慧」類似「素養」，都是人有價值行為的內在動能。「知識」是外來的，停留在人的身體中，經由「螺旋」及「重組」效應，而形成人的內在動能，此稱之為「素養」或「智慧」，它們都是教育來的。知識成智慧的教育意涵有四：「知識是建構智慧的核心元素」、「教育要教知識，也要教智慧」、「有能力駕馭知識的人，才會有智慧行為的表現」，以及「價值觀的教育是培育智慧人的關鍵途徑」。分別說明如下。

一、知識是建構智慧的核心元素

「反智說」或主張「知識無用論」的人，最大的迷思（盲點）是對於「知識」一詞的理解與觀點和一般人不同，沒有深層解析知識的性質與功能。如果知識真的無用，人類不必學習知識，就不可能有「智慧」的行為表現，「沒有知識的智慧」也就不成為智慧了。是以，「知識」是建構「智慧」的核心元素，有智慧的行為表現呈兩大取向：一為做出精緻的「作品」；另一為做出對己及對他人均有價值的「厚德助人」之行為實踐。兩大取向行為表現的完成，都要「知識」作基礎，將既有的「內隱知識」及學習中的「外顯知識」永續「螺旋」與「重組」，系統建構新知能模組，然後「外顯化」，才會有兩大「智慧取向」的行為實踐。「知識」永遠是建構智慧的核心元素，唯有深耕「致用知識」才有可能累增人的「大智慧」。

二、教育要教知識，也要教智慧

教育活動在教學生「知識的學習」，也要教學生「智慧的表達」；「知識與智慧」一起教，才得以培育「有智慧的人」。知識與智慧一起教的實際作為，可參照下列四點：(1)適時講解「知識」及「智慧」的同與不同（配合品德倫理教育，適時講解）；(2)直接使用「智慧創客教育 KTAV 單元學習食譜」進行教學，這是知識與智慧一起教的最佳方法；(3)每一種教育活動結束前均由主事教師進行「價值」論述與檢討，並提供更有「智慧」的設計型態，讓學生思考「知識」與「價值、智慧」的串聯整合；(4)單元教學注重學生「智慧型產品」的製作與應用，讓學生用智慧型工具，進行智慧型操作學習，再完成智慧型教育產品。上述這四個方法都可引導學生「知識」與「智慧」一起學，增益其「知識的學習」與「智慧的表達」。

三、有能力駕馭知識的人，才會有智慧行為的表現

有能力駕馭知識的人，具有下列四個指標：(1)具備知識並善用知識的人；(2)會操作知識裡之技術的人；(3)能夠運用所學知識，做出相對作品的人；(4)可以將學習到的知識，剖析成「知識→技術→能力（作品）→價值」的人。具有第 1 及 2 個指標者，就有能力表現基本的小智慧行為；具備第 3 個指標者，得以表現中等程度的智慧行為。學習者駕馭知識的能力程度不同，就會展現不同程度的智慧行為。部分弱勢族群學生，知識學習常發生困難，學習落後，往往需要苦苦追趕，需要學校學習網絡系統的支援，而談不上有能力駕馭知識，就相對少有智慧行為表現。

四、「價值觀」的教育是培育「智慧人」之關鍵途徑

2016 年 4、5 月間，臺灣與中國發生了震驚世界的「電信詐騙集團」事件，臺灣的電信技術高手夥同大陸人，在肯亞透過數位科技的協助，詐騙臺灣及中國大陸人民的血汗錢，高達數十億元。這些罪犯都接受過高等教育，擁有高人一等的「知識」、「技術」及「能力」，但欠缺「德育」，少了核心價值的教育，才會選擇有害他人的「行業」或「行為表現」。

此一電信詐騙集團事件帶給兩岸的教育有下列三大警惕：(1)兩岸的教育都沒有真正成功，具有高端科技知識能力的人，不務正業，選擇投機取巧詐騙者，已高達上萬人以上，教育需要檢討；(2)具有投機取巧的經濟金融行為（例如：買股票、基金及投資房地產），應立法限制，因為這些行為的本質「買空賣空」、「賭注機會風險」與詐騙取財的投機行為相去不遠，政府的法令機制不該激勵投機取巧；(3)「價值觀」教育應該全面實施，從根做起，讓國民配合每一教育階段（國小到大學）的「知識學習」，一併習得應備的「核心價值觀」，培育「有智慧」的人。

尤其是第三個警惕：「價值觀」的教育最為重要，它是培育人「有智慧」的關鍵途徑。是以，本書倡議推動「智慧創客教育 KTAV 單元學習食譜」，每位教師在進行授課領域（學科）之單元教學時，就會思考設計此一單元之「知識→技術→能力（作品）→價值」四位一體的教學設計，每個單元學習結束前都有「核心價值」之檢核與論述，讓「價值觀教育」生根開展，培育「智慧人」、「做創客」，人人都能成為責任公民。

第二節　智慧來自致用知識

知識與智慧的關係，約有下列四個概要的結論：(1)知識是智慧的基礎，有知識的人，才可能有智慧，但有知識的人，不一定會有智慧；(2)智慧來自知識的優化結晶，學習者學到一般知識後，能夠幫助自己所擁有的知識進一步優化結晶者，就能滋長智慧；(3)智慧來自「知識→技術→能力（作品）→價值」四位一體的知識，四位一體知識的優化結晶，可稱之為智慧；(4)智慧來自致用知識，「致用知識」是四位一體知識優化結晶的「新知能模組」，它是真的知識（被用出來）、善的技術（良善優質）、美的能力（實踐完形），以及慧的價值（共好創價）之新系統結構知能模組，是表現智慧行為的原動力。

本節依循前述第三個及第四個結論的觀點，申論說明「智慧來自致用知識」的具體內涵，並分生活致用層面、事業致用層面、人際致用層面，以及休閒致用層面，加以敘述。

一、生活致用層面：核心需求與品味風格的知識

人的智慧表現在生活、事業、人際，以及休閒四大層面。智慧來自致用知識，致用知識也會在這四個層面展現，再經由人的系統重組，然後表

現智慧行為。生活致用層面的知識，主要是來自核心需求的知識及品位風格的知識。核心需求的知識可以馬斯洛（Maslow, 1954）需求層次論的五大需求做代表，人有生理需求（食、衣、住、行、睡、性）、安全需求、愛與隸屬需求、尊榮需求，以及自我實現需求，這些核心需求的知識就是生活致用知識。

品味風格的知識屬於高層次的生活致用知識，會伴隨著每一個人「自我實現」的程度而來，而自我實現是自我的「理想抱負」與「現實成就」吻合（鄭崇趁，2013）。每一個人的背景條件、努力程度及因緣際遇有別，自我實現程度有時落差頗大，中低程度自我實現的人，不太可能追求生活上的品味風格，條件上也不允許；具有中高程度自我實現的人，生活條件綽有餘裕，才會增加經營生活品味與專業風格的提升，讓自己及家人的生活真的與「真、善、美、慧」之知識結合，過有智慧的生活。

二、事業致用層面：專業深耕與優勢亮點的知識

以教育人員為例，其事業就是「教育」，教育事業的知識與能力，一定要超越一般人許多，才能勝任愉快、辦好教育，為國家培育各行各業的優質人才，家長也才能放心地把孩子交給他們教育，專業深耕與優勢亮點的知識也是教育人員在事業上最為致用的知識。以教師為例，教師應專業深耕八大核心能力的知識，這八大核心能力是指：教育專業的能力、關愛助人的能力、課程設計的能力、班級經營的能力、有效教學的能力、輔導學生的能力、研究發展的能力，以及應變危機的能力（鄭崇趁，2014）。有專業深耕的核心能力知識，才能將這些知識轉化為有智慧的行為。

優勢亮點的知識是指，個人專長優勢所能表現得比他人相對優質成果的知識，其作品績效比同學或同事優質，人生就有亮點，能得到同學或同事的讚賞。以教師為例，教師優勢亮點的知識，指的是授課專長的知識、

主題教學的知識、技能運動專長的知識，以及社團活動帶領專長的知識，這些致用知識發揮之後，讓學校師生都看到教育的亮點，也是有智慧的行為表現。

三、人際致用層面：新五倫及其核心價值的知識

有好的人際關係，在家庭、在事業組織（如學校）、在社會群組、在整個國家中，大家都認同，並且能共好、共榮者，可稱之為有智慧的人。人際關係的知識屬於德育，在本書及「經營教育四學」中，用「人倫綱常的知識」加以界定說明。人際致用的知識傳統上以「五倫」及「五常」最為有名，五倫是指父子有親、君臣有義、夫婦有別、長幼有序、朋友有信，五常是指仁、義、禮、智、信的倫理道德。

本書接續「經營教育四學」，倡議「新五倫及其核心價值」的知識：第一倫「家人關係」，其核心價值是家人有親相依存（親密、依存）；第二倫「同儕關係」，其核心價值是同儕認同能共榮（認同、共榮）；第三倫「師生關係」，其核心價值是師生盡責傳智慧（責任、智慧）；第四倫「主雇關係」，其核心價值是主雇專業多創價（專業、創價）；第五倫「群己關係」，其核心價值是群己包容展博愛（包容、博愛）。新五倫及其核心價值的知識，可以幫助大家在人際致用層面為社會建構更為祥和精進的人際關係，成就多數人都成為「有智慧的人」。

四、休閒致用層面：運動藝文與動靜平衡的知識

人的一生，如果純以「活著的時間」來做「系統思考」，大概可分為四大塊：「生活」、「學習與事業」、「人際」，以及「休閒」，且每一大塊都約占四分之一。有智慧的人，就會善用這四大塊的致用知識，給予關鍵知能的系統整合，然後表現出智慧行為。在休閒方面的致用知識，包

括運動藝文與動靜平衡的知識。

休閒的目的是為了調節身心，為了休息，為了儲備事業經營的能量，在後現代多元競爭的社會中，「休閒」的知識與運用愈來愈被關注，人類用在「學習休閒」與「享受休閒」的時間精力也愈來愈多。休閒的活動也稱育樂活動，是以其致用的知識，是以運動藝文的知識最為流行實用，例如：籃球、排球、羽球、網球、跑步、游泳、直排輪、溜冰、滑雪、跳舞等運動知識及技術，或是琴、棋、書、畫、詩、詞、歌、賦的學習與競賽之知識。另外，動靜平衡的知識，例如：時間規劃、生活節奏、處世規矩、情境調整知識的學習與實踐，才可以讓身心平衡，讓身體的體能與心智都維持在高峰狀態，確保最有效能和效率的工作產出，也確保有最足夠的休息與休閒，身段優遊儒雅，從容綽有餘裕，事功出類拔萃，同儕認同與有榮焉，是一個真正有智慧的人。

智慧來自致用知識，從人生的生活、事業、人際及休閒等四大層面來看，致用知識是指：核心需求與品味風格的知識、專業深耕與優勢亮點的知識、新五倫及其核心價值的知識，以及運動藝文與動靜平衡的知識。這些致用知識經由人的「學習（輸入）」、「解碼」、「螺旋」、「重組」（建構新知能模組），然後產出「創新」，形成「作品」及「智慧行為」（遞移成功）。實物作品及智慧行為都是原來「致用知識」轉化出來的有價值知識之績效成果。

第三節　智慧表現經營技術

智慧的元素包括「致用知識」、「經營技術」、「實踐能力」，以及「人生價值」，是本書的核心觀點。本書以知識為本位，論述人經由教育，「學習知識」、「取得知識」、「轉化知識」、「遞移知識」、「應用知識」、「創新知識」的核心歷程，並申論教育的兩大目的：「智慧人．做創客」；這兩大目的實現都需要「知識→技術→能力（作品）→價值」四位一體的「知識遞移」。本節乃針對智慧的第二個元素「經營技術」，說明「智慧人」在人生四大本業上應有的技術經營表現。

人的一生有四大本業：學業、事業、家業及共業。學業是指學習的成績表現，事業是指工作上專門行業的成就，家業是指以家庭為主體的事業經營，而廣義的家業專指對家的經營事務。共業是佛家的說法，是與他人共同經營的臨時性任務之績效成果及其影響力的總和，人與他人相遇共同所做的事，就是共業。有智慧的人，在學業、事業、家業及共業上，都會表現出較為傑出（到位、受歡迎）的經營技術。說明如下。

一、經營學業的技術

人的一生，進入學校接受教育、致力學習耕耘的時間愈來愈長，基本教育至少十二年，加上高等教育至少十六年，有的加念碩士及博士學位，就要二十年以上，如果加上非常態教育（學校之外）的學習，就是「一輩子」的事，所以很多教育學者都已經主張「這是一個終身學習的世代」。「學業」成為人生四大本業中的基礎工程，「學業」經營得「精緻、卓越」，其所得到的「知識、技術、能力（作品）及價值」，是成人之後經營事業、家業及共業的基石。

經營學業的實用技術浩瀚無垠，哪一種技術對哪一種人有效，個別差異極大，作者依據撰寫「經營教育四學」的心得，整理為四句「原理性」的「技術」，提供讀者參照：(1)「好的習慣」樂學習：養成好的學習習慣（如專注學習、當下學會、找到操作技術、有作品等）最重要，並且快樂學習一輩子，績效成果必然豐碩；(2)「順性揚才」開潛能：每一個人的遺傳秉性與天分才氣均不一樣，宜依據「多元智能理論」，順性揚才，開展每一個人的「優勢智能明朗化」；(3)「全人發展」築優勢：教育上的全人發展說（鄭崇趁，2012，2015a）告訴我們，教育的主要目的，在幫助每一個人達成六種人（角色責任）：成熟人、知識人、社會人、獨特人、價值人，以及永續人；在學習的歷程中，全人發展的同時，也要能點亮每個人的專長與優勢亮點；(4)「適配教育」多幸福：適配教育是指學生本位「適性」、「適量」、「適時」、「適力」的教育經營，適配的教育會帶動「適配的事業」、「適配的伴侶」，以及「適配的職位」，邁向適配幸福人生（參考鄭崇趁，2015a）。

二、經營事業的技術

人一輩子的核心工作稱為事業，是養家活口的工具，也是實現理想抱負的舞臺。事業之於人生不可或缺，事業的興旺或低迷都在詮釋當事人的意義、價值與尊嚴。很多成功、偉大的人，他們之所以能流傳千古，大多是因為他們的事業產品（事蹟）帶給人類生活更為便捷的績效價值，甚至形成文化，開創新的文明風尚。

每一個參與的事業，有組織規模大小與職位高低的差異，但經營事業的知識及技術很多都是共通的。以下以臺灣最普遍的「中小企業」組織為例，提供經營事業最實用的四個技術，供讀者參考：(1)揭示事業的核心價值：不管從事的事業類別、規模、職位大小為何，都要有清楚的核心價值，了解、知道、掌握事業的核心價值，才會知道「為何而戰」、「為誰而戰」；稍具規模的企業體（組織）就要實施願景領導，揭示公告願景（vision）、任務（mission）及核心價值（core value），來凝聚組織同仁事業經營的向心力；(2)研發事業的核心技術：事業產品（含零組件）都具有核心技術，研發創新核心技術等於創新產品競爭力，是所有行業都應關注的第二個實用「策略技術」；(3)進行事業的知識管理：個人與組織都是一樣，知識管理愈到位，事業產品「核心技術」的傳承創新就愈順暢，是事業永續經營之道；(4)優化事業的文化傳承：事業成員組織文化是企業經營的命脈，認同正向、互助合作、積極負責、圓融有度都是優質的文化內涵，得以持續累增事業績效價值，優化事業的文化傳承，也是企業永續經營之道（好技術）。

三、經營家業的技術

鄭崇趁（2015a，頁 241）對於家業的經營技術，有下列四個頗為實用的觀點，在此斟酌改寫，供讀者參照：(1)嘗試擬定「家庭中長程發展計畫」，以計畫項目導引家庭經營的軸心與焦點，永續創新經營家業；(2)摘記家庭的重要事件：如家業重大的發展脈絡；兒女結婚時，其製作的生命史與相遇的故事影片；(3)網路蒐集「家務」重點工作的 SOP，並與家人討論以家庭為本位，找出本位經營（自己的家）最佳的 SOP；(4)將計畫、執行、實踐歷程的成果資料（多為照片、影片、簽名簿）數位系統儲存，編目典藏，做好「經營家業」的知識管理。

四、經營共業的技術

共業泛指人與他人一起做事，所留下的共同績效價值及可能的影響力。以佛家的說法，大家共乘一艘船，發生船難，乘船的人無一倖免，一起往生，這是共業所致。相反地，大家搭機旅遊，一路平安順遂，所有景點奇觀盡收眾人耳目，皆大歡喜，這也是共業所帶來的福報。依佛家的這般說法，前世的「共業」造成今世的「報應」，今世的「共業」將造成後世的「報應」，人類的善惡行為，具有「因果循環」及「共業報應」的本然。是以當代的人，應當經營現世的共業，積德行善，做好每一件與他人共同完成的事務，為後世的因果循環，累積福報。

經營共業的技術，多與品德助人及人倫綱常攸關，以下提供四個著力點供讀者參考：(1)養成「日行一善」的好習慣：每天做一件「服務助人」的善事，大小不拘，這是累增功德、經營共業最好的習慣（「好習慣」就是經營技術）；(2)善盡「績效責任」的好本分：和他人一起做事，每一個人都要善盡本分，優先完成自己應盡的績效責任，再合作完成整體績效，「好本分」，可助人、積福慧；(3)發揮「專長亮點」的好貢獻：一有合作機會及共同完事契機，優先讓個別專長優勢發揮，幫大家在「最短時限」內完成「夠（超）標準事務（任務）」，做一個「好貢獻」的人，也是經營共業的有用技術；(4)運作「團隊動能」的好群組：共業就是團隊的因果，在團隊共事時，大家展現互助合作、交互支援、協力完事的場景，就是群組動能的發揮，共同經營的好功德；因此，只要自己參與的團隊都能主動轉動「團隊動能」，讓每一個與自己有緣的團隊，都是優秀的「好群組」，經營好群組也是經營共業的好技術。

第四節　智慧彰顯實踐能力

教育是在教人「知識」？還是在教人「能力」？教育界論戰許久，且有時「知識派」得勢，有時又「能力派」得勢。本書的主張是：既是教知識，也在教能力，教育的神奇力量在於能讓學生把學到的知識，轉化成帶得走的能力。本書更主張教育的主體是知識，廣義的知識包括「知識本身」及學習者習得轉化的「技術」、「能力」和「價值」，四位一體，共同建構有智慧的人。教育的目的在培育「智慧人」，智慧人要有厚實的知識，更要有實踐的能力；有智慧的人，他的能力必在「中人以上」，能力薄弱者，需要別人的扶持，談不上智慧。

智慧彰顯實踐能力，指的是有智慧的人通常會在下列四項彰顯其實踐能力：學會應備知識的能力、完成事業任務的能力、深化優勢亮點的能力，以及創發知識價值的能力。逐一闡述說明如下。

一、學會應備知識的能力

學會應備知識的能力又稱「學習力」，指的是學習者「聽、說、讀、寫、算」的基本學習能力，這些基本能力對應的學科是語文寫作、數學及資訊。有智慧的人，這些學習力的學科能力都會在水準之上，能夠進行有效學習，並且運作「學習力」的發揮，學會應備的「知識力」、「藝能力」以及「品格力」。「知識力」是指認知層面的知識，「藝能力」是指技能層面的知識，「品格力」是指情意層面的知識；「學習力」在中央，知識力、藝能力、品格力在周圍，如圖 5-1 所示。

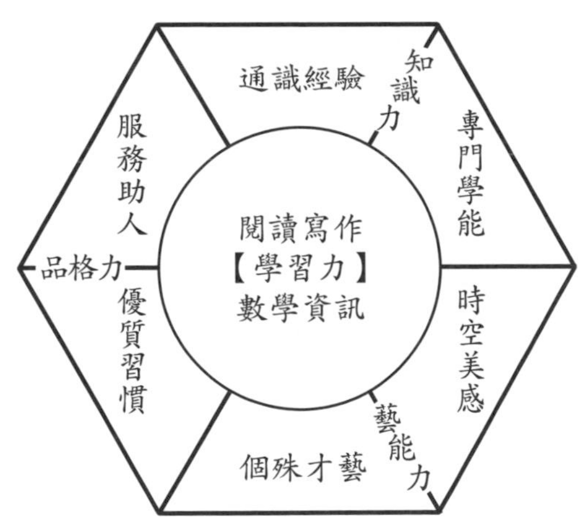

圖 5-1　與學習者能力有關的知識系統圖

學習者學會應備知識的能力，會隨著國小→國中→高中→大學而逐步擴展，加深加廣。有智慧的人，在每一個在學階段的基本能力檢測結果，都會通過最低門檻，甚至都在平均值以上，且都能達成課程綱要核心能力目標的要求。

二、完成事業任務的能力

有智慧的人，一定有能力完成其事業任務，並且綽有餘裕，能夠在同事面前展現「專業示範」，帶領同仁共同完成組織目標或群組任務。在此舉教育人員中的教師及校長為例說明：教師的角色責任有四：教學、研究、輔導、服務（鄭崇趁，2004），校長的角色責任有五：(1)教育理論的實踐家；(2)行政效能的經理人；(3)課程教學的規劃師；(4)學生輔導的示範者；(5)資源統整的工程師（鄭崇趁，2013）。這些角色責任是教師及校長具體的事業任務。教師及校長要完成其事業任務，必須具備四大核心素養及八大核心能力（如表 5-1 所示）。

表 5-1　教師及校長的基本素養及核心能力

基本素養	〈教師〉	核心能力	〈校長〉
專業力	教育專業的能力、關愛助人的能力		
整合力	課程設計的能力 班級經營的能力	＋	統整判斷的能力 計畫管理的能力
執行力	有效教學的能力 輔導學生的能力	＋	實踐篤行的能力 溝通協調的能力
創發力	應變危機的能力、研究發展的能力		

資料來源：鄭崇趁（2012，頁 27；2013，頁 51-53）

這四大核心素養是：專業力、整合力、執行力，以及創發力。專業力包括教育專業及關愛助人兩大核心能力（教師、校長共通）。整合力方面，教師包括課程設計及班級經營的能力，校長則進階加上統整判斷及計畫管理兩大核心能力。執行力方面，教師包括有效教學及輔導學生的能力，校長則進階加上實踐篤行及溝通協調兩大核心能力。創發力包括應變危機及研究發展兩大核心能力（教師、校長共通）。校長及教師具備這些核心能力，成功扮演前述的五大角色責任，成就學校師生，暢旺學校發展，就是一位有智慧的校長，也是一位有智慧的教師，校長及教師的智慧彰顯在完成事業任務的能力上。

三、深化優勢亮點的能力

有智慧的人，會善用父母生給他們的遺傳條件，經由教育，促進自己的「優勢智能明朗化」，會經營學習力的優勢，會經營知識力的優勢，會經營藝能力的優勢，也會經營品格力的優勢，並深化優勢亮點的能力，用優勢亮點的能力為顧客服務、為同學服務、為同事服務，也為老闆（組織）服務。深化優勢亮點的能力可以提升服務品質，可以提升工作績效，可以增益人倫關係，可以提高自己的生活品質，真正成為有智慧的人。

深化優勢亮點的能力是可以經營的，除了前述學習力、知識力、藝能力，以及品格力的優勢經營之外，可以參照下列幾項作為：(1)系統思考時間規劃：儘量增加自己符合優勢亮點工作的服務時間，優勢亮點常用，能力就會累增；(2)持續深耕專長作品：這是創客的時代，大家都在看每個人的作品，持續經營專長作品，讓作品定位人生；(3)讓出不夠專長任務：有能力的人通常會不斷增加工作任務，如果什麼都做，就會窮忙，要適度讓出不夠專長任務，就可增加用優勢亮點完成工作任務的時間比率；(4)籌組團隊擴大奉獻：優勢亮點的能力十分珍貴，可籌組團隊，運作群組動能，擴大服務對象與範圍。擴大價值奉獻，也是深化能力的方法策略。

四、創發知識價值的能力

相對而言，智慧人具有較強烈的「創發知識價值的能力」，能夠創發生活知識的價值、創發事業知識的價值、創發人倫知識的價值，以及創發時空知識的價值。在創發生活知識價值的能力方面，生活知識指日常生活有食、衣、住、行、育、樂的知識，這些知識建構了每一個人生活的場景，一般人就這般地過了一輩子的「生活」。有智慧的人，相對會「系統思考」、「創意組合」這些生活知識，讓生活知識被不同組合的使用，搭配家人親情育樂活動的系統調處，創發很多個殊而有品質品味的生活，這是彰顯創發生活知識價值的能力。在創發事業知識價值的能力方面，有智慧的人，事業上的專業知能厚實、績效卓著，主要原因在於其任事積極，掌握做事要領，讓自己的優勢專長在本業上充分發揮，日積月累之後，就擁有永續創發事業知識價值的能力，為公司（組織）開發新產品或活化組織運作模式，優化組織文化，這是一種創發事業知識永續經營價值的能力。

在創發人倫知識價值的能力方面，有智慧的人會體察時代趨勢，認同「家人關係」、「同儕關係」、「師生關係」、「主雇關係」，以及「群己關係」的核心價值與行為標準，彰顯創發人倫知識價值的能力，也為世界和平、人際和諧奉獻心力，成為有動能貢獻的有效智慧資本。在創發時空知識價值的能力方面，有智慧的人，通常是駕馭時空知識達人，其時間規劃系統能創價，有固定的生活節奏與旋律，確能產生最具價值的效能與效率；其家庭、辦公室、研究室及任職單位均有空間美學情境設計，時空知識與生活事業縝密連結，就像教師學的「鐸聲五曲」，傳唱著教師們一生的偉大故事，此彰顯了創發時空律則知識的能力。

第五節　智慧彩繪人生價值

智慧人開創的人生價值，有時候超越常人數倍、數十倍，就像當代的「智慧型手機」相較於過去的電話或者二十世紀末手機剛被發明的時代，功能強化至少數十倍以上。智慧人比較會彩繪人生的價值：彩繪人生自我實現的價值、彩繪人生智慧資本的價值、彩繪人生成人旺業的價值，也彩繪人生適配幸福的價值。

一、自我實現的人生價值

自我實現是人類的基本要求，也是人類最高層次的需求。自我實現最簡單的定義是自我的「理想抱負」與「現實成就」之吻合（鄭崇趁，2013）。一般人自我實現的觀察指標有四：(1)平時生活有質感（自在與價值）；(2)學習成就達到自己的理想標準，具備職涯志業所需的核心能力；(3)身心健康，體力與心智效能符合自己年齡的階段水準；(4)專長優勢得致發揮，具有自己滿意的表現成果。另外，教育人員的自我實現宜再增加下列兩個觀察指標：(1)喜愛人，尤其喜歡助人，樂於教導邁向成熟中的學生；(2)具有關照能力或有效教學的助人專業能力，且與其職分相當。

有智慧的人，不但符合上述這些自我實現的觀察指標，還會進一步經營彩繪下列幾項人生價值：(1)規劃生活性、階段性的自我實現目標，讓平時的生活及事業主體都充滿自我實現的人生價值；(2)個人的自我實現與事業單位組織的自我實現之方向與目標一致，在工作職場上既幫助自己的自我實現，也幫助組織的自我實現，生命價值最大化；(3)持續深化自己的優勢專長，並促使自己的專長亮點發揮，追求進階層次的自我實現，也為組織創發新價值；(4)會均衡個人的自我實現及對組織的動能貢獻（成為有效智慧資本），做一個人人認同可學習的「有智慧的人」。

二、智慧資本的人生價值

人的一生要為兩大主體「負責任」，首要主體就是「自己」，第二個主體，是指其所隸屬的「組織」。為自己負責任的具體實踐就是「自我實現」；為自己所隸屬組織的負責任行為，就是要對自己所隸屬的組織（例如：家庭、學校、任職公司、社會、國家）產生動能貢獻，亦即「有效的智慧資本」。是以，當代的管理學將「智慧資本論」與「自我實現論」併稱，是指人生的意義價值在：證明自己是個有用的人（自我實現論），並且是對組織有貢獻的人（智慧資本論）。兩者兼具，就是有智慧的人。

智慧資本的建構元素包括：組織成員的「核心能力」、「價值認同」，以及「承諾力行」。是以，有智慧的人會持續經營下列事項，來彩繪自己在智慧資本層面的人生價值：(1)強化深耕自己的核心能力以及組織的核心技術，讓自己有能力為組織提高貢獻程度；(2)結合自己的優勢專長，分擔同事的任務工作，讓自己在團隊的績效責任中，提高自己產出的比值（大於平均貢獻度）；(3)認同自己所隸屬的組織單位，積極投入，導引建構優質組織文化，創新組織認同與績效價值；(4)針對大家都認同的關鍵事務，能夠主動策定「計畫」（方案），帶領同仁實踐力行，讓群組動能擴大組織的績效價值。有智慧的人，不但自己能自我實現，也能帶動同仁，大家在自我實現的同時，共同成為組織的有效智慧資本，讓成員的集體智慧不斷提升組織的競爭力。

三、成人旺業的人生價值

成人旺業是指「成就他人、暢旺本業」之意，其與「自我實現」及「智慧資本」稍有不同。自我實現及智慧資本的人生價值均以「自己」為中心，自己的自我實現，以及自己對所隸屬組織產生動能貢獻。成人旺業的主體則擴及「他人」及「他人的組織」，例如：教育人員所從事的教育工作就是在「成就人」（成就每一位教師及學生）、「旺業」（暢旺所有師生的本業）。成人旺業是「智慧人」情操與胸懷的展現，有智慧的人都希望我好、你好、大家好，每個人都有成就，人盡其才、才盡其用，整個國家社會百業興隆，民富國強。

有智慧的人善於經營下列事項，來彩繪「成人旺業」層面的人生價值：(1)己立立人，己達達人：先成就自己，再成就親人，成就學生與成就同儕，人人都成為「人之所以為人」；(2)服務助人，布施利他：人有成就之後，衣食無缺，多出來的時間用於服務助人，多出來的財富布施利他，協助弱勢族群，追求共好；(3)專業示範，順性領航：為學做事有成，提供他人專業示範，順其因緣之性，揚其專長優勢之才，航向個人的幸福；(4)責任績效，圓融有度：凡事盡力，先完成自己的責任績效，並圓融有度地對待同仁，合作共業，彩繪成人旺業的人生價值。

四、適配幸福的人生價值

何福田（2010）出版《三適連環教育》一書，主張適性、適量、適時，並且三適連環的教育，在海峽兩岸帶來一股清新的教育氛圍，中國大陸（尤其是浙江省）已有多所中小學實驗「三適連環教育」。作者出版《家長教育學：「順性揚才」一路發》（鄭崇趁，2015a）一書，銜接何福田三適連環的說法，進一步主張「適配生涯說」，認為適性、適量、適時及適配的教育，是營造幸福人生的基石。人的一生要有四大適配：適配的教育、適配的事業、適配的伴侶，以及適配的職位，四大適配協助每一個人邁向適配幸福人生，其主要內涵如圖 5-2 所示。

有智慧的人，首先要經營「適配的教育」，讓自己能夠「順性揚才開潛能，優勢智能明朗化」。其次要經營「適配的事業」，人最適配的事業指標是「工作性質合性向，專門專業又專長」。再來要經營「適配的伴侶」，兩人「條件能力相登對，品味一致幸福多」。最後要經營「適配的職位」，每一個人適配的職位是「人盡其才的職位，才盡其用的職位」，同時也是「自我實現的職位，智慧資本的職位」。人的一生有上述這四大適配，就會過著適配幸福人生，彩繪人生最大價值。

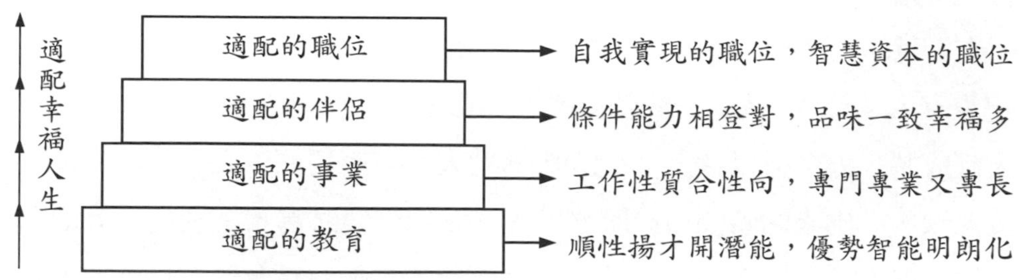

圖 5-2　適配生涯說

資料來源：鄭崇趁（2015a，頁 131）

第六章　知識創客說

〈知識的人才與創新‧實物生新取向〉

本章的章名本來使用「知識創新說」，專談「知識創新」的過程，因為「知識經濟時代」的核心價值就是強調「創新」，且人用「知識」創新「知識」本即本書的旨趣。中間有一度想用「知識創意說」，因為教育部（2003）頒布的《創造力教育白皮書》，關注的是教育人員的創意思考，代表「創新」從「創意」開始，對象較為明確，有創意點子就有可能創新知識。2015 年，新北市教育局推動「創客教育實驗學校」，以及教育部國民及學前教育署將創客教育列為 2016 年的重點政策之後，本章章名才決定使用「知識創客說」。創客有三個意涵：(1)創新知識的人；(2)能夠操作知識裡的技術之人；(3)有教育產品的師生。這三個意涵（使用創客說）終於能交代清楚本章的深層旨趣：創新知識的是人，不是知識本身；人要會操作知識裡的技術，並做出產品來，才是真實的創新知識。師生要創新知識，從創客教育入手，等於找到最佳著力點。有了「創客」，結合「創新」與「創意」就不再是遙不可及了。

本章分五節論述說明：第一節「知識達創客的教育意涵」，說明「創客教育」與「智慧教育」及「知識遞移」之間的關係；第二節「研發有創意的學習食譜」，說明智慧創客教育 KTAV 單元學習食譜的主要內涵；第三節「教導能創造的操作學習」，說明做中學的實踐要領；第四節「建構再創新的知能模組」，分析新知能模組的形成與主要內容；第五節「完成做創客的實物作品」，論述實物作品的教育價值。

第一節　知識達創客的教育意涵

「知識」與「創客」兩個名詞本來關係不緊密，大家講知識的時候，不會想到創客，而在談創客的時候，通常也不會直接就想到與知識攸關。與知識最密切相關的名詞是創新，因為大家都了解，知識經濟時代的核心價值是「創新」，本書直接用「知識創客說」之緣由，在本章的首段已予敘明。創客（maker）一詞來自於「自造者運動」（maker movement），2009 年自造者嘉年華會的海報標示了重要提示：「從自造者到創客」。創客用在教育領域，就成了「創客的教育」或「創客教育」。目前教育界也交雜混用，有的慣用「自造者教育」，有的則改用「創客教育」。作者認為「創客」一詞較符合教育的本質意涵，教育在教「創新知識的人」，那就是創客，而不只是「自造者」。是以本書採用「創客」、「創客教育」或「創客的教育」，並揭示兩大教育目的：「智慧人．做創客」。本章是「知識本質篇」的最後一章，知識本質篇的主要內容在討論知識的來源、生成、類別、性質，研究知識，探討知識學習的歷程，分析知識遞移的模式（知識解碼→知識螺旋→知識重組→知識創新），剖析知識成智慧「知識→技術→能力（作品）→價值」四位一體教育模式，規劃教育創客的四大核心步驟：「有創意的學習食譜」→「能創造的操作學習」→「再創新的知能模組」→「做創客的實物作品」。總結人與知識最緊密的關係，要經由教育促成，教育在教人「知識→技術→能力（作品）→價值」四位一體，進而成為「智慧人．做創客」。知識「達創客」的教育意涵有四，分別說明如下。

一、「創新、創意」到創客

「知識創新→知識帶來創意→知識達創客」代表三個世代的人如何「看

待知識」以及「運用知識」。「知識創新」的世代，從「知識經濟時代」開始，而最經典的代表則是Nonaka與Takeuchi（1995）的知識管理公式及知識螺旋理論（本書第三章及第四章已有較詳細說明），當時看待運用知識的觀點有三：(1)核心知識及技術（尤其是企業專利的技術）最需要管理，它是知識傳承創新的關鍵知能；(2)知識的創新與傳承是經由分享（share）來的，所以企業單位要為員工建置多元知識分享平臺，分享實踐是最好的知識管理；(3)暢旺員工知識分享的主要目的與功能，在增進員工「知識螺旋」效應，讓員工個人的內隱知識外部化，並與習得的外顯知識（內部化）產生交互作用（螺旋），俾以經由「系統重組」再「創新知識」。但是，「知識螺旋」理論僅分析到個人知識的螺旋整合，尚未觸及「重組」及真正的「創新」（詳見本書第三章及第四章的相關說明）。

「知識帶來創意」的世代，約從二十一世紀開始的前十年左右，當時微軟電腦數位產品取得絕對優勢，再加上賈伯斯的蘋果智慧型手機（iPhone、iPad）進展一日千里，一個「零組件」的功能優化或連結技術的創新，都可以為智慧型數位產品提高數十倍的市場競爭力。是以，當時看待知識創新的觀點有所轉變，重點有三：(1)創意小點子可以優化零組件功能，是提高產品競爭力（創新知識）的著力點；(2)不同組裝技術、介面系統優化，以及異界串聯技術，成為知識創新的時尚名詞；(3)重視人的創意思考，認為知識帶來創意，創意的實踐才得以創新知識，例如：教育部2003年頒行《創造力教育白皮書》，就用各種方案激勵教育人員創意思考。

「知識達創客」是作者撰寫本書的主張，並認為知識的創新，不僅是知識它本身的創新，知識還要經由人才能創新，人創新知識是因為人的需要，不是因為知識本身的需要。因此，知識讓人擁有之後，期待知識能夠與人的既有知識整合轉化為新的知能，有能力做出新產品出來（做創客）。「知識達創客」也有下列三個新的觀點：(1)能夠創新知識（作品）的人叫創客，創客的「客」指的是人，而不是知識本身，因此人要先學知識，然後做創客，再創新知識；(2)創客教育強調「做中學」、「有產品（作品）」，從「真實、可操作」的知識（技術）入手，要比創新、創意更接近「知識」的本質；(3)任何「知識」都可以剖析其成為可操作的「技術」（次級系統的知識），人學會知識中可操作的技術，這些知識就能夠順利轉化為人帶得走的能力，也就有能力完成新的作品。知識學習，學習知識，其主要目的都在使人做創客，而不只是創新知識本身。

二、「知識、技術」做中學

知識創客說的第二個教育意涵是，定位「鉅觀知識」及其次級系統的「微觀技術」之間的關係，任何知識就都可以做中學。杜威（Dewey, 1916）主張的做中學（learning by doing）可以完全實踐，大學（理論知識）及科技大學（實用技術）的銜接也才可以縝密接軌。

以作者出版《校長學：成人旺校九論》（鄭崇趁，2013）一書為例，「校長學」是鉅觀的知識，作者將其分為兩大脈絡：「成就人」及「旺學校」，這兩大校長的使命，也是「鉅觀的知識」。校長要如何才能成就人？作者在成就人的「立己達人篇」就撰寫了四論（四章）：(1)自我實現論（成就人的尊嚴價值）；(2)智慧資本論（激發人的動能貢獻）；(3)角色責任論（實踐人的時代使命）；(4)專業風格論（領航人的品味文化）。校長又要如何才能旺學校？作者在旺學校的「暢旺校務篇」，就接續撰寫了五論（五章）：(1)計畫經營論（帶動學校精緻發展）；(2)組織創新論（活化組織運作型態）；(3)領導服務論（創化專業示範模式）；(4)溝通價值論（深化多元參與脈絡）；(5)評鑑品質論（優化歷程績效品質）。總共九章九論，都是「校長學」次級系統的知識，同時也都是校長要「成就人」及「旺學校」可操作的技術，其之間（知識、技術）的脈絡關係如圖 6-1 所示。

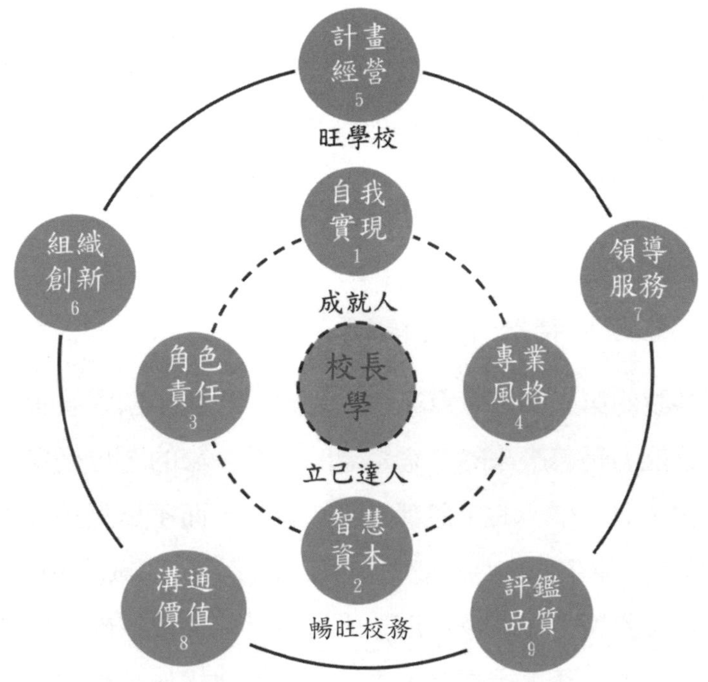

圖 6-1　校長學的核心知識及技術

資料來源：鄭崇趁（2013，頁 9）

校長學本就是「鉅觀」的知識，它必須要能成就人與旺學校。成就人是「內聖」的「帶人素養」，旺學校則是「外王」的「領導能力」，帶人素養及領導能力都可以剖析成次級系統的「微觀知識」（可操作的技術），九論的章名及副標題內涵可稱為「微觀」知識及技術，整個圖形即在定位其間的關係。

「做中學」也有廣狹兩義：狹義的「做中學」是指實物操作的學習，例如：做出看得到、有「形體」的物品；廣義的「做中學」包括將要學習的知識「解碼」或「重組」之操作思考，例如：將研究主題（知識）解碼找出概念型定義及操作型定義，然後畫出研究架構圖，再按研究架構進行

「操作研究」。又如前述校長學的知識及技術，經由作者重組為「成人旺校九論」。廣義的「做中學」，還包括我們做任何事都要遵守 SOP，或找到最佳 SOP。知識創客說的第二個教育意涵是「知識、技術」做中學。創客教育在定位「鉅觀知識」及「微觀技術」的關係結構，指導學生可以在操作中學習。

三、「能力、實踐」新模組

知識創客說的第三個教育意涵與「能力」攸關，創客要有能力做出實物產品來，這能力是怎麼來的？它是老師「教」來的，也是學習者「學」來的，但「教」與「學」的主體都是「知識」，而不是直接學「能力」，因此應該這麼說，學生做作品的能力，來自應備的「知識及技術」。是以，學生向教師直接學習「知識及技術」，這些「知識及技術」再經學生與既有的「知識及技術」產生「螺旋、重組」，而建構作品需要的「新知能模組」，學生才有能力做出「新作品」。因此，新作品來自新知能模組，新模組來自「能力、實踐」；「能力、實踐」就是「知識學習」之後的「知識、技術、能力及價值（決定）」的系統重組，創客教育也是「知識→技術→能力（作品）→價值」四位一體的教育，因為四位一體（元素的統整）才能建構「新知能模組」的知識發展之脈絡。

四、「作品、價值」真創客

知識創客說的第四個教育意涵是「作品、價值」真創客。學生學習知識之後，能做出有價值的作品，教育就真的是在做創客了。因此可以這麼說，創客教育普及化之後，師生的教育作品琳琅滿目，每校每年都在辦理創客教育嘉年華會（展示師生精緻教育作品），每半年（或每季）都有領域（學科）主題的教育作品成果展，用教育產品呈現「知識流動」（知識遞移）的質量，用作品彰顯學校的教育競爭力。教育事業就是經營創客的事業，教育的本質就是「有智慧的」「創客教師」編製的教學教具（用作品模型），教導學生在操作中學習，並做出實物作品的「創客學生」；創客教創客，創客學創客就是「創客教育」。知識創客說的第四個意涵是：師生都能在教育歷程中，做出有價值的教育作品，師生真的都是教育的創客。

第二節　研發有創意的學習食譜

作者將圖 4-1 的「智慧創客教育 KTAV 教學模式」精簡化，專指創客教育的循環系統，如圖 6-2 所示。

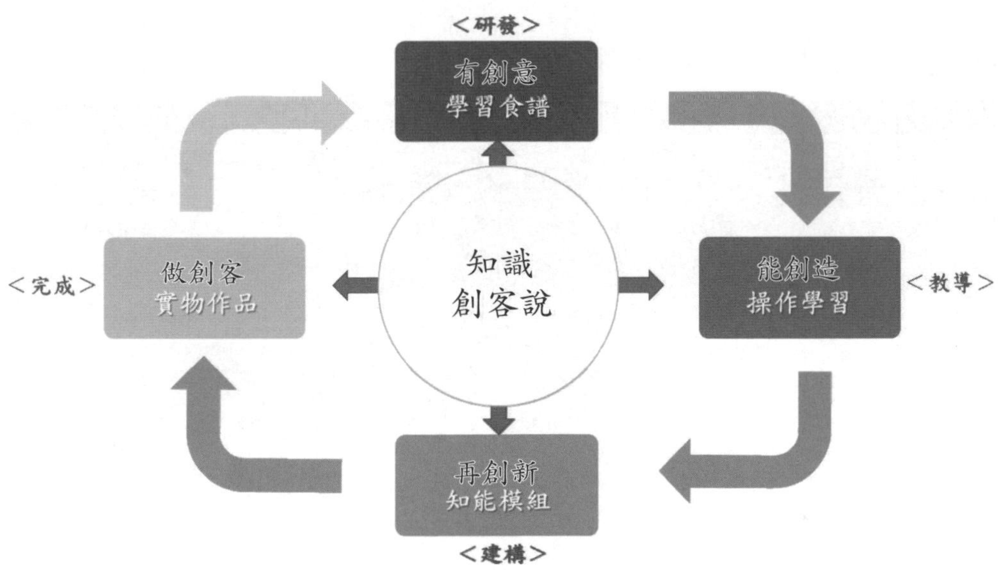

圖 6-2　智慧創客教育 KTAV 教學模式（精簡版）

此創客教育模式，可用下列三個循環的說法來理解：(1)創客教育需要四創一體：有創意→能創造→再創新→做創客；(2)創客教育的實體在：有創意的「學習食譜」→能創造的「操作學習」→再創新的「知能模組」→做創客的「實物作品」；(3)創客教育的教與學：「研發」有創意學習食譜→「教導」能創造操作學習→「建構」再創新知能模組→「完成」做創客實物作品。以下針對「研發有創意的學習食譜」進行說明。

一、有創意學習食譜（範例）

作者有多次機會輔導新北市「創客教育實驗學校」擬訂實驗計畫，以及輔導臺北市國民教育輔導團「創客教育教學工作坊」，因為教學需要而研發了「智慧創客教育 KTAV 單元學習食譜」，如表 6-1 所示，作為有創意學習食譜之範例。

表 6-1　智慧創客教育 KTAV 單元學習食譜

單元名稱：	年級領域：	設計：	
K 知識 Knowledge 致用主題知識 ⇨	T 技術 Technique 能操作學習技術 ⇨	A 能力 Ability 實踐行為能力 ⇨	V 價值 Value 人類群己教育價值
知識名稱及意涵	教學活動（學習步驟）	師生實物作品	成果價值詮釋
「知識解碼」要領	「知識螺旋」焦點	「知識重組」系統 新知能模組	「知識創新」價值
□編序□鷹架□步驟□流程 □原型□元素□成因□脈絡 □次級□系統□次要□變項	□內化□外化□交流□對話 □新化□活化□深化□優化 □同化□調適□融入□存有	□真（致用知識）□善（經營技術） □美（實踐能力）□慧（共好價值） □力（行動意願）□行（德行作品）	□真實□體驗□生新□創價 □均等□適性□民主□永續 □傳承□創新□精緻□卓越

二、了解「學習食譜」與「學習地圖」的區隔與用法

「學習地圖」是目前教育界常用的名詞，又稱課程地圖。每一所大學在新生訓練時，常由教務長及各學系系主任，向新生說明學校的必選修學分、畢業學分數、學程學分、雙主修及課程脈絡設計。學系系主任則會進一步說明學系課程的整體設計，揭示學系的教育目標、核心能力、必選修學分，以及將來就業需求，讓學生得以選擇適合自己學習的學科學分。學習地圖即專業學程學分的課程設計，學生按課程地圖（學習地圖）修畢所有學科學分，就可學習到專門職業所需的專業能力。

「學習食譜」為何福田（2010）在其所著的《三適連環教育》一書中所使用之名詞。「食譜」之意為教師要進行單元教學時，將學生要學習的知識及技術比喻為食譜。教師要先思考「主學習」（主菜素材）、「副學習」（配料），以及「輔學習」（炒法與順序、附加價值），然後教學生動手做（按食譜炒菜），再享用師生共同「炒」出來的學習美食。學習食譜具有下列三大特色：(1)適合單元學習設計，對教師教學的實用性與普及性更高；(2)學習食譜會引導教師使用「教材知識」的元素，會選擇健康、有營養的元素當教材；(3)學習食譜也會引導教師如何「炒」的「順序流程」，幫助學生有效學習。因此，「學習地圖」與「學習食譜」都是優質的教育名詞，學習地圖用在課程學科的設計，學習食譜則適合用在單元的教學設計。

三、學習食譜要能掌握創客教育的兩大訴求

創客教育的兩大訴求：「做中學」與「有作品」，要在學習食譜中明確呈現。學習食譜的第一個欄位「知識」，提列要教學的核心知識名稱及主要意涵（概念型定義）。第二個欄位「技術」，就要能夠將主題知識「解

碼」成可操作學習的「技術」，要有能順應主題知識的「次要系統變項」、「成因、元素脈絡」或「編序、建構流程步驟」，這些「技術」就是原本「知識」的「操作型定義」。第三個欄位「能力」，就要有師生的實物作品、圖形或表格，引導學生要完成的主要作品為何，並在欄位下方註明，也就是完成這一作品所需要之「新知能模組」又為何。第四個欄位「價值」，有兩個撰寫方向：一為完成的實物作品之教育價值論述，另一為整個單元學習到的教育價值論述；也可以一為論述內隱價值，另一為論述外顯價值。

KTAV 單元學習食譜強調的是「知識→技術→能力（作品）→價值」四位一體的教育，乃創客教育及智慧教育共用的教學模式，其優點在兩者共同（上位）知識的統整運用，弱點則有時會賓主不分，混淆了單元教學的主軸。在創客教育主軸時，務必要在「技術」欄位中，明確設計「可操作學習」的技術，以呼應「創客教育」之第二個步驟「教導能創造的操作學習」。也務必要在「能力」欄位中，把實物作品的圖像明確呈現，以彰顯創客教育的兩訴求：「做中學」、「有作品」。

四、學習食譜要統整四創一體的流程步驟

學習食譜稱為「智慧創客教育 KTAV 教學模式」，從智慧教育來看是「知識→技術→能力（作品）→價值」四位一體的教育，雖然也適用於創客教育，然以創客教育為主軸時，它強調的是「有創意（學習食譜）→能創造（操作學習）→再創新（知能模組）→做創客（實物作品）」，四創一體的教育。四創一體將創意、創造、創新、創客重新系統組合，讓知識的「做中學」、「有作品」真正的實現；四創一體的流程也是四位一體流程，「四創」及「四位」整合是此一模式的特色。

四創的意涵（創意→創造→創新→創客）代表「創意」的啟動，「創

造」及「創新」為歷程，「創客」有作品收尾，四創本身是頗為精要的循環。就具體的知識而言，創意是指研發有創意的「學習食譜」（知識）；創造是指教導能創造的「操作學習」（技術）；創新是指建構再創新的「知能模組」（能力）；創客是指完成做創客的「實物作品」（價值）。「研發」學習食譜是教師的主要職責→「教導」操作學習是師生一起做中學→「建構」新知能模組則看「學生的作品」取向，來決定知能模組的內涵→「完成」實物作品，師生均具教育價值。KTAV 四位一體學習食譜讓四創的教育（創意、創造、創新、創客）在實際的教學中也「四創一體」地被實踐。

第三節　教導能創造的操作學習

「做中學」或「操作中學習」是創客教育的首要特質，甚至可以這麼說：沒有「操作中學習」歷程的教育活動，就不屬於創客教育。「操作中學習」要經由教師刻意安排設計，教師要將準備傳授的「知識主題」經由「知識解碼」的歷程，剖析編序成學生「能創造的操作學習」活動，帶領學生「做中學」，最後完成作品。「操作中學習」的對象也可以是個別的「核心技術」（零組件組成的核心技術），教會三、五個零組件的個別核心技術，再由學生自主決定要完成的實物作品。不同的實物作品就會由不同群組「核心技術」的系統組合來完成作品，這些不同群組核心技術的組合也稱之為「新知能模組」。

「操作中學習」對於運動藝文（有實物作品）的學科，相對容易用「核心技術」的組合來呈現「新知能模組」的形成與存有。偏理論或相對抽象知識的學科（如數理、社會、文學）就要透過「解碼」，才能找到「主題知識」次級系統的「微觀技術」，來當作「次要變項」，讓學生得以「操作學習」，例如：有很多碩博士班研究生都喜歡研究「學校創新經營」，「學校創新經營」這一名詞頗為抽象，除了要蒐集文獻給予「概念型定義」之外，還要把它「解碼」為「願景領導創新」、「行政效能創新」、「課程教學創新」、「學生輔導創新」，以及「資源整合創新」五個操作變項，研究生才得以據此編製問卷或擬出訪談題綱進行後續研究。教導能創造的操作學習要掌握下列幾項要領。

一、知識解碼看類別

知識本身都含有可操作的技術（其次級系統的知識），找到它，就等於找到了知識本身的「操作型定義」，可以進行「操作中學習」。在學術界，碩博士論文才有要求「重要名詞」（主題知識）的概念型定義（主要意涵）及操作型定義（次要的操作變項），教學的活動則只有部分精通教學法的教師，會運用類似「心智圖」方法，來教導學生「知識解碼」，而大多不習慣使用「能創造的操作學習」。要針對授課「知識主題」找到「可操作學習的技術」也不是隨手可得，一般教師也要提升自身「駕馭知識的能力」始可做到，這也是作者撰寫本書並倡導「知識遞移說」的主要原因之一。教師們要有「知識遞移理論」的訓練，要熟悉「知識解碼」→「知識螺旋」→「知識重組」→「知識創新」模式及其核心技術的使用（詳見本書第四章）。

「知識解碼看類別」是首要要領。本書將知識分成五大類：物理現象的知識、生命系統的知識、事理要領的知識、人倫網常的知識，以及時空律則的知識，不同類別的知識具有不同的性質及特質，要找到它「可操作的技術」，似乎也須要「順性揚才」（順著知識類別特質，揚其次級系統技術），讓各類知識的「優勢特質」明朗化，例如：物理知識找元素、生命知識成系統、事理要領重結構、人倫綱常分等差，以及時空律則譜旋律

（鄭崇趁，2015a）。讀者可參照本書第四章第二節的各種知識解碼實例。

二、圖表呈現最精確

用圖或表來描繪知識本身及其次級系統知識（技術）的系統結構關係，最容易讓學習者明瞭知識的「可操作學習技術」。因為圖、表都是「知識」邏輯性、結構性、順序性的呈現，圖、表的細項文字本身就是「可操作的技術」，對學習者而言最為精要明確，知道要操作哪些事項。圖、表的使用尚有下列三大功能：(1)幫助系統思考：圖、表本身也可以當作實物的一種，圖、表的型態與內容，要系統思考「知識」的全貌與關鍵，才能畫出圖或表；(2)編序邏輯脈絡：可操作的技術要有順序邏輯，才能「做中學」並做出實物作品，圖、表的功能可以呈現此一順序邏輯，為完成作品做好準備；(3)呈現操作質量：好的圖、表會清晰地呈現工作事項，讓學習者知道總共要做多少事，每一事項的操作內容又是什麼，怎樣得以完成實物作品；有預期的操作質量，學習動能及績效成果會更好。

三、模型示範零組件

創客要做出「作品」，很多實物作品都是由「模型」（或零組件）組成，要學生在「操作中學習」，有時提供「模型」（或零組件），直接教學生拆解其結構，再重新組裝，也是一種好的教學方法。模型就是組裝實物作品的重要零件，這些模型（或零組件）也就等同於「抽象知識」（如積木）的「核心技術」。在相關的教學單元中，使用「模型示範零組件」是可參照的第三個要領。

運用模型示範零組件的教學宜注意下列三點：(1)學生做成的實物作品要與主題知識攸關，作品必須是知識、技術、能力、價值的新組合；(2)模型（零組件）本身的拆解及重組歷程要進行「價值教學」，例如：銜接點的學理、整體結構的系統意涵，以及實物作品的教育價值。讓「做中學」是一個有意義與創價的學習；(3)適時說明「做中學」歷程中的「知識、技術、能力（作品）、價值」四位一體與「創意、創造、創新、創客」四創一體之間的轉換與銜接脈絡，讓學習者也有能力駕馭知識。

四、他人作品創客秀

教師在進行教學時，直接使用數位媒體播放展示他人（學長及學姐）作品，並將作品的「核心技術」先進行示範教學是一相當可行的作法。新北市的福隆國小，學校的教育特色是沙雕，配合「福隆海灘沙雕祭」，該校學生每年的沙雕作品十分豐厚，學校已將每年的作品數位儲存，作成教學影片，每年在學習做沙雕前，老師會用影片講解學長、學姐的各種作品，以及重要作品核心技術的使用。

另一個優質範例是澎湖縣的池東國小，學校的教育特色是扯鈴與足球（稱手腳達人）。該校將扯鈴的三十個核心技術及足球的二十八個核心技術，拍成數位 QR code 行動學習步道，再各編製十二個單元主題教案，來教學扯鈴及足球的核心技術。該校學生總數五十餘人，人人會扯鈴及踢足球，扯鈴隊到處展演，足球隊是澎湖縣冠軍，「他人作品創客秀」也是操作學習的關鍵要領。

第四節　建構再創新的知能模組

先有「作品」或先有「新知能模組」，在教學上有不同的主張，部分老師認為只要教會學生「完成作品」，用實物作品代表學生的「實踐能力」就好了，不必探究學生的「內在」是否有「新知能模組」的存有。如果一定要有此一步驟，那也等作品完成，再來分析作品內含有的「知識、技術、能力、價值」之成分與結構，其新知能模組是由外而內，且是做出來以後再建構而成。

偏理性主義的教師們則主張，任何「創新」都是人類理性的開展，學習者經由「操作中學習」之後，其內隱知能經由「螺旋」與「系統重組」效應，對於想要做的「作品」，一定會先在自己的內隱知能中建構「新知能模組」，此一新知能模組外顯化，才能順利完成其「作品」。學習者完成的任何作品，對其而言都是「知識創新」，都要先有內在的「新知能模組」。本書主張「知識先天說」（第二章），創新是「理性的開展」是賦予存在（to being）的歷程，學習者要先「建構新知能模組」，再展開完成其心目中想要的「實物作品」。然而，對於「新知能模組」是如何建構出來的，則建議採經驗主義教師們的觀點，由「實物作品」進行倒攝分析，此方法技術最直接，也最具體，對學生最實用。建構再創新的知能模組，得參照下列幾項要領。

一、「真、善、美、慧」系統思考

建構新知能模組是學習者「操作學習」之後的系統思考，能定位真（致用知識）、善（行動技術）、美（實踐能力）、慧（共好價值）四位一體的結構關係。「真」是指致用知識，在該次的實物作品及行為表現真正用到的知識，有用到且做出來，表現出來的就是真知識（而不再是壁上觀的知識）。「善」是指學習行動中用到的好技術，這個技術是原來知識的次級系統，它是可以操作的，具有良善屬性的（而不會有礙他人）。「美」是指實踐能力的展現，人要操作技術，做出作品，就要有「身體」「動能」的施作，動作順序與能量的多少、施力妥適，就是一種「美與力」的發揮與實踐，力與美的融合，才能表現出完成作品的實踐能力。「慧」則是指行為共好價值的詮釋，凡是師生完成的教育作品，都應該具有明確的教育價值，有操作學習的價值，有學會知識的價值，有運用知識完成作品的價值，有傳承、生新、永續的價值，也是智慧人的「有德」行為表現之一部分。「建構新知能模組」就是「真、善、美、慧」四位一體的系統思考與定位。

二、實踐能力與整合分析

「新知能模組」是知識及技術轉換為人得以實踐能力的分析，此一實踐能力以「體能」為核心，往「實物作品」（做創客）方向，就要整合「智能」、「行能」、「美能」而做出作品來，往「行為表現」（智慧人）方向，就要結合「德能」、「群能」、「意能」而做出有德行為，成為「有智慧的人」。體能、智能、德能、群能、美能、行能，以及意能彼此之間的成分與結構關係，就是「新知能模組」（如圖 6-3 所示）。每個人每次

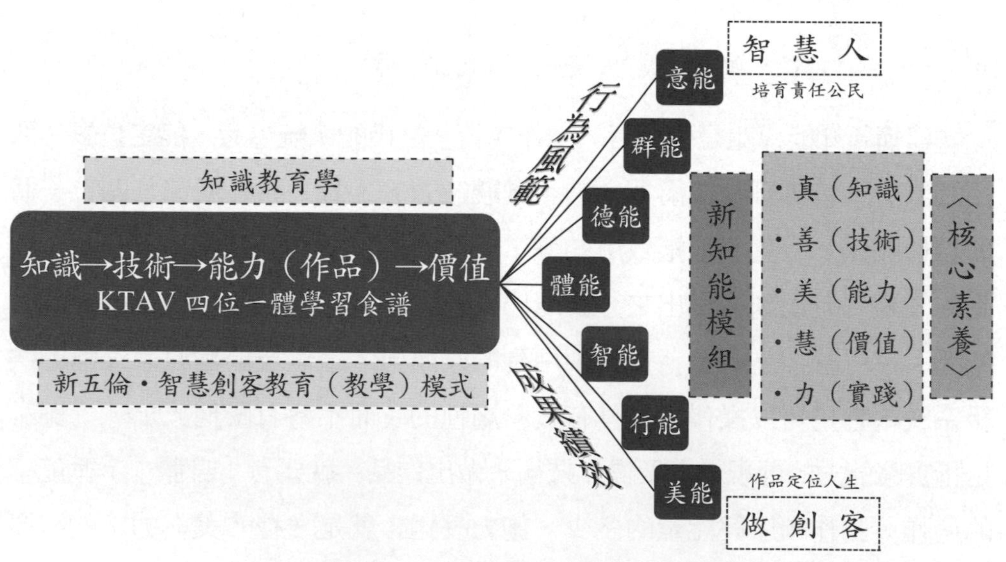

圖 6-3　新知能模組建構的歷程

的「做創客」（有實物作品）以及「智慧人」（有德行為）表現，都會有一個新知能模組建構，並且每次均不相同。因此，「建構新知能模組」就是實踐能力的整合分析。

三、四創一體融入 KTAV

本書第五章「知識智慧說」強調智慧的要素是：「知識」、「技術」、「能力」，以及「價值」四位一體，培育智慧人（責任公民）要從四大元素的整合教育著力，是以設計KTAV單元學習食譜，強調每一單元的教學，都要同時觀照 KTAV 四位一體的學習實踐。本章為「知識創客說」，主張創客教育是「四創一體」的教學：創意、創造、創新，以及創客，有創意的學習食譜→能創造的操作學習→再創新的知能模組→做創客的實物作品。四創一體的創客教育要融入 KTAV 才能完整詮釋，「有創意的學習食譜」到「能創造的操作學習」之間是以「知識」為主軸的轉換，在知識遞移理論中名之為「知識解碼」。從「能創造的操作學習」到「再創新的知能模組」之間是以「技術」為主軸的轉換，在知識遞移理論中名之為「知識螺旋」，每一個人經由「知識螺旋效應」，才能產生「再創新的知能模組」。

從「再創新的知能模組」到「做創客的實物作品」之間是以「能力」為主軸的轉換，在知識遞移理論中名之為「知識重組」，將原本的「知識、技術、能力」系統重組為「能做出作品」的實踐能力。之後，再從「做創客的實物作品」回到「有創意的學習食譜」之間是以「價值」為主軸的轉換，在知識遞移理論中名之為「知識創新」，作品的完成對個人來說就是知識創新，有德的服務助人行為表現，也是一種知識創新，知識創新的績效價值會啟動後續永續學習的動能。四創一體融入 KTAV 是建構新知能模組的第三種寫照。

四、內隱知識進行模組化

「建構再創新的知能模組」也是內隱知識進行「模組化」的具體寫照。「內隱知識」因為看不到、摸不著，所以自己及他人都難以「感覺」和「判斷」它的存有及結構。但是其存有外顯化為「外顯知識」（如做出作品或德行實踐），我們就可以回推「內隱知識」與「外顯知識」之間的轉化：有怎樣的「內隱知識（可稱為素養）」就會有怎樣的「外顯行為（可稱為能力）」；相同的，有怎樣的行為結果（能力），就會有怎樣的內隱知識（素養）。因此，創客教育的第三個關鍵步驟「建構再創新的知能模組」，就是學習者在進行操作學習之後，其「內隱知識進行模組化」的歷程，前述各點：「真、善、美、慧」的系統思考就是「內隱知識模組化」之現象；實踐能力整合分析則用「能力」倒推「內隱知識模組化」的作法，四創一體融入 KTAV 更是「內隱知識模組化」的歷程說明。學習者有「建構再創新的知能模組」（存有），才能進入「完成做創客的實物作品」階段。

第五節　完成做創客的實物作品

創客教育的最後（第四個）步驟是「完成做創客的實物作品」。用實物作品（做出成品、產品）來完整詮釋學習者是「創客」，創客有下列三個簡單意涵：(1)創新知識的人；(2)能操作知識裡的技術之人；(3)有教育作品的師生；有了實務作品的師生就能夠完整地實現「創客教育」的三個意涵。實物作品代表知識創新的成果，實物作品是學習者「做中學」而來的，能夠「做中學」，就代表學習者在教師指導之下，「能操作知識裡的技術」。

「實物作品」的意涵是廣義的，由具體到抽象都有實物作品的種類與範圍。「創客教育」要用最廣義的視角來看待「實物作品」，作者初步歸納，至少有下列四大類。

一、有體積型態的實物作品（物與自然）

有體積型態的實物作品是最具體的實物作品，人們可以從外型表象就覺知它是物、是東西、是自然界存在的，有形體的物。這一類的實物作品範圍最廣，我們看得到有體積形狀的物品通通都是，也包括大自然看得到的「自然景觀」。在教育上常用的實物作品很多，最常見的例如：陶藝教學，每一位學生最後要做出一件陶藝作品，有的做杯子，有的做花瓶，有的做汽車模型，有的做動物形體（如十二生肖），有的做各種家用日常生活「器物」，應有盡有，都是實物作品。又如：新北市福隆國小的沙雕教學，學生學習堆沙雕技術（在操作中學習）之後，堆出各種具有體積型態的沙雕作品，有公園、皇宮、學校、自然山水的各種實物作品。再如摺紙藝術，學生學會摺出各種動物、器物型態，也都是實物作品。實物作品是「創客教育」的教育績效成果，是學生接受教育後「知識、技術、能力、價值」四位一體的產品，也是創意、創造、創新、創客四創一體的實踐。

二、有圖像表格的平面作品（文字與邏輯）

第二類的「實物作品」泛指有圖像表格的平面作品，它們不一定有「體積」，但是有「圖像」或者「表格」繪製在牆壁或紙上，人可以看到它，覺知它的存在。圖像與表格的作品，以「文字表達」的知識為大宗，教師在教學上，為了讓學生了解「知識」的意涵，常用圖像及表格來輔助教學，學生很快就能掌握「知識」及其「技術」之間的邏輯關係，是創客教育很常用且有效的方法。教師教學圖表化之後，要學生學完此一單元的「知識」，將其要完成的作品用「圖像」及「表格」來呈現，也是頗為具體的「實物作品」，例如：教學數學「九九乘法表」時，教師用九九乘法表的表格示範教學，講授學理之後，除了要學生練習「背誦」精熟外，要求學生製作自己喜歡型態的「九九乘法表」，而且要「完全正確」並「精緻美觀」，此即為「創客（有作品）」的精熟學習。

又如「心智圖」教學的運用。教師在單元教學結束前，要求學生將該單元的「教學內容」繪製成「心智圖」，學生繪製的「心智圖」就代表學生「內隱知識」的系統結構以及對「單元知識」的掌握程度。

三、有動能展演的影音作品（運動、藝術與展能）

第三類的「實物作品」泛指「身體展能」的影音作品。身體動能表達出來的「整套行為」展演，也是實物作品之一，例如：體操選手的整套比賽演出錄影；音樂比賽時，學校合唱團的現場演出錄影（音）；舞蹈教學學生練習的錄影帶；演講比賽前學生練習的完整錄音，都是實物作品之一。此第三類的實物作品，尚包括「運動」及「藝術」之「核心技術」動作的影音作品，例如：前述澎湖縣池東國小的教育特色「手腳達人」（扯鈴及足球），學校教師將扯鈴的三十個核心技術以及足球的二十八個核心技術，找優秀學生拍攝示範動作影片（每一個技術二十至四十秒），這些示範動作影片並做成 QR code 行動學習步道，布置在教室走廊牆壁，學生隨時可用手機及平板反覆學習，每一個QR code行動學習作品都是實物作品之一。「有動能展演的影音作品」在今日數位媒體（手機、平板、電腦、智慧型產品）的普及情況下，成為師生喜愛且符合流行時尚的實物作品。

四、有論述價值的對話作品（語言與教學）

第四類的「實物作品」包括師生教與學需要的著作、文章與教材，以及教具之類的「教」與「學」對話作品，例如：學習單、上課心得筆記、札記省思、優秀文章剪集、繪本製作、日記撰寫、每週一創作（短文、詩歌、作文與創意點子），也包括現代流行的「磨課師」自主學習教材製作、學生的小論文、碩士論文、博士論文、單篇主題研究報告、行動研究報告，以及教師的教學檔案、學生的學習檔案、各種有聲書製作、主題攝影系列、數位學習系列、微電影作品、語言、影像與教學有關的對話、教育價值說明與論述等，都是廣義的教育產品，都屬於第四類的實物作品。

「知識創客說」是「知識創新說」的具體化，更符合二十一世紀教育的需要。創客教育的實施可依據四大步驟操作：「研發有創意的學習食譜」→「教導能創造的操作學習」→「建構再創新的知能模組」→「完成做創客的實物作品」。「創客教育」的啟動在於各級學校教師認同「智慧創客教育 KTAV 單元學習食譜」，並願意承諾力行，自己教授的每一領域（學科），都至少有十個單元以上的創客學習食譜設計，每個學生在該領域（學科）至少有三至五項實物作品，可以在學期末「師生創客教育嘉年華會」中展出，創客教育即可以迅速提升教育品質及教育競爭力。在本章結束前，作者提供實際的創客教育學習食譜（範例）給大家參照，如表 6-2 所示。

表 6-2　智慧創客教育 KTAV 單元學習食譜範例

智慧創客教育 KTAV 單元學習食譜

單元名稱：智慧創客教育（知識遷移觀點）　年級領域：創客領導（教師）系列研習　設計：鄭崇趁教授

*K*nowledge 知識 致用主題知識 ⇨	*T*echnique 技術 能操作學習技術 ⇨	*A*bility 能力 實踐行為能力 ⇨	*V*alue 價值 人類群己教育價值
知識名稱及意涵	教學活動（學習步驟）	師生實物作品	成果價值詮釋
・創客教育 1. 創新知識的人。 2. 能操作知識裡的技術之學習者。 3. 有教育作品的師生 ・智慧教育 教育有「智慧的人」之教學歷程，亦即「知識→技術→能力（作品）→價值」四位一體的教育。 ・知識遷移 教師身上及教材上的知識，能夠有效遞送、轉移到學生身上，成為學生帶得走的能力，並能完成作品（創價）。	・創客教育 有創意→能創造→再創新→做創客 （學習食譜）（操作學習）（知能模組）（實物作品） ・智慧教育 【知識→技術→能力（作品）→價值】四位一體的教育 ・知識遷移（KTAV 的轉彎著力點） 知識解碼 ↓ 知識螺旋 ↓ 知識重組 ↓ 知識創新	・教學者（KTAV 教學模式） 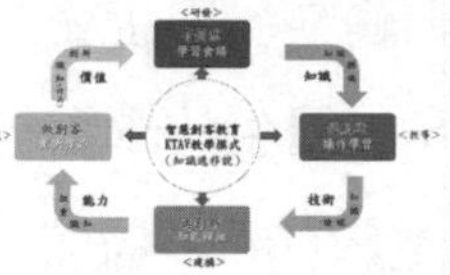 ・學習者 知識→　技術→　能力→　價值	1. 學習者容易了解知識的性質，以及知識、技術、能力（作品）及價值間的關係。 2. 符合「做中學」及「有作品」之創客教育特質。 3. KTAV 教學模式容易推廣，KTAV 創客教育普及化可以全面提升教育品質及競爭。
知識解碼要領	知識螺旋焦點	知識重組系統 新知能模組	知識創新價值
■編序■鷹架□步驟■流程 □原型■元素□成因□脈絡 ■次級■系統□次要□變項	□內化□外化■交流■對話 ■新化■活化□深化□優化 ■同化■調適■融入□存有	□真（致用知識）□善（經營技術） ■美（實踐能力）■慧（共好價值） □力（行動意願）■行（德行作品）	□真實□體驗■生新■創價 □均等■適性□民主■永續 □傳承■創新■精緻■卓越

第二篇

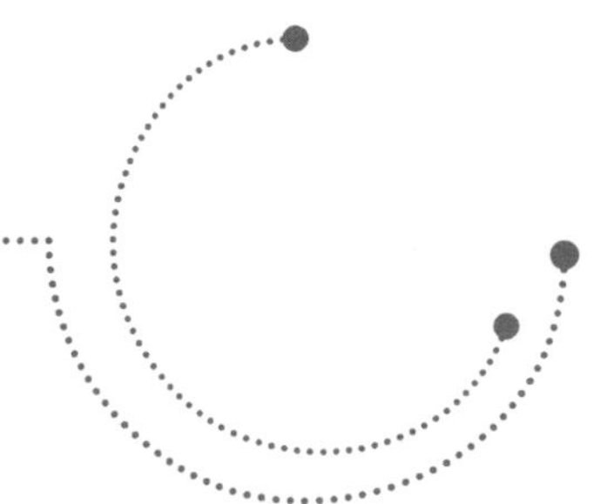

技術經營篇

知識包含可操作的技術，掌握知識裡可操作的技術，就能夠「做中學」，有效傳承核心知識及技術，進而創新「致用知識」、「經營技術」、「實踐能力」、「共好價值」。經營國家的核心知識及技術，在於強化人民的集體智慧以及優質政策計畫的規劃實踐能力。經營教育的核心知識及技術，則要掌握《教育經營學》的六說、七略、八要。經營學校的核心知識及技術，《校長學》成就人四論及旺學校五論可作為經營範本。經營教學的核心知識及技術，《教師學》鐸聲五曲中的人師、使命、動能、品質、風格都是具體著力焦點。經營教養的核心知識及技術，《家長教育學》中的一觀、六說、八論就是最關鍵的理念及作為。經營知識教育的核心知識及技術，得參照本書四篇的篇名及二十四章的章名。運作知識遞移說及 KTAV 教學模式來培育「智慧人．做創客」。

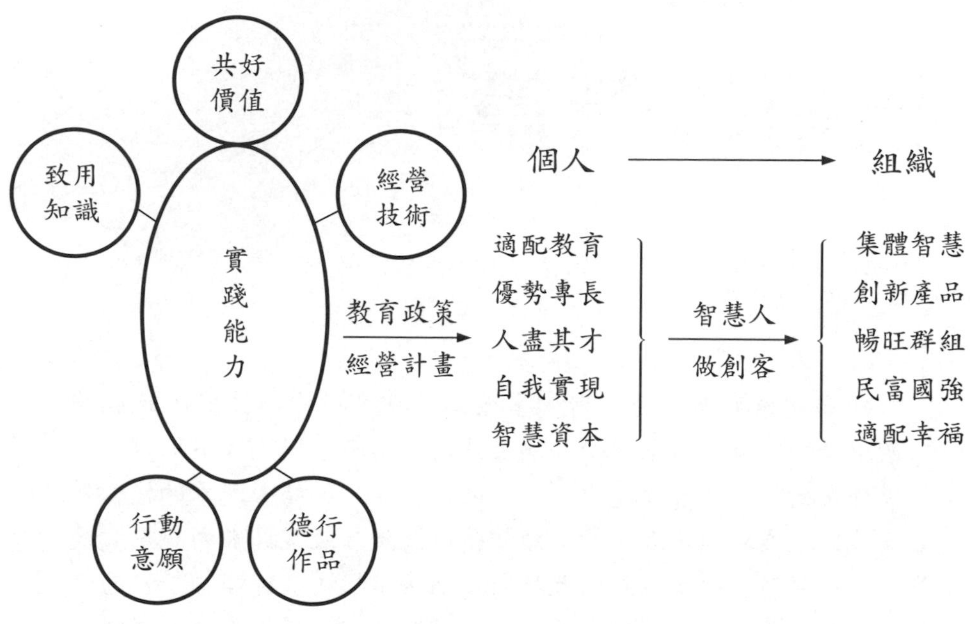

新知能模組中的六大元素，在人體內的位子，約略如上圖。共好價值（慧）在頭部，是思維決斷的總樞紐，致用知識（真）及經營技術（善）在雙手，是使力焦點，行動意願（力）及德行作品（行）則在雙腳，是行動前進的步伐，而整個軀幹則在實踐能力。經由教育政策及經營計畫帶動之後，對個人會產生適配教育，優勢專長、人盡其才、自我實現、智慧資本之績效價值。再經由人人都是「智慧人・做創客」，為國家社會（組織）拓展集體智慧、創新產品、暢旺群組、民富國強、適配幸福的五大價值。

第七章　經營國家的知識及技術

〈人民集體智慧的動能貢獻〉

「國家」是人類生存的最大組織，也是人民隸屬的最大系統。國家是有明確疆界的，每一個人都需要國籍，出國旅遊或跨國辦事的時候，「出關」檢查國籍，登錄進出資料，是非常重要的事。國家的興衰，人民榮辱與共，就像 2016 年里約奧運，能夠為自己的國家得到獎牌，是人生最大的光彩，也是全國人民祝福的對象。大部分的國家都發給得獎選手鉅額獎金，感謝他們為國爭光，感謝他們能夠在「國際舞臺」上，讓世人看到這個國家的「國旗」冉冉上升，證明世界上有這個「國家」的存有。

國家的興旺強盛是可以經營的，因為國家現有的實力（國力）就是全國人民「集體智慧」的總體表現。人民「集體智慧」產出的動能貢獻暢旺，國家就興盛；人民「集體智慧」產出被動消極，國力就日漸疲弱。因此，經營國家的命脈在調整國家的政策及建設計畫，布建人民「生活」及「做事」機制，提升人民集體智慧的動能貢獻，暢旺國人整體的「知識流量」，增加「高端技術」的經營運用，擴大產製「創新產品」的能力及質量，社會福利機制能夠有效調節財富均衡分配，人人在積極創價的同時，多能過著「適配幸福人生」。激發人民的集體智慧，產生最大的動能貢獻，這個國家必然民富而國強。

本章是「技術經營篇」的首章，廣義的知識包括知識本身，及其經由人類學習而形成（衍生）的「技術」、「能力（作品）」，以及「價值」。本章以「人民集體智慧的動能貢獻」來探討「經營國家的知識及技術」，「集體」是指「人民的總和」，「智慧」則近似廣義的知識，是人學習知識之後的優質行為表現（詳見第五章「知識智慧說」）。智慧包含四大元素：知識、技術、能力、價值，並且四位一體，才能產生「智慧型產品」或「有智慧行為」。

本章分四節探討經營國家的知識及技術：第一節「國力與人民集體智慧」，說明激發人民集體智慧的主要技術；第二節「政策與領導經營知能」，分析領導首長經營國家政策的核心知識及技術；第三節「計畫與幹部知識技能」，探討幹部策定方案計畫及溝通協調的知識技能；第四節「實踐與群組績效動能」，闡述政策計畫執行力的核心知識及群組動能的核心技術。

第一節　國力與人民集體智慧

我們用當代國力最強盛的國家，例如：美國、德國，來說明「人民集體智慧」的重要性，以及「智慧」之所以包括「知識」、「技術」、「能力」和「價值」四大元素的理由。美國及德國之所以富強，有下列四大特徵：(1)國內人民的「知識流量」最大，國家教育最普及，國民都能自主決定「適配的教育」，也就是說知識經由教育在國民身上的流量最為龐大；(2)人民擁有專門行業的「技術」水準最高、最到位，國家能夠產製尖端科技的產品，如飛機、汽車、精緻生活用品、智慧型手機等，改變人類文化，開展人類新文明；(3)人民事業與生活「實踐能力」最確實，各行各業產品的「品質管理」與「績效責任」最到位，品牌價值屢創新高，全世界的人都在搶購美國貨（如手機、飛機、軍火武器、迪士尼產品、生物科技產品等），也都在搶購德國貨（如汽車、影音產品、工廠、生產線機器系統、食品料理機、雙人牌指甲剪、啤酒等）；(4)人民的價值觀多元、普及、自主而明確，如美國的民主選舉機制，德國的技術職業教育，都為國家帶來「人民集體智慧」的發揮，讓每一個人產出較大的動能貢獻。

國家人民集體智慧的發揮等同於「國力」，智慧包含了「知識、技術、能力、價值」四大元素，經營一個國家要從人民的集體智慧著力，也就是：提升國民知識水準、教導國民經營技術、優化國民核心能力，以及開展國民價值生活。概要說明如下。

一、提升國民知識水準

人類擁有知識，才能轉化為技術及能力，為自己及國家做出貢獻；人民的知識水準愈高，其集體智慧的動能貢獻才可能愈大。現代化的國家都十分重視教育，希望由教育的普及化及教育機制的主動服務，全面提升國民的知識水準，讓國人運作豐沛的知識及技術，幫助自己追求自我實現，並成為國家與社會的有效智慧資本。提升國民知識水準就是提升國力的最核心基石。

提升國民知識水準的經營要領，得參照下列作為：(1)落實十二年國民基本教育：人民的基本教育至少十二年，免費、免試、就近入學，帶好每一位學生，至少 90%以上國民通過十二年基本能力檢測，十二年基本教育成為國民基本人權之一；(2)規劃自主普及的高等教育：大學及研究所教育為全民開放，由各大學自主決定入學條件及畢業條件，激勵中產階級以上國民都能大學畢業（成為知識分子），知識分子中有近半具有碩士學位，百分之五以上具有博士學位；(3)規劃終身學習機制：中小學兼辦「補習教育」，讓失學民眾有機會補齊基礎教育學歷；大學開辦各類型在職進修課程，符合條件者授予學士、碩士、博士學位；(4)串聯社教館所、職訓機構及公民營企業，布建全民在職進修及自主學習機制，全面提升國民知識水準。

二、教導國民經營技術

擁有「知識」，如果用不出來，這些知識就等於「沒用」，沒用的知識，就不會對人產生價值，是以曾經流行一句話：百無一用是書生。嚴格來說，這是對「知識分子」的侮辱（負面評價），作者認為這種「學富五車」而「百無一用」的人，不是真正的知識分子，因為其沒有真正學會這些「知識」，不知道任何知識都含有可操作的技術，找到知識中可操作的技術，會操作它，才是真正地學會這些知識。因此，國家不但要全面提高人民的知識水準，更要教導國民經營（操作）核心知識裡的技術，找到技術，就是了解運作知識的著力點。

國民的哪些經營「技術」最重要（優先）？作者提供下列四個方向供讀者參考：(1)生活的「好習慣」：好習慣是一般人民最重要的生活「技術」，好習慣能帶給人一輩子的「健康」、「效能」、「效率」、「快樂」、「幸福」，每個人都需要「好習慣（技術）」來經營幸福人生；(2)學習的「優方法」：人要學習一輩子，找到最適合自己、最有效的學習好方法，也是「技術」的範疇，每個人都需要有「優方法（技術）」來經營自己的學習；(3)事業的核心「技術」：每個人所從事專門行業的核心「技術」是人一輩子的「飯碗」，經營事業的核心技術，最能創價、豐厚自己的人生價值；(4)休閒的「育樂技術」：休閒是為了休息，休息之後要走更長遠的路，而休閒不只是「睡覺」，要有好的適合個人的「育樂技術」來調處，人才能得到真正的休息，例如：作者常用跑步、爬山、投籃球、對打排球來平衡身心，就是不錯的育樂技術。

三、優化國民核心能力

人的能力是經由「知識學習」而來的，人會操作「知識」裡的「技術」，這些「知識」就會變成人帶得走的「能力」。因為這些知識（技術）

與個人既有的「知識（技術）」螺旋、重組後，透過人的行為或作品表達出來，就是「能力」。教育就是在培育學生的能力，社會百業分工，各行各業都需要不同核心能力的人才，是以在教育機制中，基本教育階段在培育學生百業共通的核心能力，高等教育階段則分不同的「學院」及「系所」，來培育學生專門行業個殊需求的核心能力。

人類的核心能力分類廣泛，國家應優化人民共同的核心能力，例如：(1)學習力：讀、寫、算、資訊能力都是最基本的學習力，人民提高學習力，其他能力才得以真正提高；(2)知識力：指人經由教育及生活經驗，學到並且已能停留（儲存）在自己身上的知識；人民的知識力愈高，人民的集體智慧也才有可能增生；(3)藝能力：人的優勢智能明朗化之後，擁有的優勢藝能，就會是人的專長亮點，藝能力愈高、亮點愈亮，人就有優質卓越、適配幸福的感覺；(4)品格力：品格力屬人倫綱常的知識，國家要用「新五倫及其核心價值」來經營人民的品格力（新五倫及其核心價值請詳見本書第二章）。

四、開展國民價值生活

教育在教「人之所以為人」，「人之所以為人」就是要人活得有意義、有價值、有尊嚴，活得像「理想」中的自己。本書《知識教育學：智慧人．做創客》期待每個人都成為有智慧的人，每個人都是創客，也就是自己理想中的人。邁向「智慧人．做創客」，追求人的價值，成為教育「知識學習」的核心要務之一。本書主張教師的單元教學，就要多加使用「智慧創客教育」，也就是 KTAV 單元學習食譜，強調「知識、技術、能力（作品）、價值」四位一體的同時學習，開展國民價值生活。

開展國民價值生活係以「價值」為核心取向的生活，價值生活普及化之後，「知識、技術、能力」才會有正向、常態、健康、活力，並且與人共榮、淑世濟人的發揮，創發群己最大價值。開展國民價值生活，可以參照下列事項經營：(1)找到階段性最有價值的生活節奏：規律的生活，階段性的節奏或旋律，才能增生個人生活的最大價值；(2)設定階段性最有價值的學習計畫：有焦點、有核心事項的學習，才能經營人生的永續價值；(3)執行階段性最有價值的工作任務：人要做的事繁多，有的人窮忙一輩子，辛苦勞碌一生，卻不一定有「價值」與「尊嚴」，我們可以配合時空知識的運作（如年、月、週），執行階段性最有價值的工作任務來調整改善，再由階段性「價值」，累增實現人生的「大價值」；(4)實踐階段性最有價值的育樂休閒：隨著年紀的增長與老化，每一個人都能夠實踐自己最有價值的育樂休閒，才能身心平衡，讓心智體能貢獻最大化，處在「人之所以為人」的價值之中。

第二節　政策與領導經營知能

探討「經營國家」的知識及技術，第一個層面與「國力」攸關，是以本章第一節的節名為「國力與人民集體智慧」，用人民集體智慧產生的動能貢獻來形成「國力」。第二個層面就與「政策」及決定政策者（領導）的經營知識及能力攸關，具有高深知識（能力）的領導者，一定會為國家及人民，策定最好（最符合人民需求）的政策，並將政策具體化，以中長期計畫（方案）來實踐政策內涵，領導推動重大政策，優化國家建設，改善人民生活。因此，國家領導幹部（如簡任以上公務員、大學教授）就要具備「政策擬定」、「辨識優質政策」、「政策形成」的知識及技術，也要具備經營國家專業部門的「深層學理」知識，以及「理論實踐」銜接的操作技術，本節即以「政策與領導經營知能」來統合稱之。國家領導幹部尤應具備下列的經營知識及技術（能力）。

一、確認國家與自身任職組織單位的願景、任務以及核心價值

中國大陸在 2014 年頒行了「社會主義核心價值觀」（富強、民主、文明、和諧、自由、平等、公正、法治、愛國、敬業、誠信、友善），是一個很成功的案例，我們也應該由總統頒布臺灣的核心價值。我國是民選的總統，經營國家「願景領導」的知識及技術是存在的，五院院長及行政院各部會首長，應該向總統建言，確認國家與自身組織單位的願景（vision）、任務（mission），以及核心價值（core value）。

教育部在 2010 年召開第八次全國教育會議，並於 2011 年頒行《中華民國教育報告書：黃金十年、百年樹人》，揭示「新世紀、新教育、新承諾」的教育願景（vision）以及「精緻、創新、公義、永續」的目標與核心價值（core value），也算是成功的案例。作者為了讓讀者理解這三個詞之間的相屬結構關係以及重要性，特以國立臺北教育大學研究發展處（2012 年）的願景（vision）、任務（mission），以及核心價值（core value）作說明（如圖 7-1 所示）。

大學的研究發展處是學校的一級單位，它的願景（vision）要用學校的願景。當時，國立臺北教育大學由林新發教授擔任校長，他經營學校的願景是：「敦愛篤行，傳承創新，精緻大學」。研究發展處則有四個任務（mission）：計畫發展、研究創新、產學合作、國際視野。作者在 2011 年 8 月至 2012 年 7 月間擔任學校首任研發長，為四大任務詮釋了四個核心價值（core value）：計畫發展的核心價值是「精緻」，期能帶動學校精緻發展；研究創新的核心價值是「實用」，期能學以致用，研發創新的知識技術，能夠實際提升學校的教育競爭力；產學合作的核心價值是「擴能」，經由產學合作，擴大師生服務創價的能量；國際視野的核心價值是「前

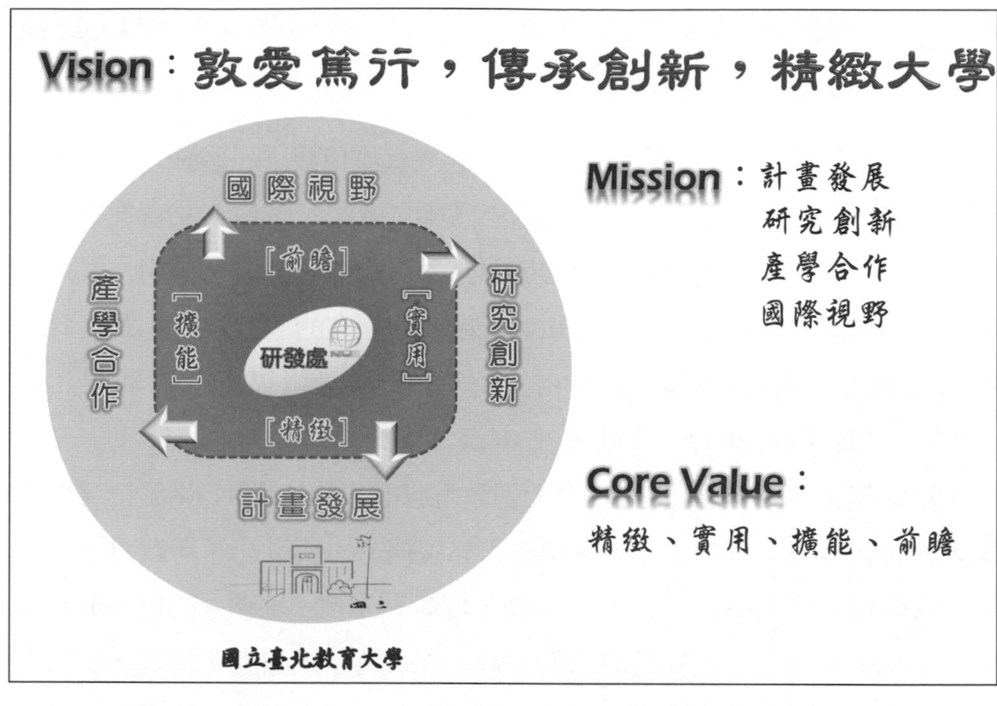

圖 7-1　國立臺北教育大學研究發展處的任務目標與核心價值

資料來源：修改自鄭崇趁（2012，頁 130）

瞻」，培育師生以前瞻思維，接軌國際，領航臺灣教育的發展。

此張願景領導圖示，懸掛在研究發展處會議室的牆壁上，凡是來研究發展處開會討論的來賓與同仁，都會反覆看到願景、任務及核心價值，討論的內容與心思方向，都會受到這張圖的引導，「把事做好」的效能與效率自會提升。

二、掌握組織（單位）過去及當前的智慧資本

國力的展現在於人民集體智慧所產生的動能貢獻程度；同樣地，組織（單位）的興旺或低迷也決定於這個單位成員的「集體智慧」。這個單位

成員的集體智慧被喚醒，每一個成員都對組織產生「超過標準」的動能貢獻，這個單位就會充滿績效價值與產業競爭力。每一個單位領導人都能夠掌握過去及當前的智慧資本，誘發現職人員願意為組織投入心力，做有價值的貢獻，領導人就可以運作集體智慧興旺組織、興旺國家。

組織（單位）過去的智慧資本留在組織的歷史檔案中，領導人應適度的整理運用，永續傳承，例如：國立臺北教育大學的校史館中有兩大主題：鄧雨賢（臺灣歌謠音樂之父）的四月望雨，以及繪畫名師李梅樹、陳澄波、李澤藩、鄭仕仁（民國初年臺灣的畫壇巨擘們）專欄，這兩大主題就是學校過去的智慧資本。適度的展現，對於全校師生及參訪貴賓都具有「超值」的啟示作用。

掌握當前的智慧資本，可以參照孫中山先生〈上李鴻章書〉所提的下列幾項經國要領：(1)人盡其才：讓組織中的每一個人都能有自己最適合發揮的位子，人盡其才、才盡其用；(2)地盡其利：組織的硬體資產及設備都能夠發揮最大的產能，為單位創價；(3)物盡其用：組織的資產物品，都能夠充分被使用，增加組織的效能與效率；(4)貨暢其流：產品及服務對象的流通量愈大愈好，大家搶著購買或爭取服務，組織的績效價值就能最大化。另外，教育單位（學校）係人教人的組織，得增加下列兩個要領：(1)時中其機：教師要掌握學生關鍵期及專注時段進行教學，時過然後學，則勤苦而難成，過早學習更會揠苗助長；(2)事畢其功：教師的單元教學，要當下教會學生，學生學到的「知識、技術、能力（作品）、價值」是明確的，教師每單元的教學都能事畢其功，教育就得以培育「智慧人・做創客」。

三、洞察時代趨勢與人民需求

領導人的智慧要高於一般民眾，其所擁有的「知識、技術、能力（作品）、價值」四位一體的知能總量要高於一般人民，才能夠領導人民經營國家。領導人更要具備洞察時代趨勢的知識及技術，也要了解知道人民的需求在哪裡，如何解決、滿足需求的知識及技術又是什麼。領導人能夠適時推出人民喜歡的政策及方案計畫，才是有智慧的領導人。孔子曾說「君子時中」（推出適時而有價值的政策），前總統李登輝先生也說過「民之所欲，長在我心」（知道人民需求），都是展現智慧領導人的楷模。

洞察時代趨勢的知識及技術，領導人可透過智庫及專案研究取得。在現代化的國家中均有好的機制在定期提供訊息，領導人適時統整即可獲得。人民需求的知識及技術較不清晰，一些民意調查及媒體傳播常常被有心人士操弄，很難反應真正的民意以及真正需求，領導人要有聰明睿智，才能辨識，才能提出好的政策（有價值的計畫方案），解決或滿足人民的需求。

增進領導人辨識民情的能力有下列三項作為可以參照：(1)定期與人民一起生活：領導人與人民一起生活，才能覺察人民真正的需求；(2)執行與民有約時間：每週有半天（或二小時），領導人直接面對民眾，聽取各種建言及需求反應，才能真實掌握民情及民意；(3)定期休假，跨界體驗：領導人有時過於忙碌，窮忙的結果，整天被既定的公務牽絆，很難兼顧民意的新發展及真實的需求；定期休假，跨界體驗，或可獲得關鍵的統整與折衷，為人民端出最期待的政策。

四、策定核心建設的政策與計畫

有智慧的領導人，必須即時地為人民端出建設性的「牛肉」（政策及執行計畫），而非「改革方案」，用建設性的政策及方案計畫，精緻國家各項機制發展，促進各行各業興旺成長，提升人民收入所得，順勢解決貧富落差及城鄉差距問題。臺灣人常懷念蔣經國總統，因為他在行政院長及總統任內實施「十項建設」，這十項建設的歷程及成果，結合了「教育普及」（九年國教），全面提升臺灣人民的集體智慧，創造了 1975 到 1995

年二十年間的臺灣經濟奇蹟，當時的臺灣人活得最有價值，也最有尊嚴，並且對未來充滿希望。

曾經有過的榮耀，就代表臺灣人是做得到的，只要我們的領導人重新關注「政策與計畫」之知識及技術，定期策定核心建設的政策與計畫，用建設性計畫帶領人民經營國家、建設國家，調處更為便捷的運作機制，活化專門知識的流量，深化各行業核心技術的傳承創新，開展人民優勢能力的動能貢獻，全面追求具價值的工作行為表現（智慧人．做創客），則全民的集體智慧必能夠為臺灣經營新的臺灣奇蹟。

第三節　計畫與幹部知識技能

經營國家的知識和技術，第三個重要層面就是「計畫」，與計畫攸關的「策定者及執行者」屬中、高階公務員（例如：科長、組長、專門委員，介於薦任最高階及簡任初階幹部）。「計畫」就是「政策」的執行方案，優質的計畫（或方案）才能將「政策」的精神旨趣貫徹實現。很多國家治理不好，並非沒有好的政策，而是缺乏好的（優質的）政策實踐方案，是以國家疲弱，百業蕭條，人民窮苦，官員領導雖威風八面，但看不出人的「價值」與「尊嚴」。因此，「計畫與幹部知識技能」格外重要，它是經營國家的實體引擎（啟動體）。本節分下列四個焦點核心，來說明相關的知識及技術。

一、計畫施政與施政計畫

經營國家要有計畫施政，並且編列預算，籌集經費來執行這些「計畫施政」的項目。政府施政通常是按計畫來的（是有計畫的），稱為計畫施政；幾乎所有的國家都是計畫施政，就連國家之內次級的縣、市也多採用

「計畫施政」。國家的計畫施政要具備下列三個條件：(1)明確的項目；(2)需用的經費；(3)配套的說明（例如：中長期計畫或另籌經費資源），並經由國家議會（立法院、縣市議會）審議通過。

「施政計畫」是指各級政府實際編製的「年度施政計畫」及其經費需求，送達民意機關（議會）審議的計畫者。優質的施政計畫及執行方案，是經營國家最重要的基石，其攸關的知識及技術，以下列四點最具價值：(1)系統思考：施政項目能夠觀照全面並且掌握關鍵；(2)傳承創新：有價值績效的項目持續經營，並且用新的項目創新經營價值；(3)形優輔弱：讓具有優勢亮點的項目充分發揮，並調撥協助弱勢族群事項；(4)焦點建設：好的施政計畫，每年都要有焦點建設項目，調撥上一年度較鬆散無績效的資源，加倍編入焦點建設經費，經營施政亮點，凸顯國家的優勢競爭力。

二、系統結構與學理價值

國家的重要政策，都要策定「中長程實施計畫」或「主題式建設方案」來具體實踐。由於年度施政計畫及預算要經議會審議，有些立委或議員會要求超過一定金額（如千萬元、億元）的經費項目，要提附「實施計畫」或「實施方案」，以做為審查依據。這些「中長程實施計畫」或「主題式建設方案」就是國家經營政策的代表。

「中長程實施計畫」或「主題式建設方案」本身也具有核心知識及技術，作者長期研究教育計畫，認為計畫的知識及技術最重要者有二：(1)系統結構：指計畫的形式和內容要具有系統結構，尤其是「目標、策略、項目」三者之間要環環相扣，能夠用圖或表來表達，有系統結構的計畫，才能把計畫要辦的事，真正辦好；(2)學理價值：優質的建設計畫，能有效連結事務主體的學理基礎及核心價值，讓閱讀計畫方案的人或執行方案計畫的人，知道為什麼要做這些事，以及做完這些事項之後的價值所在。系統結構與學理價值是建設方案（計畫）最重要的知識及技術。

三、執行技術及機制調控

有政策及相對應的實施計畫，也不一定會成功。在臺灣曾經有「國家建設六年計畫」的失敗案例，當時的領導者將「國家建設六年計畫」訂得太龐大，大小計畫繁多，經費需求超過國家經費所能負擔，而成為「無法真正執行的計畫」。在規劃期間，人民覺得領導者頗有作為，要真正執行時卻要重新考慮優先順序，「計畫滿天飛」（或過於龐大），做不到就不是好的政策及好的計畫。

計畫的執行或績效價值的產生，是基層中階公務員的責任，他們也需要相對的核心知識及技術，作者認為下列四點最重要：(1)配套機制要明確：專案性計畫業務與常態業務要同時執行，對公務人員來說是極大的挑戰，是以每個專案性計畫本身的配套機制要明確，對於計畫執行的組織、運作、評估、回饋機制需列入計畫，書面陳列，引導執行人員結合常態性業務，有效落實推動該計畫；(2)經費財源能固定：計畫專案從資源統整的立場來看就是一種人力及經費資源的調撥（新系統重組），固定的經費財源方能整合出新績效價值（創新資源效益）；(3)標準程序有績效：計畫的推動歷程及核心事項的辦理也要設定 SOP，要運作 SOP 來促進計畫實施的績效價值；(4)機制調控求永續：專案性計畫事務如何與經常性事務融合，成為承辦事務的新系統模組，並永續經營，是承辦人員最深層的知識及技術。

四、創新價值與傳承永續

公務人員及教師之所以偉大，之所以受到世人的尊敬，一輩子活得「有尊嚴」，在於他們有機會（也能夠掌握為民服務的機會），推出具有價值的政策及策定優質的計畫，逐步創新人民的生活及做事機制，再由新運作機制創新全民的智慧價值，並且經由教育（教學）傳承這些新機制，永續經營新價值，讓人民都生活在「精緻文化」，邁向「卓越文明」之中。公教人員的動能貢獻，在為其國家的人民「創新價值」及「傳承永續」。

公教人員及企業幹部能否「創新價值」及「傳承永續」，也是一種「知識、技術、能力、價值」四位一體的知能展現，它是可以經營的，也是可以提升強化的。本書作者有十九年公務員經歷，三十餘年教師身分，認為下列四點最重要：(1)鉅觀知識與微觀技術有效連結：政策為鉅觀知識，計畫乃微觀技術，能夠有效連結，才能實現政策計畫美意，創新價值；(2)鉅觀視野與微觀措施縝密銜接：政策決定仰賴鉅觀視野，新機制的布建屬於微觀技術（措施），縝密銜接才能真正為人民創價；(3)政策解析與實踐目標交互輝映：有能力的計畫執行者（官員幹部），能夠向政策對象解析政策的意義與價值，也能夠貫徹計畫事項的實施，未達目標，絕不停止；政策解析與實踐目標交互輝映，映照著公教人員宏偉的事蹟；(4)專業示範及實踐篤行彩繪價值：計畫執行者展現專業示範，用實際的事業表現行為來呈現計畫工作事務（做給實施對象看），也能實踐篤行計畫內容，用事實的績效價值造福計畫實施對象，大家共榮共好。

第四節　實踐與群組績效動能

經營國家的知識及技術之第四個層面與「實踐」攸關，也就是人民的個別能力能夠為國家（群組）做出實際的貢獻，個別實踐的總和等於人民的集體智慧。「實踐」的知識及技術用最簡要的話語來說，就是做好自己應做的事務，完成應完成的作品，或者表現應有的服務助人之行為。實踐是做出東西來，或完備應有的行為表現。個人依存在各類系統群組中，個人的實踐往往帶動同仁的實踐，產生群組績效動能。實踐的知識及技術以下列四項最為重要。

一、本位經營與優勢學習

本位經營來自本位管理，本位具有「本分」、「本業」、「在地」，以及「品牌」四個層次的意涵（詳見鄭崇趁，2012，頁255-268）。人與組織都需要本位經營，我們可以從「願景目標」的本位經營、「課程教學」的本位經營，以及「運作模式」的本位經營，來經營管理我們的教育事業；由教育事業的本位經營，來培育國家各行各業的專門專業人才，暢旺百業興隆，經營民富國強的國家。

優勢學習來自多元智能理論，其強調「優勢智能明朗化」是教育最重要的本質。「人」與「組織」的經營也都需要從「優勢學習」著手，讓自己隸屬的組織（群體），優勢亮點明朗化。以教育事業的經營為例，「教育111」標竿學校認證，強調三個1的實踐：一校一特色、一生一專長、一個都不少。三個1都是從「優勢學習」著手，點亮每個學生的專長亮點，點亮每個學校的特色亮點，進而點亮「帶好每位學生」的學校教育亮點。優勢學習接續本位經營，讓學校師生亮點爭輝，創新國家教育事業的績效價值。各行各業的實踐者，也都可以從「本位經營」及「優勢學習」經營出自己產業的特色品牌及優勢亮點。

二、自我實現與智慧資本

自己的「理想抱負」與「現實情境」吻合，就是自我實現，自我實現是人的基本需求，同時也是人的最高層次需求。領導經理人，可以運作「自我實現」的知識及技術，來激勵同仁自我實現，組織同仁自我實現的個人目標與組織目標一致，就可以持續優化組織的產品，增進組織的自我實現，提升組織競爭力，創造個人及組織的績效價值。「自我實現」可以成為經營集體智慧的操作技術。

而激發人對組織產生動能貢獻，就是智慧資本。「有能力」、「願意做」、「多承擔」、「能創價」，每一個人都是其隸屬組織單位的有效智慧資本，同時也是國家社會的積極、正向、有效的智慧資本。領導經理人可以運作「智慧資本」的知識及技術，來經營每一個組織的成員，強化成員的「核心能力」，爭取政策計畫的「價值認同」，帶領同仁對於核心事務的「實踐力行」，人人都是組織及國家社會的有效智慧資本，具有高度的動能貢獻。「智慧資本論」的知識及操作技術，已逐漸成為經營國家的重要知識。

三、適配教育與幸福人生

適配含有「登對」之意，原本用在男女結婚時的「登對適配」。本書作者，繼何福田教授提出「適性、適量、適時」三適連環教育之後，提倡「適配的教育」，並且主張「適配的教育」可以深耕奠定「適配的事業」、「適配的伴侶」，以及「適配的職位」，人生追求四大適配，就可以經營「適配幸福人生」。「適配的教育」已成為經營管理的重要知識及技術，它的重要指標在：順性揚才開潛能、優勢智能明朗化。讀者可參閱《家長教育學：「順性揚才」一路發》（鄭崇趁 2015a，頁 155-131）一書，了解其核心知識意涵及操作技術。

「幸福人生」是人類生存與尊嚴的共同價值指標。幸福人生是自我實現的人生，是智慧資本的人生，是適配教育的人生，是擁有適配事業、適配伴侶、適配職位的人生。「幸福」是人類生命的共同目標，有幸福感的人，才有生命價值，才是真正的人，才不是「白活」的人。「幸福人生」也是一種知識，也具有「可操作的技術」，領導經理人在操作「願景領導策略」時可多加運用，它是人類的共同願景。

四、智慧人與做創客

本書的副標題是「智慧人‧做創客」，揭示知識與人最縝密的關係是：知識讓人成為有智慧的人，知識也讓人都成為創客（有作品的人），但是知識與人的關係，要透過「教育」，教育讓人與知識建立了如此縝密的關係，所以當代教育的兩大目標是：「智慧人‧做創客」。

「智慧人」的教育模式是「知識→技術→能力（作品）→價值」四位一體的KTAV教育；「做創客」的教育模式是「有創意的學習食譜」→「能創造的操作學習」→「再創新的知能模組」→「做創客的實物作品」。智慧創客教育建立在「知識遞移理論」的基礎上，其核心主張在「知識解碼」→「知識螺旋」→「知識重組」→「知識創新」的歷程，請詳見本書第四章、第五章及第六章的說明，智慧創客教育 KTAV 教學模式，請詳見第 123 頁。「智慧人‧做創客」將成為經營國家重要的「知識及技術」之一。

第八章　經營教育的知識及技術

〈教育經營學：六說、七略、八要〉

教育是可以經營的，經營教育的知識及技術來自於教育學及管理學兩大學門，這兩大學門「知識基模系統重組」之後，再以教育事業之經營為本位，創新重組成為五大學門知識：教育經營學（組織・領導本位）、校長學（學校・校長本位）、教師學（教學・教師本位）、家長教育學（教養・家長本位），以及知識教育學（知識・教育本位）。教育經營學及知識教育學是以組織知識為主體，偏向鉅觀知識的探討，校長學、教師學及家長教育學是以個人知識為主體，偏相對微觀知識的研發。整體的系統結構如圖 8-1 所示。

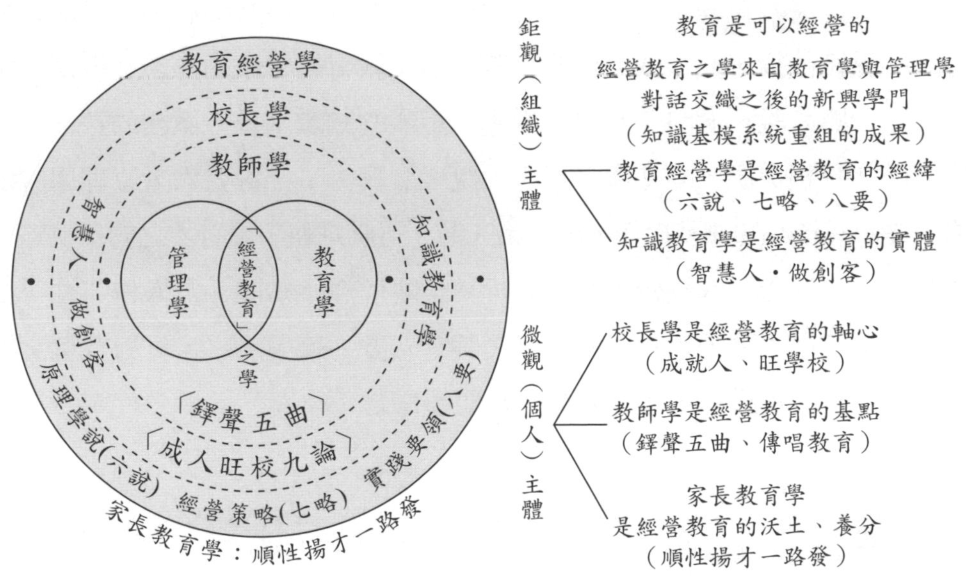

圖 8-1　「經營教育之學」的核心知識及技術

資料來源：修改自鄭崇趁（2015a，頁 9；2016a，頁 40）

作者近年致力於經營教育之學的研發，2012 年出版《教育經營學：六說、七略、八要》一書，2013 年出版《校長學：成人旺校九論》一書，2014 年出版《教師學：鐸聲五曲》一書，2015 年出版《家長教育學：「順性揚才」一路發》一書，2017 年出版本書《知識教育學：智慧人・做創客》，這五本書統稱為「經營教育之學」。教育經營學及知識教育學具有「前、後」總論的性質，校長學、教師學以及家長教育學具有個論的性質，都是經營教育的核心知識及技術。本篇「技術經營篇」後續五章，分別探討經營「教育」、「學校」、「教學」、「教養」、「公民」的知識及技術，即以上述這五本書的核心內涵做「系統重組」的介紹。作者期待教育領導者、校長、教師、家長，以及「知識分子」，都能就其「本分職責」，充分掌握及運作「經營教育」的「知識及技術」，然後「有能力」為臺灣的教育「創新價值」。

本章以《教育經營學：六說、七略、八要》一書為軸心，分析經營教育的知識及技術，共分四節說明：第一節「教育經營學的知識及技術脈絡分析」，將六說、七略、八要解析成「鉅觀的知識」及「微觀的技術」；第二節「尋根探源，立知識之真（六說・立真）」，針對六大原理學說解碼，標示其核心知識及操作技術；第三節「行動鋪軌，達育才之善（七略・達善）」，針對七大經營策略，解析其策略理念（知識）及操作方法（技術）；第四節「著力焦點，臻教育之美（八要・臻美）」，針對八個實踐要領，分析其實踐思維（知識）以及要領作為（技術）。

第一節　教育經營學的知識及技術脈絡分析

「知識本身含有可操作的技術」、「掌握知識裡可操作的技術，就有能力駕馭知識，創新產品，創新知識的價值」，是作者撰寫本書最重要的發現，也是最核心的主張。是以，「知識包含技術」，找到經營教育知識中的技術，就是找到經營教育的著力點。因此，實施「知識→技術→能力（作品）→價值」四位一體的教育，最符合教育的本質，可以迅速提升教育品質以及教育競爭力。

《教育經營學：六說、七略、八要》（鄭崇趁，2012）是國內第一本教育經營學專書，有別於「教育行政學」以及「教育管理學」，作者重新整合「行政學」及「管理學」的知識，以「經營教育」為本位，系統重組其核心知識及操作技術，撰述完成這本書，提供給教育人員（尤其是教育領導幹部）參考，期待教育從業人員，都能掌握經營教育的著力點。此書的主要內容如圖 8-2 所示。

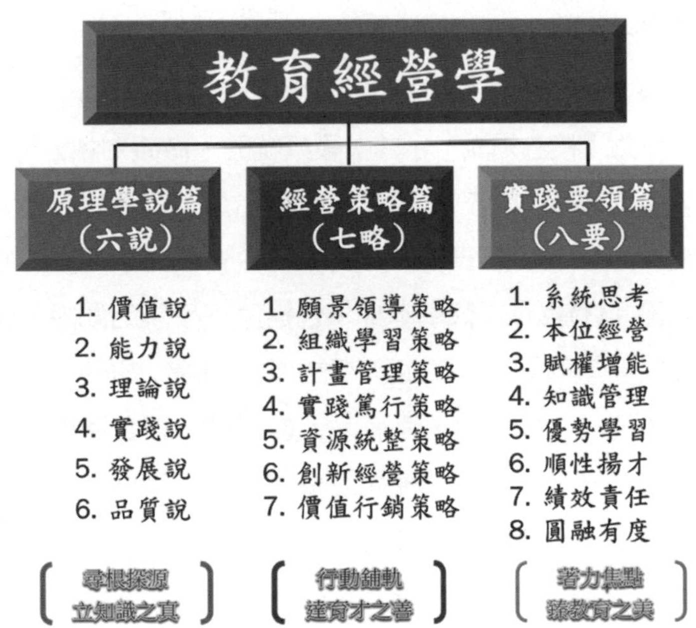

圖 8-2　「教育經營學」的核心知識及技術

資料來源：鄭崇趁（2015a，頁 10）

一、教育經營學的核心知識

「知識、技術、能力、價值」四者是一種「相屬系統」的關係，通常共同屬於更上位的知識系統，稱之為「鉅觀知識」，四者都是在此鉅觀知識系統下，次級系統的「微觀知識系統」，也可以名之為「核心（致用）知識」、「操作技術」、「實踐能力」，以及「教育價值」。本節以這四個次級系統的知識名稱來分析「教育經營學」的知識及技術脈絡。

與教育經營學有關的知識浩瀚無垠，過去研究「教育行政學」及「教育管理學」的中外教育學者，留給我們許多的知識及智慧，提供我們「辦好教育」、「經營教育」的藍本，這些知識太多了，哪些才是現在辦教育「最核心」、「最有用」的知識？確是最為關鍵的議題。作者認為，唯有教育經營者掌握明確的「核心知識」及「操作技術」，我們的教育才能「辦好」，才能經營得比現在更好。

「核心知識」及其「操作技術」是「相對」且「相屬」的系統關係，「鉅觀知識」稱為「核心知識」，其次級系統的「微觀知識」可稱之為「操作技術」。教育經營學包括三大篇，它的篇名是：原理學說（六說）、經營策略（七略），以及實踐要領（八要）。教育經營學的核心知識是指四大鉅觀系統知識：(1)教育經營學本身，包括原理學說的知識、經營策略的知識，以及實踐要領的知識；(2)原理學說系統知識：經營教育最重要的原理學說有六：價值說、能力說、理論說、實踐說、發展說及品質說；(3)經營策略系統知識：經營教育的關鍵性策略有七：願景領導策略、組織學習策略、計畫管理策略、實踐篤行策略、資源統整策略、創新經營策略及價值行銷策略；(4)實踐要領系統知識：經營教育最有附加價值的要領有八：系統思考、本位經營、賦權增能、知識管理、優勢學習、順性揚才、績效責任及圓融有度。這四大系統的核心知識若以環形圖（如圖 8-3 所示）來

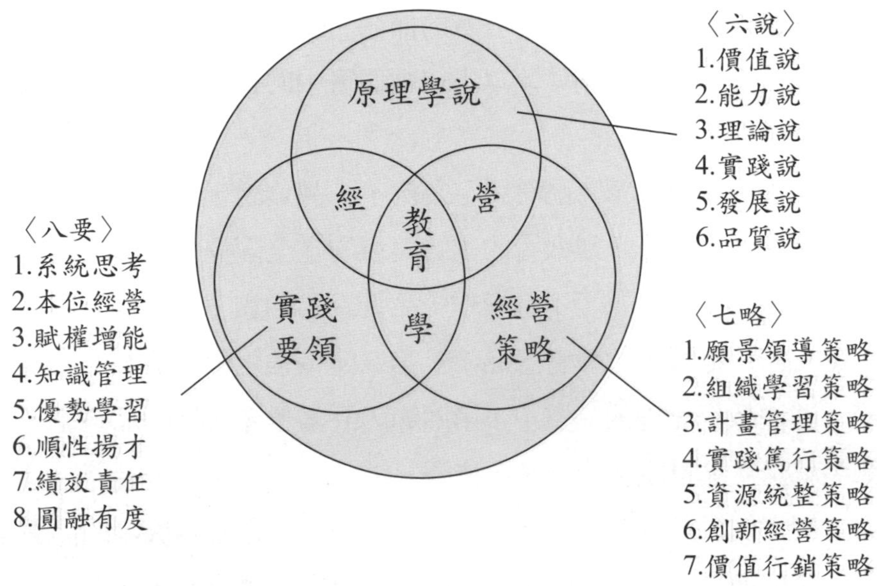

圖 8-3　「教育經營學」的四大鉅觀系統核心知識

資料來源：修改自鄭崇趁（2013，頁 7）

呈現，在結構圖中，看得見的名稱，都是經營教育的核心知識。

二、教育經營學的操作技術

「操作技術」來自於上位系統的「核心知識」，因此教育經營學的操作技術，可分兩層次來分析：第一個層次是以「經營學」及「三大篇」為「知識」主題，那麼「六說、七略、八要」共二十一章的章名，都是「操作技術」。因為六說、七略、八要的「技術」，就可以經營好教育，它們是經營教育的核心技術。

第二個層次是將「經營學」、「三大篇」及內含的「二十一章（六說、七略、八要）」都歸類為「核心知識」，那麼每一章的「知識」之內都有可「操作的技術」，也就是說每一章的節名（通常四節）及每一節之內的四至六點，就是「操作技術」，以下舉兩個書中的實例來說明其「操作技術」。

第一個實例以第六章「品質說」為例。「品質說」（章名）本身是教育經營的「核心知識」，辦教育的本質與目的在全面提升教育品質，「品質說」即為核心知識。為了了解操作「品質說的知識」，本章分四節撰述分析：第一節「品質說的教育意涵」、第二節「強化教育機制的品質」、第三節「關注教學歷程的品質」、第四節「評鑑學習成果的品質」，這四節的節名就是「品質說」的「操作技術」。

第二個實例以第六章「品質說」的第二節「強化教育機制的品質」為例說明。第二節提列了四個強化教育機制品質的具體措施，包括：「足量的教育投資」、「標準的資源設施」、「自主的本位經營」，以及「責任的績效成果」，這四個措施也就是本節的「操作技術」。次級系統的知識及技術，都可視同為上級系統「核心知識」中的「操作技術」。

因此，《教育經營學：六說、七略、八要》一書的操作技術，可以有下列三種說法：(1)章名：六說、七略、八要共二十一章，就有二十一個操作技術；(2)節名：二十一章共有八十四節，就有八十四個操作技術；(3)措施（操作點、著力點）：在八十四節中，各節建議四至六個著力點，是以全書就有超過三百三十六個操作技術。「經營大臺灣，尋找著力點」，這些操作技術，就是經營教育的著力點，值得教育經營者（領導幹部）參照實踐。

三、教育經營學的實踐能力

《教育經營學：六說、七略、八要》一書的第二章「能力說」，詳列了「教育領導人」、「教師」，以及「學習者（學生）」三者的核心素養及核心能力，並以圖 8-4、圖 8-5、圖 8-6 來呈現其系統結構關係。

圖 8-4 顯示教育領導人（教育行政首長、校長）的核心素養有四：專業力、整合力、執行力，以及創發力。專業力包括兩大核心能力：教育專業的能力及關愛助人的能力。整合力含有兩大核心能力：統整判斷的能力及計畫管理的能力。執行力含括兩大核心能力：實踐篤行的能力及溝通協調的能力。創發力包括兩大核心能力：應變危機的能力及研究發展的能力。

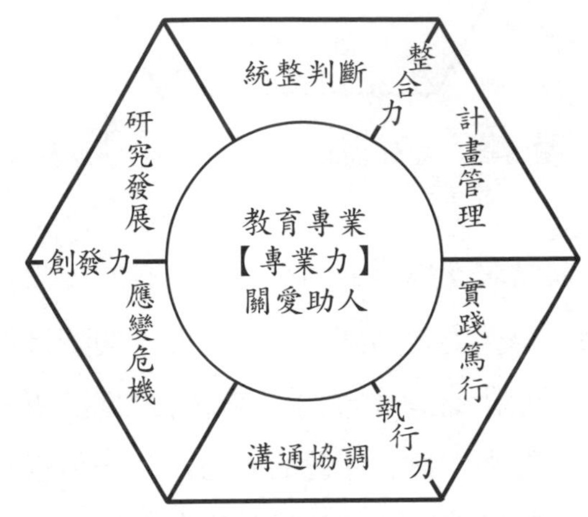

圖 8-4　教育領導人的核心素養及核心能力

圖 8-5 顯示，教師的核心素養有四：專業力、整合力、執行力，以及創發力。專業力包括兩大核心能力：教育專業的能力及關愛助人的能力。整合力包括兩大核心能力：課程設計的能力及班級經營的能力。執行力包括兩大核心能力：有效教學的能力及輔導學生的能力。創發力包括兩大核心能力：應變危機的能力及研究發展的能力。

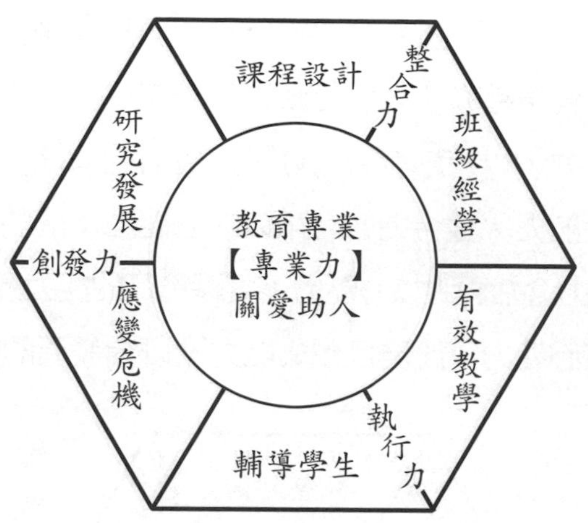

圖 8-5　教師的核心素養及核心能力

圖 8-6 顯示，學習者（學生）的核心素養有四：學習力、知識力、藝能力，以及品格力。學習力包括兩大核心能力：閱讀寫作的能力及數學資訊的能力。知識力包括兩大核心能力：通識經驗的能力及專門學能的能力。藝能力包括兩大核心能力：個殊才藝的能力及時空美感的能力。品格力包括兩大核心能力：優質習慣的能力及服務助人的能力。

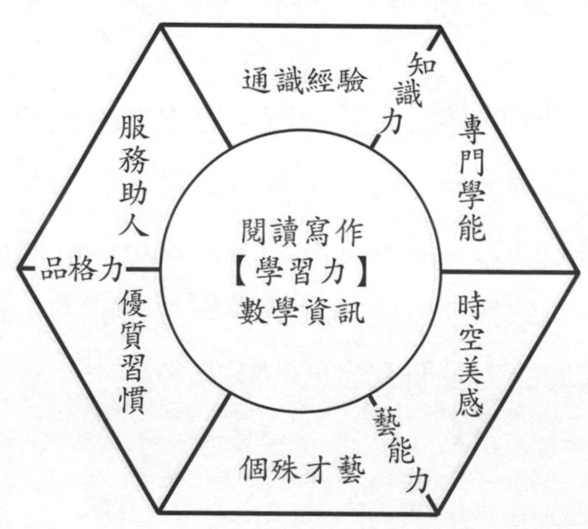

圖 8-6　學習者（學生）的核心素養及核心能力

四、教育經營學的教育價值

《教育經營學：六說、七略、八要》一書係國內第一本以「經營學」視角，探討經營教育的系統知識，將經營學的具體內涵定位在「原理學說（六說）」、「經營策略（七略）」，以及「實踐要領（八要）」中，六說、七略、八要既是教育經營學的核心知識，也是核心技術。該書之流通與運用，具有下列四大教育價值：(1)「經營學」優於「行政學」及「管理學」：行政學重在「專業分工，把事做好」，管理學重在「管控歷程，完成任務」，經營學則關注「達成目標，賦予價值」，教育事業是一種人教人的事業，需要「教育經營學」；(2)定位鉅觀知識及微觀技術：很多學門的「知識」、「技術」難以釐清，該書用原理學說（六說）、經營策略（七略）及實踐要領（八要）來定位鉅觀知識及微觀（操作）技術，布建經營教育的系統知識；(3)掌握經營教育的著力點：六說、七略、八要的章節內容建議事項，都是經營教育有效的著力點；(4)開展經營教育新價值：系統思考新教育，本位經營創價值，六說、七略、八要帶領臺灣教育邁向立真、達善、臻美的新境界。

第二節　尋根探源，立知識之真（六說．立真）

《教育經營學：六說、七略、八要》一書分三篇二十一章，首篇「原理學說篇」共六章，包括：「價值說」、「能力說」、「理論說」、「實踐說」、「發展說」，以及「品質說」。六說，作者在首篇的首頁標示：尋「價值」「理論」之根，探「能力」「品質」之源，論「發展」「實踐」之用，立「經營知識」之真。經營教育的「原理學說」何其多，從行政學的理論、從管理學的理論搬過來至少有上百成千，為何專指這「六說」？

這是作者系統思考「教育本質」以及「經營需求」的結晶，也是作者「教育專業」與「專門經驗」長期「知識螺旋」、「知識重組」的成果，依序說明如下。

一、尋「價值」、「理論」之根

「價值說」探討「人」及「教育組織」的核心價值，核心價值來自於「人的需求（心願）」以及「組織任務」交織的「價值取向」。就人而言，其核心價值與人的「自我實現」（有用）及「智慧資本」（有貢獻）的關係最為縝密；就組織而言，教育的核心價值，是政策經營的方向與「根源」。作者長期研究教育核心價值的發展，在「價值說」中，提列「二十一世紀臺灣教育核心價值」（共八個詞）：人文、均等、適性、民主、創新、永續、精緻，以及卓越，作為教育政策經營及檢核之參照（鄭崇趁，2012，頁 11-17），並以人體做隱喻，如圖 8-7 所示。

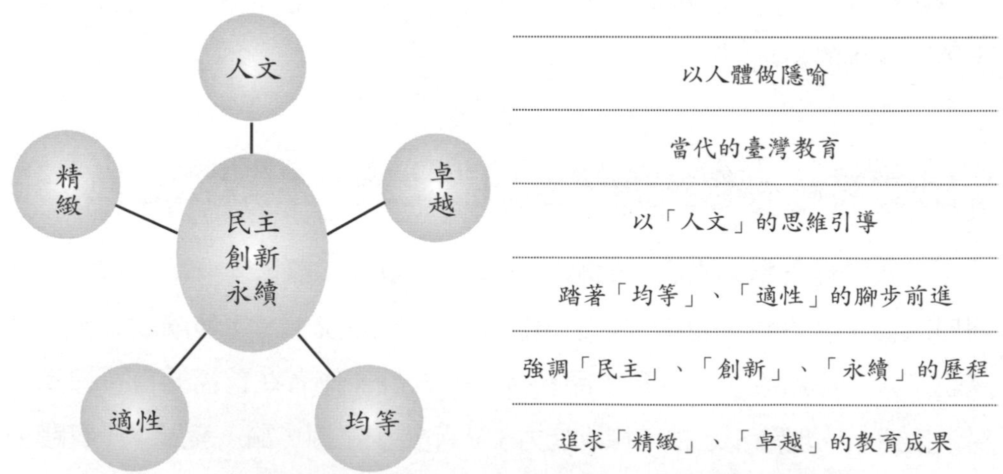

圖 8-7　二十一世紀臺灣教育的核心價值

資料來源：鄭崇趁（2011，頁 5；2012，頁 12）

「理論說」蒐集歸納古今中外影響教育經營最大、最重要的教育理論，共二十六個，並逐一摘介其核心觀點及實踐要領。這二十六個教育經營理論是：(1)學習型組織理論；(2)多元智能理論；(3)教育機會均等理念；(4)人文主義教育；(5)民主主義教育；(6)社會正義論；(7)權變領導理論；(8)知識管理與知識領導理論；(9)漸進決策模式；(10)全面品質管理理論；(11)教導型組織理論；(12)轉型領導理論；(13)服務學習理論；(14)藍海策略（附加價值理論）；(15)有教無類、因材施教（適性教育理論）；(16)創新經營理論；(17)績效責任理念；(18)資源統整理念；(19)智慧資本理論；(20)課程統整理念；(21)正向領導；(22)價值領導；(23)混沌理論；(24)行銷理論；(25)平衡計分卡；(26)認可制評鑑。這二十六個理論都是教育前輩留給我們的智慧資產，在了解這些理論的「知識（核心觀點）」，掌握理論的「操作技術（實踐作為）」後，就可以用理論領導我們，規劃好的教育政策，策定優質的方案計畫，經營好我們當前的教育。

二、探「能力」、「品質」之源

「能力說」撰述兩大重點：(1)能力的來源；(2)教育人員的核心能力。教育領導人的八大核心能力、教師的八大核心能力，以及學習者（學生）的四大核心素養及八大核心能力，在本章第一節中已用圖示說明，以下概要補述「能力的來源與成因」。該書採用「能力金字塔」理論及「社會系統理論」，來探討人「能力」的成因。能力金字塔理論主張人的能力來自兩大因素：「先天內涵」及「後天學習」。先天內涵是指「遺傳」，也就是人的「個人特質」及「性向」；「後天學習」則是指經由教育學到的「知識」及「技能」。

用「社會系統理論」來探討教育人員核心能力的成因，則「個人特質」（遺傳）及「教育」所得（知識、技能），會再與「文化」、「民風」、

「價值」產生「交互作用，整合發展」，成為社會行為表現。以學校中的校長（教育領導人）為例，其八大核心能力就會來自於下列五大因素：(1)角色任務與功能；(2)辦學理念與實踐；(3)教育革新與發展；(4)社會變遷與需求；(5)績效責任與品質。其整個系統結構如圖 8-8 所示。

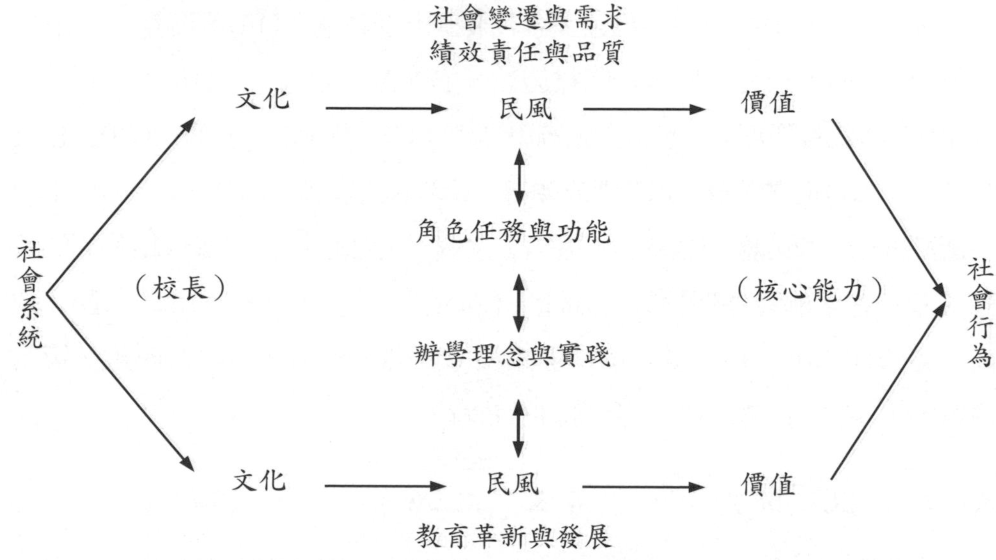

圖 8-8　校長核心能力的成因（社會系統理論觀）

資料來源：鄭崇趁（2012，頁 23）

「品質說」也撰述兩大重點：(1)教育的品質是什麼；(2)如何提升教育的品質。針對第一個重點，作者主張教育的品質與教育的「人」、「事」、「物」組成的元素或條件攸關，三者均達既定的「標準」、「目標」及「質感」就是有品質的教育。品質的管控由「評鑑」進行，教育評鑑先有「物的評鑑」（如校舍安全檢查）到「事的評鑑」（如校務評鑑、課程教學評鑑），再到「人的評鑑」（如校長評鑑、教師評鑑）。因此，針對第二個重點，一定要發展到全面實施「教師評鑑」（人的評鑑），才有可能真正提升教育的品質。該章列舉了「強化教育機制的品質」、「關注教學歷程的品質」，以及「評鑑學習成果的品質」，共十二個具體「操作技術（事項）」。

三、論「發展」、「實踐」之用

「發展說」，探討「人」與「教育」的發展關係，主張「全人發展說」，認為人從小到大，在接受「教育」中長大，經由「成熟化」、「知識化」、「社會化」、「獨特化」、「價值化」，以及「永續化」之後，「教育發展」成為「成熟人」、「知識人」、「社會人」、「獨特人」、「價值人」，以及「永續人」，其關係結構如圖 8-9 所示。

圖 8-9　人與教育發展的六大功能關係結構圖

資料來源：鄭崇趁（2012，頁 93）

「發展說」針對「人與教育發展」的六大角色責任，列舉「增益學習者的健康發展」、「豐富教育人員的志業發展」，以及「教育組織的發展脈絡」，三個層面十四個具體「操作技術（事項）」。

「實踐說」主張「實踐」是教育的本質之一，教育在教「人之所以為人」，教育也在實踐人之所以為人。人是群組生活的人，必須活在當前的文化與文明之中，人類本身不斷地進行社會所探討的「文化複製」，例如：階級、性別、霸權、宗教、信仰、生活型態、意識型態等，但是透過教育實踐的優質傳承，人類也得以傳承創化新的文化與文明。文化、文明與實踐的關係如圖 8-10 所示。

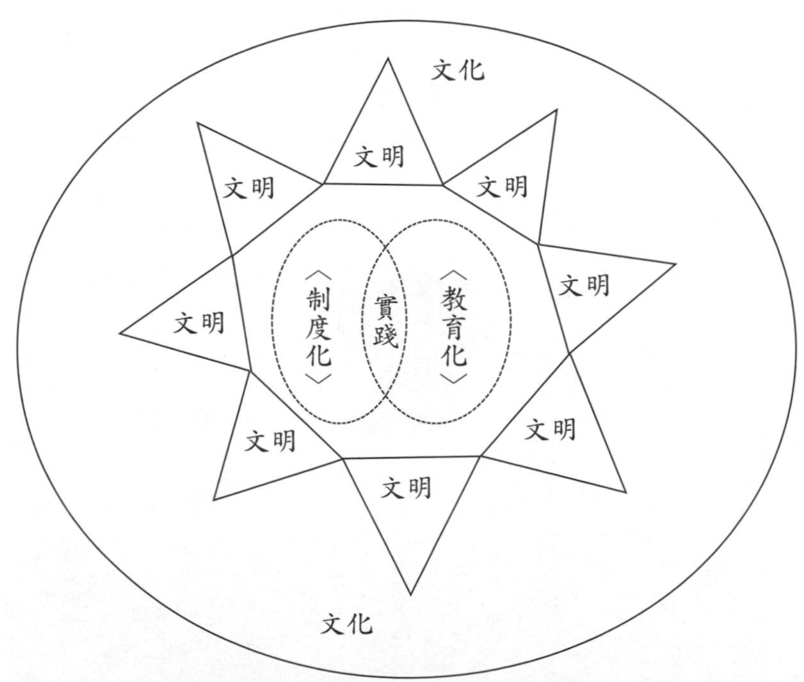

圖 8-10　文化、文明與實踐的關係

資料來源：鄭崇趁（2012，頁 75）

在「組織向度的教育實踐」方面，厄要說明了「學制系統與發展趨勢」、「學校組織與教育機構」、「課程規劃與師資素養」，以及「設備基準與教育資源」。在「個人向度的教育實踐」方面，闡述「人與教育的關係」、「個人教育實踐的主要歷程」、「選課機制與社團活動」，以及「生命風格與教育實踐」，將實踐說的知識與教育的操作技術（實踐事項）結合，找出實踐的著力點。

四、立「經營知識」之真

教育事業是「人教人」的高度專門行業。教育要辦好，要經營得比現在更好，需要經營教育的「原理學說」做學理的基礎，也需要有好的「經營策略」明確地帶領教育同仁努力深耕的方向，更要有「實踐要領」的標示，讓教育人員很快地著力焦點，提升辦好教育事業的效能與效率，造福全國師生，人人具有「真、善、美、慧」的核心素養，以及實踐「智慧人·做創客」的能力。原理學說（六說）、經營策略（七略），以及實踐要領（八要），都是經營教育的「真知識」與「善技術」。

尤其是原理學說（六說），尋「價值」「理論」之根，闡述八大教育核心價值（人文、均等、適性、民主、創新、永續、優質、卓越），解析二十六個教育經營理論之核心觀點與實踐作為，提供經營教育政策規劃之「根基」；探「能力」「品質」之源，則深入探究人、事、物重要經營面向的品質指標，作為經營教育、提升教育品質之「源頭準據」；論「發展」「實踐」之用，主張教育的全人發展說：教育陪著人「從小到大」，把人教成「成熟人」、「知識人」、「社會人」、「獨特人」、「價值人」，及「永續人」；教育機制的實踐說認為「教育實踐（優質傳承）」，結合社會學主張的文化複製（制度化），共同傳承人類文化並創新人類文明。原理學說中的六說：價值說、能力說、理論說、實踐說、發展說、品質說，尋根探源，立經營教育知識之真（它們都是真實的知識，也都具有可操作的技術）。

第三節　行動鋪軌，達育才之善（七略・達善）

《教育經營學：六說、七略、八要》一書的第二篇為「經營策略篇」。從知識性質的界定上來看，一般學者認為「經營策略」屬於經營學校的重要政策及方針，應屬於「知識」（高層的經營哲學觀），但作者認為它既是「知識」，也可以是操作經營的「技術」，唯有可以操作的「經營技術」，才是學校（組織）重要的、優質的經營策略。在該篇中，作者介紹了優秀卓越校長們常使用的七大經營策略：願景領導策略、組織學習策略、計畫管理策略、實踐篤行策略、資源統整策略、創新經營策略，以及價值行銷策略，並在第二篇的首頁（鄭崇趁，2012，頁 123）標示下列文字：「願景領導」鋪「價值行銷」之軌；「組織學習」鋪「創新經營」之軌；「計畫管理」鋪「實踐篤行」之軌；「資源統整」達「經營育才」之善。概要說明如下。

一、「願景領導」鋪「價值行銷」之軌

「願景領導策略」係由教育領導人揭示「教育的核心價值」、「經營任務」，以及現階段的「教育發展願景」，凝聚組織人力智慧，策定執行「計畫」與「方案」，帶領學校精緻發展。「願景領導策略」做得好就是對內的「價值行銷」，為「價值行銷策略」鋪軌。「價值行銷策略」係指領導人及經營幹部對同仁及主要服務對象，進行「願景價值行銷」、「計畫價值行銷」、「特色價值行銷」，以及「個殊價值行銷」。「價值行銷策略」的實踐在爭取同仁「價值認同」，盡心力在學校的教育經營及政策

計畫的實踐，也在爭取服務對象（家長）認同學校經營價值，把孩子（學生）送到學校就學。願景領導策略及價值行銷策略都是教育育才的重要經營策略，它們是知識的一種，同時也是可以操作的技術，更是相互銜接的經營「軌道」（方法、技術）。

二、「組織學習」舖「創新經營」之軌

「組織學習策略」是將組織的文化轉變成「學習型組織」，大家（所有成員）都能夠「一邊工作，一邊學習」，藉由組織學習傳承核心知識及技術，藉由組織學習創新核心知識及技術，員工能夠永續傳承創新知識及技術，組織單位（公司）才能適時推出「創新產品」，維持市場的競爭力，共同為組織創價。因此，「組織學習策略」舖設組織「創新經營策略」的軌道，有學習型組織的實況，才能務實地開展「創新經營」。

教育領域的「創新經營策略」可以從「掌握新時代脈絡」（如世界是平的：國際化教育趨勢；鄉土最優先：在地化資源統整；知識在雲端：科技化智慧傳承；品質定未來：責任化公民教育）、「經營新組織文化」（如活力積極：師生喜歡教與學；優勢爭輝：師生專長交互輝映；和諧共榮：相互激賞創新作為；品味獨特：人人享有質感生活）；「倡導新方法技術」（如新願景領導、新計畫經營、新課程教學、新競賽活動）；「實現新教育境界」（如精緻教育的實現、品質教育的實現、績效教育的實現、價值教育的實現）著力經營。因此，「創新經營策略」循著「組織學習策略」的軌道，帶領教育經營、創新、創意、創客新天地。

三、「計畫管理」舖「實踐篤行」之軌

「計畫管理策略」探討「計畫原理與優質教育計畫」、「計畫技術與系統元素要領」、「計畫執行與歷程品管機制」，以及「計畫評鑑與績效

傳承創新」，建議教育領導人為其組織單位推動「十項建設計畫」，從組織發展的最核心主題事項，逐年優化提升教育品質，並為全校師生的「實踐篤行策略」舖軌，真的帶好每位學生，一個都不少。

「實踐篤行策略」係指教育經營者能夠專業示範下列六項工作：(1)示範擬定計畫；(2)帶領認輔學生；(3)發展本位課程及主題教學方案；(4)示範教學觀摩及行動研究；(5)運用教育理念闡述工作價值；(6)留存重要檔案範例。實踐篤行策略的主要意涵有四：(1)帶頭做起：領導幹部（教育經理人）要率先帶領實踐，啟動教育事業引擎；(2)專業示範：用好而優質的方法和技術，示範帶動教師專業經營教育工作；(3)貫徹技術：貫徹執行計畫方案，未達目的絕不終止，強調執行力與績效成果；(4)價值詮釋：教育活動的開始有核心價值的揭示，教育活動的完成有教育價值的詮釋，教育在彩繪有價值的人生。

四、「資源統整」達「經營育才」之善

該篇介紹的第五個策略是「資源統整策略」，經營教育的資源已跳脫過往只談「員額編制」及「年度預算」的年代，教育資源多元化，概指校內外能夠「統整」、「運用」得上的多元資源，包括：人力、物力、財力、自然、文史、科技、時空，以及知識資源等。英明的經營者可以將校內外資源統整成下列五大系統：(1)輔助弱勢及補救教學系統；(2)教育情境及特色發展系統；(3)課程設計與領域教學系統；(4)社團服務及多元展能系統；(5)創價方案及追求卓越系統。

「資源統整策略」也具有「統整・整合」七大策略之意，五大「資源系統」結合七大「經營策略」，可以實現五大教育價值：(1)人盡其才：自我實現的教育價值；(2)事畢其功：組織效能的教育價值；(3)時中其機：支持回饋的教育價值；(4)地盡其利：澤民富國的教育價值；(5)物盡其用：彩

繪世界的教育價值。七大策略都是經營教育的核心知識，也都是可以「操作經營」的技術，它們行動舖軌，達育才之善（善知識及好技術）。

第四節　著力焦點，臻教育之美（八要．臻美）

《教育經營學：六說、七略、八要》一書的第三篇「實踐要領篇」，介紹八個「管理學」或「行政學」當紅時尚的八個名詞，這八個名詞都與「如何辦好教育」攸關，所以稱它們為「實踐要領」：實踐者，「辦好（完成）」教育之事（工作）也；要領者，「核心技巧」也，「事之菱角」也。「實踐要領」列為該書的三篇之一，意味著要經營好教育，「原理」、「策略」及「要領」三者必須「等量齊觀」，三者同樣重要，缺一不可，三者的內涵，都是經營教育的核心知識及可操作的技術。

實踐要領篇所介紹的八個要領是：系統思考、本位經營、賦權增能、知識管理、優勢學習、順性揚才、績效責任，以及圓融有度，簡稱八要。篇名首頁上的引導語是（鄭崇趁，2012，頁 239）：著力焦點，臻教育之美；「系統思考」臻「本位經營」之美；「賦權增能」臻「績效責任」之美；「知識管理」臻「優勢學習」之美；「順性揚才」臻「圓融有度」之美。厄要說明如下。

一、「系統思考」臻「本位經營」之美

「系統思考」的詞意頗為抽象，但因為它太重要了，該書將之列為八大「實踐要領」之首，期待教育人員均能「系統思考新教育」，然後再「本位經營創價值」。系統思考的「操作要領」是：「觀照全面→掌握關鍵→形優輔弱→實踐目標」。「觀照全面」，關注整體，該想到的都要想到；「掌握關鍵」，從核心事務（含人和時空）著力；「形優輔弱」，從優勢

先行，帶動均優；「實踐目標」，堅持完事的績效價值。

「本位經營」的操作要領是：「善盡本分」→「深耕本業」→「結合在地資源」→「發展特色品牌」，本位經營做得好，必須有效實踐「本位管理理論」，且教育經營者必須要有「系統思考」素養，方能真正經營「本分」、「本業」、「在地」，以及「品牌」之美。教育之美，美在教育人員（師生）均具「系統思考」能量，也美在人人都知道，也都能力行「本位經營」之美。

二、「賦權增能」臻「績效責任」之美

「賦權增能」的要義是，領導人擴大授權給幹部經營領導的權力與經驗，幹部就能從高階領導的經驗中，提升自己經營教育事業的能力。賦權增能的操作要領是：(1)實施計畫管理機制；(2)共同面對發展瓶頸；(3)教導解決問題策略；(4)實踐授權任務目標。賦權增能在於加強幹部的領導服務能量，教導培育「接班」人才及擴展教育整體績效價值。

「績效責任」的操作要領是：(1)明確分工：職務編配系統化；(2)承擔責任：工作任務責任制；(3)績效評鑑：成果考評標準化；(4)獎勵績優：薪資待遇績效制；(5)負責到底：責任承擔法制化。「績效責任」有兩大訴求：(1)經由「責任承擔」來「擴大績效」（事功明確化）；(2)「獎勵績優」與「負責到底」（個人績效及價值平衡發展）。是以，「賦權增能」的運作可以臻「績效責任」之美，有為的人、承擔更大責任的人、實際做好教育神聖工作的人得到更大的激勵與價值，能幫助教育事業「繁星爭輝」。

三、「知識管理」臻「優勢學習」之美

本書第三章「知識管理說」對於知識管理的核心知識及操作技術有十分詳細的「闡述說明」，讀者可以另行參閱。在《教育經營學：六說、七

略、八要》一書中，將「知識管理」列為「實踐要領」之一，是從「經營教育」的觀點入手，主張教育人員要管理好「教育專業」的知識及學校（組織）經營的核心技術。知識管理創新經營的要領有四：(1)核心知識（技術）的系統重組；(2)知識螺旋平臺的布建；(3)心智基模的標準檢核；(4)智慧資本的活化創價。知識管理的實踐要領，是教育經營學探討「知識本質」的唯一「經營技術」。

「優勢學習」的操作要領是：符合興趣性向的學習、順應相對專長的學習、發展特色風格的學習、善用環境配備的學習，以及統整資源系統的學習。「知識管理」的實踐要領結合「優勢學習」的實踐要領，可以經營學校特色品牌，可以經營師生專長亮點，可以經營學校優質組織文化，可以經營卓越教育競爭力，可以看到「智慧創客」學校之美，師生都是「智慧人」，師生都在「做創客」。

四、「順性揚才」臻「圓融有度」之美

順性揚才教育有四大性質：學生本位的教育、多元智能的教育、形優輔弱的教育，以及永不放棄的教育。順性揚才的操作要領在下列五個順應：(1)順應學生的背景習性；(2)順應學生的喜好興趣；(3)順應學生的潛在性向；(4)順應學生的優勢專長；(5)順應學生的理想抱負。順性揚才更重視「揚才」，揚學生的學習力、知識力、藝能力，以及品格力，四大素養能力都有自己的優勢專長。

學生「順性揚才」之後，才能「圓融有度」。圓融有度的操作要領在「圓融的人際」與「有度的處世」；圓融的人際指標有：找到共原則、找到平衡點、找到接受度、找到新途徑，以及找到舊軌跡。有度的處世指標在：有深度（深層結構）、有廣度（多元融通）、有高度（前瞻視野）、有角度（原則典範），以及有限度（最低標準）。「順性揚才」的實踐要

領串聯「圓融有度」的實踐要領，臻教育實踐之美，我們就可以看見臺灣四大教育之美：(1)教育人員充分自我實現；(2)教育政策彰顯核心價值；(3)教育組織承擔富民強國；(4)教育績效行銷國際舞臺。

《教育經營學：六說、七略、八要》一書，撰述經營教育的六大原理學說（六說）、七個經營策略（七略），以及八個實踐要領（八要），這六說、七略、八要都是經營教育的核心知識及經營技術。六說尋根探源，立知識之真；七略行動舖軌，達育才之善；八要著力焦點，臻教育之美，經營臺灣教育，邁向「真、善、美、慧」的新境界。

第九章　經營學校的知識及技術

〈校長學：成人旺校九論〉

學校教育是整體國家教育機制的主軸，政府為了辦教育：設學校、聘教師、頒課程、定制度，來執行實體的教育活動。學校是執行教育的主要場域，國家設國小、國中、高中、大學來實施正規「學制」的教育，各級學校教育經營得好，國家的教育才有可能上軌道，共同為國家培育各行各業「優秀而具專業及專門」的人才，百業方能興隆，國家也才能富強。

經營學校教育的知識及技術，是以「學校」為主體、「教育」為本位，探討其所需要的「經營」知識及技術。學校的領導人是校長，經營者則包括了校長、幹部及教師。學校教育人員的基本身分都是「教師」，教師以「教學」為主軸，其優秀者再晉升為學校幹部（主任、組長），最優秀者再晉升為學校校長，領導經營學校教育。本章以作者於 2013 年出版的《校長學：成人旺校九論》一書，來解析經營學校的核心知識及經營技術。

本章共分四節進行分析與說明：第一節「校長當學『成就人』與『旺學校』」，賦予校長領導經營學校的兩大使命：「成就人」與「旺學校」，分析其核心知識及經營技術的基調；第二節「成就人四論（核心素養）」，解析「自我實現論」、「智慧資本論」、「角色責任論」，以及「專業風格論」的四論內容，討論「成就人」的核心知識及技術；第三節「旺學校五論（經營能力）」，剖析「計畫經營論」、「組織創新論」、「領導服務論」、「溝通價值論」，以及「評鑑品質論」的五論內涵，闡述「旺學校」的核心知識及技術；第四節「校長學與知識教育學的匯通」，運用本書（知識教育學）發現的教育（教學）KTAV 模式，分析校長學的核心知識及技術，以銜接「經營教育之學」及「知識教育學」。

第一節　校長當學「成就人」與「旺學校」

經營學校教育的「知識」及「技術」同樣浩瀚無垠，不同的人經營學校，就會用自己專長的或了解的「知識」及「技術」來經營學校。是以，每個學校都出現不同的教育成果，教育品質不一致，教育競爭力也落差頗大，讓學生家長為自己孩子選擇就讀的學校而大傷腦筋。這是一個價值競爭的社會，誰都希望自己的孩子就讀夠好的學校，接受優質的教育，將來能夠成就自己，也對國家和社會有貢獻。

因此，經營學校教育的「核心知識」及「經營技術」集中在兩個層面：「成就人」與「旺學校」。「成就人」是指校長經營學校要先成就自己（自我實現，當上校長），再成就學校幹部、教師及學生，人人都發揮專長亮點，貢獻教育。「旺學校」則是指校長經營學校教育，要掌握「行政、管理、經營」校務的五大核心歷程，從「計畫、組織、領導、溝通、評鑑」著力深耕，暢旺學校。「成就人」是內聖的工夫，「旺學校」則是外王的修為。「校長學」的核心知識及技術就是經營學校教育的知識及技術，其系統結構如圖 9-1 所示。

《校長學：成人旺校九論》一書，分為兩篇、九章、四十五節（經營措施），每節四至六點，共約一百八十至二百點（著力點），都是「經營學校教育」的核心知識及技術。為了讓讀者了解「知識」的發展脈絡，依本書「知識教育學」的撰寫脈絡，分析「校長學」的「致用知識」、「操作技術」、「實踐能力」，以及「教育價值」之核心內涵如下。

一、校長學的致用知識：篇名及章名

致用知識就是「被用到」的知識，也就是「最關鍵」的「核心知識」。校長學使用的篇名（使命）及章名（九論），就是校長會真正用到的核心

校長學（成人旺校九論）

導論：從「教育經營學」到「校長學」的知識脈絡分析

立己達人篇（成就人）

第一章　自我實現論（成就人的尊嚴價值）

第二章　智慧資本論（激發人的動能貢獻）

第三章　角色責任論（實踐人的時代使命）

第四章　專業風格論（領航人的品味文化）

暢旺校務篇（旺學校）

第五章　計畫經營論（帶動學校精緻發展）

第六章　組織創新論（活化組織運作型態）

第七章　領導服務論（創化專業示範模式）

第八章　溝通價值論（深化多元參與脈絡）

第九章　評鑑品質論（優化歷程績效品質）

圖 9-1　《校長學：成人旺校九論》一書的結構

資料來源：修改自鄭崇趁（2013）

知識。該書分兩篇：立己達人篇有四論：第一章「自我實現論」、第二章「智慧資本論」、第三章「角色責任論」、第四章「專業風格論」；暢旺校務篇有五論：第五章「計畫經營論」、第六章「組織創新論」、第七章「領導服務論」、第八章「溝通價值論」、第九章「評鑑品質論」。兩篇的篇名以及九章的章名（九論名稱），即為校長學的核心知識（致用知識），這些「核心知識」是校長據以經營學校的基石，校長必須掌握這些知識的內涵，解析成「可操作的技術」，並轉化為「經營實踐的能力」，才能真實地創新學校的「教育價值」。

二、校長學的操作技術：節名及著力點

在此以該書第二章「智慧資本論」來分析本書使用的「操作技術」。智慧資本論共分五節：第一節「智慧資本的教育意涵」，就智慧資本的概念型定義界定為四個「可操作的技術（次級系統知識）」，這四點是：「自我實現的知識能量」、「學校效能的人力資源」、「社會組織的發展動能」，以及「教育成就的知識系統」，四者都是次級系統的知識，合起來就成為「次要變項」，就成為「可操作的技術」；第二節「強化智慧資本的基礎（核心能力）」、第三節「轉動智慧資本的軸心（價值認同）」、第四節「暢旺智慧資本的貢獻（實踐力行）」，此三節的節名本身，就是智慧資本論的「可操作技術」，每一節內各有四個操作點，更是「技術中的技術」；第五節「智慧資本的經營要領」，更以「學校組織」為本位，統整為四個經營技術：(1)價值行銷：喚醒智慧動能；(2)計畫經營：規劃志業願景；(3)行動實踐：融合學校運作；(4)智慧管理：創發資本效益。四個經營技術都是具體的著力點。

三、校長學的實踐能力：章名的副標

校長學，希望校長學了之後都有能力「成就人」並且「旺學校」，除了兩大使命用「立己達人篇」及「暢旺校務篇」之篇名來表達（實踐能力）之外，各章章名的「副標」，也是一種「實踐能力」的陳述。第一章「自我實現論」，校長據以實踐之後，即能產生「成就人的尊嚴價值」；第二章「智慧資本論」，校長據以實踐之後，就能產生「激發人的動能貢獻」；第三章「角色責任論」，校長據以實踐之後，多能產生「實踐人的時代使命」；第四章「專業風格論」，校長據以實踐之後，亦能產生「領航人的品味文化」；第五章「計畫經營論」，校長據以實踐之後，即能「帶動學

校精緻發展」；第六章「組織創新論」，校長據以實踐之後，亦能產生「活化組織運作型態」；第七章「領導服務論」，校長據以實踐之後，就能產生「創化專業示範模式」；第八章「溝通價值論」，校長據以實踐之後，即能產生「深化多元參與脈絡」；第九章「評鑑品質論」，校長據以實踐之後，就能產生「優化歷程績效品質」。全書九章，章名的「副標題」，就是該章校長實踐能力的描述。書中的「操作技術」及「實踐能力」的適時標示，應是該書最大的特色。

四、校長學的教育價值：成就人與旺學校

校長當學「成就人」與「旺學校」。成就「人」最符合「教育」的本質，教育在教「人之所以為人」，校長經營學校教育，「成就學校中的每一個人」，就是彰顯教育的最大價值。「旺學校」最符合「經營」的本義，校長經營學校教育，就是要暢旺學校，師生辦學績效優質卓越，大家以學校為榮，家長爭先恐後將孩子送到學校就學，學校人氣旺、做事旺、績效價值旺，「旺學校」是教育經營者追求的教育價值。

為了實現「成就人」的教育價值，校長須從「立己達人篇」的四論經營深耕：「自我實現論」，成就人的尊嚴價值；「智慧資本論」，激發人的動能貢獻；「角色責任論」，實踐人的時代使命；「專業風格論」，領航人的品味文化。為了實現「旺學校」的教育價值，校長要致力於「暢旺校務篇」的五篇經營著力：「計畫經營論」，帶動學校精緻發展；「組織創新論」，活化組織運作型態；「領導服務論」，創化專業示範模式；「溝通價值論」，深化多元參與脈絡；「評鑑品質論」，優化歷程績效品質。每一論，也都有個別的教育價值。

第二節　成就人四論（核心素養）

《校長學：成人旺校九論》一書分兩篇，第一篇「立己達人篇」共有四論，包括第一章「自我實現論」，第二章「智慧資本論」，第三章「角色責任論」，以及第四章「專業風格論」，這四論都在探討人的「核心素養」，屬於「成就人」的「內聖」經營工夫。為配合本書體例的重組，本節以「活出自己」、「生命創價」、「完成使命」，以及「品味生涯」的知識及技術，來詮釋此四論。

一、自我實現論：「活出自己」的知識及技術

人要活出自己，生命才有意義及價值。假如人的生命與作為全部都在為別人而活，那不是「聖賢」就是「愚痴」，聖賢與愚痴都不是「常態」的人，都不是「人之所以為人」，也不符合「教育的本質」，因為教育在教「人之所以為人」，教育在教「活出自己」的人。校長學的第一章「自我實現論」，主張自我的「理想抱負」與「現實人生」吻合，就是「自我實現」，自我實現的人就是「活出自己」的人。

「活出自己」的知識及技術，「自我實現論」有下列幾項建議：(1)賦予生命價值，建構生命願景：人的「理性」與「動能」可以為自己創造無限的可能，每一個人都應該「珍愛生命」→「發展生涯」→「自我實現」→「活出自己」；(2)不忘教育初心，樂在「教學」與「學習」：「明月長空」與「繁星爭輝」是教師樂為人師的初心，也是學生樂在學習並給予新時代的承諾與註解；(3)實踐教育志業，順性揚才，邁向普遍卓越：教育在教「人之所以為人」，教育人員的志業，就是在「活出自己」的同時，也要「順性揚才」，讓所有的師生也都能「自我實現」（活出自己），邁向普遍卓越；(4)建構教育核心價值，整合人與組織的自我實現：用核心價值，導引

自己的理想抱負，在學校（組織）中即能自我實現，才能「個人目標」與「組織目標」一致，活出真正的自己。

二、智慧資本論：「生命創價」的知識及技術

「自我實現、活出自己」，係為自己創價；「智慧資本、生命創價」，則是為自己隸屬的「組織系統」創價。對自己所隸屬的組織群體，如家庭、學校、任職單位，共同執行任務的群組，有所貢獻，獲得認同與尊敬，人的一生才有「真實」的價值與尊嚴。人要為自己而活，同時也要為「自己有關係的人（群組）」而活，為自己創價，同時也為群組創價，營造「你好、我好、大家好」的富足和諧社會，才是「人之所以為人」的教育。自我實現論結合智慧資本論，開創校長經營學校教育的新境界，是校長學的新趨勢之一。

「生命創價」的知識及技術，「智慧資本論」有下列幾項建議：(1)有能力：教育人員（含領導人、校長、教師）均要適時強化核心能力，有與時俱進的素養及能力經營教育事業；(2)有專長：教育人員應有研究、教學、經營校務及輔導學生的專長亮點，用優勢專長經營校務，點亮學生，永續開展學生的優勢亮點；(3)願意做：校長要帶著幹部及教師，對於學校教育工作，進行價值論述，詮釋教育工作及課程教學方案計畫的核心價值，引導同仁價值認同，願意承諾力行；(4)能創價：校長能夠重視實踐智慧，專業示範課程發展、行動研究、發表著作，激勵同仁積極創價，經營「智慧人．做創客」，師生留下豐碩的教育作品。

三、角色責任論：「完成使命」的知識及技術

校長的角色責任來自四大元素的交織：「教育目標」、「法定權責」、「辦學理念」，以及「社會期望」，這四大元素交織成校長的五大角色責

任，包括：「教育理論的實踐家」、「行政效能的經理人」、「課程教學的規劃師」、「輔導學生的示範者」，以及「資源統整的工程師」。這五大角色責任，也就是身為校長的「時代使命」，只要是擔任各級學校的校長，就有責任要扮演好這五大角色，「完成」國家賦予校長職務的「使命」，而五大角色責任的實際經營操作內容，即為「完成使命」的知識及技術。

「完成使命」的知識及技術，「角色責任論」有下列幾項建議：(1)實踐「人與組織」的「經營教育之學」：運用經營教育四學的知識及技術經營學校；(2)均衡組織效能與效率表現：促使處室單位及個人的均衡貢獻；(3)提倡標準服務及品質回饋：運用 SOP 及品質回饋系統持續提升教育品質；(4)帶動經營學校本位課程及學校教育特色：以學校特色品牌吸引學生就學，提高教育競爭力；(5)專業示範願景領導、計畫擬定、課程研發、班級經營、有效教學，以及輔導學生，並成立各種任務小組團隊，實踐篤行；(6)統整教育資源，經營附加價值，輔助學校永續發展。

四、專業風格論：「品味生涯」的知識及技術

「專業行為表現」與「日常生活實踐」交織，讓一般大眾感受到的主流典範，稱為專業風格。專業風格是一個人「品味生涯」的極致，是「職能」、「專長」、「生活」、「實踐」四大要素均衡調配的成果。很會生活，又很會在職場表現的人，稱為很有品味的人。因此，「品味生涯」是「專業風格」的基礎，而「專業風格」也是「品味生活」的實踐。作者認為，校長經營學校校務最能夠展現的專業風格，可用五種人來描繪：(1)教育人；(2)有能人；(3)厚德人；(4)質感人；(5)品味人。

「品味生涯」的知識及技術，「專業風格論」有下列幾項建議：(1)「教育人」的品味意涵在「傳希望、益人間」，代表教育是校長的最大專長優

勢，其生活品味以教育為主軸，傳播教育的希望，增益人間知識的傳承及創新；(2)「有能人」的品味意涵在「通事理、講要領」，代表校長是真正有能力的人，能夠專業示範開展同仁動能，家庭休閒也能從容綽有餘裕，有點忙，但不會窮忙；(3)「厚德人」的品味意涵在「重倫常、送溫情」，代表有專業風格的校長，有比常人深厚的「愛人之德」、「包容之德」、「利他之德」、「奉獻之德」，以及「福慧之德」；(4)「質感人」的品味意涵在「常共鳴、賦價值」，代表校長在食、衣、住、行、育、樂的生活品質介乎在「傳統型態」與「流行時尚」之間，例如：穿套裝、開國產車代步、常用簡餐或套餐、先住公寓，五六十歲才有能力住大樓；(5)「品味人」的風格意涵在「具殊相、成風格」，社會大眾期待「心目中的校長」，皆能「品味生活」、「品味人際」、「品味經營」、「品味活動」，並且「品味價值」，領航人類的品味文化。然當代校長的實際表現，中小學校長有達此「專業風格」標準者約僅 25%左右，大學校長能達此標準者僅有 40 至 50%之間。整體而言，校長的「專業風格」及「品味生涯」有待關注經營。

第三節　旺學校五論（經營能力）

《校長學：成人旺校九論》一書的第二篇「暢旺學校篇」共有五論，包括：第五章「計畫經營論」、第六章「組織創新論」、第七章「領導服務論」、第八章「溝通價值論」，以及第九章「評鑑品質論」，這五論係依據「經營及管理」組織（機構）的五大核心歷程（計畫、組織、領導、溝通、評鑑）輔以該項的核心價值（經營、創新、服務、價值、品質），系統重組為「章名」及「副標題」，屬於「旺學校」的「外王」經營著力點。為配合本書撰寫體例，本節以「建設計畫」、「創新經營」、「專業領導」、「價值溝通」，以及「品質保證」的知識及技術，來詮釋這五論。

一、計畫經營論：「建設計畫」的知識及技術

任何一個組織，都需要經營：「家庭」需要經營，「學校」需要經營，「國家」更需要經營。國家及學校層級的組織，用「什麼」來經營最好，用「政策計畫」來經營最好。大家都很懷念蔣經國總統，他曾經用「十項建設」經營臺灣，創造了 1975 到 1995 年的臺灣經濟奇蹟。「建設計畫」的知識及技術，是國家經營者最需要，也是教育領導人（校長）經營學校時的最需要。

「建設計畫」的知識及技術，「計畫經營論」有下列幾項建議：(1)掌握優質教育計畫的辨識指標：優質教育計畫是有系統結構的計畫，其目標、策略、項目有系統結構，能用圖表呈現，是有理論或核心價值的計畫，也是有明確固定項目、經費、期程的計畫，更是有配套措施（檢核回饋）的計畫；(2)為學校策定五至十項建設計畫，以具體的主題式計畫及中長期發展計畫，帶動學校精緻發展；(3)用主題式計畫整併帶動經常性業務之執行，計畫統整優化學校核心校務；(4)責由處室單位及課程領域小組經營，實踐自己的主題式計畫，並定期展示成果，激勵一級單位也能計畫經營，有建設方案；(5)適度計畫價值行銷：校長能夠論述計畫方案的核心價值，凝聚同仁認同支持，用價值實現檢核計畫成果，擴大學校建設計畫的績效價值。

二、組織創新論：「創新經營」的知識及技術

當前的時代，稱為「知識經濟的時代」，意味著「知識產品」創新的經濟價值，超越了過去「土地、人口、設備及資金」的傳統經濟價值。企業工廠有產品的組織單位，需要創新經營；學校與教育單位也需要創新經營，用新的目標願景、新的課程教學、新的環境設施、新的競賽活動、新

的創客教育、新的智慧教育，來經營新的學校，來真正創新教育的品質，創新教育的競爭力。

「創新經營」的知識及技術，「組織創新論」有下列幾項建議：(1)採納「知識先天論」來理解創新的意涵，創新是「賦予存在」（to being）的歷程，每一種行業只要著力「實→用→巧→妙→化」，都能創新知識及產品；(2)掌握「創新」的「教育意涵」：創新是發現新的知識產品、創新是發現新的因果關係、創新是發現新的深層結構、創新是發現新的方法策略、創新是發現新的意義價值；(3)賦予目標價值的創新：註解教育目標的新經營價值，為教育活動及教學賦予「核心知識」、「核心技術」、「核心能力」，以及「核心價值」的解析與論述；(4)推動人力資源的創新：創新教育人員的「核心能力」、「組織進修」、「資源設施」，激勵教育人員創新課程教材教案以及影視媒材教育產品；(5)規範運作方式的創新：如職務編配（順應意願專長）、賦權增能（精簡行政流程）、創新目標（帶動階段產能）、品質績效（創新標準程序），以及激勵創新（定期競賽展演）等。

三、領導服務論：「專業領導」的知識及技術

最新的教育領導趨勢，在於「領導者」要能夠啟動組織之內的「集體智慧」，也就是說經營領導者，除本人要能幹（具備核心能力及經營策略）之外，更要有「群眾魅力（專業示範）」，要能夠讓同仁認同，願意跟隨實踐，對組織奉獻心力。「集體智慧」就是學校中的教師及幹部同仁都能產生動能貢獻，其能否被喚醒，決定在校長（領導者）本人的「專業示範」。校長能夠專業示範計畫擬定、專業示範的課程設計、專業示範有效教學、專業示範輔導學生、專業示範主持會議、專業示範應變危機，就有能力啟動學校同仁的「認同實踐」，啟動同仁的「集體智慧」。

「專業領導」的知識及技術，「領導服務論」有下列幾項建議：(1)專業示範的領導服務：教育工作是極度專業性的事業，校長要先專業示範給幹部及教師看，先領導（示範）再服務（一起把事做好）；(2)系統思考的專業領導：校務的決定最需要系統思考的專業統整判斷，例如：會議領導、應變危機，校長都要即時展現系統思考的專業領導；(3)本位經營的專業領導：善用在地資源及學校師生的優勢專長，本位經營出學校的特色品牌，更能展現校長的專業領導；(4)實踐篤行的專業領導：帶著學生做出校本課程、經營出學校特色、展現學校教育競爭能量，即為校長實踐篤行的專業領導；(5)創新價值的領導服務：校長專業領導教師，教師專業領導學生，每天透過課程教學及群組教育活動，每天創新教育價值，傳承創化新的知識、技術、能力，以及價值。

四、溝通價值論：「價值溝通」的知識及技術

溝通的定義是：組織中成員的意見表達及交流通暢無礙，能夠形成共識，採取一致行動；或彼此尊重包容不同的立場與意見，和平共處，不再反對抗衡。是以，溝通者有三個具體操作變項：(1)形成共識；(2)包容共處；(3)協調抗衡。世界上最難的溝通是政府與人民的溝通，要達成前述的三個操作指標均困難重重，考驗著政府官員的能力。用「核心價值」作為溝通的實體，比較容易形成共識，比較容易包容共處，也相對容易協調抗衡。是以，政府的行政官員（含校長）都要充分掌握「價值溝通」的知識及技術。

校長的「價值溝通」知識及技術哪些最重要？「溝通價值論」有下列幾項建議：(1)理解「教育溝通」的特質：包含知識傳遞的溝通、智慧價值的溝通、情意共鳴的溝通、專業示範的溝通，以及經營本位的溝通；(2)進行「政策理念」的價值溝通：校長經常要向同仁強調「實現教育目標的價

值」、「實踐教育理論的價值」、「達成階段任務的價值」、「突破學校發展瓶頸的價值」，以及「創新學校特色的價值」；(3)實施「課程教學」的價值溝通：校長要適時詮釋「新課程綱要的教育價值」、「學校本位課程的教育價值」、「自編教材的教育價值」、「教育產品的教育價值」，以及「核心知識（能力）的教育價值」；(4)分析「策略技術」的價值溝通：如「組織學習活絡知識螺旋的價值」、「實踐篤行創發專業示範的價值」、「知識管理傳承核心技術的價值」、「順性揚才回歸學生主體的價值」，以及「圓融有度彰顯價值溝通的價值」等。

五、評鑑品質論：「品質保證」的知識及技術

「評鑑」是經營學校的五大歷程之一，具有總結回饋、檢討省思，以及品質管理的時代意涵。教育評鑑的本質與功能，已從「目標達成程度的檢核」與「績效成果的判斷」，發展到「品質保證機制」、「持續改善訴求」，以及「創新人與組織新價值的認可」。是以，無論是「物的評鑑」、「事的評鑑」，以及「人的評鑑」，都在追求「品質保證」的知識及技術。

校長經營學校教育，需要掌握哪些「品質保證」的知識及技術？「評鑑品質論」有下列幾項建議：(1)受教者（學生）的品質評鑑，除了重視成績考查、多元評量、形成性評量，以及補救教學外，「核心能力」的檢核與「品質保證」的機制是重要的發展趨勢；(2)施教者（校長、教師）的品質評鑑是屬於「人」的評鑑，該書推薦「智慧資本理論」的評鑑模式，兼重「核心能力」、「價值認同」以及「績效表現」三者的品質指標；(3)教育組織的品質評鑑屬於「事」的評鑑，其品質指標系統來自「經營理論」、「核心事務」以及「品質標準」，是以校務評鑑、課程評鑑、教學評鑑，以及方案評鑑，均應發展「本位模式」或「在地模式」；(4)教育評鑑「專業化」與「標準化」是學術界的共同訴求，在《校長學：成人旺校九論》一書中強

調，另加「理念化」與「品質化（價值化）」，以「理念化」增益標準化及專業化的深度，以「品質化（價值化）」開展教育的新價值及新趨勢，邁向「品質保證」的教育新世代。

第四節　校長學與知識教育學的匯通

《校長學：成人旺校九論》一書出版於 2013 年 11 月，而本書《知識教育學：智慧人・做創客》在 2017 年出版，兩本書間隔三年多。在這三年中，作者的知識基模有四大挑戰：(1)近年兩岸基礎教育階段的新課程綱要，將原本「能力導向」的課程目標，同步調整為「核心素養」導向的課程目標；(2)臺灣受到國際「自造者運動」影響，推動「創客教育實驗學校」；(3)校長領導的研究，著力於「學校集體智慧」的啟動，集體智慧的具體內容或元素為何，亟待探究；(4)智慧數位產品促成「翻轉教育」，電信詐騙案件也稱智慧型犯罪，知識教育的最終目標在培養有智慧的人，但智慧人的真實內涵（素養）有待確定。

作者將這四大挑戰的相關「知識及技術」系統重組，撰寫成《知識教育學：智慧人・做創客》一書，尤其是第四章「知識遞移說」，用「知識解碼」→「知識螺旋」→「知識重組」→「知識創新」建構知識遞移理論，用內隱的「新知能模組」〔包括真（知識）、善（技術）、美（能力）及慧（價值）〕來註解核心素養；「新知能模組」表現出來的外顯行為（如德行實踐及實物作品），就稱之為外顯的核心能力。第五章「知識智慧說」，則主張「知識、技術、能力、價值」四位一體的教育稱為智慧教育，為「集體智慧」中的智慧，註解成「有知識」做基礎，會「操作技術」，並有「實踐能力」（做得出作品或好的行為表現），以及正確「價值觀」實踐者，稱之為「有智慧」的人。第六章「知識創客說」，揭示創客教育的四大步驟：研發「有創意的學習食譜」→教導「能創造的操作學習」→建構「再創新的知能模組」→完成「做創客的實物作品」，並提出「智慧創客教育KTAV單元學習食譜」設計。《校長學：成人旺校九論》一書在三年前出版，有必要補述其與「知識教育學」的匯通與銜接之處。

一、探討「核心素養」的校長學

本書主張「知識→技術→能力（作品）→價值」四位一體的學習。在每個人的學習中，接觸到的「外顯知識」會與自己既有的「內隱知識」產生「螺旋」及「重組」作用，然後建構「新知能模組」，此「新知能模組」存在身體中（內隱未發）就稱之為「核心素養」，而表現為外顯行為（如智慧人．做創客）就稱之為「核心能力」。本書對「新知能模組（核心素養）」的界定是真（知識）、善（技術）、美（能力）、慧（價值）、力（意願），如圖9-2所示，皆能與「校長學」之「成人四論」匯通。

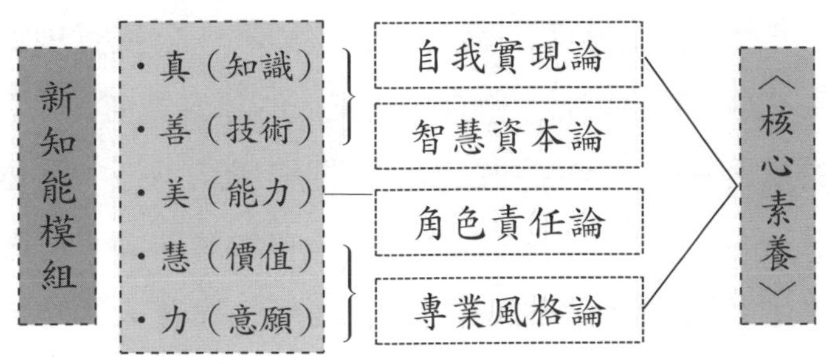

圖 9-2　校長學與知識教育學之匯通

《校長學：成人旺校九論》一書，也是一本探討「核心素養」的校長學：第一章「自我實現論」及第二章「智慧資本論」，共同回應素養中的「真知識」及「善技術」；第三章「角色責任論」，分析校長的五大角色責任，等同於素養中「美能力」的需求；第四章「專業風格論」，強調校長的五大專業風格（教育人、有能人、厚德人、質感人、品味人），等同於素養中「慧（價值）」及「力（意願）」的綜合內涵。

二、推動「智慧教育」的校長學

教學「知識」，讓學到的「知識、技術、能力、價值」四者融合，使人具備真、善、美、慧的核心素養，再表現出來成為「智慧人」及「做創客」，內隱知識（核心素養）與外顯知識（實踐能力）一致，是本書最重要的主張。第五章「知識智慧說」，探討「知識」成「智慧」的學理；第十三章「智慧人的教育」，將進一步分析培育「智慧人」的能力實踐，要實施「智慧產品的教育」、「智慧素養的教育」、「智慧實踐的教育」，以及「智慧生活的教育」，強調「智慧」不是自然形成的，「智慧人」也可以經由教育，「教」出來的。

《校長學：成人旺校九論》一書，沒有直接談及「智慧教育」，然「成人四論」也非常接近「校長智慧教育」的型態。「自我實現論」強調自我的「理想抱負」與「現實成就」吻合，成就人的尊嚴價值；「智慧資本論」強調校長要會價值論述，增益同仁價值認同與承諾力行，激發人的動能貢獻（集體智慧）；「角色責任論」強調校長在教育理論、行政效能、課程教學、輔導學生，以及資源統整著力經營要領，實踐人的時代使命；「專業風格論」揭示校長邁向智慧人（專業風格）的五大表徵：教育人、有能人、厚德人、質感人、品味人、領航人的品味文化。成人四論，近似推動「智慧教育」的校長學。

三、實施「創客教育」的校長學

創客教育有很明顯的兩大特質：「操作中學習」以及「有實物作品」。

作者在2013年撰寫《校長學：成人旺校九論》一書時，創客教育的需求尚未明顯，是以全書的內容，直接連結創客教育兩大特質部分，並沒有加以敘述，在本章中適度補述連結，就原有的全書內容，如何在「教」與「學」中也能一併實施「創客教育」？

在「操作中學習」部分，「校長學」本就主張學習者本身要學會操作「知識」裡的技術，是以全書（九論）的撰寫體例「章名」本身就是「知識」；「節名」及「經營要領」都是可操作的「技術」，也是章名次級系統的知識。在「有實物作品」部分，可在第五章「計畫經營論」之學習後由學生實習完成一個優質的「主題教育計畫」，在第九章「評鑑品質論」之學習後，由學生實習仿作完成一個「人、事、物」的評鑑指標系統。其餘各章的「報告、討論」學習之後，由學生直接採用KTAV單元學習食譜，將該章的核心內容轉換成「KTAV單元學習食譜」之設計，成為學生的「實物作品」，因此成人旺校九論可以操作成為實施創客教育的校長學。

四、培育「責任公民」的校長學

「教育經營學」進化到「知識教育學」，知識教育學的副標題「智慧人．做創客」，這是「責任公民」的簡稱。「經營教育四學」連結「知識教育學」，期待帶動教育的實質運作，培育每一位國民都能成為「智慧人．做創客」的「責任公民」，因為責任公民一定要有「專長工作」，能夠養活自己、自我實現，並能對自己的隸屬群組（家庭、學校、社會、國家）產生動能貢獻，能產生動能貢獻的人，才是有效的智慧資本，成為「有智慧的人」。同時，「人創人，人產物，人做事」，留下後代子孫以及豐富的作品，做創客，讓作品定位人生。

校長學的「成人旺校九論」，主張校長當學「成就人」與「旺學校」，是一位實踐「角色責任」的校長，善盡「角色責任」，示範帶動經營學校之「計畫、組織、領導、溝通、評鑑」，暢旺學校，啟動「責任良師」，發揮「集體智慧」，共同造就將來的「責任公民」。「成人旺校九論」補強「創客教育」的教與學之後，就會是培育「責任公民」的校長學，能串聯經營教育四學，匯通「知識教育學」，點亮臺灣新教育，造就新世紀的「責任公民」。

第十章　經營教學的知識及技術

〈教師學：鐸聲五曲〉

「教」與「學」合稱「教學」，是所有教育活動的主要歷程。所有的教育活動都要有「教師的教」以及「學生的學」，「教學」的目的在促成「知識遞移」。所謂知識遞移係指，教師能將自己身上的知識或者教材上的知識，有效地「遞送、轉移」到學生身上，學生不但「知道、了解」這些知識，也會「操作、應用」這些知識裡的技術，變成自己身上帶得走的能力，並且有優質的「成果作品」或「服務助人」的行為實踐（詳閱本書第四章「知識遞移說」）。是以「教學」工作的主體在「教師」身上，教師要安排課程教材，要選用適合學生學習的教學方法，帶領學生有效學習，才能完備「知識遞移」的績效價值。

經營教學的知識及技術，即為「教師學」的主要內涵。本章係依據作者於 2014 年出版的《教師學：鐸聲五曲》一書，分四節論述說明經營教學的知識及技術：第一節「教師生命之美（五部曲）」，用「鐘鳴大地」、「朝陽東昇」、「春風化雨」、「明月長空」，以及「繁星爭輝」五部曲來歌頌教師生命之美；第二節「教師的能力之善（五使命）」，用「人師、使命、動能、品質、風格」五大使命來描繪教師的能力之善；第三節「教師的技術之真（五核心）」，用核心知識、核心技術、核心能力、核心價值，以及核心任務來詮釋教師的技術之真；第四節「教師的知識之慧（五價值）」，用新五倫及其核心價值來彰顯教師的知識之慧。

第一節　教師的生命之美（五部曲）

學習成為責任良師的系統知識，稱為「教師學」。《教師學：鐸聲五曲》一書於 2014 年出版，主要內容有五：首部曲「鐘鳴大地・人師」，敘述教師的生命願景與教育志業；二部曲「朝陽東昇・使命」，分析教師的核心價值與專業示範；三部曲「春風化雨・動能」，闡明教師的核心能力與智慧資本；四部曲「明月長空・品質」，探討教師的教育品質與績效責任；五部曲「繁星爭輝・風格」，詮釋教師的系統思考及順性揚才。全書的系統結構如圖 10-1 所示。

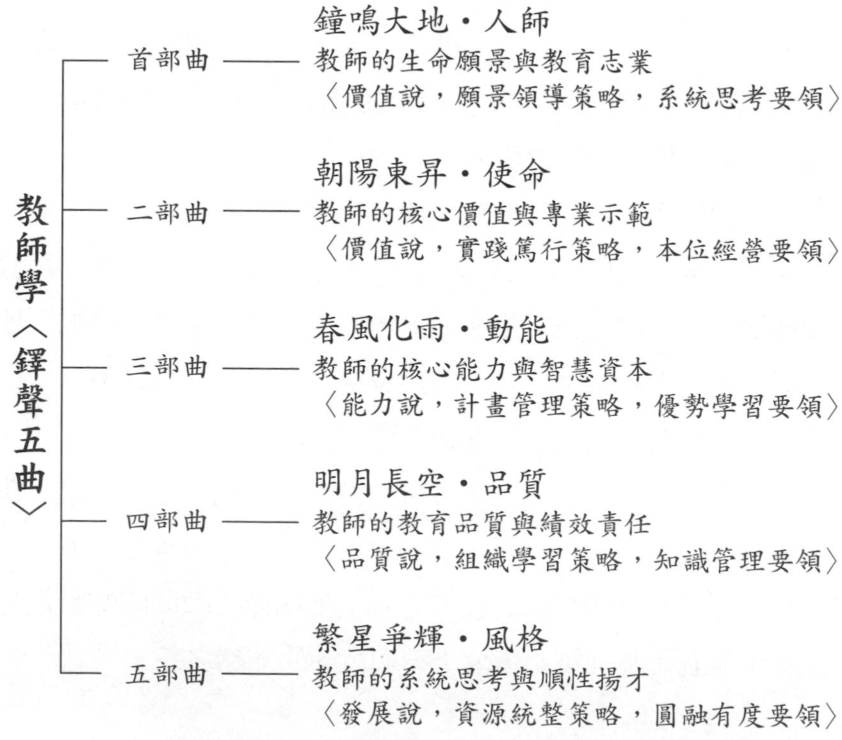

圖 10-1　「教師學」的核心知識及技術

資料來源：鄭崇趁（2014，頁 6）

該書用「鐸聲五曲」歌頌教師生命之美，教師的「一天」及「一世」，最像「鐘鳴大地」、「朝陽東昇」、「春風化雨」、「明月長空」，以及「繁星爭輝」五部曲。概要介紹其核心知識及技術（主要內涵）如下。

一、首部曲「鐘鳴大地」：定位人師的知識及技術

該書第四章「鐘鳴大地」，分四節註解人師的定位。第一節「晨鐘暮鼓：一位『時中其機』的教師」，因為教師會順應學生的認知發展教學，會掌握學生的學習關鍵時期，會善用學生的當下專注學習，會整合學生的時序學習機制，就像晨鐘暮鼓，時中其機的執行教與學；第二節「希望之聲：一位『事畢其功』的教師」，教師永遠帶給學生希望，「學習」就是希望，「學會」構築希望，「精熟」儲備希望，「致用」彩繪希望。教師是學生的希望之聲，帶著學生學習、學會、精熟、致用，彩繪無限希望。

第三節「醒世清韻：一位『人盡其才』的教師」，教師教導學生盡「充分學習」之才，盡「開展潛能」之才，盡「優勢專長」之才，盡「適配人生」之才，教師的聲音是學生的醒世清韻，常對學生耳提面命努力經營「人盡其才」；第四節「師道鐸音：一位『才盡其用』的教師」，教師從知行合一的教育，品質實踐的教育，服務助人的教育，經國淑世的教育，像一道一道的師道鐸音，傳唱千古，彩繪大地。教師帶著學生人盡其才、才盡其用，註解著人類的文化與文明。

二、二部曲「朝陽東昇」：造就未來公民的知識及技術

該書第八章「朝陽東昇」，分四節詮釋新時代教師如何造就「未來公民」。第一節「啟明之光：成就知識公民」，教師像朝陽的啟明之光，開啟學生知識探索的動念與方法，增益學生知識螺旋的契機與實踐，傳授學生知識統整的要領與系統結構，發展學生知識深耕的脈絡與智慧，教師的

啟明之光，成就學生成為知識公民；第二節「希望之光：成就世界公民」，教師就像朝陽永遠循環地照亮世界每個角落，向學生解析人類文化的特質，統整多元文化教育，強化國際語言能力，增進數位學習教學，照亮每位學生，帶著希望之光，成為世界公民。

第三節「溫厚之光：成就自主公民」，教師像朝陽的柔美溫厚，每天帶著學生自由地探索知能，民主的教學歷程，自主的本位經營，永續地生涯求知，教師的溫厚之光，成就每位學生成為自主公民；第四節「智慧之光：成就責任公民」，教師像朝陽的智慧之光，為學生帶來啟明的智慧，帶來希望的智慧，帶來溫厚的智慧，帶來風彩的智慧，智慧來自責任承擔，智慧來自服務助人的習慣與態度，智慧也來自大仁、大智、大勇情操的孕育，「新五倫及其核心價值」的實踐，成為師生共同的新智慧。教師像智慧之光，成就每位學生都成為責任公民。

三、三部曲「春風化雨」：人教人的知識及技術

該書第十二章「春風化雨」，分四節詮釋「人教人」的知識及技術。「春風」隱喻教師，「化雨」隱喻學生，春風吹拂學生，要將學生教化成有用的「雨水」，才能滋養萬物，成為有用的人，「春風化雨」是當代教師角色責任的代名詞。「春風化雨」蘊藏了太多「人教人」的故事，這些故事也都是教師先輩們使用精要的「知識及技術」搭建而來的。第一節「春風送暖：教育有感的生命」，教師像春風，春風之所以能夠化雨，在於「春風送暖」，教師像「教室裡的春天」，像「教學中的春風」，像「挫折時的春光」，也像「學習後的春意」，教師帶給學生有感的生命。

第二節「春風傳知：教育覺識的生活」，教師像春風，春風傳知，教育學生覺察與了解知識：覺察物理知識，累增知識廣度；覺察事理要領，擴展經驗能量；覺察人倫綱常，和諧快樂一生；覺察時空律則，從容優雅

一世。教師像春風，春風傳知，傳給學生覺識的生活，覺識的生活像雨水，是滋養學生一輩子成功幸福的泉源；第三節「春風有情：教育幸福的生涯」，教師像春風，春風有情，能教育學生面對「七情俱」的情緒，發展「致中和」的情感，孕育「成風範」的情操，造就「全人格」的性情；家庭生活親密，師生關係感恩，同儕共學互勵，獲致社會認同尊敬，才能過有價值、滿意與幸福的一生。

第四節「春風帶意：教育大用的公民」，教師像春風，春風帶意，帶來教師及學生的責任與毅力，教化學生成為有責任績效的公民，教化學生成為民主自由的公民，教化學生成為專業服務的公民，教化學生成為有為大用的公民；春風帶意的「意」有三個層次的意涵：(1)價值之意：教師帶給學生的春風，是有意義、有價值的學習；(2)深耕之意：春風告訴學子，永續深耕有價值的學習；(3)大用之意：春風激勵學子，學以致用，成為有為大用的責任公民。

四、四部曲「明月長空」：示範品質標竿的知識及技術

該書第十六章「明月長空」，形容教師像一輪明月，常掛夜空，明月是學生的標竿，長空是永續、永恆的象徵，明月長空，代表教師對待他的學生，要像明月一樣，具有恆常、永續標準的教育品質，並分四節，註解教師示範品質標竿的知識及技術。第一節「皎潔明月：常新之師」，說明教師伴學生成長，心如皎月、潔白靈秀、皎潔常新，從「知識．素養」、「技術．能力」、「情意．價值」，以及「生活．品質」等四個層面，分析常新的教育作為，扮演常新之師。

第二節「達道明月：行動之師」，描寫教師像明月，明月長空，每月清輝消長，行動舖軌，設定有價值的階段目標，規劃關鍵性的經營策略，執行系統化的實踐方案，俾以達成高績效的教育之道，教師像達道明月，

是學生的行動之師；第三節「美善明月，標竿之師」，描寫教師專業示範新五倫之德，家人有親相依存，同儕認同能共榮，師生盡責傳智慧，主雇專業多創價，群己包容展博愛，帶領學生發展溫、厚、美、善的人際關係。教師像美善明月，明月長空，是學生的標竿之師。

第四節「永恆明月：品質之師」，教師像永恆明月，是學生的品質之師，也是維護國家教育的品質之師。教育的品質是需要經營的，教師像永恆明月，永恆實踐著「和諧中努力的教育」、「精緻有質感的教育」、「動能具價值的教育」、「知識成智慧的教育」。教師一生的第四部曲是「明月長空」，教師宛如一輪明月，常掛夜空，教師像「皎潔明月」，是學生的常新之師；教師像「達道明月」，是學生的行動之師；教師像「美善明月」，是學生的標竿之師；教師像「永恆明月」，是學生的品質之師。

五、五部曲「繁星爭輝」：精緻卓越教師的知識及技術

該書第二十章「繁星爭輝」，描寫教師的光亮像天上的繁星，爭相綻放著師道的光輝，繁星滿天，風格爭輝，並分四節詮釋精緻卓越教師的知識及技術。第一節「精緻之星」，教師像精緻之星，教師有精緻的師道培育，具備精緻的核心能力，實施精緻的教育服務，創新精緻的績效價值。精緻的教師教育著精緻的學生，大家一起在夜空中「繁星爭輝」。

第二節「永續之星」，二十一世紀的教育需要「永續教育」，教師扮演永續之星的角色，有永續的「教育愛」，有永續的「關照能」，有永續的「支持網」，有永續的「責任心」，教師是永續之星，用教育愛、關照能、支持網及責任心，陪伴著學生永續經營教育；第三節「創新之星」，教師是創新之星，教師帶著學生，每天創新知識，創新人才，創新教育，創新文化。有創新的教師，就有創新的學生，創新的師生也在夜空中繁星爭輝。

第四節「卓越之星」，教師的卓越，在於教會學生，在於教出卓越的學生，而且是「普遍卓越」的學生。教師是卓越之星，教師點亮自己，點亮學生，點亮學校，點亮教育；教師是卓越之星，領航教育，點亮繁星，繁星爭輝；因為有卓越亮點的教師，就會有專長亮點的學生，接著有特色亮點的學校，然後有品牌亮點的教育。繁星爭輝的教師，營造「精緻卓越新風格」的教育。

第二節　教師的能力之善（五使命）

「五部曲」歌頌教師一天一世的生命之美，「五使命」描繪教師領航學生的能力之善，兩者結合成為首部曲「鐘鳴大地・人師」、二部曲「朝陽東昇・使命」、三部曲「春風化雨・動能」、四部曲「明月長空・品質」、五部曲「繁星爭輝・風格」。本節針對「人師、使命、動能、品質、風格」五大使命之意涵，以合適的章節給予詮釋闡明。

一、實踐「人師情懷」的能力（使命一）

首部曲「鐘鳴大地・人師」共有四章：第一章「教育初心〈志為人師的動念〉」；第二章「師涯願景〈構築人師的抱負〉」；第三章「教育志業〈彩繪人師的軌跡〉」；第四章「鐘鳴大地〈實踐人師的定位〉」。這四章在敘寫實踐「人師情懷」的能力，重點有三：(1)人師情懷的實踐在「莫忘初心」、「認同教育」、「歡喜成長」、「承諾力行」；(2)人師的願景抱負在「生命之師」、「知識之師」、「智慧之師」，以及「風格之師」的追求與表現；(3)彩繪人師的軌跡，要從「傳生命創新之道」、「授知識藝能之業」、「解全人發展之惑」、「領適配生涯之航」等四個面向著力。

二、實踐「角色責任」的能力（使命二）

二部曲「朝陽東昇・使命」共有四章：第五章「師道目標〈孕育新世紀責任良師〉」；第六章「核心價值〈傳承新教育價值創新〉」；第七章「實踐篤行〈實現新承諾專業示範〉」；第八章「朝陽東昇〈造就新時代責任公民〉」。這四章在揭示教師實踐「角色責任」的能力，重點有三：(1)新世紀的責任良師，要有四大角色責任：「教書匠與教育家」、「表演者與大導演」、「選書人與創作師」、「育英才與博濟眾」；(2)新教育的價值創新，包括學校（組織）核心價值的創新，以及教師個人核心價值的創新；作者建議，當代教師應以「自我實現，責任良師」為願景（vision），搭配「教學、研究、輔導、服務」四大任務（mission），設定「專業、精緻、責任、價值」四大核心價值（core value）；(3)教師實現新承諾的專業示範，要從四大承諾著力：「承諾帶好每位學生」、「承諾教好每一節課」、「承諾輔導弱勢學生」，以及「承諾承擔績效責任」。

三、實踐「智慧動能」的能力（使命三）

三部曲「春風化雨・動能」共有四章：第九章「核心能力〈優化人的知能素養〉」；第十章「優勢學習〈創化人的專長脈絡〉」；第十一章「智慧資本〈激發人的動能貢獻〉」；第十二章「春風化雨〈深化人的責任績效〉」。這四章在闡述教師實踐「智慧動能」的能力，重點有三：(1)核心能力來自先天的遺傳及後天的教育學習，教師應該強化自己的八大核心能力及學生的核心能力；(2)教師自己要從優勢學習，創化自己的專長脈絡，並教育學生從優勢學習，取得專長認證，協助學校經營特色品牌；(3)教師要從「有能力」、「有專長」、「願意做」、「能創價」四大力點，經營學校師生都能成為有效智慧資本，對學校產生動能貢獻。

四、實踐「品質標竿」的能力（使命四）

四部曲「明月長空・品質」共有四章：第十三章「核心技術〈探究教育深層結構〉」；第十四章「創新經營〈創發教育經營世代〉」；第十五章「知識管理〈傳承教育技術能量〉」；第十六章「明月長空〈示範教育品質標竿〉」。這四章在描寫教師實踐「品質標竿」的能力，重點有三：(1)可以直接經營操作的實務知識稱為核心技術，教師要強化運用「經營管理」、「課程教學」、「輔導學生」、「教育服務」四個面向的核心技術；(2)當代教師要從資源設施、課程教材、教學技術、績效價值，建構創新經營新世代；(3)在教師的知識管理中，「內隱知識的管理」與「外顯知識的管理」同樣重要，教師也要教會學生知識管理，要協助學校（組織）管理校本經營的核心技術。

五、實踐「專業風格」的能力（使命五）

五部曲「繁星爭輝・風格」共有四章：第十七章「系統思考〈交互整合新人生〉」；第十八章「順性揚才〈形優適配新希望〉」；第十九章「圓融有度〈品味價值新文化〉」；第二十章「繁星爭輝〈精緻卓越新風格〉」。這四章在彰顯教師實踐「專業風格」的能力，重點有三：(1)教師系統思考的修練，由知識系統、教學系統、經營系統、教育系統的新思考，為教師帶來交互整合新人生；(2)教師順性揚才的修練，要順自己之性，揚卓越專長之才；要順學生之性，揚優勢亮點之才；要順幹部之性，揚經營取向之才；也要順學校（組織）之性，揚特色品牌之才；順性揚才可以為學校師生帶來形優適配新希望；(3)教師圓融有度的修練，賦予生活新價值、人際新價值、學習新價值、教育新價值，形成學校師生的品味價值新文化。

第三節　教師的技術之真（五核心）

直接用出來的「知識」稱之為「技術」。教師因為職務的關係，從「行為的表現」來歸納教師的「技術類群」，可用核心知識（技術的基礎）、核心技術（技術的本身）、核心能力（技術的實踐）、核心價值（技術的目的），以及核心任務（技術的職能）等五大群組來說明。教師學的內涵，在不同的章節中，分別運用這五大核心（核心知識、核心技術、核心能力、核心價值、核心任務），闡明論述教師的技術之真（以技術為本位，定位五者之間的關係）。

一、教師的核心知識（技術行為的基礎）

當代教師的「核心素養」與「基本能力」要求愈來愈高，中小學教師的基本學歷是大學畢業，學士學位加上修畢「教育學程」以及「教育實習」後，才能得到「教師資格檢定」資格，通過教檢，才能參加縣市或學校舉辦的「教師甄試」，而歷年來的中小學教師甄試，都是千百中選一。近年中小學教師的基本學歷更有碩士化之趨勢（近百分之五十的中小學教師有碩士學位），而大學教師的進用資格一定要博士學位以上，並參考其專長研究、著作與貢獻，國立大學都是數十（百）選一，門檻難度，很像孔廟的「萬仞高牆」，高深無比，此象徵教師的核心知識，有別於其他行業，也象徵教師職務的尊貴。

教師的核心知識主要者有：(1)教育專業的知識：如教育理論、教育概論、教育哲學、教育心理學、教育社會學、教育經營學的核心知識及技術；(2)授課專長的知識：每位教師都有其主授的領域和科目，這部分的知識和技術，每位教師都要比一般教育人員還要豐厚、深入，並且會運用操作；(3)教學技術的知識：教師每天的工作在執行教學，教學方法及技術日新月異，尤其是數位教學產品的發展，強化了有效教學的基本型態與實質績效，故教師要具備符合時代需求「教學技術」的知識；(4)校本經營的知識：教師由學校聘任，在學校中教書，教育的基本體制，以學校為核心主軸（本位），是以當代的課綱，都要求發展學校本位課程、系所本位課程，以及學校教育特色；就教師而言，校本經營的知識也就相對重要，要有能力發展校本課程，有能力經營學校教育特色。

二、教師的核心技術（技術行為的本身）

在管理學上，組織單位的技術傳承稱為「核心技術」，人的技術傳承則又稱為「核心能力」。是以，偏人的論述用「能力」，偏組織整體的傳承用「技術」，兩者具有「一體（人）」兩面的關係（意涵）。因為人都在組織中工作，要有「能力」傳承組織的「核心技術」，才會是優質適任的員工。教師是政府用「稅收」經費聘任來在教育事業上經營「人教人」極為專業的員工，要有「能力」傳承並創新「學校教育」的核心技術。

教師經營學校教育的核心技術，主要有四：(1)經營教育的核心技術：如教育經營學中的「六說」、「七略」、「八要」，或是教師學中的「五曲」或「二十章」；(2)課程教學的核心技術：如校本特色課程的設計開發技術，執行翻轉教學（學生主體的數位媒材自主學習）的技術操作，或是本書（知識教育學）「智慧創客教育 KTAV 單元學習食譜」的撰寫技術；(3)輔導學生的核心技術：如輔導諮商的初階技術：同理心（共鳴性了解）、回饋、引導、自我表露、問題解決等，或是更為基本的態度，如溫暖、真誠、接納、尊重、支持等，都可稱之為輔導學生的核心技術；(4)教育服務的核心技術：當代的學校教育要發展產學合作，要為社區提供教育服務，教師也要具備教育服務的核心技術，如計畫（幫忙擬定計畫）、組織（協助成立任務編組）、領導（專業示範教育服務）、溝通（價值論述，凝聚共識），以及評鑑（品質管理與提升）。

三、教師的核心能力（技術實踐的量能）

「能力」是「先天的遺傳」×「後天的學習」而來的，教師的核心能力也是「遺傳」與「學習（教育）」交織而來的。我國的師資培育機制，為全國教師的「核心能力」奠定了「全面優質教師」的深厚基石，核心能力是學習教育專業及專門「知識」和技術之後，與既有的「內隱知能」產生「螺旋與系統重組」而來的，此稱之為「新知能模組」，藏在人的內在尚未用出來，就是內隱知能，也就是新課綱所稱的「核心素養」。如果「新知能模組」被教師實踐出來，就是外顯行為，此稱之為能力，或是「核心能力」。

教師的基本素養與核心能力，在「經營教育四學」中有「演進式」的主張與說明，以圖 10-2 來呈現四大核心素養及八大核心能力。

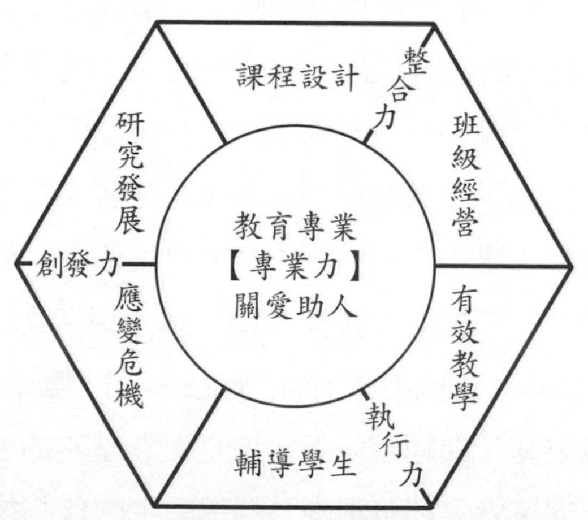

圖 10-2　教師的四大核心素養及八大核心能力

資料來源：鄭崇趁（2014，頁 166）

教師有四個關鍵基本素養：「專業力」、「整合力」、「執行力」，以及「創發力」。專業力包括兩大核心能力：教育專業的能力及關愛助人的能力。整合力包括兩大核心能力：課程設計的能力及班級經營的能力。執行力包括兩大核心能力：有效教學的能力及輔導學生的能力。創發力包括兩大核心能力：應變危機的能力及研究發展的能力。

將「教師」的關鍵素養及核心能力，與「校長」的關鍵素養及核心能力相對照，四大關鍵素養名稱都一致，然「專業力」及「創發力」所衍生的核心能力也雷同，但「整合力」及「執行力」所衍生的核心能力就有明顯的區隔，這些雷同與區隔來自「教育事業」主體相同，而教師與校長之「職務」及「經營對象」有範圍及深度的差異。

四、教師的核心價值（技術操作的目的）

價值（value）的來源，在於「人」與「人」之間的共「性」，也就是自己和他人都有「正面」、「好處」的「行為結果」者，稱之為「價值」。核心價值是指同一族群的人共同執行使命（任務）的價值取向，其建立在「人的共同需求心願」與「組織任務目標」交織的價值取向。教師的核心價值，來自「教師們的共同心聲」以及「實踐教育事業目標」的價值訴求。是以《教師學：鐸聲五曲》一書建議，教師應以「自我實現．責任良師」為願景（vision），以教學、研究、輔導、服務為任務（mission），並依任務的延伸，設定「專業、精緻、責任、價值」四者為核心價值（core value）。

教師的四大核心價值，主要意涵為：(1)專業自主的教師：教師的教學實踐及主持的教育活動，都要實現專業自主的價值指標，最會教學，教會學生，知識遞移，學生獲益；(2)精緻研發的教師：教師的研究成果是精緻的，教師的教材教案是精緻的，教師的文章論述是精緻的，教師出版的教育著作是精緻的，教師指導研究生完成的博碩士論文也是精緻的；(3)責任楷模的教師：教師輔導學生，在提供學生「同理共鳴」、「專業示範」，以及「負責到底」的「責任楷模」，同理共鳴給予學生支持關照，專業示範引導學生學習產出，負責到底實踐品格德性；(4)價值創新的教師：責任良師從「成就人」、「好課程」、「優學習」、「有產品」等四個著力點來創新教育價值。

五、教師的核心任務（技術任務的職能）

教師是國家教育事業的靈魂，教師的品質直接影響國家教育的興旺或低迷，因為教師直接執行「教學」、「研究」、「輔導」，以及「服務」四大任務。學生在學校的學習經歷從國小、國中、高中、大學有著數十（百）位教師的教學，「知識遞移」的績效價值，造就了今日的學生。教師的教學產品與出版的研究著作，定位教師一生的教育成就與品質，是以教學研究任務的實現成為教師的第二生命。教師每天要面對學生，輔導學生適應環境，有效學習，開展自己的優勢亮點，帶好每一位學生，輔導學生「一個都不少」，成為責任良師的神聖使命之一。當代的教師，也要配合學校的「本位經營」，走出教室、走出學校，從事社區教育服務，拓展教育產學合作，創發教育附加價值，讓「計畫經營」、「組織創新」、「領導服務」、「溝通價值」，以及「評鑑品質」的量能，能夠延伸到社區及教育機構以外的組織族群。

第四節　教師的知識之慧（五價值）

教師是教人（學生）學習知識的人，教師本人的「知識」、「內涵」與「水準」本就要「高人一等」，是以教師本身的知識水準要超越「知識分子」（大學畢業以上人員的通稱）的基本訴求，要有「高級知識分子」

的水準（有碩、博士學位人員的通稱），或者能將「知識」運用妥適，是一個能夠啟動學生「集體智慧」的人。學生的「集體智慧」能否被誘發啟動，決定在教師執行教學時，能否專業示範「知識→技術→能力（作品）→價值」四位一體的「智慧創客」教學，是以教師本身要有「智慧行為」表現，學生也才會有「集體智慧」的產出。因此，教師的知識，要從狹義的「知識」（知識本身）晉升到廣義的知識（包括知識、技術、能力、價值四位一體），並且能夠定位四位一體之間的關係，成為一個「有智慧的人」。

本節深層探討教師的「知識之慧」，探討教師「知識成智慧」的範例與歷程。用《教師學：鐸聲五曲》一書研發之「新五倫及其核心價值」為範例，論述說明教師「教育知識」的「智慧價值」。教師的知識在「人倫綱常的知識」方面，是屬於最深層的知識，人際關係核心價值的研發與實踐，則是人類「知識成為智慧」的最經典行為表現。「新五倫的發現」及其「核心價值的研發」、「行為規準的實踐」，都是教師「智慧行為」的表現。

《教師學：鐸聲五曲》一書倡議「新五倫」，因為中國傳統的「五倫」，對於當代「人際關係」的分類，很難符合現況（時代需求），例如：五倫強調「父子有親、君臣有義、夫婦有別、長幼有序、朋友有信」，「君臣關係」已不存在，而「主雇關係」、「師生關係」以及「群己關係」則沒有界定，學校在推動「品德教育」及「情意教學」時，產生「對象」不明確的問題，是以「績效價值」很難彰顯（事實上長久以來一直看不到）。作者系統重組「人際關係的知識」之後，倡議「新五倫」：第一倫「家人關係」，指住在一起的人，是為了要「親密」、「依存」所以住在一起；第二倫「同儕關係」，指同學和同事，或者有共同任務族群的人，是為了彼此「認同」、「共榮」而成的族群系統；第三倫「師生關係」，指教師與學生的關係，是為了傳承創新知識而有師生關係；第四倫「主雇關係」，指員工與老闆的關係，是為了「專業條件」及「產品創價」，而有員工老闆之間的主雇關係；第五倫「群己關係」，指人與他人（沒有前四倫關係者）的關係，其最需要「包容」與「博愛」。

一、「家人關係」的核心價值：親密、觀照、支持、依存（第一倫）

家人是指住在一起的人。當代人的關係遠比以前複雜多變，以前的夫婦、父子、母女才會成家，住在一起，現在離婚率增加，繼親家庭變多，住在一起的人，關係比較複雜，包括繼親父母及非婚生子女，或是同居男女朋友，只要住在一起的人，我們就概稱為「家人」。家人關係的第一個核心價值是「親密」，人和人之所以住在一起，就是要有「親密」行為，夫妻或同居人要有親密的性關係，父子、母女及兄弟姊妹要有親情，尤其是血緣的親情血濃於水。第二個核心價值是「觀照」，凡是住在一起的家人，就要彼此觀照，彼此關心對方的生活起居、食衣住行，職場與人際是否順遂，照顧其健康，互促養成好習慣，滿足其身體內外需求。

第三個核心價值是「支持」，家人要相互支持目前的工作和學習，不管在外頭發生了什麼事，回到家裡，家人都會幫忙解決，給予支持，共同解決問題，共同邁向更寬廣挑戰的未來。第四個核心價值是「依存」，家人有親相依存是家人關係的最佳寫照，子女要依靠父母養活以受教學習，父母要從孩子得到溫情慰藉，相互依存、和樂幸福，共同為這個家開創美好現況，以及希望的日子。

二、「同儕關係」的核心價值：認同、合作、互助、共榮（第二倫）

同儕關係主要的對象是「同學」及「同事」。每一個人要接受十二年至十六年以上的「學校教育」，「同學關係」是人一生最大宗及必須要一起學習的「群組」，尤其是「同班同學」，很多是一輩子的「死黨」。「同事關係」則是指在同一家機構（組織）做事，共同為同一個老闆服務的「群組」，同事因為執行雷同的工作，並且要共同完成任務，彼此關係與「動能」攸關，十分特別。更廣義的同儕關係，也包括共同執行任務的「群組」人員。同儕關係的第一個核心價值是「認同」，同學或同事，是在一起學習或工作的人，共同執行同一任務的人在一起，先要彼此「認同」，彼此「尊重」，信任彼此的條件與能力。

第二個核心價值是「合作」，同學（同事）要一起合作完成單元的學習，合作完成實物作品，合作布置教室情境，合作爭取教育競賽榮譽。第三個核心價值是「互助」，同學及同事要共同完成產品，彼此要互相幫忙，互助合作，截長補短，能量大、有優勢專長者，要帶動扶持部分弱勢同儕，彼此都能以專長優勢共同整合完成組織任務。第四個核心價值是「共榮」，同學及同事，或者共同執行同一任務的同儕，由於能夠彼此認同，合作互助，進而凝聚組織量能，啟動「集體智慧」，暢旺組織效能，共同促成組織的昌盛榮景，創新績效價值，同儕就能共榮共享。

三、「師生關係」的核心價值：責任、創新、永續、智慧（第三倫）

師生關係之所以列為新五倫之一，主要原因有四：(1)在遠古時代，教育不普及，只有貴族有機會接受教育，當代社會教育普及，平民百姓也都至少接受十二年的基本教育，師生關係每個人都有；(2)在學校教育機制中，不同的教師教不同的學生，教師與學生對於彼此的期望與態度不同，造成多元而分歧的教育成果，有必要予以關注，並探討其核心價值；(3)師生的關係是一種人教人的關係，包括知識遞移與品德行為的傳承創新，有別於一般的主雇關係；(4)師生關係特別強調專業示範與系統思考，也與家人關係及群己關係的族群差別很大，是最個殊的族群。

師生關係的第一個核心價值是「責任」，教師有責任教好每一位學生，學生也有責任當下學會，唯有「知識遞移」成功，師生關係才有真實的教育價值。第二個核心價值是「創新」，教師用知識創新教育、創新教學，帶動學生創新學習，創新學生的知識，創新學生的技術，創新學生的能力，也創新學生的價值，「創新」是師生共同追求實踐的核心價值。第三個核心價值是「永續」，師生一起探討永續教育，用永續的方法和技術經營教育，教育機制永續長流，師生關係永續傳承創新。第四個核心價值是「智慧」，師生一起傳承創新「知識」，知識成智慧，師生都是有智慧的人，「智慧人．做創客」，師生共同傳承人類文化，並創新文明。

四、「主雇關係」的核心價值：專業、傳承、擴能、創價（第四倫）

主雇關係係指「員工」與「老闆」的關係。「雇」是受雇者，就是員工，「主」是發薪水的人，也就是「老闆」，老闆與員工的關係是所有「企業（組織）」的靈魂，兩者的倫常關係好，老闆關心照顧員工的生活水準，員工努力為老闆賺錢，企業（組織）才會興旺，才能永續經營。當代社會，動不動就有「勞資爭議」，員工必須「走上街頭」才得以為自己爭取「權益」，但也常被批判為「會鬧者才有糖吃」，這都是因為以前的「五倫」之教，沒有包含「主雇關係」，沒有教育「主」與「雇」該有的倫理綱常

（核心價值）所致，因此確有必要明列補強。

主雇關係的第一個核心價值是「專業」，也就是「夠條件」、「有能力」為組織（企業）產製其產品者，才有可能被聘為員工，才有可能產生主雇關係；老闆決定是否聘員工，在於觀察員工的專業，專業條件符合且優秀的人，就不怕沒有工作。第二個核心價值是「傳承」，任何企業產品都有「核心技術」，能夠傳承創新公司產品核心技術的員工，老闆一定高薪延聘，穩定公司永續經營。第三個核心價值是「擴能」，員工能夠執行完備本分任務之後，還要能擴展能量，協助同事增加產能，老闆就會核給「績效獎金」，以為激勵，全面提升公司競爭力。第四個核心價值是「創價」，老闆能夠適時增加員工的薪津待遇，關照其生活品質，員工就能為公司開創附加價值，共榮共享，此就是主雇關係最核心的價值。

五、「群己關係」的核心價值：包容、尊重、公義、博愛（第五倫）

多年前，李國鼎先生倡導第六倫「群己關係」，以接續原有的五倫（將私德擴展到公德），引起國內不少知識分子認同，唯當時的「中華文化復興委員會」討論後，建議仍維持「五倫」，不主張由政府頒行「第六倫」（群己關係），是以國內學校品德教育的實施，仍然圍繞著原有的「五倫」，時有時無的討論，造成了今日品德教育績效難彰的困境。教師學倡議新五倫，將「群己關係」列為新的第五倫，申論「人」與「他人」關係的核心價值及行為規準，應是品德教育及情意教學優化發展的重要契機。

群己關係的第一個核心價值是「包容」，當前的社會多元族群共處，多元價值分歧，貧富差距加劇，文化屬性複雜，每天生活遇到的人「什麼都有」，人與他人一定要彼此「包容」，方能和平共處。第二個核心價值是「尊重」，人與他人不但要「包容」，更要「尊重」他人各自存有的屬性、觀點主張與行為表現，相互「尊重存有」，才能彰顯人性與人權。第三個核心價值是「公義」，弱勢優先，支持社福機制，人人都願善盡社會責任，營造和諧共榮、公益互助的祥和社會，也是大家的共同願景。第四個核心價值則是「博愛」，群己關係的理想境界，要像《禮記・禮運大同篇》說的：「人不獨親其親，不獨子其子……力惡其不出於身也，不必為己。」人人彼此博愛，方能民富國強。

第十一章　經營教養的知識及技術

〈家長教育學：「順性揚才」一路發〉

人生的「知識」來自兩大場域：「學校」的教育以及「父母」的教養。在「學校」的教育方面，前面用三章的篇幅，說明了經營「教育」、經營「學校」，以及經營「教學」的知識及技術，並且用《教育經營學：六說、七略、八要》、《校長學：成人旺校九論》，以及《教師學：鐸聲五曲》三本書為例來分析、驗證、說明。本章針對第二場域「父母」的教養方面接續論述說明，章名定為：「經營教養的知識及技術」，並以作者於 2015 年出版的《家長教育學：「順性揚才」一路發》一書為實例，解析說明。

當代的社會，「家庭結構」多元分歧，家庭功能對孩子的教養程度，呈現極大落差，概可分成五大類：「結構佳、重教養」、「結構佳、重養不教」、「結構不佳、重教養」、「結構不佳、重教難養」，以及「結構不佳、難養難教」。在這五大類家庭中的父母，對於自己孩子的教養「知識及技術」之關注與涉獵程度差別頗大，唯國家脫離貧窮之後，國民所得超過一萬美元以上的國家（臺灣 2015 年國民所得已逾二萬美元），中產階級以上家庭的父母重視孩子的養育及教育問題，將家庭薪資所得，有愈來愈多的比例，花在孩子的教育及養育之上。作者之所以出版《家長教育學：「順性揚才」一路發》專書，乃順應時代潮流，希望協助家長獲得專業的「教育及養育」知能，得以在家庭中給予孩子正確的教養，以銜接學校教育，共同幫助孩子健康成長，發展為「成熟人」、「知識人」、「社會人」、「獨特人」、「價值人」，以及「永續人」之全人。

本章分四節「系統重組」經營教養的知識及技術：第一節「好的習慣新人生」，從《家長教育學：「順性揚才」一路發》一書中的「一觀、六說、八論」，系統重組「家長教養孩子好習慣」的核心知識及技術；第二節「順性揚才開潛能」，申論「順性揚才觀」的核心知識及實踐技術；第三節「全人發展築優勢」，說明父母教養孩子的兩大方向：「全人發展」及「點亮優勢」，並列舉其核心知識及實用（可操作）技術；第四節「適配教育展幸福」，主張父母要用「適配的教育」、「適配的事業」、「適配的伴侶」，以及「適配的職位」四大適配教養孩子，帶著孩子經營適配的幸福人生。

第一節　好的習慣新人生

教育界很喜歡用「魔法」兩個字，英語專科教室就取名為「英語魔法學院」，各種學習要領與技術的參考書，就喜歡稱它為「○○魔法書」，是以「魔法」變成了具有「崇高」教育意涵的「寶典」，家長與孩子都期待自己身上擁有「魔法」，把該學的「知識、技術、能力、價值」通通學會，並且打通任督二脈，擁有「乾坤大挪移」的武功（素養或能力）。作者也追求「時尚」，不排除「魔法」，2015 年出版《家長教育學：「順性揚才」一路發》一書時，就在書的封面裡頁，畫了一張「魔法屋」（如圖 11-1 所示），象徵魔法屋內的家長可以教養好自己的孩子，並用「門」、「屋頂」及「牆壁」呈現了全書的「三篇」及「十五章」之篇名及章名，引導大家了解「家長教育學」概要。

家長教育學有三篇：核心價值篇是門（一觀）；理念素養篇在屋頂（六說）；實踐作為篇則在牆壁（八論）。核心價值篇只有一章「順性揚才觀」，在「房門」的中央，可以看到全書內容的核心，稱之為「一觀」；理念素養篇共有六章（第二章至第七章），包括「全人發展說」、「多元智能說」、「三適連環說」、「適配生涯說」、「自我實現說」，以及「智

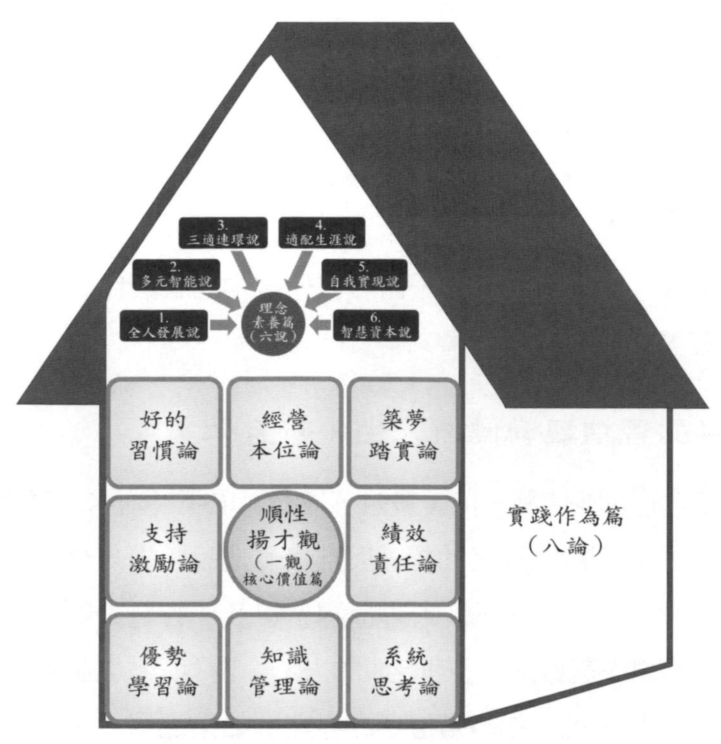

圖 11-1　「家長教育學」魔法屋

資料來源：鄭崇趁（2015a）

慧資本說」，高掛在「屋頂」，指導著下面的「實踐作為」，稱之為「六說」；實踐作為篇則共有八章（第八章至第十五章），包括：「好的習慣論」、「支持激勵論」、「優勢學習論」、「經營本位論」、「知識管理論」、「築夢踏實論」、「績效責任論」，以及「系統思考論」，稱之為「八論」，其為「家」建構了厚實的「牆壁」，不但可以擋風遮雨，還扮演了「旺家亮屋」的基石。「一觀」、「六說」、「八論」唸快一點「一六八」，孕育著屋內的孩子「一路發」，是以書名為《家長教育學：「順性揚才」一路發》。

「好的習慣論」是父母教養子女「實踐作為篇」的第一章，具有「總論」及「基礎」之意涵，父母教養子女的知識及技術，必須要「有所作為」，並且「實踐出來」或「可以操作」，才算找到「具體著力點」。父母從生活、學習、處世及人際上教養孩子「好的習慣」，是確保孩子能夠健康成長的最核心基石。是以本節以「好的習慣新人生」為節名，系統重組《家長教育學：「順性揚才」一路發》一書中的實踐作為篇各章對於父母教養子女好習慣的知識及技術。

一、好的習慣經營健康人生（新身心）

我國知名的心理學家柯永河（1994，1997）出版了兩本「習慣心理學」的書，書中名言受到國際學者的認同與推崇，他說：「好的習慣多於不好的習慣就是健康的人。」人的「心理歷程」以及「行為表現」只要好的習慣多於不好的習慣，就會是「心理健康的人」，也會是「身體健康的人」。「好與不好」，是一種「相對價值」之界定，如果這個「習慣」（含內心的想法與實際行為表現）對自己及對相關的人都產生正向的、有用的、積極的價值，就是好的習慣；如果這個習慣對自己沒有價值或不利於他人，就是不好的習慣。父母教養孩子，從孩子「生活的好習慣」著力，就可以督促孩子經營健康的「身體」和「心理」，在快樂中成長，擁有健康人生。因為好的生活習慣，會帶給孩子用「新的身心」狀況，迎接成長中的每一階段。好的生活習慣，以下列四者最重要：(1)「遵時序、有規律」：從上學回家有規律、睡覺起床有規律、作業休閒有規律、吃穿定時有規律、整潔秩序有規律，以及行動安全有規律，經營人生一輩子的健康生活，用高（新）效能的身心過每天的生活；(2)「能定食、講適量」：用固定時間、固定食材、固定分量的食、衣、住、行、育、樂適量經營的好習慣，維持身心健康的水準；(3)「具動能、訂目標」：每天致力於生活、學習、做事、休閒，並能為四者策定每日、每週、每月、每年的階段目標，運作動能及目標彩繪健康生活；(4)「求簡約、得品質」：簡約質感的生活是指單純而不雜亂、簡化而不複雜、做要事而不什麼都做、不忙亂而有質感、不辛苦而日有所進、擔責任且能有要領地完成任務。「簡約有品」的好習慣，才是永續經營健康身心的「梯」。

二、好的習慣優化學習效能（新知能）

父母教養子女，從孩子「學習的好習慣」著力，就可以協助孩子實踐「有效果」的學習，優化學習效能。「國小→國中→高中→大學」每一階段的教育，都學到課綱上所訂的「新知能」標準，幫助孩子逐步發展為「成熟人」、「知識人」、「社會人」、「獨特人」、「價值人」，以及「永續人」，全人發展。每一個人都要學習一輩子，「好的學習習慣」是全人發展最重要的「根」。聰慧的孩子或許在學校教師的教學下，很快就會找到（學到）好的學習要領及習慣，成為知識技能領先的學生，然而一般（常態）的孩子，只要「順性揚才」，找到孩子個別優勢的「好的學習習慣」，每位孩子（學生）都能「有效學習」，學習的成果（知識、能力）一定能夠達到（超越）課綱上的標準。

好的學習習慣，以下列四者最重要：(1)「專注學習、當下學會」：父母得以操作的焦點是，定時專注課業、定量課外補習、自我專注檢核，以及定期展現學習成果，督促孩子養成專注學習、當下學會的好習慣；(2)「創客學習、操作技術」：「做中學、有作品」的教育，稱為創客教育，孩子配合養成「操作技術、創客學習」的好習慣，更可彰顯教育的績效價值；(3)「優勢學習、展現亮點」的好習慣：從自己的優勢著力，可以得心應手，可以容易看到成果，可以形優輔弱，可以早日完成學習目標；(4)「適配學習、適力經營」的好習慣：適性、適量、適時、適配，以及適力的學習與經營，就是最好的習慣，「五適」的學習，得以經營孩子適配的幸福人生。

三、好的習慣提升工作績效（新成就）

生活、學習、工作、人際四者，是接受教育階段孩子的核心事務，四大核心事務皆有好的習慣是「家長教育學」最重要的主張。本節「好的習慣新人生」，強調的是孩子在這四方面都有好的習慣，每天都可以彩繪自己的新人生。接受教育階段的孩子，其主要工作仍然是「學習」（每天至少要用八個小時在學校中學習），所謂「處世的好習慣」，其「處世」，係指學習之外的其他工作，工作習慣愈好，孩子的成長就會愈健康。

工作的好習慣以下列四者最重要：(1)「今日事今日畢」的好習慣：今日事今日畢代表四大教育意涵：有能力的人、有效率的人、有信用的人，以及有毅力的人，這樣習慣的人最健康，也可以做最多的事；(2)「做完一件再一件」的好習慣：逐一完成好的習慣，也有四大教育意涵：編序的思維、累進的思維、效果的思維，以及價值的思維，做完一件再一件就是「成事」，「成事」才能累積事功，豐厚生命價值；(3)「講究要領」完成每一件事的好習慣：要領重於苦力，工作要思考：先易後難、掌握關鍵、找到最佳作法，以及形優輔弱，就能提高一輩子事業工作的效能和效率；(4)設定核心事務SOP的好習慣：SOP的設定幫助人類「要緊的事」，有最精要簡約而有效的作法，父母幫忙孩子在學習、生活、人際及工作上有好的SOP，就是好習慣的一種，是把重要工作做好的要領方法。

四、好的習慣開展人際認同（新價值）

人與人的關係稱為人際關係，人際關係好，才有穩定的生活、常態的學習及平順的工作，是以每個人都需要經營好的人際關係。孩子從小到大，其主要的人際關係，包括：家人關係、同儕關係（同學及同事）、師生關係、主雇關係，以及群己關係（此稱之為新五倫的人際關係）。與新五倫的人際關係有關的知識，就命名為「人倫綱常的知識」，新五倫的人際關係都要好，才有幸福的一生。人際關係也是經營來的，並且要從「好的習慣」經營做起。

經營人際關係的好習慣，以下列四者最重要：(1)說好話・激勵共鳴：好話不嫌多，父母要示範教導孩子重要的好話，例如：問安與讚美、減歲與加價、共鳴與支持，以及正向與希望的好話；(2)做好事・服務助人：好話用說的，好事要用做的，要行動實踐，幫助他人，服務大眾，共創好緣，做好事有四個教育意涵：把自己的事做好、做好他人的事、做好大家的事，以及做好公益的事，有事就要做好之意；(3)存好心・積極正向：「存好心」，就是存著我好、你好、大家好的心，父母要示範好心給孩子模仿，例如：尊重包容的心、愛己愛人的心、濟弱扶傾的心，以及公益利他的心；(4)日行一善・實踐力行：天下善事一籮筐，父母必先示範給孩子看，孩子才會跟著真正的做，可就生活的善事、學習的善事、人際的善事，以及公共的善事，每日擇一實踐，用好習慣經營人際。

第二節　順性揚才開潛能

「順性揚才觀」與「好的習慣論」、「全人發展說」、「適配生涯說」是《家長教育學：「順性揚才」一路發》全書最精華之教育理念及知識論論述。尤其是「順性揚才觀」，是核心價值篇「唯一」的一章，將父母「教養子女」的核心價值，定為「順性揚才」。《道德經》上說：「上善若水」，因為「水可就下，因材器使」，所以水之善性可以「成就萬物」。我們也可以說：「教育若水」，因為教育能夠「激發潛能，順性揚才」，教育也能夠「玉成眾生」。作者自 2009 年起使用「教育若水，順性揚才」，日漸被學生及同儕接受，「順性揚才觀」才成為「家長教育學」的核心價值觀。

教養子女的主要人員是父母，是以父母本身就要「順性揚才」：順自己之性，揚最大貢獻的才；順家人之性，揚適配幸福的才；順孩子之性，揚優勢智能的才；順教師之性，揚專業創新的才；順學校之性，揚教育特色之才。作者期待家長、教師、校長、幹部、教育人員及學生，大家都能「順性揚才」，先順自己的性，揚優勢專長的才，再順他人的性，揚合作共榮的才，再一起順學生的性，開展學生潛能，揚其可揚的才，則家庭、學校、師生人人都能充分自我實現，每一個人都是家庭、學校與國家的有效智慧資本。「順性揚才觀」經由教育及養育，讓大家「活出自己」，同時「生命創價」。

一、順自己之性，揚最大貢獻的才

「順性揚才辦教育」是該書最重要的核心價值觀，作者主張教育要經營得好，所以教育參與人員均要彼此「順性揚才」，其想法觀念、作法實踐、對待態度、做人做事，都要「順性揚才」。不但人要彼此「順性揚才」，事物也應「順性揚才」，「做事」時從最佳的方法技術著力，在完成一件「作品」時，把不同的物質材料系統結構化，形成一個整體而具美感的「實物」，這都是「順性揚才」。順人性、順事性、順物性，揚其本質之才，才能實踐教育的本質。

《家長教育學：『順性揚才』一路發》一書主要在探討父母教養子女的知識及技術。先談身為父母者，本身的「順性揚才」之對象與作法，父母要先示範「順自己的性，揚最大貢獻之才」，才得以接續教養孩子。父母順自己之性的「經營要領」，以下列四者最重要：(1)優化本業多創價：自己已經選定的人生事業，就是本業，就是自己用以養家活口的事業；父母要順自己的性，就要優化本業多創價，豐碩自己家庭的經濟基礎；(2)穩定家庭有成長：父母要穩住家庭的定量收支，並能酌予成長，包括人口、生活品質、親子關係、幸福感都有穩定成長；(3)開展專長愛服務：用自己的專長為家人、社區、學校多服務，一方面展現亮點，擴能盡才，另一方面布施積德，服務公義；(4)計畫奉獻新達人：教養好自己子女、經營好自己家庭之後，綽有餘裕，則逐年擬訂「志工參與」計畫，讓自己成為計畫奉獻新達人。

二、順家人之性，揚適配幸福的才

作者將「順性揚才」作為「家長教育學」之核心價值觀，強調每位家長必須「順性」的第二大對象是自己的家人，尤其是身為孩子「父母」的「夫婦」家人。丈夫要順「妻子」之性，妻子也要順「丈夫」之性，夫婦彼此要「順性」，才可揚「適配幸福」之才。「順性」的主要介面有：順應背景習性、順應喜好興趣、順應潛在性向、順應優勢專長，以及順應理想抱負，適用於學生（孩子），也適用於父母（夫婦）（參閱鄭崇趁，2012，頁 317-334）。

順家人之性的經營要領，以下列四者最重要：(1)創價平衡最優先：家庭的總收入與總支出能夠平衡，並且稍有盈餘最重要，「創價平衡」是家庭永續經營及健康成長的基礎；(2)能量經營要適力：適力經營家庭要「不做能力做不到的事」，要「不做過於勉強的事」，要「做事講求要領重於盲目苦幹」，要「適力投入」與「適當休息」，有計畫地適力經營，才能為家庭創發最大價值；(3)食、衣、住、行好習慣：父母要先經營家裡的日常生活成為「常態性的好習慣」，例如：固定時間的食、整潔典雅的衣、可以回家的住、順暢移動的行，以及有計畫方案的休閒娛樂；(4)親密觀照相依存：實踐「家人關係」的核心價值，親密、觀照、支持及依存；家人有親相依存，大家都想要回家，因為家可以休息，家有溫暖，回家會獲得慰藉、共鳴、支持，家是家人休息的港灣與啟航的基地。

三、順孩子之性，揚優勢智能的才

從「教育」為本位來看「順性揚才」，順性揚才的教育性質是：「學生本位的教育」、「多元智能的教育」、「形優輔弱的教育」，以及「永不放棄的教育」。孩子接受教育的歷程主要在培育四大「核心素養」及「八大核心能力」（如圖 11-2 所示）。四大核心素養是「學習力」、「知識力」、「藝能力」，以及「品格力」，這四大核心素養各有二大核心能力，共有八大核心能力。順孩子之性，揚其優勢智能的才，主要理論來自「多元智能理論」，教育機制則在促進每一位孩子的「優勢智能明朗化」。

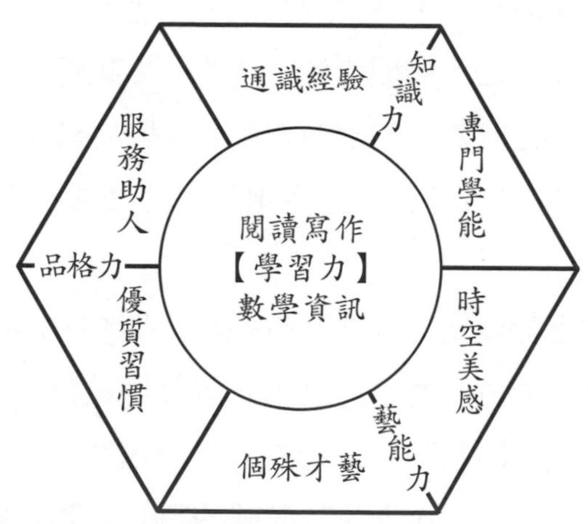

圖 11-2　孩子的核心素養及核心能力

資料來源：鄭崇趁（2015a，頁 155）

父母「順孩子之性」的經營，以下列四者最重要：(1)順「學習」之性，開展群組動能之才：孩子的學習力指的是「聽、說、讀、寫、算、數位」的基本能力，基本能力均達課綱設定的標準，才是有效學習；順學習之性，重在學習方法、技術要領的順性，以及最佳同儕群組動能的營造；(2)順「知識」之性，展其優勢智能之才：多元智能理論將孩子的潛在智能分成八大類，這是「知識」之性，家長要觀察孩子的「潛在優勢」，誘發「優勢傾向」，支持激勵其「優勢智能明朗化」；(3)順「藝能」之性，揚其運動技能之才：從多軌課程、多元社團、多層次課程、活動、圖書、競賽成果展演，順孩子「藝能」之性，揚其專長運動技能之才，經營孩子的藝能亮點；(4)順「品格」之性，長其情感毅能之才：從「人際關係」的面向看品格，就是「新五倫」及其「核心價值」與「行為規準」的研發；順孩子「新五倫」優勢的「核心價值」，開展其行為實踐，得增長其情感毅能之才。

四、順學校之性，揚教育特色的才

孩子的大部分時間在學校接受教育，父母教養自己的孩子，也要順學校教育之性，揚教育特色品牌的才。學校教育之性，包括兩大部分：一部分是教我們孩子的教師；另一部分是學校經營的整體教育特色。是以，父母要先順「教師」之性，揚專業創新之才，具體的作為如：「回應聯絡簿及班級網頁」、「加入班親會及經營方案」、「參與志工團及教育服務」，以及「支援後援會及資源統整」。

家長順學校之性，揚教育特色的才，可以從下列幾個事項著力：「協助在地資源課程化」、「幫忙校本課程特色化」、「促進教育活動品牌化」，以及「維護學校教育永續化」。是以，「順性揚才」對孩子、對家人、對自己、對學校、對國家和社會均有最大價值。順性揚才是教育事業最重要的核心價值，順性揚才開潛能，順性揚才一路發。「順性揚才觀（一觀）」是《家長教育學：「順性揚才」一路發》一書最重要的軸心；「理念素養篇（六說）」，在詮釋順性揚才的深層意涵；「實踐作為篇（八論）」在詮釋順性揚才的可行作法。一觀、六說、八論，順性揚才一路發。

第三節　全人發展築優勢

「全人教育」有四種詮釋：(1)五育說：大多數的教育學者都主張《國民教育法》所強調的德育、智育、體育、群育、美育五育均衡發展的健全國民，是為全人教育；(2)多元智能說：美國教育學家迦納（Gardner, 1983）發表的多元智能理論，強調人的智能概分為七至八種（語文、數學、繪畫空間、音樂、肢體、人際、自省及自然觀察者），學校要提供常態多元的課程與社團藝能教育，俾使每一個人均有優勢智能明朗化的機會，此為第二種「全人教育」；(3)全人格教育說：從品德教育及情意教學看「全人」的意涵，包括：面對處理「七情俱」的情緒、表達得體的「致中和」情感、培育「成風範」的情操、達到「全人格」的性情，是為第三種「全人教育」；(4)全人發展說：鄭崇趁（2012）主張，孩子從小到大接受教育，逐漸發展為「成熟人」、「知識人」、「社會人」、「獨特人」、「價值人」，以及「永續人」，六大「角色責任」均衡到位，稱之為「全人發展說」，此為第四種「全人教育」。本書「知識教育學」是「經營教育四學」的總論，採「全人發展說」為主軸，但也不排斥其他三種說法與主張。

一、築「成熟人」的優勢：健康的身心

孩子的六種角色責任能否充分發展達標，關鍵在於教育他（她）的教師及養育他（她）的家長，是否了解孩子在六種人之發展歷程中的「關鍵指標」？然後，教師教給學生階段性關鍵指標的「學習需求」，父母則提供養育階段關鍵指標的「生活需求」，才能「順性揚才」，共同合力協助孩子充分發展。「成熟人」的關鍵指標有三：「生理發展度」、「心智發展度」，以及「體適能適配度」，三者的交互作用、整合發展，即可觀察了解孩子「成熟化」的程度。築「成熟人」的優勢，則在呈現孩子「健康

的身心」。

父母教養子女，築「成熟人」的優勢，可從下列四項著力：(1)關注身高、體重及體適能的常態標準：身高、體重是孩子成長的表象，體適能則能呈現身體的健康程度，父母應長期關注孩子的身高、體重及體適能三者都要在同年齡層孩子平均值的正負一個標準差之內；(2)養成生活及學習的好習慣，例如：規律的生活、定時的三餐、整潔的習性、秩序的養成；又如：先完成課業再休閒娛樂、定量定時的學習、專注單一的學習、方法要領的學習；(3)支持符合認知發展階段的道德教育，例如：激勵孩子日行一善的實踐價值；(4)幫助孩子規劃實踐「動靜平衡」的學習與育樂休閒，讓身體及心理的「心智能力」都能處於高峰狀態。

二、築「知識人」的優勢：適配的知能

觀察「知識人」的關鍵指標在「學歷」、「學力」與「職位」。國小、國中、高中、大學、研究所的實際成果，代表一個人的「知識年齡」，「職位」愈高，要有更多的知識能力來為大家服務，所以「官大通常學問大」。

父母教養子女，築「知識人」的優勢，可以從下列四項著力經營：(1)家長應提供孩子喜歡學習的資源：如孩子喜歡音樂，就買樂器給他，孩子喜歡律動舞蹈，就幫他報名，讓其需求有學習滿足的機會；(2)掌握關鍵期即時學習：如國小一年級前十週的「注音符號」學習，三年級上學期的「九九乘法表」學習，均務必學會並且精熟；(3)了解孩子認知發展階段的「早到」或「遲到」：孩子的認知發展有其階段性，由感覺動作期到具體操作期，在青春期前後，孩子的認知發展才會進入抽象思考、符號學習階段；「早到」才可提供下一階段的學習資源，「遲到」則要避免揠苗助長；(4)激勵孩子每年參加「基本能力檢測」，確認孩子具備「適配的知能」，構築「知識人」的優勢。

三、築「社會人」的優勢：群組有動能

觀察「社會人」的關鍵指標在「個人」與「社會」融合的程度，要從下列四個條件觀察：(1)溝通無礙：尤其是語言能力，必須使個人與其所處的社會其他人之間之溝通無礙；(2)知識交流：社會是不同的人組織系統所建構，不同系統的人要有共同的知識交流，才能形成真正的生活系統；(3)職能互補：社會文化的發展建立在「百業分工」的基礎上，每一個人受教育的成果展現在其志業職能之上，職能互補能促成百業興隆，而產生新的社會文明與文化；(4)自我實現：「人之所以為人」的最大價值在自我實現，人的自我實現要社會認同才有價值，因此「社會人」的最崇高意涵是：社會中的每一個人都是被社會認同之「自我實現」的人（鄭崇趁，2012，頁98-99）。

父母教養子女，築「社會人」的優勢，可從下列四項著力經營：(1)認同主流文化與政經機制：認同臺灣的捷運文化、夜市（美食）文化、鐵窗文化、超商文化，從生活上及行為實踐上帶著孩子社會化；政經機制重要者，如內政、教育、交通、經濟、法制等，都是人民之現實生活規範，也是社會化的基石；(2)認同教育系統與校本特色：人的社會化主要途徑仍然在家庭及學校教育，父母認同學校教育系統及其自發的校本特色，可以帶著孩子融入「社會化」的深度；(3)定位群己關係與角色責任：「社會人」的深層意涵是，生活融入社會文化，在現有的社會環境中與大家共有、共榮、共享、共樂，父母應示範個人在「新五倫」中的「人際定位」，扮演自己應盡的「角色責任」；(4)定位能量系統與群組動能：人活在各種不同層次的社會群組系統中，要定位自己在團體中的角色能量程度，並能促進群組動能最大化，築「社會人」之優勢。

四、築「獨特人」的優勢：價值能永續

「獨特人」的關鍵指標在「性向興趣」、「生活態度」、「知識能量」，以及「品味風格」四者交織的綜合行為表現。「價值人」的關鍵指標在「生命」開展的「意義度」、「尊嚴度」、「實現度」、「貢獻度」，以及「影響度」。「永續人」的關鍵指標則在人的「生育率」、「知識量」、「教育度」，以及「回流化」。用「價值」能「永續」來註解築「獨特人」的優勢，亦即「獨特的人」本身是具「價值」且能「永續」經營的人，將獨特人、價值人、永續人三位一體做論述。

父母教養子女，築「獨特人」的優勢，可從下列四項經營，價值方能永續：(1)經營本分與優勢專長：家長示範經營本分，從自身（本分）及核心事業做起，示範己立立人、己達達人；經營優勢專長，用專長為大家服務，豐厚人際關係的價值意涵；(2)開展適配生涯與品味風格：獨特人與社會人本就相互依存、互為消長，有時必須「隨波逐流」才能「順勢而為」，有時卻要「走自己的路」才有「品味風格」；有適配的教育、適配的事業、適配的婚姻（伴侶），以及適配的職位，是父母教養孩子最好的示範；(3)激勵孩子創發生命價值及志業價值：活得健康，學業事業有成，是生命最大的價值，具有優勢專長的事業與職位，才能人盡其才、才盡其用，創發一生的光亮與價值；(4)實踐永續生活節奏及智慧傳承：人類已須面對「地球滅絕」的威脅，積極強化永續教育的比重，父母應指導孩子實踐永續生活；永續人的深層意涵在永續的智慧傳承，我們學到的知識技能，能夠「有效地」運用在「做人處世」之上，獲致普遍認同；欣賞與模仿者成為「智慧」，知識豐厚人類生命的意涵，智慧帶給人類適配的幸福，父母要與教師合力，傳承給孩子知識及智慧。

第四節　適配教育展幸福

「適配幸福人生」是孩子一生最大的夢想，也是人類族群最高的「共同願景」，凡是「人」，都希望擁有健康、快樂、幸福的人生。適配幸福人生有下列幾項指標可以觀察：(1)遺傳的能力條件得到適配的開展與發揮，有人盡其才的感覺；(2)學習成就與志業發展符合性向興趣，具有優勢亮點表現，有才盡其用的感覺；(3)學習歷程及志業經營適力適量，努力勤奮但不勉強，品質穩定（滿意）能永續經營；(4)生活有品味，人際有溫情，工作有品質，此之謂適配幸福人生。

適配幸福人生的經營來自下列四大適配：「適配的教育」、「適配的事業」、「適配的伴侶」，以及「適配的職位」。有適配的教育，孩子才能「順性揚才開潛能，優勢智能明朗化」。有適配的事業，孩子方得「工作性質合性向，專門專業又專長」。有適配的伴侶，孩子才可「條件能力相登對，品味一致幸福多」。有適配的職位，孩子可得「自我實現的職位，智慧資本的職位」。逐一說明如下。

一、適配的教育：找到優勢專長・活出自己

在《家長教育學：「順性揚才」一路發》一書中的第二篇「理念素養篇」共介紹「六說」，六個教養孩子的關鍵理念學說：全人發展說、多元智能說、三適連環說、適配生涯說、自我實現說，以及智慧資本說。這「六說」分成三大「視角」論述教養孩子的本質與原理：「全人發展說」及「多元智能說」為「本質與目標」的視角，我們教養孩子，都希望孩子能全人發展，發展為「成熟人」、「知識人」、「社會人」、「獨特人」、「價值人」，以及「永續人」，六大角色責任能全人到位；我們教養孩子全人發展的同時，也希望孩子能「順性揚才」開潛能，「優勢智能」明朗化，

實踐多元智能說。

「三適連環說」及「適配生涯說」是第二組，為「歷程與本位」的視角，強調父母教養孩子要「適性」、「適量」、「適時」，並三適「連環」效果最佳；在「三適連環說」之後，本書接續強調孩子更要「適力」經營，延續「適性、適量、適時、適力」成為適配的教育。適配的教育才能真正幫助孩子找到優勢專長，活出自己，活出孩子自己的亮點，是所有父母及教師共同的心願及期望。

「自我實現說」及「智慧資本說」係第三組，為「個人與定位」的視角，每一個孩子健康成長的學習，過程就要有「自我實現」的感覺（學到該學的知識技能），長大成人之後，更要追求自我實現，讓「理想抱負」與「現實成就」吻合，是一個「有路用」（臺語）的人。智慧資本說則強調自我的願景與自己隸屬的組織系統願景要一致，做一個對家庭、學校、國家、社會都有貢獻的人，是一個「有產能」的人。

「適配的教育」有更為鉅觀而明確的操作技術：(1)布建「多元智能」的教育環境：每一個人的七、八種潛在智能質量結構均不一樣，唯有在學校及家庭中布建多軌多元的課程及社團，才能順性（適性）揚才，優勢智能明朗化；(2)依循「優勢學習」的教學歷程：「長優勢」先於「補不足」、「形優輔弱」，用「優化方案」啟動「扶弱系統」，例如：用「一生一專長」實踐「一個都不少」；(3)選讀「專長專業」的大學系所：適配的大學系所是爭取適配工作的根，選讀符合自己「專長專業」的系所，學到符合自己「優勢專長」的「專業知識及技能」，才能為適配的事業奠基；(4)接續「志業深耕」的終身學習：終身閱讀，與時俱進；終身服務，志業擴能；終身運動，永續身心效能；終身行善，布施積德。

二、適配的事業：樂耕本業價值‧點亮生命

人的一生，藉由工作證明其存在價值，有工作的人有產能，有產能的人才得以養活自己及家人，人的生命才有尊嚴及價值，是以工作（事業）是人的第二生命。通常孩子完成學業之後，就要進入職場找到符合性向興趣的行業工作，得心應手的工作適力經營之後，可以成為一輩子的「事業」及「志業」。事業要能夠帶來最大價值（收入），並且是自己喜歡的工作；志業則是這輩子「理想抱負」、想完成的事業。因此，父母應教育子女經營其本業價值，讓個人有適配的事業，點亮自己的生命。

適配的事業，不可能從天驟降，需要學校教師及學生家長共同教導經營，父母得從下列四點著力：(1)符合性向興趣的工作選擇：孩子一生，有三次重大選擇，最需要父母及家人的支持，第一為升大學的系所志願選擇，第二為大學畢業之後的就業選擇，第三為伴侶的選擇；父母針對第二個「適配的工作」選擇，可提供「喜歡的」、「勝任的」、「專長的」，以及「專業的」四個指標供孩子參酌；(2)認同事業組織的同儕夥伴：激勵孩子要認同同事、盡本分、多請教、勤支援、有承擔、共創價值、共享榮耀；(3)發揮優勢專長的服務績效：考量產品的知識需求與自己事業知識的符合度，用自己的優勢能力為公司產製產品的核心技術努力，承擔公司的主要績效責任；(4)創發永續價值的志業經營：永續的事業，也需要適性、適量、適時及適力的經營，適配的事業才能真正點亮生命的最大價值。

三、適配的伴侶：登對人生夥伴‧幸福親密

唯有「適配的伴侶」，才能經營幸福的「家庭」，適配的伴侶同時也是幸福人生的起點。「性需求」是人類生理的「大慾」，馬斯洛（Maslow, 1954）的「需求層次理論」將之列為最基本的生理需求，此一生理需求得

到「親密」的滿足，有助於一生健康快樂的發展。早期「適配」的對象，講究的是三個條件的「登對」：(1)長相登對（如郎才女貌）；(2)背景登對（如家勢相當）；(3)學歷登對（如知能相若）。最近的年輕人流行一夜情、同居，在一起而不見得要結婚、成家、生孩子。新的人類「性文化」多元複雜，偏態與常態並存，同性結婚合法化，變性人也可以自在地生活與工作。「適配的伴侶」之衡量指標，亦應順應時代的脈絡需求，給予「實用」的界定，以順應所有人的多元價值取向。

當代的父母已經很難對孩子選擇伴侶「相親」、「出主意」、「做決定」，但可以當孩子「需要時」的諮詢對象，如果孩子願意與父母討論，父母可以提供下列參照意見：(1)相互吸引，認同欣賞：在一起的伴侶，至少要自己喜歡的，認同欣賞其長相、能力與做事方式，能夠吸引自己，喜歡人家，才適合做為伴侶；(2)性格雷同，能力相若：有雷同的性格及核心價值觀，觀點看法與做事要領較會一致，知識力、執行力、融通力，以及性能力相若，也是適配幸福的基石；(3)需要相依，品味一致：依據馬斯洛（Maslow, 1954）的五大需求層次論，男女兩人的家居及事業生活，能夠需求相依，互為支持填補，品味層次愈接近，就會愈幸福；(4)互尊互敬，幸福永續：不管「婚姻關係」能夠維繫多久，伴侶正式在一起之後的「互尊互敬」，才是「幸福永續」的重要因素；兩人要相互關照下列事項：關照身體健康、關照事業發展、關照當下作為，以及關照對方的人際倫常。

四、適配的職位：才氣通達職務．智慧常新

「能力」（才氣）與「職務」（責任）吻合才是「適配的職位」，「適配的職位」是人類社會和平和諧的基礎，也是百業興隆、優質文化的根本。能力強（才氣高）的人能夠就任高位的職務，讓其能力得以充分施展發揮；能力中弱的人適合擔任其表現的中低職位；避免高才低就，抑鬱寡歡，也

避免低才高就，辛苦而無能。就國家組織而言，最忌諱的是：「將帥無能，累死三軍」，國家的國力決定於人民的「集體智慧」，「集體智慧」的最大化，建立在每個人都有「適配的職位」。「適配的職位」讓人的才氣通達職務，是一種智慧常新的生活，智慧常新豐厚人一生的價值與尊嚴。

孩子的能力（才氣）個別差異極大，然一定可以找到「適配的職位」，父母可以提供下列四個觀察指標給孩子參考：(1)人盡其才的職位：人盡其才的職位是自己意願的職位、能力勝任的職位、專長發揮的職位，以及最大貢獻的職位；(2)才盡其用的職位：人盡其才的職位，是指「職位任務」適合人的「能力專長」，而才盡其用的職位，是指「職位功能」能讓「能力專長」發揮得淋漓盡致；才盡其用是「職位適配」之後的「積極經營」，讓才氣通達職務，智慧常新；(3)自我實現的職位：自我的「理想抱負」與「現實成就」吻合稱自我實現，可以實現「階段性」與「累進性」目標的職位都可以是自我實現的職位；(4)智慧資本的職位：具備職位所需的核心能力與技術，認同組織單位的核心價值與策略，願意為組織奉獻心力，成為具有動能貢獻的人，此一職位就是智慧資本的職位。人盡其才、才盡其用，自我實現以及智慧資本的職位，可以完整詮釋「適配的職位」。

第十二章　經營知識教育的知識及技術

〈知識教育學：智慧人．做創客〉

本章「經營『知識教育』的知識及技術」是否需要撰寫，作者反覆思考良久，最後還是決定寫了，並且作為第十二章，是「技術經營篇」的最後一章。因為這六章是一體的，從經營「國家」的知識及技術（第七章），再來是經營「教育」的知識及技術（第八章）、經營「學校」的知識及技術（第九章）、經營「教學」的知識及技術（第十章），以及經營「教養」的知識及技術（第十一章）都有共同的元素：「知識教育」，也就是前述經營五種對象的知識及技術，都要經由「知識」為媒介、「教育」為歷程，才能夠進行分析、探討及學習，那就可以再以「知識教育」為對象（本位），撰述其經營的核心知識及技術，並以本書《知識教育學：智慧人．做創客》為具體實例來論述說明，讓本書的定位及其與經營教育四學間的關係更為明確。

撰寫本章，也期待能驗證廣義的「知識」，包括：「知識本身」及其經由人學習之後所產生的「知識」、「技術」、「能力」和「價值」。人類之所以偉大，在於其「學習知識」，並能將其「解碼」、「螺旋」、「重組」及「創新」，成為自己的知識、技術、能力，以及價值（詳見本書第四章「知識遞移說」）。「知識」、「教育」與「人」的關係是本書最精華的「系統知識」，此一「系統知識」將一般人狹義的「知識」觀，提升為廣義的「知識觀」，建構了「知識教育學」。

本書共有四篇二十四章：第一篇「知識本質篇」，用「六說」解析知識的性質。「知識本體說」（第一章），指出知識來自萬物之名；知識的形成，主要有四：感覺而來的知識、知覺而成的知識、概念建構的知識，以及現象詮釋的知識。「知識先天說」（第二章），採理性詮釋取向，主張知識的存有是先天存在的，人類不斷發現知識並創新知識，並將知識分成五大類：物理現象的知識、生命系統的知識、事理要領的知識、人倫綱常的知識，以及時空律則的知識，人運作生命系統的知識，透過教育，學習這五大類的知識，這五大類知識產出人自己的知識、技術、能力，以及價值。

「知識管理說」（第三章）、「知識遞移說」（第四章）、「知識智慧說」（第五章）」，以及「知識創客說」（第六章），則闡述人取得知識、管理知識、運用知識、教學知識、創新知識、實踐知識的主要歷程。「管理說」重在取得知識與管理知識；「遞移說」重在運用知識、教學知識，以及創新知識；「智慧說」及「創客說」則重在人知識的實踐，人將知識轉化為能力及有價值的行為表現就是「智慧人」，而人將知識中的「技術」及「能力」重組創新做出作品來，就是「做創客」。

本書的第二篇「技術經營篇」，共六章（第七章至第十二章），逐一說明經營「國家」、「教育」、「學校」、「教學」、「教養」，以及「知識教育」的核心知識及技術，強調知識與技術的縝密關係：知識與技術有時是一體的兩面，「鉅觀的知識」皆含有「微觀的技術」，次級系統的知識可以名之為技術，教育在教會學生操作知識裡的技術，人只要學會操作知識裡的技術（次級系統知識），就能成為帶得走的「能力」，人就有能力駕馭知識，駕馭學習而來的知識及技術。是以，再用作者已經完成的經營教育四學及本書作為實例，解析各章的核心知識及技術，並且驗證本書「知識教育學」就是「經營教育四學」的總論（探討知識教育的原理及其核心技術）。

本書第三篇為「能力實踐篇」，共計六章（第十三章至第十八章），分別論述「智慧人」、「做創客」、「新領導」、「優教師」、「能家長」，以及「行國民」的教育。「智慧人」的教育期待每一個人都能融入「智慧世代新教育」，教師及學生本身都能成為有智慧的人；「做創客」的教育期待開展「作品教育新天地」，教師帶著學生用學到的知識、技術、能力、價值，做出各學習階段的代表作品，讓教育成為有作品的教育；「新領導」的教育期待培育出新的教育領導人（校長及教育行政領導者）都具備「經營技術的新思維」，會操作運用「經營教育四學」中的六說、七略、八要、九論，以及本書的願景領導、計畫領導、創客領導，以及文化領導之策略和技術。

「優教師」的教育期待教師都能實踐「教會學生新承諾」，關注知識遞移理論，帶動智慧創客教育，編製 KTAV 單元學習食譜，從「智慧人．做創客」的實踐教會所有學生；「能家長」的教育期待天下的父母親，也能「示範教養新楷模」，能成為「示範愛家、承擔責任、經營本業、支持兒女」的家長；「行國民」的教育期待今後的教育，都能創造「責任公民新價值」：有好習慣與樂助人的文化，有開潛能與築優勢的教育，孩子成年之後，都能成為責任公民，有亮點與能創價的事業，並有講適配與高幸福的人生。

本書的第四篇是「價值詮釋篇」，也有六章（第十九章至第二十四章），就「知識」、「技術」、「能力」、「價值」、「智慧」、「創客」六個本書最關鍵的名詞，給予總結性的價值詮釋。「知識的教育價值」（第十九章），是作者撰寫本書的最大緣由，知識搭建教育機制、知識成為教育目標、知識活化教育歷程、知識創新教育價值（人與知識價值）。「技術的經營價值」（第二十章）強調，技術是從知識「解碼」而來的，技術是知識的次級系統、技術是經營的操作變項、技術是經營的著力焦點、技術是能力的來源要素。「能力的實踐價值」（第二十一章）指出，能力的產生來自於人的「知識及技術」之實踐，人用能力表達知識及技術、用能力創新作品及行為、用能力建構新知能模組、用能力實踐智慧及價值，創新人的價值。

「價值的人生意涵」（第二十二章），強調知識教育包括價值觀知識的教育，價值源自生命的需求與目標、價值經由知識的教育與學習、價值匯聚人類的動能與貢獻、價值詮釋人生的意義與尊嚴。「智慧的共榮價值」（第二十三章），從有智慧的人之視角，探討智慧與知識、技術、能力及價值四者之間的關係，智慧善用知識及技術、智慧美化自我及群組、智慧優化效能與效率、智慧領航生活及生涯。「創客的定位價值」（第二十四章）指出，作品是生命的延續、作品是知能的結晶、作品代表教育的成果，人用一生的作品，定位其一生的價值。

本章為「技術經營篇」的最後一章，探討「經營知識教育」的知識及技術，為避免重複論述語詞及內容的連貫，僅就全書最重要的「核心技術」：「知識遞移理論」、「智慧創客教育」、「KTAV單元學習食譜」，以及「智慧人・做創客的責任公民」，分四節摘要介紹其核心知識及操作技術如下。

第一節　知識遞移理論

本書第四章「知識遞移說」，提出了「知識遞移理論」。「知識遞移」是指教師能夠將自己身上的知識及教材上的知識，有效「遞送、轉移」到學生身上，學生能夠「知道、了解」這些知識，也學會「運用、操作」知識裡的技術，成為自己帶得走的能力。這些新的能力與自己本來已有的知能及價值觀建構成「新知能模組」，再由新知能模組產出「實物作品」或有價值的行為表現。

知識遞移說（理論），強調學生要從教師身上（或教材本身）知識遞移成功，必須經由「知識解碼」→「知識螺旋」→「知識重組」→才能「知識創新」，知識的「解碼、螺旋、重組、創新」是新知能模組建構的必要歷程與條件，此一新知能模組存在每一位學生身上，可稱之為「核心素養」，但我們無法用肉眼直接看到；此一新知能模組外顯化為行為表現，可稱之為「核心能力」，無論是完成「實物作品」或助人服務行為，都在實踐教育的績效價值：「智慧人．做創客」。

一、知識解碼講性質

知識遞移理論的化約模式，如圖 12-1 所示。

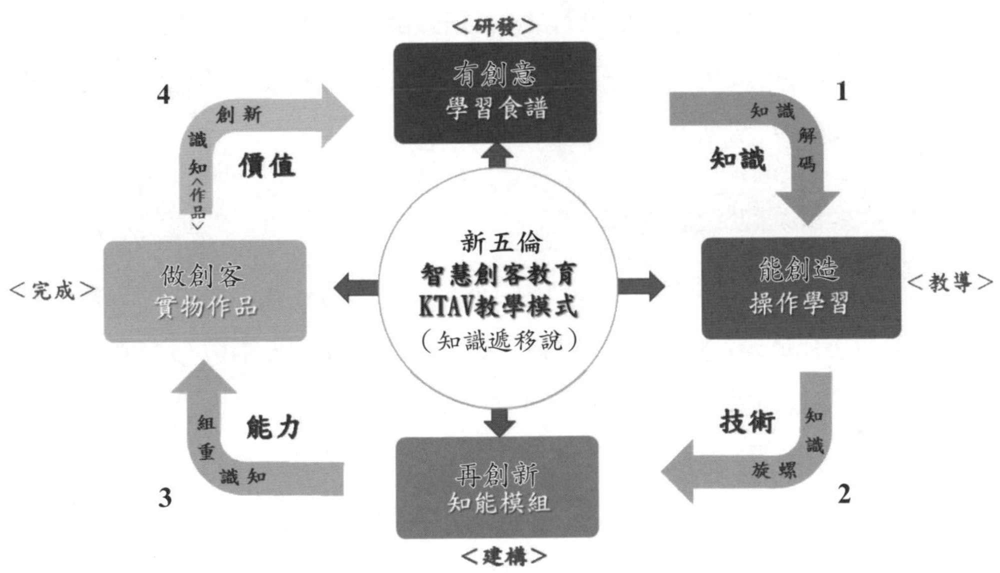

圖 12-1　知識遞移理論的化約模式

知識遞移理論有四個步驟：(1)知識解碼→(2)知識螺旋→(3)知識重組→(4)知識創新。四個步驟都在圖形轉彎的地方，象徵：第一個步驟將知識解碼為技術，第二個步驟將技術螺旋為知能交織，第三個步驟再將知能重組為可以用能力表達的作品及有價值的行為，第四個步驟達成學生個人的知識創新，可以繼續後續的教育及學習。

針對第一個步驟：如何將知識解碼為可操作學習的技術。因為知識本身分為五大類：物理現象的知識、生命系統的知識、事理要領的知識、人倫綱常的知識，以及時空律則的知識，教育在教人，教人啟動生命系統的知識學習五大類知識。五大類知識的性質不一，「解開知識的密碼」也就有要領重點的不同，本書作者建議：(1)還原知識的原型：如新五倫；(2)分析知識的元素：如智慧型手機之零組件；(3)探討知識的成因：如校長角色責任的成因來自「教育目標」、「法定權責」、「辦學理念」，以及「社會期望」的交織；(4)註解知識的脈絡：如教師、學生的核心素養及核心能力之間的關係（可以用圖表呈現）；(5)重組知識的系統：如經營教育四學的六說、七略、八要、九論、五曲的知識系統。

二、知識螺旋重技術

知識螺旋係Nonaka與Takeuchi（1995）在知識管理中所強調的核心技術，強調在知識學習過程中，學習者的「內隱知識」（本就存有者）與正學習中的「外顯知識」（新出現者）產生的交互作用及整合發展，然後產生「新知能模組」。在創新知識的過程中，知識螺旋效應的產生與否，個別差異甚大，有的學習時間不多，但螺旋效果極佳；但有部分的人，雖然花很長時間學習，因為新知能與既有的知能交流困難，螺旋（融合）不進去，就一直學不會這些新知識。

知識螺旋效果不明確，肇因於教與學時，沒有將「知識」先行「解碼」，解碼成「可操作的技術」或次級系統的知識（通常次級系統的知識，大多數已變成可以操作的著力點，也可稱之為技術）。是以，教師在教學主題知識之前，可以適度地將主題知識「解碼」，分解成「可操作的技術」，再將這些次級系統的技術直接與學習者之內隱知識（本來就有的）對話，就比較容易取得共鳴、螺旋、融合，然後重組為新的知識。是以，知識螺旋重技術，應注重內隱知識與次級系統的技術直接對話，增益「螺旋」效應的可能及效果。

三、知識重組新知能

知識遞移說的第三個步驟為「知識重組」。「知識基模系統重組」是作者撰寫「經營教育四學」的主要方法與立論基礎，並將「教育經營學」的知識系統重組為原理學說（六說）、經營策略（七略），以及實踐要領（八要），六說、七略、八要都是「可以操作的技術」，因此很容易讓教育經營者（學習者）與自己的內隱知識（已經存有的知識）產生知識螺旋效應，容易系統重組為「新知能模組」，學會這些知識及技術。

「知識解碼」及「知識重組」從前段及後段補充「知識螺旋」未能到位的理論脈絡，尤其是學習者在教與學的「螺旋效應」產生之後，一定要進行「知識基模系統重組」的歷程，才能說明「新知能模組」的存在；有新知能模組的存有（內隱知識），才有可能產出實物作品，或者表現出有價值的行為。是以，知識解碼講性質，知識螺旋重技術，知識重組才能形成新知能模組，藏在人的內心深處，變成新的內隱知識，準備實踐創新。

四、知識創新看實踐

知識遞移說的第四個步驟是「知識創新」。「知識創新」意指學習者「學到」新的知識，這些新的知識通常要和原來就有的知識，融合後存在人的身體之內，這些融合之後的新知識就稱之為「新知能模組」，備以待用，但是這些「新知能模組」是人的內隱知識，看不到、摸不著，也聽不到，要經由測驗、評量、檢核、評鑑，才能觀察驗證「新知能模組」的存在。當代教育界強調多元評量及實物評量，也意味著「新知能模組」驗證上的困難。

從學習者立場來看，「知識創新」的有無，要看學習者的實踐，看學習者能否做出「實物作品」，或者能否表現出助人服務的「有價值」行為。實物作品與有價值行為都是「內隱知識」外顯化的結果，也就是前述的「新知能模組」外顯化，才能做出實物作品及有價值的行為表現。本書「知識教育學」的副標題強調「智慧人・做創客」，就是用「實踐知能」來描述「知識創新」的成果與方向（目的）。

第二節　智慧創客教育

「知識教育學」強調教育的兩大目標：教育出有智慧的人，有智慧的人就是新世紀的責任公民；有智慧的責任公民，在學習的歷程中會學習創作很多的實物作品，在職場上也會不斷創新其責任產品，用產品定位其一生的價值與尊嚴。是以本書定名為《知識教育學：智慧人・做創客》。學校教育在本書的引導下，必須依據知識管理說及知識遞移說實施智慧創客教育，用智慧創客教育來實踐知識教育的目的：教人之所以為人。

一、知識管理說布建學習平臺（智慧創客平臺）

人要透過教育學習知識，「知識管理說」強調知識的取得，來自人與人（師生）不斷的分享對話，是以知識管理的公式為：$KM=(P+K)^S$，為了增加share（分享）的「知識螺旋」作用，教育機制（學校）應為師生建置各種動態及靜態的「知識分享」平臺。靜態的平臺要廣建領域學科的知識、技術、能力、價值之數位學習資料庫；動態的平臺除了在正式課程教學要有師生討論、對話的群組學習、實物操作學習之外，也要為班級、學科運用數位科技建置網頁、網路對話交流分享平臺。知識分享平臺愈多，愈能順應學習者的需求，學生可以選擇對其最有效果的對話交流機制。知識分享平臺流動愈暢旺，知識的能量就會「遞送轉移」到人的身上，學習者的「集體智慧」必然累增擴展。

二、知識遞移說關照解碼及重組知能（智慧創客系統）

知識管理說的「知識螺旋」效應，說明了人的「內隱知識」與「新學習」的「外顯知識」如何產生交互作用的螺旋（融合）效果，為「學會新知」奠定基礎「觀點」。知識遞移說，補強了知識螺旋的完備性，強調成功的知識學習（遞移），須經：(1)「知識解碼」→(2)「知識螺旋」→(3)「知識重組」→(4)「知識創新」。有知識解碼才能將主題「知識」分解成可操作學習的「技術」；有知識重組歷程才能呈現「新知能模組」的存有。是以，知識遞移說以知識管理說為基礎，在「知識螺旋」效應前後，增加了知識「解碼」與「重組」，使「知識創新」的歷程步驟完備，也詮釋了「知識→技術→能力→價值」四位一體的智慧教育系統模式，註解了「有創意的學習食譜」→「能創造的操作學習」→「再創新的知能模組」→「做創客的實物作品」四創一體（創意、創造、創新、創客）的智慧創客教育系統模式。

三、智慧教育用「知識、技術、能力（作品）、價值」四位一體教育有智慧的人

教育在教人之所以為人，本書認為人之所以為人有兩大目標：做有智

慧的人及有產品的創客。是以，學校一定要實施「智慧創客教育」，在智慧人的培育上要用「知識、技術、能力（作品）、價值」四位一體的單元教學，並在本書第三篇「能力實踐篇」中的第十三章「智慧人的教育」，強調實施四種教育：智慧產品的教育、智慧素養的教育、智慧實踐的教育，以及智慧生活的教育，實施智慧世代新教育。在本書第四篇「價值詮釋篇」中的第二十三章「智慧的共榮價值」，詮釋智慧教育的價值在：智慧善用知識及技術、智慧美化自我及群組、智慧優化效能與效率、智慧領航生活及生涯。智慧教育培育人的核心素養，孕育人與生涯價值，實踐人之所以為人的尊嚴。

四、創客教育彰顯教育的兩大特質：做中學、有作品

創客教育的理論基礎有六：自造者運動的啟示、杜威（Dewey, 1916）的「做中學」理念、探索體驗學習、知識管理、知識遞移，以及知識創新。本書依據上述這六個理論基礎研發了創客教育模式：(1)有創意的學習食譜→(2)能創造的操作學習→(3)再創新的知能模組→(4)做創客的實物作品。創客教育的核心價值有六：(1)真實（可操作學習的知識具真實感）；(2)體驗（用身體探索的有感教育）；(3)生新（有教育作品的感覺雀躍生新）；(4)創價（精緻的教育作品可傳承、具價值）；(5)傳承（作品的核心技術及知能模組可傳承）；(6)永續（師生的系統教育作品增益教育永續經營）。因此，創客教育之實施彰顯教育的兩大特質：做中學、有作品。

本書第三篇「能力實踐篇」中的第十四章「做創客的教育」，進一步寫明了創客教育的具體作為，包括：「立體實物作品的教育」、「平面圖表作品的教育」、「動能展演作品的教育」，以及「價值對話作品的教育」。作者期待，國小六年、國中三年、高中（職）三年，三階段的學校教育至少實施百個單元以上的「智慧創客教育 KTAV 單元學習食譜」，每

位學生至少「做中學」，完成前述四種實物作品至少百種，並用電子書建置自己最精緻的代表作品二十至五十件，作為畢業創客嘉年華的展品。本書在第四篇「價值詮釋篇」中的第二十四章「創客的定位價值」，詮釋了作品對人生的價值有四：「作品是生命的延續」、「作品是知能的結晶」、「作品代表教育成果」，以及「作品定位人生價值」。

第三節　KTAV 單元學習食譜

本書根據「知識遞移說」、「知識智慧說」、「知識創客說」的論述，開發了「智慧創客教育 KTAV 教學模式」（如圖 4-1 所示）。此一教育模式之核心技術在「KTAV 單元學習食譜」，其空白表格如表 12-1 所示。

表 12-1　智慧創客教育 KTAV 單元學習食譜（樣章）

單元名稱：	年級領域：	設計：	
K 知識 nowledge 致用主題知識 ⇨	T 技術 echnique 能操作學習技術 ⇨	A 能力 bility 實踐行為能力 ⇨	V 價值 alue 人類群己教育價值
知識名稱及意涵	教學活動（學習步驟）	師生實物作品	成果價值詮釋
「知識解碼」要領	「知識螺旋」焦點	「知識重組」系統 新知能模組	「知識創新」價值
□編序□鷹架□步驟□流程 □原型□元素□成因□脈絡 □次級□系統□次要□變項	□內化□外化□交流□對話 □新化□活化□深化□優化 □同化□調適□融入□存有	□真（致用知識）□善（經營技術） □美（實踐能力）□慧（共好價值） □力（行動意願）□行（德行作品）	□真實□體驗□生新□創價 □均等□適性□民主□永續 □傳承□創新□精緻□卓越

KTAV 單元學習食譜的研發與實踐具有下列五大特質：(1)用「學習食譜」強化「學習地圖」的功能；(2)幫助教師思考四位一體的教育；(3)融合實踐智慧創客教育；(4)導引師生產出教育作品及有價值行為；(5)驗證知識遞移理論。厄要說明如下。

一、用「學習食譜」強化「學習地圖」的功能

教育界使用「學習地圖」來引導學生選課修課，強化自己的學程，其專業專長能力已在大學、技專校院普遍流行。最近中小學「課綱」修訂以及知識主題的規劃也運用了「學習地圖」的觀念及作法，提供專業專門的「課程科目」及「知識主題」的「修習地圖」，讓學生按圖「尋寶修課」，就可以學會想要的專業知能。「學習食譜」更進一步強化「學習地圖」的功能，在教學上，將每一個學生要學的「主題知識」（單元教學），直接「解碼、分析」成「知識、技術、能力（作品）、價值」的素材，再透過教學活動（按食譜炒菜），提供給學生學習美食。「學習地圖」幫助學生「課程規劃及實踐」；「學習食譜」幫助學生「有料的學習」，幫助學生「營養均衡，健康地學習」。

二、幫助教師思考四位一體的教育

本書最大的貢獻在「定位鉅觀知識及微觀知識之間的新關係」，鉅觀知識是上位系統的知識，微觀知識是次級系統的知識。次級系統的知識是由上級系統知識經由解碼、螺旋、重組、創新而來的，是以廣義的知識包括知識本身及其經由人學習之後產生的知識、技術、能力、價值的知能。以往的教育績效不一定明顯，在於這四種知識「分別」而「分開」地教，學生學得的「知識」、「技術」、「能力」、「價值」單獨存有，而統整落差大。是以，有的學生學得很好，有的中等，有的就會落後，「知能」

很難全面提升。

KTAV 單元學習食譜的設計，直接導引在教師準備進行單元教學之前，就會有「主題知識」與其「衍生技術」、「實踐能力」、「成果價值」四位一體的整全思考，在透過「操作技術」的教學，完成作品及有價值的「能力實踐」，用學生的作品及有價值的行為，創新學生的知識及能力。每個單元都在實施「知識統整」的教學，每個單元都可以創發「知識遞移」的績效價值。

三、融合實踐智慧創客教育

KTAV 單元學習食譜直接呈現「知識→技術→能力（作品）→價值」四大欄位，是「智慧教育」的模式設計，因為學生學到「知識、技術、能力、價值」，就是有「真、善、美、慧」核心素養的人，再化做行為實踐，就是有智慧的人。KTAV 單元學習食譜的第二個欄位用「技術」，強調將第一欄位的「知識」，解碼成學生「可操作學習的技術」，滿足創客教育的第二個步驟「教導能創造的操作學習」，符合創客教育的最大特點——「做中學」。KTAV 單元學習食譜的第三個欄位是「能力」，教師要求學生用作品表達能力，要有一張新的「實物作品」圖像畫在食譜之中，象徵學生「做中學」之後一定要有「實物作品」，實物作品是學生「新知能模組」的產物，符合實踐創客教育的第二大特質——「有作品」，是以KTAV 單元學習食譜的第三個特點是「融合實踐智慧創客教育」。

四、導引師生產出教育作品及有價值行為

創客教育也有兩大迷思：一則熱衷於追求高階數位科技產出的「機器人」類作品，這些實物作品非常時尚，近似創造發明，但其所需的「知能模組」，超越一般領域（學科）的主題知識太遠，很難在常態教學中兼顧；

另一則是「作品生活化」，作品所需的「新知能模組」沒有連結「主題知識」的位階，作品沒有充分回應「新主題知能」的學習。上述第一種迷思容易將創客教育侷限於精英化、卓越人，且須高額大量的投資數位科技設施，唯有環境整備周延，最傑出的師生才能帶頭實踐，如此一來要全面普及化必須假以時日，中等學校以下的學生很難立即參與創客教育。第二種迷思也容易讓創客教育庸俗化，教師每天帶著學生在操作中學習，天天都有作品完成，但是這些作品並沒有真正提升學生的知識及能力，「新知能模組」長期停留在落後階段而難「自知」。

KTAV 單元學習食譜的第四個欄位是「價值」，要教師將其單元的學習價值預為設計填寫，它的功能可以具體檢核：「知識」、「技術」、「能力」及「價值」轉化的妥適性，操作學習的技術是否為主題知識的次級系統（解碼而來），學生完成的「作品」之在「知能模組」能否回應前面的知識及技術，學生學習之後的能力實踐，除了產出有價值的作品外，還要搭配哪些有價值的行為實踐（例如：那一類型的日行一善或服務助人）。是以，KTAV 單元學習食譜的第四個特質在導引師生產出教育作品及有價值行為。

五、驗證知識遞移理論

在本書中，「智慧創客教育 KTAV 教學模式」與知識遞移理論（知識遞移說）縝密結合。知識遞移說主張成功的知識遞移須經「知識解碼」→「知識螺旋」→「知識重組」→「知識創新」的歷程，這四個步驟的意涵，除了反應在「模式」的圖形上（四個轉彎著力點），更反應在 KTAV 的食譜設計上，如果學生經由「知識→技術→能力→價值」四位一體教學，真的可以培育更多有智慧的師生，則學生經由「創意→創造→創新→創客」四創一體的教學，學生的教育作品多了，有價值的作品及行為明顯擴增，這些學生再參加學生基本能力檢測，如果通過的比率與成績也明顯提升，就可以驗證知識遞移理論之「存有」、「真假」與「效用」。作者期待，兩、三年後，實施 KTAV 單元學習食譜的師生，真的可以驗證「知識遞移說」的「存有」並且真實有效。

第四節　智慧人．做創客的責任公民

作者之所以撰寫「經營教育四學」，提出了「六說、七略、八要、九論、五曲」，在《家長教育學：「順性揚才」一路發》一書中也提出了「一觀、六說、八論」，旨在為教育經營者（行政領導者、校長、教師及家長），以「人」為「本位」，找到經營教育的著力點。作者期待，「系統思考新教育，本位經營創價值」，早日全面提升教育品質，點亮臺灣新教育。作者之所以再續寫「知識教育學」，旨在從教育的實體「知識」入手，釐清知識與人的「知識、技術、能力、價值」之間的關係（定位），並揭櫫教育的兩大目的：「智慧人．做創客」。這兩大目的的實踐就等於實施「責任公民新教育」，經過「智慧創客教育 KTAV 教學模式」培育過的學生，長大成人之後，必然是責任公民。責任公民有適配的教育、適配的事業、適配的伴侶、以及適配的職位，是人民「集體智慧」的根源，也是國家實力（國力）的基石。

「智慧人．做創客」的責任公民尚具有「全人發展」、「順性揚才」、「自我實現」，以及「智慧資本」四大特質。知識教育學主張培育「全人發展的責任公民」、「順性揚才的責任公民」、「自我實現的責任公民」，以及「智慧資本的責任公民」，卮要說明如下。

一、全人發展的責任公民

責任公民除了要「有智慧」、「有作品」之外，還要有責任「全人發展」。所謂「全人發展」係指人的一生經由教育的歷程要發展完成六種角色責任：成熟人、知識人、社會人、獨特人、價值人，以及永續人，六種角色責任完整到位才能稱為「全人發展」，才符合「人之所以為人」的基本條件。「成熟人」有健康的身體及高效能的心智能力；「知識人」有豐厚的知識、技術、能力及健康的價值觀，用在生活事業的需求綽有餘裕；「社會人」指自己社會化的程度達到平均值以上，可以順應整體社會生活型態，有時尚能運作自己的優勢專長帶動風潮；「獨特人」有自己獨特的知能、觀念、習慣與品味，能夠自在地生存於組織群體與個人獨處的不同時段；「價值人」指自己的價值觀及價值選擇，足夠表現在「社會人」與「獨特人」之平衡互動上，有的事可以人云亦云，隨波逐流，有時則會堅持「走自己的路」，但絕不會是一位「盲從」或「孤僻」之人；「永續人」就是能過「有智慧生活的人」，就是能夠「做創客的人」，包括創人（有後代）、創事（有事功）、創物（有作品），創人、創事、創物的作品，定位永續的人生。

二、順性揚才的責任公民

責任公民的另一個責任是讓自己「順性揚才」，順遺傳天賦之性，揚自己優勢專長的才。自己對自己順性揚才，自己對家人、教師及他人也都能順性揚才，才能開展真實的潛能，讓每一個人的優勢智能明朗化；每一個人都用專長優勢為自己及他人服務，既可以行行出狀元，又可以營造和諧共榮的社會。順性揚才的教育價值觀，是繼「適性育才」教育價值觀的深層進化，更以人（學生）為主體（本位）出發，順人之性，揚可揚之才，搭配適配的教育以及全人發展的教育，每一個人在邁向全人發展的同時，自己的優勢智能都能充分明朗化，用優勢專長經營事業，用優勢專長服務人際倫常，用優勢專長做創客，用優勢專長讓自己人盡其才、才盡其用，過有智慧、有品味、有風格的人生，才是真實的順性揚才之責任公民。

三、自我實現的責任公民

責任公民的第三個責任是讓自己「自我實現」。自己的「理想抱負」與「現實成就」吻合，就是自我實現；自我實現就是活出自己來，活出自己想要的自己。責任公民在成長與接受教育的歷程中，要從生活上及學習上追求自我實現，分階段訂定生活及學習目標，並專注達成每日、每週、每月、每年的「自我實現」目標，累進生活上、學習上的自我實現，逐步調整設定終身性及一次性的自我實現（適配的專門事業、適配的學業成就、適配的伴侶，以及適配的職位）。

自我實現中的「理想抱負」是可欲的，是做得到的，它不是不著邊際的「夢想」與「遐想」，也不是挑戰畢生精力都做不到的宏功偉業。「自我實現」之所以成為「責任公民」的責任之一，在於它是每一個人都可以達成的。責任公民要為自己訂定一個自己可以「活出自己」，又可以「努力後達成」的理想抱負，並且持續經營深耕，讓「現實成就」早日與此理想抱負吻合，做一個充分自我實現的責任公民。

四、智慧資本的責任公民

管理學上的智慧資本論強調，「人力資源」對「組織產品」的貢獻度；教育學上的智慧資本論則強調，教育人員願意經營教育事業的「價值創新」。一個是公司機制與技術產品的創新，另一個（教育）則是人與知識價值的創新。然而，責任公民不管是任職於教育事業還是一般企業公司，都有責任讓自己成為組織單位有貢獻的人，是有效智慧資本。責任公民本身是「智慧人・做創客」，更要對自己隸屬的群組（組織）有貢獻，對象包括家庭、學校、任職單位、社會、國家都要有明顯貢獻。

智慧資本原本係指「無形資產」（人的腦力資源），不太容易具體判斷與衡量，尤其當代社會是「現代化」與「後現代」交織的時代，價值多元分歧，在講究「集體智慧」的同時，更重視「個人智慧」的累增。是以，本書主張「智慧資本」的元素，仍然立基於「知識、技術、能力、價值」四位一體的教育，經由四位一體的教育，個人新知能模組中的「真、善、美、慧」（核心素養）才是有效智慧資本的源頭。因此，責任公民必須在「智慧人・做創客」之上還要有「利他」的「等差之愛」，優先布施（有貢獻）自己隸屬組織的同仁，有服務助人的貢獻，也有核心技術傳承，以及創新產品的貢獻。

第三篇

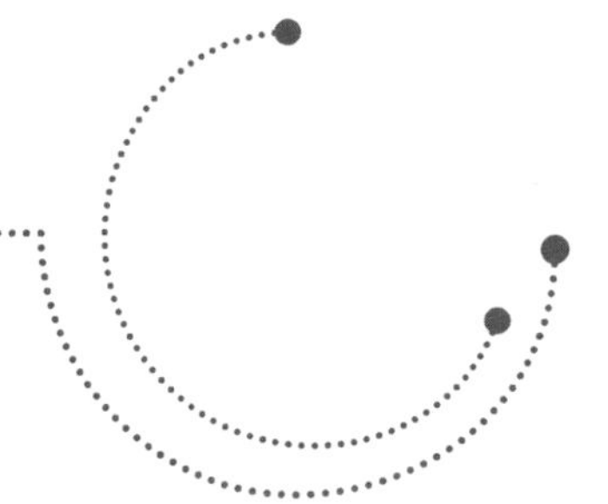

能力實踐篇

人具有「本能」及「知能」，知識進入人的身體之後，與人的本能結合，產生知能，並經由教育及永續學習，「新知能模組」不斷地「分享螺旋」及「系統重組」，進而「組能力」、「展價值」。教育政策及經營計畫帶動學校教育精緻發展，採行「知識遞移說」及「KTAV 教學模式」，多數教師直接大量使用「KTAV 單元學習食譜」，結合新五倫及其核心價值的品德教育，帶領學生「做中學」、「有作品」、「用智慧」、「創價值」，培育智慧人、做創客、新領導、優教師、能家長，以及行國民。

- 第十三章　智慧人的教育
- 第十四章　做創客的教育
- 第十五章　新領導的教育
- 第十六章　優教師的教育
- 第十七章　能家長的教育
- 第十八章　行國民的教育

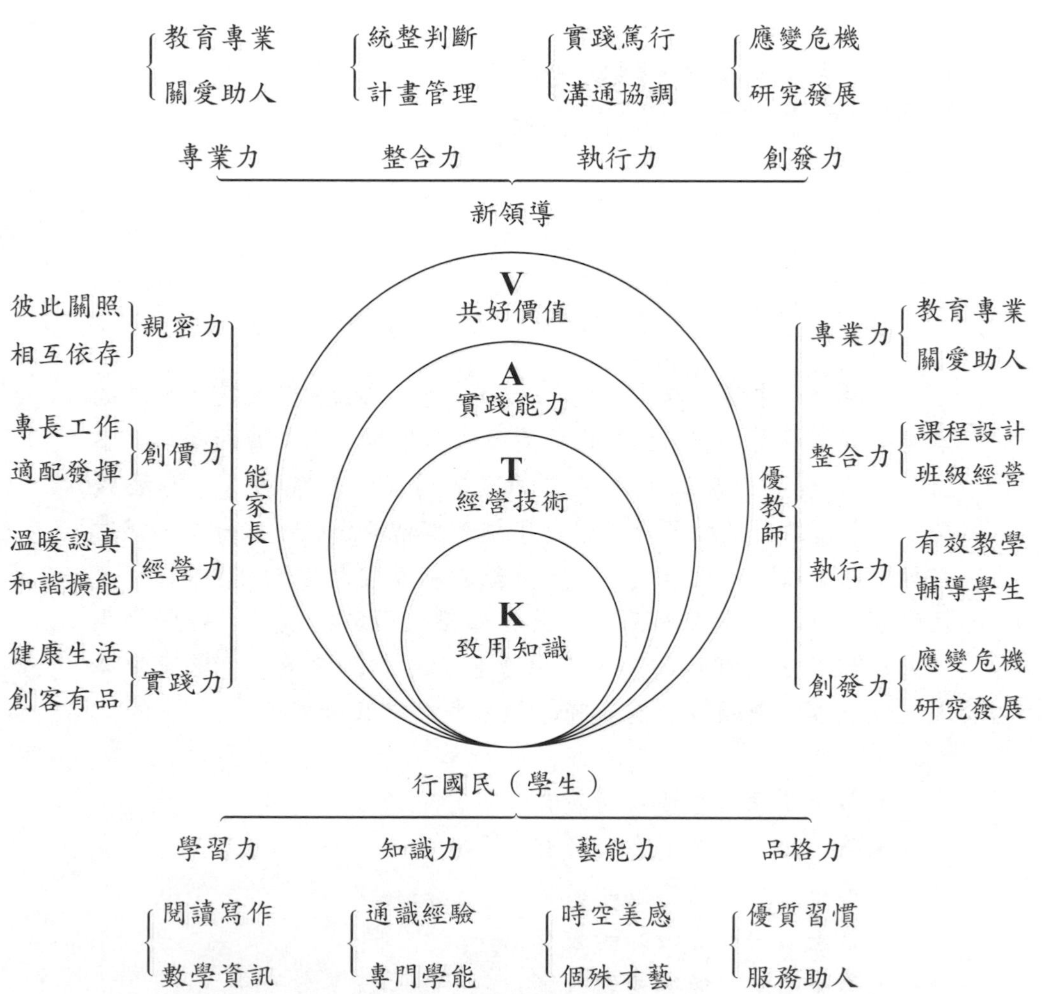

KTAV 教學模式（單元學習食譜）可以培育「智慧人・做創客」，新領導、優教師、能家長、行國民。上圖呈現新領導、優教師、能家長、行國民（學生）的核心養素（四力）及核心能力（八大核心能力），為能力實踐的教育，找到經營著力點。

第十三章　智慧人的教育

本書以「知識」為本位，論述「人」經由教育、學習知識之後，所產生的「知識、技術、能力（作品）、價值」四者之間的定位關係，故分為四篇「知識本質篇」、「技術經營篇」、「能力實踐篇」，以及「價值詮釋篇」，每一篇再運用六章的篇幅逐一論述說明其核心知識及技術。「能力實踐篇」接續用六章的主題，探討「智慧人的教育」、「做創客的教育」、「新領導的教育」、「優教師的教育」、「能家長的教育」，以及「行國民的教育」。

「智慧人．做創客」是本書揭示的「知識教育學」之兩大「人類」共同目標，作者期望「知識」經由教育，讓每一個人都成為「有智慧的人」以及「做創客的人」，都有能力實踐「智慧人．做創客」。「新領導、優教師」則是師資培育系統「教育人員」知識教育成果的個殊目標，教育行政長官要有能力實踐「新領導」，教師則要有能力實踐「優教師」。「能家長、行國民」則是一般人（父母、學生）知識教育成果的目標，作者期待從家庭的視角觀察，每一位父母都是有能力實踐的「能家長」，每一位孩子（學生）長期接受知識教育，在成年之後，都是能夠力行實踐的「行國民」。

本章分四節闡述智慧人的教育：第一節「智慧產品的教育」，敘明「有智慧的人」，要能了解智慧產品的發展脈絡、要有使用智慧產品的學習生活、要能建置智慧創客的作品系統、要有登錄智慧實踐的服務系統，讓人的生命成為有「知識成智慧」的生命；第二節「智慧素養的教育」，教育教給每一個人四大智慧素養：學以致用的知識、精緻作品的技術、實踐良善的能力，以及立己達人的價值；第三節「智慧實踐的教育」，為了實踐力行「有智慧的人」，教育內容要強化「生活學習好習慣」、「做人處世有標準」、「事業功名講適配」、「自我實現成智慧」的實踐教育；第四節「智慧生活的教育」，有智慧的人會呈現四種智慧生活型態：自主自在的生活、價值永續的生活、作品生新的生活，以及共好行善的生活。

第一節　智慧產品的教育

智慧產品是指智慧型手機、智慧型電腦系統、智慧型教學設備、智慧機器人、數位智慧媒材等所建置而成的軟體及硬體設施，因為這些智慧產品已經在文明國家中普遍被人民使用，並且已經改變人類的生活文化，提升了人類生活品質，人類現代化的歷程，已離不開這些智慧產品。是以，「有智慧的人」要會直接使用智慧產品，用在事業的發揮及自我理想生活的實踐，才能真正成為「有智慧的人」，能夠過「有智慧的生活」。

智慧產品的教育是指，學校的教育機制應配合智慧產品的發明，適時統整「智慧產品主題教學」，協助學生取得智慧人的實踐能力。這些智慧人實踐能力的教育，包括：「了解智慧產品的發展脈絡」、「使用智慧產品的學習生活」、「建置智慧創客的作品系統」，以及「登錄智慧實踐的服務系統」，逐一說明如下。

一、了解智慧產品的發展脈絡

人類探討「知識文明」的歷程，通常會經過「資料」→「資訊」→「知識」→「智慧」的四個階段。「資料」是「料」與「雜多」的型態呈現，在人類生存的宇宙中滿坑滿谷，到處都有；人自身看不懂無法理解、吸收、運用的「知識」及「智慧」，有時也會被視同還原為「資料」。「資訊」

是有「系統形式」的資料匯聚，這些資料串聯成「資訊」，是一種知識符號的表徵，是讓資料邁向意義化的媒介。「知識」是資訊意義化的定名，能夠用文字、顏色、思想、繪畫、影音表達出來的人、事、物、現象、意義、價值名稱者（萬物之名），都可以稱為「知識」。「智慧」則是知識的優化，是「知識」經人學習之後，「優化」的有價值行為表現（有作品或經國淑世行為）。

本書主張的「智慧產品」，是指「物」的智慧型產品，是經由人「知識優化」的產出成果，而能直接使用在「生活」及「教育」上的數位電腦科技產品。智慧產品的發展趨勢從使用者立場來看，大致有下列四個階段：(1)大型電腦工作站：在二十世紀的後十年開始流行，迄今仍有需要，但也逐漸轉化功能，變成伺服器的儲存維修中心；(2)個人電腦：在二十世紀的後二十年開始流行，迄二十一世紀前十年鼎盛，現今仍在優化發展，約與手機、平板平分天下；(3)手持式裝置：如手機、平板，約在二十世紀後十年開始流行手持式手機，現已發展成體積精緻的智慧型手機、平板，目前產品不斷地優化，需求亦日益擴大，並隨著國家的文明普及化，也實質地改變了人類生活文化；(4)穿戴式裝置：如智慧手環、AR 擴增實境（Augmented Reality）、VR 虛擬實境（Virtual Reality），以及 MR 混合實境（Mixed Reality），從二十一世紀的前十年開始流行，目前尚有許多困難需要克服，但從 Google 及 Facebook 競相開發相關裝置和平臺，就可知道其未來前景。

智慧產品的發展趨勢，從「知識本位」的立場來看，亦可劃分成下列五個趨勢：(1)人工到智慧：如勞力密集工作，現在都由機器人代替，智慧機器人（AlphaGo）也可以戰勝九段棋士；(2)有線到無線：如電話到手機，有線電腦到無線電腦；(3)大型到微型：如個人電腦及手機愈來愈精緻，攜帶已十分便捷；(4)固定到移動：如隨身碟與自己的智慧產品皆可隨身攜帶，並透過雲端移動轉換；(5)實體到虛擬：如 VR、AR、MR 的誕生，幫助人類藉由智慧型產品，讓人的知識留存管理在人的身體之內（有形），也同時管理留存在「雲端世界」（無形）；雲端存有的知識也逐漸成為人類共同的智慧資產（亦稱為知識資本或智慧資本）。

二、使用智慧產品的學習生活

智慧產品在學校教育設施的運用是：建置電子計算機中心、智慧資訊圖書館、師生電腦硬體及軟體系統普及化、智慧教室（或稱未來教室）、實物投影機、數位投影機、簡報筆、電子白板、電子書包及 IRS 及時反饋系統、線上學習 APP、各領域學科 QRcode 系統、Moocs 課程，以及容量足夠全校師生使用的超寬頻光纖網路系統等，為全校師生提供時時可學習、處處可學習的智慧數位校園。

從教育（教學）的立場來看，每位教師應學會智慧教育產品的使用技術，將課程單元的「知識」、「技術」、「能力」及「價值」，進一步與數位媒材融合，統整為最適化的教學方法，帶領學生有效學習單元主題知識，例如：操作電子白板教學、運用實物數位投影機、PPT 及影片教學、資訊教育到電腦教室做中學，也要編製開展 Moocs 教材及學科（領域）核心技術 QRcode 學習系統，提供學生自主學習，讓「智慧教育產品」物盡其用。從受教者（學生）的立場來看，學生應主動使用智慧教育產品的學習，課前用電腦或平板上網，搜尋權威網站有關授課「主題知識」的核心資料；輪到報告導讀的同學更應運用智慧媒材，製作好的 PPT，繪製主題知識及技術系統結構圖表，蒐集網路重要影音資料，以及與主題單元知識有關的價值論述，示範操作電子白板，或未來教室的尖端機具設備，引領同學有效學習；參與討論的同學，亦應適時操作智慧產品的影音系統資料，驗證自己的觀點，優化同學的學習效果。課後的複習要加深加廣學習，且要依據教師推薦的網路資料庫、Moocs 教材及各類核心主題學習系統，適度拓展學習，並用數位媒材留下相對的學習作品（含核心知識及技術、札記省思）。

三、建置智慧創客的作品系統

智慧教育產品的研發，帶給人類運用這些產品創客的可能性大為增加，尤其是 3D 印表機、雷射雕刻機、3D 建模設計軟體、單晶片微控制器電腦（如Arduino、Raspberry Pi）、圖像式程式設計語言（如Sratch、Blockly）等的發明及普及化，讓每一個人都可建置智慧創客的作品系統。在學生時代，智慧創客的作品系統可分為下列四類：(1)立體實物的作品：如機器人、陶藝作品；(2)平面圖表的作品：如科展作品知識與技術的系統架構圖；(3)動能展演的作品：如運動、藝術核心技術QRcode；(4)價值對話的作品：如作文、碩博士論文、出版的著作或期刊論文。

在成年之後，智慧創客的作品系統，除了持續創新優化學生時代最有興趣及最有價值的作品之外，尚要關照下列四大系列作品的研發：(1)事業核心技術的作品：每一個人無論任職於何種行業，該事業體主要產品「核心技術」的研發與優化，永遠是該企業、機構的命脈，人要對自己的任職公司（組織）有動能貢獻，最好要有事業體核心技術的作品；(2)個人專長亮點的作品：作品定位人生，人生的意義價值多由人所留下來的作品加以詮釋解讀；人生有兩大珍貴的作品，「後代」（子女）與「優勢專長」（亮點）作品，子女的表現來自遺傳及後天的教育，優勢專長（亮點）的作品就是個人一輩子「價值、尊嚴」的重要註解，也是人類知識傳承創新的核心基石；(3)個人興趣藝能的作品：有智慧的人，「知識」、「藝能」、「情意」必須均衡和諧發展，人有近四分之一的時間，必須過著休閒育樂時光，才能調配身心，增益身心的巔峰效能，例如：琴棋書畫、運動等各種知識及核心技術的作品，也具有傳承創價的深層意涵；(4)統整生平作品的作品：作品定位人生，不同階段、不同時代的作品，都有不同的績效價值詮釋，人要適時的為自己階段性作品作「統整詮解」，為自己的作品「價值行銷」，讓閱聽者真正了解系列作品的意涵與價值；「被知就是存在」，人要適時地有「統整生平作品的作品」。上述是「有智慧的人」成人之後的四大系列作品，有智慧的人，會用自己的智慧產品定位註解自己的人生。

四、登錄智慧實踐的服務系統

有智慧的人，也會用「智慧產品」登錄自己「智慧實踐」的系統資料，重要者有下列四大類：(1)禮尚往來的登錄：有智慧的人會有妥適而緊密的人際關係，人倫綱常知識與技術的運作巧妙，婚喪喜慶、年節禮尚往來的資料要由智慧產品進行「智慧管理」；(2)布施質量的登錄：有智慧的人勤於布施，有大有小、隨心所欲，凡有行動、配合登錄，資料尋根，邁向「有智慧的布施」；(3)公益實踐的登錄：智慧人多做公益，為同事服務、為社區服務、為弱勢族群服務、為優化教育服務，公益實踐的具體事實需要系統登錄，佐證自己的人生，真正實踐「有智慧的人」；(4)品味風格的登錄：智慧人往往有自己的品味生活以及行事風格，例如：休閒育樂中的有品德行，處世力行風格的價值與績效，亦宜系統登錄，傳承給後人品味學習。

第二節　智慧素養的教育

智慧人的教育，第二個重點在智慧素養的教育。智慧的核心元素是致用的知識（真）、經營的技術（善）、實踐的能力（美），以及價值的行動（慧）。是以，作者認為智慧素養的教育，可以「解碼」成四大操作元素的組合：學以致用的知識、精緻作品的技術、實踐良善的能力，以及立己達人的價值。逐一說明如下。

一、學以致用的知識

有智慧的人，一定有厚實廣博的知識，然而「知識」本身浩瀚無垠，布滿在全宇宙與人的理性之中，我們每一個人都挖掘不完，也沒有必要窮畢生之力來擷取知識，因為有太多的知識我們一輩子都「沒用到」，也「用不到」；有不少的人「皓首窮經，智慧如海」，未及濟世卻撒手凡塵，空留遺憾與無奈。是以，本書作者主張，真正有智慧的人，一定擁有豐沛厚實的知識，其知識都是能夠「學以致用的知識」，至少也要像蘇東坡大文豪的主張，是能夠「博觀而約取，厚積而薄發」的知識。

學以致用的知識包含下列四大類：(1)學習力的知識：語文寫作、算術資訊的學門知識建構成學習力的知識，是每一個人「學習知識」的基礎能力；學習力的知識技能好，才能快速學習掌握致用知識；(2)專業力的知識：無論哪種行業的任用，都要以「專業條件」來為自己任職的公司（老闆）「永續創價」，自己行業專業力的知識愈精實、愈深層，就是有智慧的人之致用知識；(3)創發力的知識：創發力是一種素養，外顯化為「研究發展的能力」及「應變危機的能力」之組合；有智慧的人會在組織危急的時候應變得宜，讓組織減少損害，也善於研發組織產品需要的核心知識及技術，創新經營事業，帶動群組的動能貢獻，具有高人一等的創發力（致用）知識；(4)品格力的知識：有智慧的人，其「德育」（情操）素養亦能超越一般人，品格力的素養外顯化就成為「好習慣」及「服務心」的實踐核心能力，是以有智慧的人其品格力的知識能夠彰顯「七情俱的情緒」→「致中和的情感」→「成風範的情操」→達「全人格的性情」。

二、精緻作品的技術

有智慧的人，其知識性產品相對較多，在學習的歷程中，作品多於同學，會常受到誇獎與欣賞，生活與事業績效表現也會以精緻作品來呈現，因為有智慧的人，擁有完成精緻作品的技術，有智慧的人喜歡做創客。「精緻作品的技術」也是智慧素養的核心內涵，有智慧的人有較為厚實的此類素養，並且得以完成各類型作品，將之外顯化，系統重組（操作技術）表達出來。

智慧素養的教育，要從教育每位學生「精緻作品的技術」著力，下列四個著力點可予以參照：(1)手工作品的精緻技術：如摺紙、陶藝等手工作品，操作的技術愈精緻化愈好；(2)智慧產品的靈巧技術：如運用手機、數位產品完成的作品，能夠靈巧使用新軟體技術，快速創新完成作品最好；(3)玩具作品的連結技術：如樂高玩具造型、手機平板數位玩具軟體、拼圖、九連環、棋藝作品等，創意連結技術愈深層活化，愈能展現智慧素養；(4)藝文作品的創意技巧：如書法、繪畫、作文、詩歌仿作等，能夠「系統重組」各種「核心技術」，然後使用自己的創作技巧完成作品最有智慧。

三、實踐良善的能力

有智慧的人很有能力，並且能夠將擁有的能力使用出來，實踐在良善的人際行為表現；用能力做出作品，或有意義價值的行為實踐，對己、對人、對大家、對組織均有價值的行為表現。這些良善能力的行為實踐是人之所以為人的本質，也是本書對於「智慧人」所要詮釋的意涵，更是「知識教育學」所要強調的兩大教育目標之一：「智慧人・做創客」。

從教育的觀點看人類這些良善的行為能力之所以被實踐，也是學習來的，是可以經由教育而加以孕育養成的。這些良善的能力要從教育的歷程，要求學習者力行實踐下列幾項核心能力：(1)完成好作品的能力：智慧創客教育是時代的大趨勢，每位學生在每個教育階段，都要期許自己能夠有完成好作品的能力（配合教師單元教學）；(2)力行好習慣的能力：「好的習慣多於不好的習慣就是健康的人」，有智慧的人，身心增能健康永續，肇因於力行好習慣的能力；(3)實踐好人際的能力：有智慧的人善於駕馭人倫綱常的知識，會實踐新五倫核心價值，具有好人際的能力；(4)展現好品德的能力：有智慧的人，私德及公德均衡發展，能兼顧自我實現之德與智慧資本之德，處處展現好品德的能力。

四、立己達人的價值

智慧素養的教育強調立己達人的價值。人將習得的知識轉為智慧之後，主要的價值在「立己」，次要的價值在「達人」：「立己」是指學得知能模組，能夠為自己完成學業，學得事業所需的專門專業知能，讓自己能夠養家活口，建立自己的家業及事業；「達人」是指人在「立己」之後，也協助自己的同事、同學、同儕、家人或親戚朋友達成他們的事功或心願理想。立己達人是「知識成智慧」的核心價值。

智慧素養的教育，在教育的歷程中，特別強調下列幾個價值，才能真正的實踐立己達人：(1)有獲得知能的價值：教育活動（各種教學歷程）都是一種智慧行為表現，有智慧的教育行為（活動），學習者能獲得真實的知識技能，就是教育的首要價值；(2)有自我實現的價值：教育在幫助每一個人完成自己的理想抱負，讓現實成就與之吻合，自我實現的人就是最有智慧素養的人；(3)有動能貢獻的價值：立己而後達人，讓自己共事共學的群組，人人都能產生動能貢獻，人人都能彰顯生命價值；(4)有共榮共享的價值：智慧教育對於群己關係，建構了共榮共享的價值，百業興隆、民富國強，群組任務暢旺，具有包容博愛、共榮共享的價值。

第三節　智慧實踐的教育

智慧人的教育，第三個重點在智慧實踐的教育。有智慧的人是用「智慧」實踐在生活學習之上，實踐在做人處世之上，實踐在事業功名之上，也實踐在追求自我實現的過程之上。作者認為，在這四個層面中，智慧實踐的教育焦點在：生活學習好習慣的教育、做人處世有標準的教育、事業功名講適配的教育，以及自我實現成智慧的教育。「好習慣」、「有標準」、「講適配」、「成智慧」是智慧實踐教育的指標方向。

一、生活學習好習慣的教育

有智慧的人，在生活上更講究強化「遵時序、有規律」的好習慣、「能定食、講適量」的好習慣、「具動能、定目標」的好習慣，以及「求簡約、得品質的好習慣」（鄭崇趁，2015a，頁 170-173）。用好習慣經營自己的健康生活，用好習慣平衡自己的動能規劃，用好習慣維持自己的高峰效能，用好習慣實踐自己的智慧價值行為。

有智慧的人，在學習上更講究強化「專注學習」的好習慣、「探索（創客）學習」的好習慣、「優勢學習」的好習慣，以及「適配學習」的好習慣。專注學習的好習慣，讓自己當下學會，讓自己的知識能力及時跟上同儕的腳步。創客學習的好習慣，讓自己在學習的歷程中能夠留下精緻豐富的教育作品。優勢學習的好習慣，讓自己在教育的過程中有看得到的亮點，健康快樂地與同儕亮點爭輝。適配學習的好習慣，不強求難度太高的進程與非擅長領域的成績，讓自己的「優勢智能明朗化」，實踐有智慧的人生。

二、做人處世有標準的教育

有智慧的人，做人處世圓融有度，人際圓融、處世有度。圓融的人際焦點在「新五倫」之間的互動與溝通，做人處世與人互動溝通要找到「共原則」、找到「平衡點」、找到「接受度」、找到「新途徑」，或者找到「舊軌跡」。處世有度的核心在完成「事務」的標準規劃，這些標準規劃包括有深度（深層結構）、有廣度（博通事理）、有高度（前瞻視野）、有角度（原則典範），以及有限度（最低標準）（鄭崇趁，2012，頁353-368）。做人處世有標準是有智慧行為的具體實踐。

做人處世有標準的教育要從下列四項課程內容著力：(1)實施「新五倫」的品德教育：新五倫用「家人關係」、「同儕關係」、「師生關係」、「主雇關係」，以及「群己關係」的「五個倫常人際關係」，來研發探討其核心價值及行為規準，符合現代化與後現代的人類倫常類別；(2)運作「核心價值」的教育與溝通：「溝通價值論」才能獲致圓融有度的成果與共榮共享的未來；(3)重視新事務SOP的建立：組織新事務的作法與標準最容易引致人際的緊張與紛爭，愈早設定好精緻的 SOP，有助於大家執行互動中的圓融有度，共創績效價值；(4)適時更新組織的「設備基準」及人員的「薪資標準」：圓融有度的最高智慧在掌握「深層結構」，調配激勵成員產出「動能貢獻」；是以對組織而言，隨著時代及企業體本身的進化層次，適時更新組織的「設備基準」及人員的「薪資待遇標準」，讓組織產能（量）及品質（質）最大化，才能真正實踐「共榮共享」的智慧。

三、事業功名講適配的教育

有智慧的人追求「適配幸福人生」，認同作者提出的「適配生涯說」（鄭崇趁，2015a），重視下列人生四大適配的實踐：(1)適配的教育：順性揚才開潛能，優勢智能明朗化；(2)適配的事業：工作性質合性向，專門專業又專長；(3)適配的伴侶：條件能力相登對，品味一致幸福多；(4)適配的職位：人盡其才的職位，才盡其用的職位。四大適配的實踐可以經營每一個人過著適配幸福人生，成為一個真實而有智慧的人。

事業功名講適配的教育也要從下列四項課程內容著力：(1)了解自己的教育：適配的經營建立在對自己條件的充分了解，人要充分了解自己的遺傳秉性、性向興趣、能力條件，以及優勢專長；(2)生命價值的教育：「人之所以為人」在展現個人的生命價值與尊嚴，人生百態，生命同中有異、異中多同，每一個人都可以開展最適合自己的生命價值；生命價值來自個人與家人、同學、同事、親戚朋友共同互動做事相處的「詮釋」，生命價值的教育引導每一個人抉擇「適配」的方向與程度（經營力道）；(3)階段任務的教育：「適配」也是可以經由「智慧」而調整的，教師要教育學生在「學習的段落」及「事業的經營時程」要有「階段任務」之設定，階段任務的實踐如果均能「快而精準」地達標，則可以調高下一階段的「任務難度」或「適配基準」的層次；如果階段任務實踐多「辛苦而難成」，則要重新細分「階段任務」並調降「適配基準」；(4)築夢踏實的教育：人生有夢最美，有功名之夢，有事業之夢，教育要教學生「解夢尋根」及「築夢有梯」，才能實踐適配之夢（築夢踏實的教育內容可參考鄭崇趁，2015a，頁 247-261）。

四、自我實現成智慧的教育

有智慧的人一定是自我實現的人，自我的理想抱負一定能夠與現實成就吻合。有智慧的人，自我實現的內涵，往往不只是自我實現，它有下列幾項更為深層的意涵：(1)自我實現的「知識」流量高於一般人的水準，是知識分子中的知識分子；(2)自我實現的經營「技術」純良和善，立己立人，有正向價值的技術；(3)自我實現的實踐「能力」多作品，善布施，己達達人，傳承創價自我及群組新希望，邁向新境界；(4)自我實現的「價值」詮釋，永續常新，成就人、旺組織，大家都成為「智慧人・做創客」。

自我實現成智慧的教育，要從下列幾個事項經營著力：(1)加強價值觀的教育：最好在每一單元教學結束之前，均實施「價值評量」，教師導引學生該單元學習成果的績效與價值論述；(2)強化智慧元素的教育：課程教學設計適時進行「知識→技術→能力→價值」四位一體的教學，導引知識成為自我實現的智慧；(3)實施創客教育：讓學習者「做中學」、「有作品」，創客教師教創客學生，作品生新，自我實現的作品成為智慧人的另一個象徵（有智慧的人作品豐厚而精緻）；(4)採行「KTAV單元學習食譜」教學：KTAV 設計「知識→技術→能力（作品）→價值」四位一體的單元教學，運作知識遞移理論，實踐智慧創客教育及「新五倫智慧（價值）學校」，是個人及組織自我實現成智慧的重要工具。

第四節　智慧生活的教育

有智慧的人，生活必然有智慧，有智慧的生活代表每個人的生活基本型態，是指品質、品味與風格綜合一體的「智慧生活」型態。智慧生活的教育，強調教育人的成果價值，要讓每一個人都成為自主自在生活的人，都成為價值永續生活的人，都成為作品生新生活的人，也都成為共好行善生活的人。逐一簡要說明如下。

一、自主自在的生活

自主自在的生活概有下列四個觀察指標：(1)自己決定的生活內容：智慧人的生活內容，多由自己做主決定，有智慧的人多能跳脫制度與群組的規範，找到自主決定的空間，自決自己的生活內容；(2)自由無束的生活品質：有智慧的人，較超越凡塵的羈伴擁有心靈自由、不受束縛的生活品質；(3)自在無礙的生活情境：有智慧的人，生活情境能夠和諧暢達，自在無礙、自由自在，別人也不多加干擾；(4)自在有情的生活世界：有智慧的人，自主自在而「有情」，關照自己也關照自己所隸屬的群組、國家、社會，是一個活出自己、同時溫暖群組的人。

自主自在的生活也需要教育的促成，教育的歷程應強化下列事項的經營：(1)民主法治教育：自由與民主是當代人類的兩大基本需求，人類需要完整的自由，更需要與他人一起過團體生活，兩者缺一不可；唯有法治才能平衡「自由」與「民主」，找到「共原則」，強化民主法治教育，是自主自在生活的根；(2)自由人權的教育：人類民主法治生活久了，往往會忘了自己的自由人權，迷失本性，不再為自己的深層人性進行探索，以致於成熟的社會群組往往羈絆太大，需要自由人權教育及生命哲學予以喚醒；(3)簡約適配的教育：簡約的生活，可以有更多的時間享受專長的休閒品味，適配的教育，可以節省「過度衝撞」的生命時光，多用於優勢亮點，自主自在的經營；(4)順性揚才的教育：每一個人順其天賦秉性，揚其可揚之才，優勢智能充分明朗化之後，才有完整的「知識、技術、能力、價值」四位一體的智慧，實踐自主自在的生活。

二、價值永續的生活

智慧人追求的價值是永續的，並且從日常生活實踐就能展現價值的永續。價值永續的生活有下列四個觀察指標：(1)和諧人際的生活價值：自主無礙、大家認同的和諧人際，是價值永續的基石；(2)積極活力的生活價值：為人不爭、做事盡力，展現積極活力的生活價值，才能永續經營；(3)自得其樂的生活價值：自己能快樂而沒有壓力的生活才是永續的價值；(4)福慧光明的生活價值：生活常態就能普遍施福造慧，點亮人間光明的價值，最能永續經營。

價值永續的生活，需要教育的陶冶，教育的歷程要強化下列事項，才可以培育永續價值實踐的生活能力：(1)教育即生活的理念：教育的目的在改善人的生活，優化人的生活品質，施教者對受教者要有教育即生活、生活即教育的理念素養，啟發學生生活教育的永續價值；(2)知行合一的教育：學到的知識和技術，立即能夠在生活上及學業作品上實踐力行，創發永續價值；(3)實踐篤行的教育：講究「執行力」的實踐篤行，代表適時完成應備能力的學習任務，可以建立下階段學習基礎的永續價值；(4)價值論述的教育：永續價值也要經由不斷學習論述而加以澄清確認，每一單元知識和技術能力的學習，都要有價值論述的回饋評量（省思），才能為生活知識建置永續價值。

三、作品生新的生活

有智慧的人，用作品生新生活，一段時間就有其優勢專長的作品產出，一段時間就會有其得意、足以代表其智慧的作品出現，這些作品不一定公諸於世，然而它存在，存在有智慧的人的家或者自己喜歡儲存的地方。作品生新是人持續創作的核心價值，「力惡其不出於身也，不必為己」，有智慧的人，將其能量（內在的知能模組），用作品為出口，留下永續經營的價值。

「作品生新」的生活能否帶給人類永續生活的價值，也需要教育催化。教育的實施歷程，要教給學生「完成作品」的能力與習慣，要教給學生「用智慧」生作品的創新，要由教師同儕專業示範「作品生新」的雀躍與價值論述，要教導學生系統整理「教育產品」的學習檔案或「作品電子書」，也要教給學生如何蒐集儲備自己作品所需的材料、知識、技術及能力，教給學生對於完成的作品給予價值論述，激發學生想要生產更有價值的作品，作品生新才能變成永續生活價值的焦點。

四、共好行善的生活

有智慧的人，在自己及家庭生活綽有餘裕時，會多行公益布施，從日常生活中扶助弱勢，關照需要協助的人，為共榮共享的社會群體，盡自己能夠做到的力。有智慧的人，也具有「等差之愛」，最愛自己，愛自己的身心健康、愛自己的智慧能量、愛自己能量的妥善運用（動能規劃）。其次愛家人，關照家人的身體健康與學習志業表現，支持家人的情感表達與需求，家人有親相依存。再其次愛親友與同事，最後才關照社會大眾，己立立人、己達達人，有智慧地過著共好行善的生活。

人類的共好行善生活有時倡旺、有時薄弱，決定在人本身的能力條件與價值觀念。自己的生活能力條件綽有餘裕，才能己立立人，自己的價值觀念，有己達達人的素養，才會展現行善布施的智慧實踐，這兩者都要靠教育的永續深耕，方能促成。教育的內容，要著力下列事項：(1)私德兼公德的教育：自己的能力修養叫私德，大家的能力共榮互助叫公德，兩者兼顧的教育與實踐力行，才能培育人人好公益行善的生活能力；(2)素養勤表達的教育：人的「新知能模組」（真、善、美、慧、力、行）稱為核心素養的教育，重視「慧」（共好價值）、「力」（行動意願）、「行」（德行作品）的表達，才能讓人的素養展現成為共好行善的生活；(3)品格講價值的教育：「據德而無為」是過去儒家（君子）與道家（自然）的品格綜合寫照，當代的「君子」應積極入世，經由教育，在順應自然與人性的同時，力求為自己、為人類、為文明文化創新永續價值，教育實踐「品格講價值」，重視「實踐力行」的價值；(4)行善具智慧的教育：布施財力、物力、人力、知識、方法、智慧都具有共好行善價值，有時生活要領、學習方法也如同知識智慧的布施，平時要有行善具智慧的教育，倡導「智慧型」共好行善的生活。

第十四章　做創客的教育

「做創客」概有四義：(1)能夠創新知識的人；(2)能操作知識裡的技術之人；(3)做中學且有作品的師生；(4)能優化組織的核心技術，研發新產品的員工。第 1 及 2 義是泛稱，是指創客創新知識，包括創新知識裡的操作技術；第 3 義是指人生教育階段的創客，有作品的教師教有作品的學生；第 4 義則是指人生就業以後階段，能為自己的任職單位優化核心技術及研發新產品的員工稱為創客。四義的總和，就等於人的一生；人的一生都要學習「知識」，接受「知識→技術→能力→價值」四位一體的教育，以及「有創意→能創造→再創新→做創客」四創一體的教育，一輩子都要能產出新作品，做創客。

有作品的人生就是創客，做創客的教育，在教育學生學習做創客，做好自己該做好的作品。本書對於作品的分類方法亦有狹義及廣義兩種：狹義部分是指學生接受教育階段中的「學習作品」分類；廣義部分則是指「人一生」能夠生產的作品分類。廣義的作品分四大類：(1)人生人的「養兒育女」作品；(2)教育中的「學習作品」；(3)事業任務的「實物作品」；(4)德行的「實踐作品」（具體的有價值行為表現，好的事蹟等同於作品）。本章先就狹義的觀點，將學習作品分成「立體實物作品」、「平面圖表作品」、「動能展演作品」，以及「價值對話作品」四類，闡述分析作品教育新天地。

本章分四節詳述「做創客的教育」內涵：第一節「立體實物作品的教育」，從生活的、學習的、育樂的、科技的四個面向，闡述立體實物作品的教育要領；第二節「平面圖表作品的教育」，從「系統思考」、「博觀約取」、「標準程序」，以及「素養能力」四大視角論平面圖表作品教育的技術；第三節「動能展演作品的教育」，分「核心技術」、「完形展演」、「自主學習」，以及「經典標竿」四大類學習作品，說明其教學要領；第四節「價值對話作品的教育」，從「作文習作」、「詩詞習作」、「論文研究」，以及「著作發表」四個層次，申論其教育的核心技術。

第一節　立體實物作品的教育

本章將說明「做創客」的「實物作品」做為創客教育的第四個步驟（最後結果）。「實物作品」依狹義的觀點，專指教育階段中，學習習作的實物作品，包括四類：立體實物作品、平面圖表作品、動能展演作品，以及價值對話作品，因為這些作品都有實體，看得見、摸得著，是「實物」。尤其是立體實物作品，因為它有體積（長、寬、高），是最為具體化的「實物」。立體實物作品的教育，學生的感受最為真實，也一定要在「操作中」才能學習。

立體實物作品的教育，可以從下列四個層面來探討：(1)生活的立體實物作品：如烹飪（食）、衣服（衣）、滑板（行）、木工桌椅（住）等；(2)學習的立體實物作品：如陶板、沙雕、拓印、飾品製作等；(3)育樂的立體實物作品：如風箏、版刻、樂高、滑翔機等；(4)科技的立體實物作品：如魔術方塊、小機器人、再生電池等。立體實物作品的教育要領，可從下列四項著力。

一、愛物惜物的教育

人的一生都在「拿物做事」，生活上的食、衣、住、行都要有食物、衣物、房舍家具、車馬為伴為用。無物生命不能存活，無物無法行事，物是人類生存的必需品，有物為伴，人才能存活，有物的使用，人也才能創造富足、精彩的一生。「物」的存有，也可視同廣義的「知識」，因為任何之「物」均有名稱，因此本書主張「萬物之名」曰知識。立體實物有長、寬、高，有形體及實像，占用空間及面積，是最具體的物。人與物之間的關係，以及人對物正確的觀念與態度，也需要教育的經營著力。

「愛物惜物」的教育是首要工作，教師及父母都要教育學生（孩子）愛物惜物的觀念與習慣，並且自己力行實踐愛物惜物給學生（孩子）看。因為物就是資源，資源有價，任何資源（物）都需要購置方能取得，家庭及學校都要由父母及國家投資相對的錢財，才能有食、衣、住、行之生活及學習基本資源（食物及設備）。金錢換來的物或用勞力換來的物都是珍貴的，都需要每一個人的愛物惜物。

愛物惜物的教育得著力下列事項：(1)愛惜已有之物：物慾橫流是現代人最大的迷思，採購一大堆，塞滿整個房舍，大都久置未用，十分浪費可惜；我們要教育學生（孩子），愛惜已有可用之物，愛物即用物，已不能用再添換；(2)愛惜身邊之物：對物如對人，亦有等差之愛，身邊可用之物，大有利基，才能擴大資源統整，擴及愛惜離開身邊較遠的物，例如：閱讀看書，先要愛看自己擁有的教科書及購置的圖書，再到圖書館或上網看其他的書籍；(3)愛惜自造之物：愛惜自己創作之物，用自己做的工具做事，生活最踏實、最有價值，代表人的生命事功有部分不必藉由外力，可獨立自主生存，例如：有位澎湖國中主任，自己買地建屋，自行設計、監工，家具木工部分多由自己製作，經濟實惠，美輪美奐，家人特別喜愛；又如：大學教授都用自己的著作授課，品質、價值、風格特別到位；(4)愛惜實用之物：有用之物要格外珍惜，只要自己有的物，就要多用它，用它就是愛它，愛它實用的價值，把物藏而不用，不是真愛（物是知識，它等著被用，有物而用它，是真的愛它）。

二、物盡其用的教育

對人，我們期待「人盡其才，才盡其用」，每個人順性揚才之後，其才德都能才盡其用，為自己及人類群組產生最大的動能貢獻，人才有價值尊嚴。對物依然，物被人擁有之後，物也要善盡物之性，對人產生「被用」的動能貢獻，才有價值。物盡其用，盡物之性，具有深遠的教育意涵。

物盡其用的教育，可從下列幾個事項著力：(1)盤點自己擁有的物：自己擁有之物繁多，包含生活周遭及各種學習設施，現代人有必要列表盤點自己擁有之物，知道自己擁有之物有多少，才有可能思考物盡其用；(2)登錄物的使用次數：掌握自己已經擁有之物後，每次使用都給予記錄，就可以進一步了解常用的物是哪些、重要的物是什麼；(3)計畫物的有效運用：身邊的生活必需品及學習工具，就是重要的物；貼身要物有妥適的使用計畫及整體運作方案，就能增加個別物的使用功能及整體物的效用，以達物盡其用的高級標準；(4)割捨備而未用的物：物多為身外之物，物有用則留之，才有意義價值；備而未用的物，留之成為包袱，割捨讓它流動，才有可能讓它在別人的身上被使用，創新物本身的意義與價值。

三、做物生新的教育

做創客，「做物生新」是學習做創客的核心價值與主要功能之一。學生時代，在教師的指導之下，完成一樣精緻的實物作品，例如：陶藝、繪畫等，只要作品完成，雀躍歡喜心情油然而生，學生的「生新」感覺，就像成人「生了一個小孩」般之快樂，對其呵護關愛備至，充滿幸福及希望。是以，人有創客生新的本質，「生小孩」與「完成作品」具有同樣的積極創新功能，教育的實施要積極強化「做物生新」的教育。

做物生新的教育，可以從下列事項著力：(1)作品取代作業：當代的教育，學生作業太多，各領域（學科）教師都有交代給學生的作業要完成，所有功課都有，苦不堪言，學習成就感與滿意度均不高；用精緻的實物作品取代繁瑣的作業，可以增加學生「做中學」、「做物生新」的學習樂趣；(2)領域（學科）都有作品：鼓勵教師，其所主授的領域（學科），每一學期都能配合授課主題單元，設計三至五個「KTAV 單元學習食譜」，指導學生完成三至五項學習作品，每一領域（學科）都有作品，學生每一學期都能向家人分享展示五至十樣作品，用作品告訴自己及家人，這一年我接受教育，到底在學些什麼；(3)作品統整知能：「智慧人．做創客」，是「知識教育學」對人教育（知識）知能的總統整，各種教育學習作品，則是學生學習階段，「新知能模組」外顯化的具體成果；作品可以統整階段性的個別學習知能，作品反映學生內在「真、善、美、慧」知能元素的系統結構；(4)作品優化學習：作品是階段學習的具體成果，作品生新，作品啟動學生更喜愛學習，熱衷於想要完成下一個作品；作品可以優化學習效果，做物生新，為教育開展智慧創客新天地。

四、作品傳承的教育

以前，知識的傳承與創新多靠文字及人，尤其是靠教科書，每一個時代都有不同翻新的教科書，作為教師教學生的主要教材，其知識的傳承與創新，主要依靠的是教科書。當代的「智慧教育」及「創客教育」發達以後，學生的「智慧創客」學習作品滿坑滿谷，這些作品都可以用「電子書」儲存，進行「智慧管理」。教師每個領域（學科）的教學，除了展示自己（教師）的示範作品外，可將歷年學生的優秀作品同時展示，並分析其「新知能模組」及「核心技術」之不同，用作品直接教學，用作品傳承創新知識，此之謂作品傳承的教育。

作品傳承的教育可從下列事項著力：(1)激勵教師採用 KTAV 單元學習

食譜進行教學：教師每學期宜針對自己的授課領域（學科），選擇三至五個單元，設計編寫 KTAV 單元學習食譜，進行智慧創客教學；(2)激勵學生進行有作品學習：學生每一學期每一領域（學科）至少均有二至三種學習作品可供展示；(3)激勵教師智慧管理學生優秀的學習作品：教師將歷年教學的學生作品用電子書進行智慧管理，分析優秀作品之新知能模組內涵及其核心技術的變遷；(4)編製國小、國中及高中百樣作品範例及 KTAV 單元學習食譜：由教育行政機關委請學者專家結合優質校長及專精教師，編製百樣作品範例及 KTAV 單元學習食譜，提供各級學校教師參照使用；(5)舉辦畢業生智慧創客作品展：每一位畢業生參加畢業典禮時，都同時展出其智慧創客代表作品十至二十件實物及作品集（電子書）。

第二節　平面圖表作品的教育

立體實物的作品最具體（有體積），但有時攜帶不方便，平面圖表的作品也是教師及學生最常用的作品，尤其是用語言文字表達的作品。平面圖表就是表達知識之間具有「系統結構」關係的最佳「工具」，有系統結構的圖表，可以用簡明圖案及表格，表達知識主體的意象。在當代文明競爭的時代，十分普遍，也十分好用，例如：汽車的廠牌，賓士為，BMW 為，TOYOTA 為，福斯則為；電視臺，臺視用，民視用（臺灣的眼睛）；又如澎湖的海悅飯店，都十分清楚，讓人一看就知道是什麼，並且代表一種品牌及其內含「知識的風格」。

平面圖表作品的教育可以從「系統思考」建構圖表內容，從「博觀約取」思考圖表焦點，從「標準程序」決定圖表邏輯，從「素養能力」伸展圖表關係。逐一說明如下。

一、從「系統思考」建構圖表內容

圖表的特色在精要，要能在簡要的圖形及表格之內，就能充分表達主體元素的意象及關係。「系統思考」的要領，用在圖表建構的內容幫助最大，包括「觀照全面」→「掌握關鍵」→「形優輔弱」→「實踐目標」。用在圖表內容的建構上，「觀照全面」是指思考圖表本身要呈現的主體及邊界（範圍），也就是主要元素及反應關聯的配件，不能掛一漏萬或喧賓奪主。「掌握關鍵」是指主要元素的呈現方式與形象外貌，要能表達知識及技術的核心意涵，是產品的主要特徵。「形優輔弱」是指價值的註解，能夠彰顯企業母體的優勢及願景價值，例如：「民視電視臺」最近使用「◉」當臺徽，並用「臺灣的眼睛」做註解，十分到位，具有喚醒「臺灣意識」的共鳴。「實踐目標」則是指圖表的整體意涵具有永續經營的「潛在」目標與「使力」方向，是一個「初心」與「結果」一致的標章。從系統思考建構圖表內容是很好的技術與要領。

二、從「博觀約取」思考圖表焦點

「博觀而約取，厚積而薄發」是大文豪蘇東坡流傳千古的名言，有人使用在「讀書求學」，有人使用在「知識管理」，更有人使用在「處事要領」，作者都十分推崇，並認為這兩句話是「系統思考」的進階註解，尤其是使用在「掌握關鍵」的要領上，註解（操作）得更為傳神與到位。知識是浩瀚無垠的，我們要廣泛了解（博觀），但要掌握最核心的知能（約取），而核心的知能應少而精實（約取）。平時要勤奮努力，厚植自身實力（厚積），上臺表演或參與考試時要能夠「精銳盡出」（薄發），為自己已經具有的能量做最佳的表達與展現（薄發）。是以，「博、厚」很重要，它是平時（常態）的工夫；「約、薄」更重要，它是擔責（表現）的價值。在職場及人生舞臺上，觀眾僅「觀賞」我們「站上舞臺」時的表現（約、薄），並且依我們實際的表現給予價值評定（包括酬勞、獎金）。從「博觀約取」思考圖表的焦點，可以掌握到「致用的主題知識」以及「實用的操作技術」，然後用「圖」或「表」來表達兩者之間的「關係」、「步驟」、「流程」、「系統」或「脈絡」，有助於閱讀者（或觀眾）掌握其核心知識及技術，進而成為能力，創新知識的共好價值。

三、從「標準程序」決定圖表邏輯

「標準作業程序」（SOP）是當前企業最流行的「做事」方法與「管理」技術。每一個公司的核心事務，都要發展設定做好此一事務的「標準程序」，交付員工「據以執行」，管理階層並依此「標準程序」檢核管理員工的「實踐績效」，以確保「服務」及「產品」之品質標準。很多公司會將最核心的工作事項之「標準程序」用圖或表公告在職場的牆壁上，讓員工及顧客看得到，方便「操作」並「據以執行」，也讓員工及顧客了解「目前進度」及「尚待完成事務」，能夠「掌握全局」及「核心事項」，大家心裡都踏實，例如：汽車保養廠的「標準程序」圖、表，或者是每一個重要交通路口「紅綠燈」的邏輯順序與「等待秒差顯示」，都會有這種效果，是當代人類的新文明文化之一。做事的 SOP 是決定圖表邏輯的要領及有效技術。

四、從「素養能力」伸展圖表關係

本書主張「素養」與「能力」是一體兩面：人的內隱知識（知能模組）因為無法看到，稱之為「素養」；「知能模組」中能量外顯，做出有價值的行為表現（包括完成作品及德行助人行為），稱之為能力。在第六章的圖 6-3（詳見第 132 頁）中，在使用「知識→技術→能力→價值」四位一體

KTAV 單元學習食譜教學之後，新學習的知識技術與「學習者既有的知能」互動之後產生的「新知能模組」，稱為核心素養。核心素養外顯化的有價值行為表現（智慧人．做創客）就成為核心能力。

從圖 6-3 可以看到，學生學習之後新建構的「新知能模組」（核心素養）是一種「整體」而「鉅觀」的知識，它是「真」（致用知識）、「善」（經營技術）、「美」（實踐能力）、「慧」（共好價值）、「力」（行動意願）、「行」（德行作品）的綜效整合。核心素養外顯化就成為「有價值的行為能力表現」，最理想的行為能力展現就是「智慧人．做創客」，智慧人的能力實踐德行助人，做創客的能力則完成精緻作品。在本書及經營教育四學中，所建構的學生核心素養與核心能力圖示、教師的核心素養與核心能力圖示、校長（教育領導人）的核心素養與能力圖示，以及家長的核心素養與能力圖示（如圖 14-1 所示），都可以從「素養及能力」伸展圖表關係。

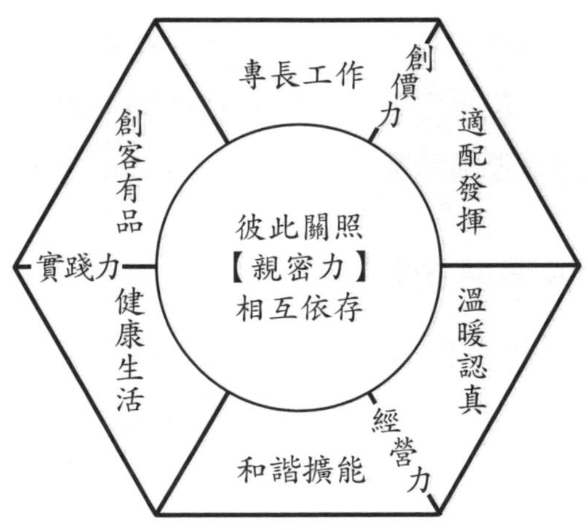

圖 14-1　家長的核心素養與核心能力

第三節　動能展演作品的教育

在學習作品中，直接用學習者身體表達出來的作品，稱之為動能展演的作品。這些作品包括下列四大類：(1)核心技術的教學作品：如澎湖縣的池東國小，將其學校特色「扯鈴」及「足球」（合稱手腳達人）之核心技術（扯鈴三十個、足球二十八個），都由學生將動作要領拍成 QRcode 布置在走廊上，提供學生直接用平板或數位手機自主學習，這些 QRcode 就是學生核心技術類動能展演的作品；(2)完形展演的教育作品：如很多通過「教育 111」的標竿學校，在學生「一生一專長」部分，就將學生演奏的整首歌拍成影片，做為學生專長認證達到指標之佐證，學生這類的作品，就屬於完形展演類之動能展演的作品；(3)自主學習的數位作品：如將前述兩類（核心技術及完形展演）之同學、同儕的優良作品加以蒐集，系統整理，製作成學習者得以隨時自主操作學習的教材，然後多次練習，達到熟練、精緻、到位的動能展演作品；(4)經典標竿的賽會作品：如籃球NBA、棒球大聯盟及網球四大公開賽，每天都有十大進攻好球及十大守備好球，這些資料加以系統蒐集、數位管理，就會成為經典標竿的賽會作品，這些作品也是教師教學最好的「專業示範」作品。

一、核心技術的教學作品要領

教師進行核心技術的教與學，得從下列幾項要領著力經營：(1)確定核心技術的動作群集：任何的核心技術都由數個連貫的動作組合（群集）而成，例如：籃球的「帶球上籃」技術，是由運球→跑動中運球→跨步帶球→空中伸手投籃（扣籃）的四至五個連貫動作群集而成，這四至五個動作要明確分析給學生明白；(2)觀賞教師（明星）的動作示範：教師得親自示範「帶球上籃」的這些連貫動作，或播放明星（高級優質）的示範影片，並講解分析每一階段的分解動作及要領；(3)進行編序解碼的連貫分析：核心技術的教學有時快、有時慢，其成敗的關鍵在於學生體會技術本身動作要領及使力的準確度，是以要輔以必要的文字說明，導引學生正確的「精準使力」並完成動作；(4)練習核心動作的精熟展演：學生在教師及同儕的輔助下，持續學習這些核心動作的展演，直至可以精熟整個「核心技術」（如正確完整的「帶球上籃」）；(5)拍攝完成自己核心技術的教學作品：由教師及同儕發揮群組動能，輪流拍攝完成自己核心技術的教學作品，並製作成自己的學習檔案（電子書），讓每位學生擁有自己的智慧創客作品。

二、完形展演的教育作品要領

完形展演的作品是指學習者能一次完成整體完形的曲目演奏或舞蹈藝文表演，例如：體操比賽的完形表現、歌唱比賽的整首曲目演出、舞蹈比賽的完整演出、繪畫和書法比賽的整張作品，都是屬於完形展演的教育作品。指導學生完成完形展演的教育作品要從下列事項著力經營：(1)依專長找曲目：歌唱、樂器、演奏、舞蹈、體操都需要選擇適合自己專長發揮的曲目，其節奏、旋律及核心技術最能順應自己專長的最佳；(2)尋優勢定難度：完形展演有核心技術的難度等級，也有整合貫串的難度等級，要找到自己的優勢條件最可以發揮的難度曲目與動作，最可能為自己創價；(3)握要領做中學：完形展演及核心技術的學習都要掌握動作技術本身的要領及施力訣竅，並經由做中學，才能貫串整合完形展演的教育作品；(4)愛實踐有作品：激勵學生持續實踐並運用數位產品將完形練習的作品錄影儲存，並不斷深耕系統整理，成為「愛實踐有作品」的標竿學生。

三、自主學習的數位作品要領

學生可以自主學習的數位作品包括下列四大類：(1)網路產品：如各種產品知識資料庫；(2)專業主題知識資料庫：如八大領域（學科）各資料庫；(3)學習方法作品：如全腦開發技術、系統結構技術、系統思考技術、KTAV單元學習食譜技術，都是有效的學習方法技術；(4)育樂休閒輔助系統：學習育樂化、學習生活化，育樂生活輔助有效學習的數位產品。

指導學生經營自主學習的數位作品，可從下列事項著力：(1)介紹核心知識系統：教師介紹學生學習主題系統最核心的知識資料庫給學生，避免學生在浩瀚無垠的網路知識中雜亂學習及浪費搜尋時間；(2)指導核心技術連結：教師要示範如何有效運用核心知識資料庫系統，宜針對動能展演的「核心技術」擇要與知識系統的要領說明連結，再提供學生自主學習；(3)自製練習數位作品：教師激勵指導學生，串聯整個網路知識及核心知識，自製練習數位作品，例如：透過「手機版QRcode」，隨時可自主練習或觀賞模擬；(4)精熟自主學習作品：做中學、有作品、常練習、精熟化，才能「知識遞移成功」，達成教育目標，是以教師宜督導學生有計畫的學習與練習，逐步完成階段性學習任務。

四、經典標竿的賽會作品要領

經典標竿的賽會作品概有三大層次：(1)世界級經典賽會：如籃球NBA、棒球大聯盟、網球四大公開賽、排球世界大獎賽、奧運田徑、世界運動會等；(2)國家級經典賽會：如臺灣區運動會、大專運動會、中小學聯合運動會、全國各單項球類年賽等；(3)個人級經典賽會：指學習者個人參加的校級、縣市級、國家級各種競賽的實際演出錄影。前兩級的經典賽會資料可提供學習者觀賞、學習，作為製作個人參賽演出作品的參考。

教師指導學生製作經典標竿的賽會作品要領，可從下列事項著力經營：(1)定期觀賞：世界級及國家級賽會作品是人類最菁英的頂級演出，通常就是人類各種動能展演作品的尖端智慧產品，值得有性向和興趣者定期觀賞、臨摹、學習；(2)介紹解析：教師帶著學生觀賞，應予適度介紹核心技術的使力點及解析運用的巧妙焦點，帶著學生做有價值學習，讓學生看到精彩的賽會展演，也產生心向凝聚及部分知能螺旋與重組效應；(3)自製產品：自製所有參賽演出作品，才能有效了解掌握自己的動能展演技術及水準，對自己的動能核心技術進行知識管理；(4)精進作品：指導學生定期觀賞自己參賽的演出作品，並且進行優勢劣勢分析，討論省思如何策劃精進下次的參賽演出作品，由自製作品的觀賞討論，精進作品的品質與水準。

第四節　價值對話作品的教育

第四大類學生習作的實物作品，本書名之為「價值對話」的作品。所謂「價值對話」，係指人學習新「知識技術」之後，在其原本的內隱知識產生「有價值」對話（螺旋、重組）後產生的作品，這些實物作品，也通常用「文字」來表示其「價值」，例如：中小學生的「作文」和「詩歌」習作、大學生的小論文、研究生的碩士論文或博士論文、大學教師的專案研究報告、公開發表的論文及研究學術著作。更廣義的「價值對話作品」，也包括報紙期刊、報導文學、個人的日記、札記省思，以及投稿文章著作（不一定被出版、刊出）。

一、作文習作教學要領

作者的生命經驗頗為有趣，國小時曾代表班上參加學校作文比賽，題目是：「如何保護原料甘蔗」。作者記得很清楚，作者只寫了兩句話：「我們要保護原料甘蔗，因為甘蔗可以製糖」，然後再也寫不出什麼來，最後就這樣繳卷了（當時是國小三年級）。國中階段又參加了一次紀念先總統 蔣公的作文比賽，作者將當年聽演講得到的資料寫成作文，結果得到第一名。1976年剛當完兵，正式當小學教師的第一年又參加雲林縣臺西鄉國語文競賽教師組，作文題目是「論忠恕之道」，作者用簡易文言文的寫法參加比賽，結果得了教師組第一名，也就是這次的機緣與妻子周碧玉老師結識（她得了教師組作文第二名）。作者的師專同班同學曾長泉老師出版了三本作文教學的書，女兒鄭依琳老師也出版了三本作文教學的書，作者都幫他們在第一本著作上寫序推薦。生命的長河，好似一齣作文奇遇劇（記）。

綜合這些生命經驗的奇遇，作者主張作文習作的教學要領，可以從下列事項經營：(1)從感覺學作文：視覺、聽覺、嗅覺、觸覺、味覺的具體感受與表達就可以寫成有生命感的作文（鄭依琳，2010）；(2)從聯想學作文：想像為風，聯想為帆，想像和聯想是寫好作文的兩把金鑰匙，共同推動寫作的船隻，駛向成功寫作的彼岸（鄭依琳，2011）；(3)從架構學作文：從各種經典文章的「架構分析」進而「架構仿寫」，帶領學生學會作品的核心技術，完成自己好的作品（曾長泉，2007）；(4)從價值學作文：帶領學生直接描寫人、事、時、地、物的意義、價值、功能，賦予萬事存在的價值與意涵，都會是篇篇精彩的作文。

二、詩詞習作教學要領

價值對話作品的第二大類型是「詩詞歌賦」，對現代的學生而言，則是指「對聯」、「唐詩」、「宋詞」、「新詩」、「作曲」、「作詞」、「駢文」，或有品質的「感懷札記」。這些詩詞習作的價值對話作品，「短小精緻」，有時亦能流傳千古，是啟發後人「智慧」及「創客」的最佳元素，例如：西安法門寺的對聯「法非法，非非法，捨非非法；門無門，無無門，入無無門」；徐志摩的新詩「再別康橋」；周杰倫「菊花台」的曲及方文山的詞，都是「短小精緻」的作品，它們的價值，或將可以流傳千古。

詩詞習作教學要領，教師可以從下列事項經營：(1)擬人譬喻法：將人的心思情感，放入要描繪的事物之上，用人的大願情懷關照生命的哀愁與雀躍；擬人譬喻法最能開拓動人的篇章，例如：《紅樓夢》中林黛玉的葬花詞；(2)詠物致知法：描繪物、事本身的特質或元素，讓人對物性及事理的傳神理解，例如：「花非花，霧非霧，夜半來，天明去」；(3)時空律則法：用大自然時空律則的知識來描繪人類各族群的特徵，象徵人與自然律則的共鳴，例如：作者撰寫《教師學：鐸聲五曲》一書時，用「鐸聲五曲」歌頌教師的一生（首部曲「鐘鳴大地．人師」；二部曲「朝陽東昇．使命」；三部曲「春風化雨．動能」；四部曲「明月長空．品質」；五部曲「繁星爭輝．風格」）；(4)共好價值法：用人際之間人與事務自然之間，可以共好價值來描繪彼此之間關係的作為，例如：作者倡議的「新五倫及其核心價值」為當代的新人類族群精簡劃分其類別，並賦予共好價值（核心價值），或許可供人類永續經營與探討。

三、論文研究教學要領

以前的教育，關注在「不普及」到「普及」，關注在「全民教育」的實施與「教育機會均等」的實踐，不一定要求學生在學習歷程中，留下好的（精緻的）學習作品。是以，在二十世紀之前，中小學教育的學生多求能「畢業」，有「證書」就好，而證書是政府及學校發的，並不是學生（人）自己的作品，但「證書」也是形式上的作品，代表對人「學歷」上的價值肯定。二十世紀後段，漸有部分大學部分學系，要求學生要有畢業

「小論文」以及「畢業作品展」；在研究所碩士班要有碩士論文，博士班要有博士論文及期刊發表論文（各系所規範不一）。論文研究教學，成為當前臺灣各大學研究所教育的新焦點，挑戰著教授們如何有效指導研究生，讓他們在學制規範的期限內，完成作品，順利畢業。

論文研究教學要領，指導教授可以從下列事項著力經營：(1)選定有能力研究的題目：研究論文雖然講究「創新」，但創新的程度及級別也多元併存；研究論文通常都是研究生個人理想抱負的影子，是研究者想創新知識的具體指標，但一定要在研究者「有能力」進行與完成的條件之下始得成立，不要激勵學生選定超越其能力程度的題目；(2)蒐集最核心文獻的知識：任何研究與創新都要站在前人的肩膀上看世界，是以指導教授要研究生蒐集到論文主題最核心的文獻，閱讀與研究題目攸關的核心知識及技術，充分了解前人的智慧精華及目前已經有的研究成果；(3)操作具系統結構的變項（明確的研究架構）：任何知識及技術都是有「系統結構」的，明確賦予整體論文或研究之「知識及其技術」間的系統結構關係，才能進行後續且完整的研究；(4)討論新事實結果的價值：自己的研究結果，要與理論、他人研究結果，以及國際脈絡進行比較分析、價值討論，才會有「價值」的結論與建議，其論文及研究才具有時代性與價值性。

四、著作發表教學要領

知識經濟時代有兩大特質：一為「創新知識」的激勵；二為「創新著作權」的保護。是以，知識經濟時代的核心價值即為「創新」，綜合上述兩大特質趨勢，教師要鼓勵學生（尤其是研究生），應致力於正式出版的著作及學術期刊的論文發表，用正式而有著作權保障的管道發表其「創新作品」，流通作品的績效價值，也保障自己「作品水準」的價值尊嚴，為人類社會的知識傳承與創新做出「動能貢獻」，也為推進新人類文明與文化善盡知識分子的責任。

教授本身要善於發表自己的著作及論文，專業示範給自己指導的研究生「學習」，也要善於指導其研究生多發表期刊論文及著作。指導學生著作發表教學要領，可以從下列事項著力經營：(1)修習「知識教育學」：對於知識、教育與人的關係，需要深入探討與了解，尤其是「知識本體說」、「知識先天說」、「知識管理說」、「知識遞移說」、「知識智慧說」，以及「知識創客說」之間的關聯與本質意涵，應有所了解，才能掌握知識的性質，進而擁有知識、駕馭知識；(2)運用KTAV單元學習食譜進行教學：每一單元（章）的授課規劃或學生作品，均可採用 KTAV「知識→技術→能力→價值」四位一體的智慧創客教育，確保教育（學習）的品質與價值；(3)強化「系統思考」的習作作品：著作（論文）能否被採納、同意刊載出版，通常決定在作品本身是否有「創新的系統結構」或者「系統結構的創新」，這兩者都出自作者本身「系統思考」的素養與能力；「觀照全面→掌握關鍵→形優輔弱→實踐目標」的系統思考，已成為一種可以操作的核心技術，是可以教學的，運用在論文研究的習作作品上頗具成效；(4)帶有「價值評量」的作品：創新的論文或著作，如有進行「價值評量」之驗證，就會直接肯定作品的價值，並帶給主編（或出版者）具有「品質保證」的作用，容易被接受、採納刊載。

第十五章　新領導的教育

教育在「教人之所以為人」，知識教育學的兩大目標在培育「智慧人．做創客」。領導新教育的行政長官及校長、主任，都要參照「知識教育學」的核心知識及技術，融入「創新領導」的作為，方能因應時代脈動，領導「創客教師」，教導「創客學生」，開展「新五倫．智慧創客學校」，專業示範「知識遞移說」及「KTAV 單元學習食譜」的撰寫與教學實施，領航師生邁向「智慧人．做創客」。

本章分四節說明新領導的教育：第一節「新願景領導策略及技術」，說明「願景形塑與價值教育」、「階段任務與本位經營」、「實踐篤行與績效責任」，以及「智慧管理與特色品牌」；第二節「新計畫領導策略及技術」，闡述「中長程計畫與校務發展計畫」、「主題計畫與系統結構技術」、「專業示範與計畫實踐篤行」，以及「計畫融合與教育品質提升」；第三節「新創客領導策略及技術」，逐一說明「知識遞移說與『真善美慧』四位一體教育」、「智慧創客說與 KTAV 單元學習食譜」、「智慧創客學校的經營與實踐」，以及「培育『智慧人．做創客』的學校」；第四節「新文化領導策略及技術」，揭示核心價值、價值論述、融入班級經營，以及營造優質組織文化之教育焦點。

第一節　新願景領導策略及技術

創新領導的策略及技術繁多。鄭崇趁（2016a）指出，教育產業的創新經營策略有八：願景領導策略、組織學習策略、計畫管理策略、實踐篤行策略、資源統整策略、價值行銷策略、自我實現策略，以及智慧資本策略。2017 年初，作者的博士班學生經由討論，另新增了八個策略：學區共榮策略、專業發展策略、智慧展能策略、目標克責策略、慧能永續策略、同心圓夢策略、文化形塑策略，以及正念溝通策略。茲以「新領導」為主體（圓心），「知識教育學」的理念為主軸（半徑），統整前述十六個經營策略，成為「新願景領導」、「新計畫領導」、「新創客領導」，以及「新文化領導」等四大「新領導策略」，並逐一論述這時代的「新領導」，經教育陶冶之後，應學習到的「領導策略及技術」。

本節先敘明「新願景領導策略及技術」。「願景領導」在管理學上的發展，係由「目標管理」、「本位管理」及「學習型組織理論」流行之後，由於「建立共同願景」的「修練」與實踐，逐漸開展成「目標領導」→「願景領導」→「價值領導」→「新願景領導」。新願景領導是指，教育領導人接掌一個學校或教育機構時，要在交接典禮上或短期之內（不逾半年較佳），明確揭示該校（組織）的願景（vision）、任務（mission）及核心價值（core value），並詮釋其意義、價值與必要緣由，喚醒組織成員凝聚動能，共同實現新願景目標。願景、任務、核心價值三者之間的關係要有系統結構，能用「圖或表」張貼在學校或組織單位之標的建築牆面，領導師生知曉「操作」、「力行」、「實踐」新願景的「著力點」。

一、願景形塑與價值教育

「願景」是方向目標，「價值」則是意義本質，「新願景領導」就是重視「方向目標」、整合「價值教育」的新領導策略，此一策略包含了幾個重要的經營技術，例如：「形塑願景」、「價值論述」，尋繹組織「階段任務」、「本位經營」的「績效克責」、「願景價值行銷」、「實踐願景」措施、「智慧管理願景」，以及「學校願景與特色品牌」教育等，逐一一扼要說明如下。

新願景領導一定要有「新願景」的實質內容，通常包括三大名詞的「具體內容」，這三大名詞是：願景（vision）、任務（mission），以及核心價值（core value）。舉兩個教育領域經營的具體實例來說明：2012 年，作者奉國立臺北教育大學校長林新發教授的聘任，擔任研究發展處首任研發長，在接任的一個月內，就揭示研發處的願景（vision）、任務（mission），以及核心價值（core value），並以圖 15-1 來表示。

研究發展處是國立臺北教育大學的一級行政單位，圖 15-1 中的圓形部分，代表國立臺北教育大學，中間的構圖就是研究發展處。研究發展處的

Vision：敦愛篤行，傳承創新，精緻大學

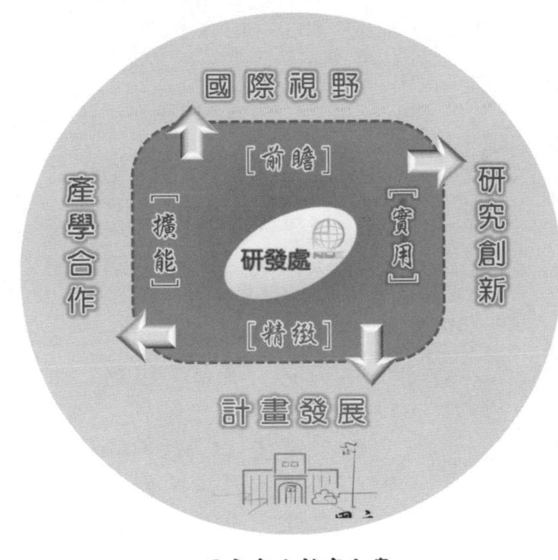

Mission：計畫發展
研究創新
產學合作
國際視野

Core Value：
精緻、實用、擴能、前瞻

國立臺北教育大學

圖 15-1　國立臺北教育大學研究發展處的願景領導圖示

資料來源：修改自鄭崇趁（2016a，頁 11）

願景（vision）是用學校的願景當願景，當時林校長主持之下的國立臺北教育大學，其願景是：敦愛篤行，傳承創新，精緻大學。研究發展處在學校中有四大任務（mission）：計畫發展、研究創新、產學合作、國際視野。作者擔任首任研發長時，為這四大任務註解其核心價值：「計畫發展」的核心價值在「精緻」（計畫導引學校精緻發展），「研究創新」的核心價值在「實用」（研究成果提升教育品質，學以致用），「產學合作」的核心價值在「擴能」（擴大學校服務能量），「國際視野」的核心價值則在「前瞻」（師生具備前瞻視野）。這一幅研究發展處的願景領導圖示，就懸掛在研究發展處會議室的牆壁上，讓同仁及參與會議的貴賓都能很清楚地看到願景、任務、核心價值及其之間的關係，有助於業務的討論與執行。

第二個具體實例，可以 2010 年國家教育研究院完成立法揭幕時，首任院長吳清山教授為國家教育研究院定位，揭示其願景（vision）、組織任務（mission），以及核心價值（core value），如圖 15-2 所示。

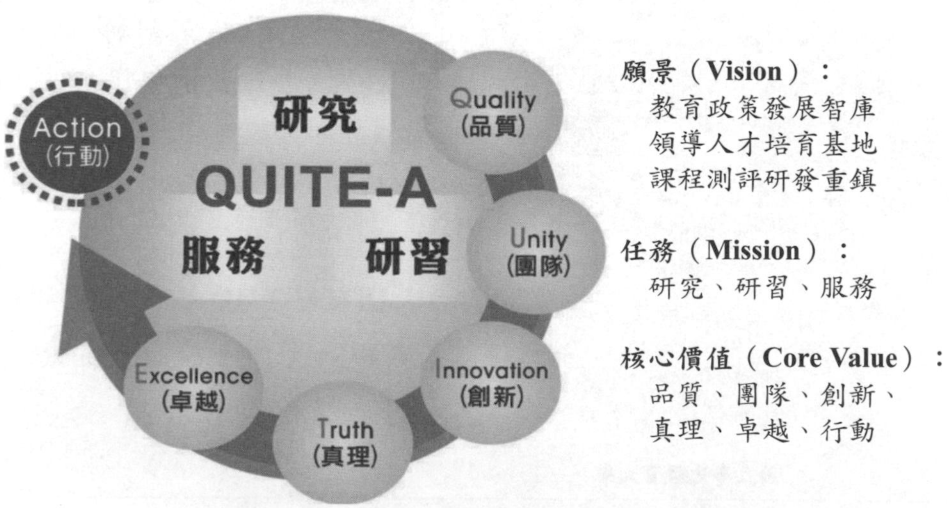

圖 15-2　國家教育研究院的願景領導圖示

資料來源：修改自鄭崇趁（2016a，頁 11）

國家教育研究院的願景（vision）有三：教育政策發展智庫、領導人才培育基地，以及課程測評研發重鎮。其核心任務（mission）有三：研究、研習及服務。其核心價值（core value）是：品質、團隊、創新、真理、卓越，以及行動。

新願景領導策略，實際的操作行為亦可稱之為「創新目標價值的領導」（鄭崇趁，2016a，頁 9-14）。先決定組織的「階段任務」（創新目標），再依任務內涵尋繹「核心價值」（創新價值），促使階段任務及核心價值的實踐，可以帶動組織逐步邁向願景，實現願景，早日完成願景設定的理想境界。

二、階段任務與本位經營

新領導如果接任有歷史傳承的單位，學校或機構原本就有的「願景」、「校訓」或「精神標語」，是否要調整願景內容及頒布新願景、新任務及新核心價值，常成為領導者的挑戰。作者認為，新領導宜用三個月時間觀察，深入了解組織文化傳承，並解析原有的願景文字與精神標語對組織當下的影響程度。再用三個月時間帶領核心幹部「形塑願景」，此時可用「行動研究法」、「焦點團體法」、「座談參與法」，先「找到組織階段任務（mission）」，再以核心任務（約四個），探其原理原則（理論），揭示其經營的核心價值（core value），接著以任務及核心價值的基礎文字內容，向全校師生公開徵求「新願景方案文本」（包括圖、表及文字內容）。是以，「階段任務」是新願景領導策略「願景形塑」的起點，同時也是新領導「價值論述」的焦點。新領導到新的單位，必須很快地找到新組織的新階段任務（用以形塑新願景）。

學校（組織整體）的「階段任務」，可用於「形塑新願景」。新願景頒布揭示之後，學校各處室單位則要「本位經營」，依據原本的法定核心職能、例行事務及「新願景方案」，系統思考處室組織實踐新願景的「階段任務」。一級、二級行政單位及課程發展委員會、領域小組、任務型委員會（次級系統），均能本位經營，各自設定年度及每月、每季的「工作項目與實踐目標」，銜接新願景方案，共同創新經營學校（單位）。

三、實踐篤行與績效責任

新願景領導策略最大的挑戰在「雷聲大、雨點小」。當前的學校及教育單位「新領導」異動頻繁，很多新領導也都揭示了學校（組織）的新願景，但多數的「校務」並未因此「興旺」，其主要原因在於新領導帶動的「實踐篤行」不到位，或者沒有操作「績效責任」來實踐新願景。新領導為了推動「新願景領導策略」，宜自己先專業示範「實踐篤行」，例如：主持會議時，能將討論的教育事務用新願景的核心價值加以論述說明，讓學校所有的核心事務與新願景銜接；或是帶領幹部依據新願景及處室核心業務策定主題式教育計畫，以及學校中長程發展計畫；領導課程發展委員會領域小組研發實踐新願景的主題教學教案；督導班級導師將實踐新願景的可行教育活動，融入各班級的班級經營計畫。

新願景領導策略的經營，有必要採行「績效責任」的技術運用。學校可以舉辦「實踐新願景班級競賽」或「實踐新願景績優處室單位及特殊貢獻人員選拔」，定期（半年或一年）公開表揚獎勵績優班級、處室及有功人員，運用「目標克責」及「績效獎勵」之「績效責任」技術的經營，激勵全校師生共同實踐新願景，是新願景領導策略的著力點。

四、智慧管理與特色品牌

新願景領導策略的主要目的在經營學校（組織）的特色品牌，而學校（組織）能否真的成為有特色品牌的學校，則有賴新領導靈活運作「智慧管理」的經營技術。學校的特色品牌，要有下列四大條件：教育性、課程化、普及化，以及卓越性。教育性是指特色主題要與學生學習攸關，是教育的核心事項。課程化是指特色教育的活動是經由系列的「教」與「學」之深耕累積（經營）而來的，不是一時的表現或煙火式的燦爛。普及化是指師生多數人的共同參與，尤其最好是全校學生都參與。卓越性是指學校的精英團隊確有傑出卓越的表現，一般學生也多能邁向普遍卓越。新願景領導策略應將「階段任務」（mission）設定一項任務為學校特色品牌的經營，或者將特色品牌的主體直接當成新願景（vision），例如：經營一所新五倫智慧創客學校，經營一所創客特色學校。

「智慧管理」係新願景領導策略的「核心技術」之一，是指新願景領導中的「願景形塑」、「價值論述教育」、學校及處室「階段任務」的項目及進度，實踐願景成果績效，競賽活動及獎勵事蹟，均應進行「智慧管理」。運用智慧型數位媒材儲存管理這些願景領導與實踐知識，並適時進行「系統結構」整理，對外價值行銷，「有智慧」地管理新願景領導策略及其技術之實踐。

第二節　新計畫領導策略及技術

新領導會用新計畫領導同仁、經營學校（組織），用新計畫帶動學校（組織）精緻發展，用新計畫領導組織（機構）邁向新境界。就教育領域而言，新計畫包括下列四個層次的教育計畫：新的全國性教育計畫（教育部、教育局處的新領導使用）、新的學校發展計畫及主題式教育計畫（學校的新領導使用），以及新的班級經營計畫及課程教學改進計畫（新教師的領導使用）。新教育計畫可以領導計畫教育（學校教育現況）的優化改變，確保教育機制與內容符合社會變遷與時代需求。計畫教育與新教育計畫的關係，如圖 15-3 所示。

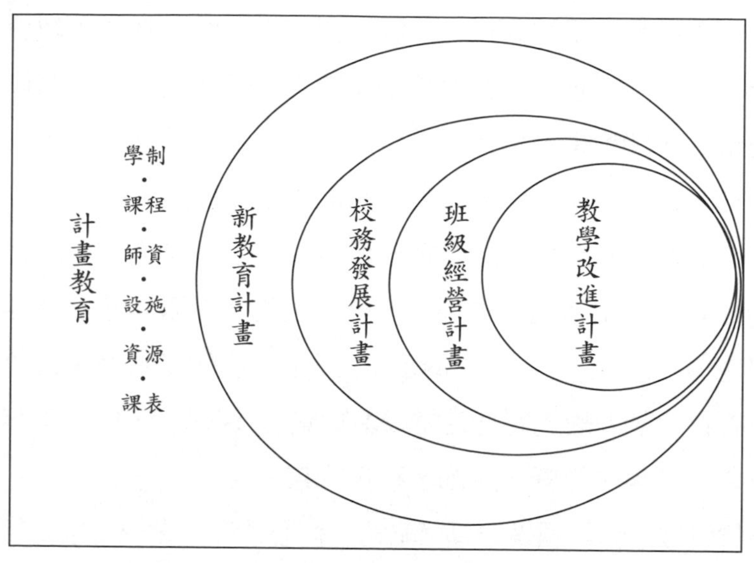

圖 15-3 新教育計畫與計畫教育的關係

資料來源：修改自鄭崇趁（2012，頁 158）

一、中長程計畫與校務發展計畫

新領導要為組織（尤其是學校），策定新中長程校務發展計畫，為學校（組織）的發展規劃願景及中長期目標，設定階段任務及重要執行事項，以做為學校同仁共同經營校務之藍本。中長程計畫與校務發展計畫的核心技術有四：(1)結合新願景領導策略：中長程校務發展計畫要與新願景領導策略所研發之願景（vision）、任務（mission）及核心價值（core value）結合，成為實踐新願景的核心計畫；(2)整合處室單位的核心業務及主題計畫：中長程校務發展計畫扮演學校傳承創新的角色功能，計畫內容必須能夠整合原本處室的核心業務及重要主題計畫，傳承原有績效價值，並孕育開創未來；(3)運作 SWOT 分析，深入探究學校（組織）處境：SWOT 分析可以找出學校的優劣勢及機會威脅，做為中長程發展規劃的基石；(4)設定階段任務（目標）及核心事項：中長程計畫主要目的在創新經營，帶動組織面向未來，是以計畫本身的策略及技術要有前瞻視野的理念目標，並能夠分二、三個期程，設定階段任務與核心經營事項。

二、主題計畫與系統結構技術

以學校為經營主體而言，全校性的「整體發展計畫」之核心計畫有三：(1)校務中長程計畫；(2)學校校本課程發展計畫；(3)學校特色教育發展計畫。此三大計畫適合以中長程計畫（三至五年）來規劃經營，其餘學校教育的重要事項，則須結合處室單位的職能，策定主題式教育計畫來帶動學校發展。這些主題式教育計畫，例如：學校閱讀教育實施計畫（教務處）、品格價值教育實施計畫（學務處）、弱勢族群學生輔導計畫（輔導室）、校園環境整備計畫（總務處）等。新領導要帶領處室主任及課程發展委員會領域召集人（幹部），在中長程校務發展計畫的引導及學校的需求下，每年策定學校十大教育計畫，運作十大教育計畫，帶動學校精緻發展。

主題計畫領導的核心技術有五（鄭崇趁，2013，頁150-156）：(1)有理論價值的計畫：計畫的背景緣由有敘明該計畫的理論、理念及期待實踐的核心價值；(2)有系統結構的計畫：計畫目標、策略及項目環環相扣，能夠用圖或表來呈現其系統結構；(3)有行動要領的計畫：計畫的實施有組織、運作方式及年度作業計畫的規劃；(4)有品質管理的計畫：計畫的執行規範，設定定期的檢核回饋，品質保證機制；(5)有績效責任的計畫：每一主題式計畫均有主辦處室及負責執行人員，有獎勵績優單位及有功人員的機制。

三、專業示範與計畫實踐篤行

新領導與新計畫的關係，最佳的詮釋是專業示範與計畫篤行實踐的關係，亦即新領導用新計畫來展現自己的專業示範，將自己的優勢專長經由計畫的篤行實踐，帶領同仁共同完成教育的核心事務，並創新學校教育的績效價值。其間可操作的核心技術有五：(1)系統思考的方案設計：主要教育活動都以系統思考的方案設計呈現，並同時考量「觀照全面」→「掌握關鍵」→「形優輔弱」→「實踐目標」四大層面的思考；(2)本位經營的資源統整：新計畫就是校內外資源的新統整，新領導會考量「本分、本業、在地、品牌」的本位經營，促成新資源統整目標的實現：人盡其才、事畢其功、時中其機、地盡其利、物盡其用；(3)優勢亮點的順性揚才：教育活動的方案設計也要讓大家看到學校師生的優勢亮點：計畫方案能順教師之性，揚其智慧卓越之才；順幹部之性，揚其經營優勢之才；順學生之性，揚其專長亮點之才；順組織之性，揚其特色品牌之才；(4)賦權增能的績效責任：計畫的設計與實施，其本身具有賦權增能的績效責任意涵，賦權予主責幹部及教師同仁，增其辦好核心教育事務之能；也賦予責任，有機會實踐之績效價值；(5)圓融有度的智慧管理：優質的新教育計畫本身就是圓融有度的智慧管理，新計畫「有智慧」地將要做的新事務分配給最合適的同仁，並能圓融有度地依限完成，實現計畫目標，形同最高明的智慧管理。

四、計畫融合與教育品質提升

新領導訂定新計畫經營學校教育，尚須關注兩大要領：注重「計畫融合」以及「教育品質」之提升。新計畫主要目的要能夠明顯提升教育品質，並非玩一些不同的教育方法，卻不能夠真正地幫助學生學得到應備的「知識、技術、能力、價值」（產生新知能模組），一定要關照到「新計畫」滿天飛，工作事項繁瑣重複的問題。因此，新計畫的訂定要融合四項計畫訂定：(1)融合學校中長程計畫：新計畫是中長程計畫的核心事項；(2)融合已具有績效價值的主題式計畫：有績效價值的既有計畫之核心事項應予延續施力；(3)融合學校年度工作計畫：將年度工作計畫之核心事項納入新計畫整合實施，讓同仁做一件事即可滿足雙邊需求，以新計畫幫忙完成既訂年度工作；(4)融合學校各班級經營計畫：新計畫也要成為學校各班班級經營計畫的重點之一，達到真正提升教育品質的目的。

第三節　新創客領導策略及技術

新領導要了解創客教育，實施新創客領導。創客教育的基本意涵有三：(1)教育創新知識的人；(2)教育會操作知識裡的技術之人；(3)有教育作品的師生。本書第四章「知識遞移說」、第五章「知識智慧說」，以及第六章「知識創客說」，已詳予說明智慧創客教育的緣由與內涵，並主張創客教育的有效模式：研發「有創意」的學習食譜→教導「能創造」的操作學習→建構「再創新」的知能模組→完成「做創客」的實物作品（四創一體的教育）。另外，也推薦採行「KTAV 單元學習食譜的教學」，論述創客教育的核心價值在「真實」（探討相對真實的知識）、在「體驗」（做中學技術）、在「生新」（作品給師生生新雀躍），以及在「創價」（作品可傳承創價）。茲再將新創客領導攸關的策略及技術說明如下。

一、知識遞移說與「真善美慧」四位一體教育

「知識遞移說」（本書第四章）主張，「知識遞移」要成功，必須經由「知識解碼」→「知識螺旋」→「知識重組」→「知識創新」的完整歷程，教學者與學習者均要掌握「解碼」、「螺旋」、「重組」、「創新」的核心技術，「知識遞移」才能真正有效成功。這四個步驟的核心技術運作與四創一體的創客教育息息相關：「知識解碼」將知識解碼成可操作的技術，學生才得以進行「做中學」；「知識螺旋」直指學生的內隱知能和正在做中學的「技術」螺旋，有利於「新知能模組」的建構；而新知能模

組由模糊到明確，要經由「知識基模系統重組」的核心歷程。「新知能模組」的實際內容是「真」（致用知識）、「善」（經營技術）、「美」（實踐能力）、「慧」（價值行動）四位一體的系統重組，加上「力」（行動意願）以及「行」（德行作品），才得以外顯化完成作品，或表現有價值的行為。學習者的「新知能模組」明確，具有外顯化的有價值行為表現（作品德行實踐），才是真實地「創新知識」。因此，「知識遞移說」、「四創一體」的「創客教育」，以及「真善美慧」四位一體（核心素養）的教育（建構新知能模組）是創客教育最重要的理論基礎。新領導理解與論述這些理論，有助於「創客教育」之實踐。

二、智慧創客說與 KTAV 單元學習食譜

「知識創客說」開展創客教育模式：研發「有創意」的學習食譜→教導「能創造」的操作學習→建構「再創新」的知能模組→完成「做創客」的實物作品。「知識智慧說」則指出「智慧」的四大元素：致用「知識」、經營「技術」、實踐「能力」，以及共好「價值」。上述兩者均能整合成「KTAV 單元學習食譜」來進行教學。KTAV 單元學習食譜亦可適用於一般教育活動，「兩說」的整合詮釋稱之為「智慧創客說」，為本書《知識教育學》的副標題：「智慧人・做創客」做學理的連結。

KTAV 單元學習食譜是推動智慧創客學校的主要工具。KTAV 單元學習食譜的第二個欄位「技術」是引導使用「智慧型產品」做中學的標示，第三個欄位「能力」是引導使用「智慧型機具」做出「智慧型學習產品」的標示，並且以單元「知識及技術」為主軸，用作品能力來顯示有價值行為，完整導引師生進行「知識、技術、能力（作品）、價值」四位一體的教學，而成為智慧教育、創客教育及價值教育最佳的課程統整模式。

三、智慧創客學校的經營與實踐

智慧教育及創客教育一起實施的學校，稱為智慧創客學校，是 KTAV 單元學習食譜使用率最高的學校。智慧教育旨在培育學生成為智慧人（有智慧的責任公民）；創客教育則在培育學生都能留下學習實物作品，做一個名副其實的「創客」，因為作品可以定位人生。智慧教育的實踐要關注下列四大重點：智慧產品的教育、智慧素養的教育、智慧實踐的教育，以及智慧生活的教育（詳見本書第十三章），讓智慧善用知識及技術，讓智慧深化自我及族群，讓智慧優化效能及效率，讓智慧領航生活及生涯（鄭崇趁，2016b）。

創客教育也要關注下列四大重點：立體實物作品的教育、平面圖表作品的教育、動能展演作品的教育，以及價值對話作品的教育（詳見本書第十四章），因為作品是生命的延續，作品是知識的結晶，作品代表教育成果，作品可以定位人生。智慧創客教育的學校，激勵每位教師使用 KTAV 單元學習食譜，教師都能針對白己教學的領域（學科），發展設計五至十個單元的KTAV 單元學習食譜，其教授學生至少有三至八種精緻實物作品。學校每年或每學期匯集各領域（學科）教師與學生的「創客」教學成果，每年（或半年）均可舉辦智慧創客教育嘉年華會。

四、培育「智慧人．做創客」的學校

新領導推動新創客教育，也要有前瞻視野，用鉅觀的知識教育學來註解創客教育的精神與目的。知識教育學定位人與知識、教育的關係之後，主張「智慧人．做創客」，也就是策動學校使用「智慧創客教育 KTAV 單元學習食譜」，推動智慧創客教育，其最終的期待是：全校師生都積極參與「智慧人．做創客」，每一位師生都有自己的「教育產品」，每季、每學期、每年均可辦理創客作品成果展示，是一所培育「智慧人・做創客」的學校。

「智慧人・做創客」的理論來自「知識遞移說」及「新知能模組」的建構。知識遞移說明了人學習知識以後，人自身「知能模組轉化建構」的歷程，它需要「解碼」→「螺旋」→「重組」→「創新」的建構，新知能模組的外顯化，促成了「智慧人・做創客」的有價值行為表現。「新知能模組」的外表不易覺察，屬於內隱知識，亦可稱它為「核心素養」。新知能模組外顯化就會成為每個人的「核心能力」，有能力實踐「智慧人・做創客」。新創客領導策略，就是將學校經營成一所培育「智慧人・做創客」的學校。

第四節　新文化領導策略及技術

新領導會轉動組織文化的優質改變，讓學校組織文化處於「活力積極，努力合作，智慧創客，共榮共享」的狀態，稱之為新文化領導策略。其策略之經營技術主要在「核心價值」的喚醒，價值活動與價值論述，價值融入班級經營及單元教學，並激勵處室（次級系統）經營自己的優質組織文化。厄要說明如下。

一、揭示人與組織（學校）的核心價值

組織成員「人心動向」的「集體表現」稱為組織文化，組織文化的取向是組織興旺或衰微（低迷）的根。當一個學校面臨發展困境，如果組織文化優質，仍有可能創新經營、跳脫困境、組織再造，開展新天地；若一個學校雖然興盛，但同仁（師生）認同程度不高，相互制衡排擠，也難逃衰敗退場。新領導要適時揭示人與組織的核心價值，用新穎（適當）的價

值觀進行「文化領導」；唯有新鮮而道地的核心價值觀，才可以領導組織及同仁新文化的孕育。

在組織的核心價值方面，新領導可以參照作者於2012年所提示的「二十一世紀臺灣教育的核心價值」（可參見圖8-7）：以人體作隱喻，二十一世紀的臺灣教育，以「人文」（頭）的思維引導，踏著「均等」、「適性」（雙腳）的腳步前進，注重「民主」、「創新」、「永續」（肚子）的歷程，邁向「精緻」、「卓越」（雙手）的成果，再依組織任務性質彈性調整運用。在個人的核心價值方面，教育人員以「教師」的人數最多，新領導可參照作者於2014年為教師所擬的個人願景（vision）、任務（mission）及核心價值（core value）之範例，再依自身理念及價值觀，融合界定。當時的範例是：教師的願景為「自我實現，責任良師」；教師的任務是「教學、研究、輔導、服務」；其任務應對的核心價值則為「專業、精緻、責任、價值」。專業是指專業自主的教師，精緻是指精緻研發的教師，責任是指責任楷模的教師，價值是指價值創新的教師。

二、針對核心事務及計畫進行價值論述

人類「生活」的總稱為「文化」，新文化領導要從執行任務的「生活」著力。學校師生的生活核心在於「核心事務」（如開學典禮、運動大會、畢業典禮、各種委員會議），及「主題式計畫」的規劃與執行，新領導如能在這些重要的「生活場合」進行價值論述與價值決定，必能引導同仁價值認同，凝聚心向，孕育新文化。

文化領導的價值論述，可從下列四個方向著力：(1)新意涵：學校的核心事務，每年都循環著固定期程舉辦，新領導的價值論述要配合時代與當前的社會脈動，講出新意涵；(2)新價值：深層的價值論述、連結經典的價值論述，都可以為核心事務註解新價值，例如：畢業典禮是結業創價的伊

始；(3)新融合：對於同仁共同合作執行的事務，給予「共好共享」的新融合價值論述，可以更加凝聚大家的向心力；(4)新未來：現在的價值很重要，未來有希望的價值更迷人，有價值的當下創造更有價值的未來，可以暢旺組織文化，永續經營。

三、將價值教育融入班級經營計畫及單元教學

價值教育是優化文化的根，人的價值認同影響文化的內容與趨勢，因此價值教育要結合級任教師的班級經營計畫以及學科（領域）教師的單元教學，師生的價值觀才能普遍、明確，進而定位。是以，班級經營計畫要有「訂班名」及「實踐中心德目」的價值教育。「班名」就像全班師生的共同願景或核心價值，是全班師生的努力方向及目標，班名可以繡在班旗上，在運動會時、班際教育活動時，用班旗（含班名）帶隊集合，帶領團隊爭取班上榮譽，深具意義與價值。而配合品格教育核心價值（中心德目）的主體，規劃學生行為實踐規準，再激勵學生實踐篤行，都是有效的價值文化領導。

在單元教學方面，鼓勵教師採行「KTAV 單元學習食譜」，並落實最後一個欄位「價值」的「價值詮釋」，讓學生直接反思檢討該單元學習的意義度與價值度，由持續的價值體認，優化自己的生活文化價值。教師帶領的價值論述及詮釋內涵，就是教師在學生面前的專業示範，價值楷模的專業示範也是價值教育最具效果的方法。教師是學生的生命之師、知識之師、智慧之師，以及風格之師（鄭崇趁，2015a，頁 31-44）。

四、激勵處室及班級形塑優質組織文化

學校整體組織文化來自次級系統文化的匯聚。整體組織文化的優化，有時需要由次級系統的個別組織文化先行優化，進而典範帶動，大家跟隨。

新領導的新文化領導策略，亦得激勵次級系統的處室及班級，進行個別形塑優質的組織文化，例如：(1)由處室主管（班級導師）針對自己的單位進行「任務價值」論述，深化單位同仁深耕工作價值文化；(2)單位辦理「業務達人」選拔，推薦獎勵主軸業務表現優秀的同仁，帶動績效克責文化；(3)由單位主管策定各單位階段優質目標，帶領同仁講究群組動能及完成工作任務之效能和效率；(4)激勵單位主管規劃單位未來發展，並適時與單位同仁分享，孕育同仁邁向前瞻文化。

新領導的教育是新領導人「創新經營」能力實踐的教育，也是「創新領導」的教育。新領導人（含校長）必須領導同仁，用知識創新「致用知識」、用知識創新「經營技術」、用知識創新「實踐能力」、也用知識創新「教育價值」，推進新人類文明文化（鄭崇趁，2016a，頁 1）。本章從「新願景領導策略」、「新計畫領導策略」、「新創客領導策略」，以及「新文化領導策略」四大面向的「創新領導」策略及技術，析論「新領導」的教育內涵，期待能夠教育出更多符合時代需求，更能夠具有「能力實踐」的新領導。

第十六章　優教師的教育

優教師是指優秀的教師、表現卓越的教師，能夠勝任教育專業的工作，也是一位符合時代需求的責任良師。優教師應了解「經營教育四學」鉅觀的教育經營知識和技術，應具備《教師學：鐸聲五曲》一書中，對於人師、使命、動能、品質，以及風格五部曲的實踐能力，也要結合本書《知識教育學：智慧人．做創客》的新主張，掌握「知識遞移說」，喜用「KTAV 單元學習食譜」，創新教學實踐，開展「新五倫．智慧創客學校」。

本章分四節敘明優教師的教育重點：第一節「教育專業的知識」，從師資培育系統，增益教師的「核心素養與能力」、「經營知能與技術」、「知識傳承與創新」，以及「專業標準與實踐」；第二節「課程教學的技術」，分析優教師應具備的「教學原理與實踐」、「課程研發與設計」、「教學方法與運用」，以及「數位教學與評量」的技術；第三節「智慧創客的能力」，闡述新時代優教師應備的「知識教育學」四大核心能力：知識遞移說、KTAV 單元學習食譜、知識創客教育，以及價值實踐能力；第四節「教導新五倫的價值」，解析品德教育及情意教學的新趨勢，推廣新五倫及其核心價值的品格教育，為教育的價值詮釋開發新境界。

第一節　教育專業的知識

優教師的能力實踐，來自於教育專業的知識。教師能夠具備一般知識分子（大學畢業以上）的常態知識外，尚應具有教育專業及專門的知識。經由師資培育系統的教育，每一位師資生產生「知識遞移說」的效應，知識基模系統重組，才能建構「優教師」的新知能模組，表現「智慧人・做創客」的實踐能力。

一、教師的核心素養與能力

新課綱將「核心能力導向」的課程目標改變為「核心素養導向」的課程目標，引起大家對「素養」與「能力」的關切。本書主張，內隱的新知能模組（看不到的）稱素養，外顯的新知能模組（看得到的）稱能力；素養與能力是一體兩面，都是人學習廣義的知識後，在人身上建構的知識（真）、技術（善）、能力（美）、價值（慧）之新系統結構（新知能模組）。

優教師的核心素養有四：專業力、整合力、執行力，以及創發力。專業力的素養包括兩大核心能力：教育專業的能力及關愛助人的能力。整合力的素養包括兩大核心能力：課程設計的能力及班級經營的能力。執行力的素養包括兩大核心能力：有效教學的能力及輔導學生的能力。創發力的素養包括兩大核心能力：應變危機的能力及研究發展的能力。其間的系統結構如表 16-1 所示（鄭崇趁，2012，頁 33-37；2014，頁 167-168）。

表 16-1　優教師的核心素養及能力

核心素養及能力	內涵
1. 教育專業的能力 〔專業力〕	・對於人的教育有完整的哲學觀。 ・了解學生的生理與心智發展情形，能夠提供最適合學生的教育。 ・熟悉教育政策與學校措施，並能與個人的教育核心價值結合。 ・具有教育心理學、教育社會學、教學原理、輔導原理的基本素養與實踐能力。 ・具有論述教育活動與教學行為之價值或亮點的能力。
2. 關愛助人的能力	・喜歡自己的學生，能夠有教無類、因材施教。 ・喜歡一般的學生，能夠主動關懷、伴其成長。 ・願意參與認輔學生，提供個別關懷，愛心陪伴。 ・教學中具有辨識學生行為問題的能力，能將輔導理念融入教學，幫助學生維持有效學習。 ・具備輔導原理及諮商技術的基本素養，在教與學的歷程中，能夠有效協助適應困難及偏差行為學生。
3. 課程設計的能力 〔整合力〕	・具備發展學校本位課程的能力。 ・具備發展任教領域主題教學方案的能力。 ・能夠參與任教領域課程與教學行動研究。 ・逐年累增自編教材比例至 20～25%。 ・能夠依據課綱設計領域課程教學計畫。
4. 班級經營的能力	・了解班級學生的主要背景與起點行為。 ・能夠參照班級學生的共同性與個殊性，擬定班級經營計畫。 ・教師的班級教學能夠融合校本課程發展，設計主題教學方案。 ・導師的班級經營計畫，能夠融合實踐政策的重要教育主題及學校特色。 ・班級經營計畫及班級教學實踐，能夠激勵鼓舞班級士氣，形塑積極、主動、熱忱的優質班風。

表 16-1　優教師的核心素養及能力（續）

核心素養及能力	內涵
5. 有效教學的能力	・能夠善用教學八大原則及學習三律，實踐於教學課堂之上。 ・能夠善用資訊科技媒材輔助教學。 ・能夠確保學生習得單元教學之核心知識、技能與情意。 ・能夠適時進行形成性與總結性教學評量，並為學生負完整的學習成果責任。
〔執行力〕	
6. 輔導學生的能力	・能夠將輔導理念融入教學。 ・教學中具備辨識學生行為問題的能力。 ・能夠運用班級經營及團體動力活動，經營優質班風。 ・能夠參與認輔學生，實施個別關懷，愛心陪伴。 ・能夠了解學校輔導網絡系統及危機應變運作程序，並參與實踐輔導學生。
7. 應變危機的能力	・定期參與學校防災安全事件演練，了解危機事件處理程序。 ・發現學生偏差行為及異常表現，能夠適時關切，妥適處理。 ・指導學生教學實踐歷程，能夠嚴守安全規則，並熟悉可能的危機事件之正確處理程序。 ・熟悉學校危機通報系統，適時爭取資源，共同處理危急事務。 ・具備輔導危機事件對象學生之基本關照能力。
〔創發力〕	
8. 研究發展的能力	・具備碩士學位以上的基本學歷。 ・能夠參與主持教育行動研究，定期（至多五年）發表研究成果。 ・對於任教專長領域每年均有自編主題教學教案，五年內達成自編教材四分之一至五分之一。 ・能夠運用資訊科技建置教學檔案及專長領域教學資料庫，並逐年檢討改善。 ・能夠定期分享教學經驗，發表教學與輔導學生的研發成果。

資料來源：鄭崇趁（2012，頁 33-37；2014，頁 167-168；2015a，頁 165）

二、教師的經營知能與技術

優教師要教好自己的學生，也要積極參與學校教育的經營，需要具備經營教育的知能與技術，這些知能與技術最好呈現系統結構。作者於2014年出版《教師學：鐸聲五曲》一書，用五部曲歌頌教師，分為五篇（五部曲）二十章，其章名及副標題，可以完整的註解優教師應備的經營知能與技術。全書之篇章名稱及副標題，如表16-2所示。

表16-2 教師之經營知能與技術

篇　名	章名（含副標）
首部曲 鐘鳴大地・人師	第一章　教育初心〈志為人師的動念〉 第二章　師涯願景〈構築人師的抱負〉 第三章　教育志業〈彩繪人師的軌跡〉 第四章　鐘鳴大地〈實踐人師的定位〉
二部曲 朝陽東昇・使命	第五章　師道目標〈孕育新世紀責任良師〉 第六章　核心價值〈傳承新教育價值創新〉 第七章　實踐篤行〈實現新承諾專業示範〉 第八章　朝陽東昇〈造就新時代責任公民〉
三部曲 春風化雨・動能	第九章　核心能力〈優化人的知能素養〉 第十章　優勢學習〈創化人的專長脈絡〉 第十一章　智慧資本〈激發人的動能貢獻〉 第十二章　春風化雨〈深化人的責任績效〉
四部曲 明月長空・品質	第十三章　核心技術〈探究教育深層結構〉 第十四章　創新經營〈創發教育經營世代〉 第十五章　知識管理〈傳承教育技術能量〉 第十六章　明月長空〈示範教育品質標竿〉
五部曲 繁星爭輝・風格	第十七章　系統思考〈交互整合新人生〉 第十八章　順性揚才〈形優適配新希望〉 第十九章　圓融有度〈品味價值新文化〉 第二十章　繁星爭輝〈精緻卓越新風格〉

資料來源：修改自鄭崇趁（2014，目次）

三、教師的知識傳承與創新

依知識的類別來看，優教師傳承物理現象的知識、傳承生命系統的知識、傳承事理要領的知識、傳承人倫綱常的知識、傳承時空律則的知識。依知識的教育來看，優教師傳承教育專業知識、傳承教育專門知識、傳承學習方法知識、傳承生活實用知識。依知識的遞移來看，優教師傳承致用知識、傳承經營技術、傳承實踐能力、傳承價值詮釋。

優教師創新自己的知識，其基本條件要大學以上畢業，修畢教育學程學分及通過教檢教甄考試。優教師必須創新自己的通識知能，創新教育專業、專門知能以及教師專業發展知能。近來，中小學教師已有全面碩士化及授課領域（學科）認證化的訴求，教師必須創新自己的知識及能力標準，才能達成符合時代需求的優教師。優教師用知識創新學生的致用知識、用知識創新學生的經營技術、用知識創新學生的實踐能力，也用知識創新學生的教育價值。

優教師也創新人類的集體智慧，這些集體智慧是人類文明與文化的根，優教師創新人的知識流量、創新高端技術的發現與使用、創新智慧生活與完成作品的實踐能力，更創新人類的價值素養與意識形態。優教師的偉大在實踐知識遞移理論，帶著有緣的學生，傳承創新知識，豐富五大知識系統（物理現象的知識、生命系統的知識、事理要領的知識、人倫綱常的知識，以及時空律則的知識）在人類身上的流動，讓每一個人適時產生「新知能模組」與「集體智慧」，創新當下的世界榮景。

四、教師的專業標準與實踐

優教師的教育專業知識要符合國家規範的專業標準，並且要要求自己適度的超越「基本標準」與實踐能力；優教師的專業基本標準在取得教師證及領域（學科）教學認證。優教師要要求自己任教的學生都能通過基本學力檢測標準（檢測成績達平均數或呈現穩定進步）。中小學教師要全面碩士化，有能力自編教材，進行行動研究、補救教學及國際教育。大學教師除了要有博士學位取得教師證外，四至五年必須接受大學教師評鑑一次，系統檢核「教學、研究、輔導、服務」的專業績效表現，通過定期的教師評鑑才能申請升等副教授及教授的基礎標準。

優教師專業行為的實踐，表現在專業自主的教學、精緻研發的研究、楷模示範的輔導，以及創價擴能的服務。專業自主的教學，其具體指標在教師使用自編教材的比例（中小學教師至少要百分之十至二十五，大學教師則至少要百分之五十以上，最好用自己的著作）。精緻研發的研究，其具體指標在師生均有教育產品，教師有自己的教學檔案及研究資料電子書，學生能完成三至五種教學教育作品。楷模示範的輔導，中小學教師要參與認輔學生（一至三位），大學教授則輔導（指導）學生完成小論文、碩博士論文或技術報告（作品）。創價擴能的服務，則每年要有產學合作或教育服務的事蹟，擴充自己的專業服務能量，經營共好的社區與同業。

第二節　課程教學的技術

優教師擅長於課程教學的技術，要擁有研發新課程的能力，並為自己的學生進行個別化（本位）課程設計，讓其得到最適合自己的教育內容。優教師能從教學原理、各領域（學科）教材教法的學習，擁有各種教學方法及數位實作、檔案（作品）評量的技術與能力，很會教導學生，每次的單元教學，都能確保師生知識遞移成功，教會學生「知識、技術、能力、價值」。

一、教育原理與實踐的技術

優教師要修習「教育概論」、「教育哲學」、「教育社會學」、「教育心理學」、「教學原理」、「課程論」、「教學方法與技術」、「教育計畫」，以及「教學評量」等，將這些學門知識與技術，系統重組成教師個人的「新知能模組」，然後外顯化，表現在「課程與教學」上的實踐。

教育原理與實踐的技術，作者認為下列四者最為重要：(1)對人性的觀點：優教師主張人性本善，沒有不可教的學生，教育當順性揚才，也尊重人性的個別差異與條件限制，主張全人發展（成熟人、知識人、社會人、獨特人、價值人，以及永續人六種角色責任）及適配教育；(2)對知識的了解：萬物之名為知識，教育在教人學習知識，人學習知識之後會成為身上的「知識、技術、能力、價值」四位一體的新知能；(3)對教育的熱忱：教育在「教人之所以為人」，優教師了解知識學習的要領，更喜歡（熱愛）帶著學生深耕知識、經營教育；(4)對學生的期望：順性揚才開潛能，優勢智能明朗化，學生人人有優勢亮點，個個都能自我實現，並成為國家和社會的有效智慧資本。

二、課程研發與設計的技術

課程是教育的內容，是真正教給學生知識的總稱。由於國家幅員大小的關係，課程規劃的層級分為四至五個，例如：國家本位課程、省市（地方）本位課程、學校本位課程、班級本位課程，以及學生本位課程。優教師的實際教學都在「班級」上實施，通常以「班級本位」為主軸，統整課程、單元主題名稱與知識的內容，兼取「國本、省本、校本及生本」各層級課程素材，系統重組編成「主題教學教案」或「KTAV 單元學習食譜」，教會學生應具備的致用知識、經營技術、實踐能力，以及共好價值。課程設計與研發的技術，成為優教師不可或缺的實踐能力。

課程設計與研發的技術，作者認為下列四者最為重要：(1)課程統整的技術：優教師優先做好橫向與縱向的課程統整，橫向是指領域與領域之間的統整，縱向是指國本、省本、校本、生本之間的統整；(2)知識解碼的技術：優教師能夠針對各類主題知識進行知識解碼，解碼成學生可操作學習的技術，再統整這些可操作的技術，成為學生精緻的作品或有價值的行為表現；(3)主題連結的技術：各領域（學科）原本有著不同主題的教材，優教師善於連結這些有共同知識及技術元素的主題，統整在自編的主題教學教案，實踐班級本位及知識本位的課程統整；(4)系統重組的技術：課程統整與設計本身就是「知識基模系統重組」的歷程，課程要統整得優質到位，知識本身的邏輯秩序（排列組合）技術最為關鍵，優教師要精於系統重組的技術。

三、教學方法與運用的技術

「教會學生」是優教師最大的特質，其特別會教下列四種學生：(1)天才學生：優教師一接手天分高的學生，會教其知識的原理與流動脈絡，很快教會天才學生，並且迅速加深加廣，學到更多的知識技能；(2)弱勢學生：優教師接手弱勢學生偏多的班級，會儘量設計操作中學習的流程步驟，並啟動群組學習動能，精緻教與學的對話品質，迅速提升弱勢學生的基本能力；(3)學習落後學生：優教師在接手成就低下（學習落後）班級後，會快速診斷學生學習落後的因素，調整教學方法與技術，多用形成性評量，儘快提高學生的學習成就；(4)成績不穩定學生：中小學生約有四分之一至五分之一程度中等，成績時好時壞、不穩定，優教師對於這些學生，會督責及優化生活及學習好習慣，講究專注學習、當下學會，定時精熟學習，穩定平時成績表現。

與教學方法攸關的運用技術，作者認為下列四者最為重要：(1)教學八大原則：準備原則、類化原則、興趣原則、自動原則、個別適應原則、社會化原則、熟練原則，以及同時學習原則（方炳林，1979）；(2)學習三律：準備律、練習律、效果律（Thorndike 1913a, 1913b）；(3)編序教學法：由易而難、循序漸進的編序教學（Skinner, 1954）；(4)鷹架理論：為學生的學習搭建近側發展區的學習鷹架，安排學生「有梯」的學習（Vygotsky, 1962, 1978）。優教師要精熟這四大（原則、定律、教法、理論）理念的意涵與操作技術，並直接應用實踐在日常教學上。

四、數位教學與評量的技術

優教師也是智慧人，會運用智慧產品教學。智慧教育產品設施有尖端技術與功能，會時常在課堂中出現，學生能夠藉由數位科技媒材，直接與世界文化接軌，直接看到世界文明的實境。在地化的單元知識學習，與國際知識技能發展脈絡融合，學到經由教師「課程統整」後的知識及技術，重組成最時尚的知能模組，學生也逐漸成為「智慧人・做創客」。

數位教學與評量的技術，作者認為下列四者最為重要：(1)電子白板的技術：目前各級學校的教室，幾乎每一間均有電子白板，使用電子白板教學已成為教師的基本教學技術；(2)電子書包的技術：很多學生已有電子書包，教師教會學生常使用電子書包自主學習，也成為數位時代「教與學」的核心技術；(3)手機平板的技術：智慧型手機及高功能平板、個人電腦不斷升級，師生人人隨身攜帶；優教師會配合單元知識內容，教會學生配合這些數位科技的功能性質，找到珍貴的影音資料庫來加深加廣輔助學習；(4)電子評量的技術：學生的學習成果，也經由操作電子評量，立即知道學習成果；是以教師要預先準備教材、編擬題目，並教會學生一起操作使用。

第三節　智慧創客的能力

優教師本身就是「智慧人・做創客」。優教師的職能主要在教學生成為「有智慧的人」，也在教學生成為「有教育作品的創客」。有智慧的人要實施智慧（價值）教育，要學生有豐厚作品的成果，就要執行創客教育，兩者的連結，稱之為「智慧創客教育」；教師多實施智慧創客教育的學校，就稱為智慧創客學校。智慧創客學校的形成是優教師展現自己的智慧創客能力而來的。

一、掌握知識遞移說的學理與運用能力

智慧創客教育的關鍵理論基礎是「知識遞移說」，優教師需適時掌握知識遞移說的學理與運用能力，方得有效執行智慧創客教育。知識遞移說要掌握「知識解碼」→「知識螺旋」→「知識重組」→「知識創新」的意涵與操作要領，解碼將知識解析成可操作的技術，螺旋將正在學的「技術」與內隱的知能進一步交互對話，醞釀建構新知能模組，此新知能模組的內涵，就是新能力的來源。「新知能模組」，有時模糊有時清晰，「知識基模系統重組」得愈明確，就能夠運作能力完成作品或者有價值的行為，而「創新」就是新作品及有價值的知識創新。

「知識解碼」的要領有「編序」、「鷹架」、「步驟」、「流程」、「原型」、「元素」、「成因」、「脈絡」、「次級」、「系統」、「次要」、「變項」。「知識螺旋」的焦點在「內化」、「外化」、「交流」、「對話」、「新化」、「活化」、「深化」、「優化」、「同化」、「調適」、「融入」、「存有」。「知識重組」就是新知能模組的系統化程度，它的內容包括學習之後所得到的內涵：真（致用知識）、善（經營技術）、美（實踐能力）、慧（共好價值）、力（行動意願）、行（德行作品）。

這些內涵藏在學習者的內在（內隱知識），就是 2017 年新課綱的「核心素養」，核心素養外顯化就是「核心能力」（智慧人・做創客）。有價值的行為及作品都成為「知識創新」，其教育價值到處存有，我們可針對完成的作品及有價值的行為進行「價值論述」或「價值反思」（質的描述），亦得針對下列幾項核心價值的提示進行勾選：「真實」、「體驗」、「生新」、「創價」、「均等」、「適性」、「民主」、「永續」、「傳承」、「創新」、「精緻」、「卓越」（這些知識遞移說的核心技術，均已規劃放入 KTAV 單元學習食譜，導引教師運用）。

二、撰寫 KTAV 單元學習食譜與教學能力

理論的理解與運用，是一種內隱知識的「新知能模組」，他人看不到，必須藉由合適的工具，誘發其外顯化，成為外顯知識，大家才知道（看得到）。外顯化的「新知能模組」必須藉由「工具」（作品、學習單、評量工具、學習食譜）才能表達出來。是以，作者配合「知識教育學」的研發才撰寫「知識遞移說」，為了實踐「知識遞移說」的「新五倫・智慧創客教育」，開發了「KTAV 單元學習食譜」，提供教師在單元教學前思考：本單元要教給學生的「知識」、「技術」、「能力（作品）」，以及「價值」是什麼？也可提供教師在單元教學之後，拿來檢核學生：真正學到的「知識」、「技術」、「能力（作品）」，以及「價值」又是什麼？是以，優教師需精練於撰寫 KTAV 單元學習食譜，並具備具體實踐的教學能力。

KTAV 單元學習食譜與知識遞移說的系統結構，請參閱第十二章的表 12-1。

三、專業示範完成實物作品的能力

優教師為了執行「智慧創客教育」，就要展現（專業示範）完成實物作品的能力。在陶藝教室教學生學習陶藝作品時，就「操作中」教學，示範每一個核心技術的動作，然後串聯這些核心技術對陶土形貌上色的改變而至完成作品，學生依序模仿操作學習，也才能真的完成作品。教書法的教師，要專業示範「永字八法」的核心技術以及字體結構，如正楷、行書、草書、篆書、隸書的寫法與布局，學生也才能跟隨練習，寫好書法。

學生的教育實物作品，概略分為立體實物作品、平面圖表作品、動能展演作品，以及價值對話作品。立體實物作品用生活學習用品為主軸，隨教學單元主題逐步深化，提高其難度，現代 3D 列印技術設備，可以複製生產這些作品，對教育（教學）得致更大的便利。動能展演的作品，將學生習得的核心技術拍成 QRcode 以及師生參與競賽的表現錄影，再用數位科技媒材系統重組，都會是學生一輩子最好的作品。價值對話的作品最為抽象，作文、詩歌、文章、著作的語文、情意作品，優教師會善用圖或表來專業示範其「系統結構」，例如：本書的「KTAV 單元學習食譜」就是依據「知識遞移說」（理論）而來，定位「知識、技術、能力、價值」四位一體之間的系統結構關係；又如：作者在教學「教育計畫專題研究」時，強調「優質的教育計畫」，其「目標、策略、項目」三者要具有系統結構關係，是以常用表 16-3「計畫系統結構表」來引導學生撰擬優質的主題式教育計畫。

表 16-3　優質教育計畫系統結構表（空白範例）

<table>
<tr><th>目標</th><th>策略</th><th>執行項目</th></tr>
<tr><td rowspan="10">小策略①，小策略②，
小目的；
小策略③，小策略④，
小目的。</td><td rowspan="2">一、__因__，__果__
〈銜接小策略①〉</td><td>1.</td></tr>
<tr><td>2.</td></tr>
<tr><td rowspan="3">二、__因__，__果__
〈銜接小策略②〉</td><td>3.</td></tr>
<tr><td>4.</td></tr>
<tr><td>5.</td></tr>
<tr><td rowspan="3">三、__因__，__果__
〈銜接小策略③〉</td><td>6.</td></tr>
<tr><td>7.</td></tr>
<tr><td>8.</td></tr>
<tr><td rowspan="2">四、__因__，__果__
〈銜接小策略④〉</td><td>9.</td></tr>
<tr><td>10.</td></tr>
</table>

四、價值論述單元學習成果的能力

優教師善於價值論述，論述單元學習知識的價值，論述學生的作品價值，論述品德實踐的價值，論述作品對於自己、學校、他人、社會、國家的價值，也擅於論述教育活動的價值，論述典儀賽會的價值，也會帶著學生評論時事的價值，評論生活學習好習慣與不好習慣的價值，評論社會秩序以及人際互動型態的價值，用正向積極良善適配的價值伴著學生健康成長，實踐價值，亮點爭輝。

優教師價值論述的能力，猶須實踐在下列事項：(1)單元主題價值：優教師的日常生活，就是對學生進行單元教學，單元教學的價值論述最優先；教師要引導學生，為什麼要學這一單元的主題知識，這主題知識可以讓我們學到哪些「可操作技術」，演化成哪些能力，完成哪些作品，作品與行為又可創發哪些價值；(2)學科領域價值：優教師都有自己專長的授課領域（學科），對於自己授課的領域（學科）價值了解最為深層透徹；在平時與其他教師及學生對話時，要時常論述自己的體悟與教育價值，為自己之所以長久深耕此一學門學識，賦予意義價值，也帶領同仁及學生愛好此學；(3)教師核心價值：優教師的本質是教師，教師要教成千上萬的學生，教師要教人（專業示範給他人看）一輩子，教師要有自己之所以為人師的核心價值論述，例如：本書引用「教師學」的價值論述：教師是學生的生命之師、知識之師、智慧之師、風格之師；教師的核心價值是專業、精緻、責任、價值；教師要期許自己是專業自主的教師、精緻研發的教師、責任楷模的教師，以及價值創新的教師；(4)教育核心價值：優教師的本質是教師，本業卻為教育，教育在「教人之所以為人」，每個時代的教育都有教育的核心價值，優教師也要經常與同事及學生論述教育的核心價值，例如：「人文」、「均等」、「適性」、「民主」、「創新」、「永續」、「精緻」、「卓越」、「順性揚才」、「適配教育」等。

第四節　教導新五倫的價值

優教師會認同作者「新五倫及其核心價值」（鄭崇趁，2016a）的主張，推動新品德教育及新情意教學，會審度時代的人際關係，用新五倫的分類：第一倫家人關係，第二倫同儕關係，第三倫師生關係，第四倫主雇關係，第五倫群己關係，來研發各種人際關係的核心價值，如表16-4所示。

表 16-4　新五倫及其核心價值

新五倫	核心價值
第一倫　家人關係	親密、觀照、支持、依存
第二倫　同儕關係	認同、合作、互助、共榮
第三倫　師生關係	責任、創新、永續、智慧
第四倫　主雇觀係	專業、傳承、擴能、創價
第五倫　群己關係	包容、尊重、公義、博愛

資料來源：修改自鄭崇趁（2015a，頁 7）

新五倫是人際群組的新建構，概要而言：家人有親相依存，同儕認同能共榮，師生盡責傳智慧，主雇專業多創價，群己包容展博愛。優教師帶著學生研發其核心價值，實踐其行為規準，共同深耕人與人相處之意義價值，經營真、善、美、慧的核心素養，共創新人類祥和社會，人人過適配幸福人生。

一、教師釐清核心素養、能力與價值三者之間的關係

2017 年新課綱已將「核心能力導向」的課程目標調整為「核心素養導向」的課程目標，強調因應核心素養的需求，各領域（學科）的教學必須同時關注品德教育及價值教育的內容與實踐。優教師的當務之急，要釐清核心素養、能力與價值三者之間的關係，才能在學生面前，帶領學生妥適合宜的價值論述。作者於 2016 年 12 月 3 日發表〈「知識遞移說」與「新五倫・智慧創客學校」〉專文，對於核心素養及能力的生成作用，以圖 16-1 來顯示素養、能力、價值三者之間的關係。

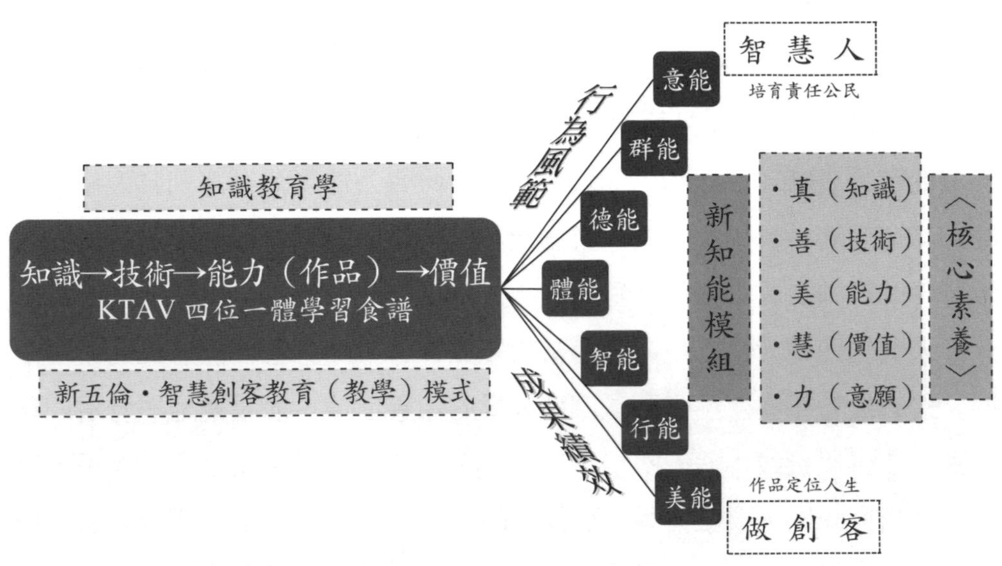

圖 16-1　核心素養及能力的生成（新知能模組）

資料來源：鄭崇趁（2016c）

「價值觀」本來就是知識的一部分，我們學習新知識會跟隨著新知能模組的建構，含有新的價值觀元素在裡頭，此名之為「慧」。學生單元學習時，如果實施「知識、技術、能力（作品）、價值」四位一體的 KTAV 教學模式，四位一體的外顯知識會與每個人的內隱知能產生「螺旋」及「系統重組」的作用，而形成內在的新知能模組以及外在的有價值行為。內在的新知能模組包含真（致用知識）、善（經營技術）、美（實踐能力）、慧（共好價值）、力（行動意願），以及行（德行作品）六種元素的新組合，此稱之為核心素養。外在的有價值行為則終極成為「智慧人．做創客」，適配幸福一輩子，並用豐厚精緻的作品定位自己的人生。因此，慧（共好價值）的元素，也是知識的一種，也是學來的，或經由教育的歷程「系統重組」而成的。

二、教師關注品德教育與人倫綱常的知識

優教師將品德教育定義為：「教如何做人、學人際關係、養品格情操、育責任公民」，並主張品德教育的理論基礎建立在「好習慣」與「服務心」交織的價值實踐（鄭崇趁，2011），將私德與公德之教育都列為人倫綱常的知識來示範教導學生，用新五倫及其核心價值的教育，進一步釐清品德教育中的四種大愛：男女之愛、親情之愛、教育之愛，以及等差之愛。

人間的四種大愛都是人倫綱常的知識，是人際融合情感意識的價值抉擇。優教師會指導學生體認這四種大愛的深層價值，並妥適地經營這四種大愛，才得以獲致「適配幸福人生」，說明如下：(1)男女之愛：多源於慾望、欣賞與認同，要維持長遠而深耕的男女親密之愛，則須相敬如賓，條件能力相登對，品味一致幸福多；(2)親情之愛：起源於家人關係，多有血緣遺傳的必然，親情之愛的經營要彼此觀照，支持相依靠；(3)教育之愛：來自教育價值的體認與承諾，教師的教育愛往往來自「教育初心」，將「教人之所以為人」當一輩子的事業，讓生命做最有價值的發揮；教師教育之愛的經營要持續地「專業自主」、「精緻研發」，並扮演「責任楷模」及「創新知識價值」，才得以發揮深層普及的教育之愛；(4)等差之愛：等差之愛是我國儒家思想的精華，主張人與人的關係要有「等差之愛」，父母子女最親（有血緣）最愛，其次是兄弟姊妹，次親次愛，再其次才是親戚朋友，再有能力及條件，則博愛布施及大眾。人間四種大愛與新五倫核心價值的精神一致，是人倫綱常知識現代化的分類與詮釋，是教師據以實踐品德教育的基礎架構。

三、教師研發新五倫之核心價值及行為規準

優教師當依據社會變遷與時代需求，持續研發新五倫的核心價值，並將合適的核心價值選定為學校品德教育中心德目，再結合各年級級任教師之討論，設定學生可實踐中心德目之行為規準三條。這些行為規準可經由「情境布置」，公告在教室的布告欄（品德教育專區），供師生方便閱覽，指導大家的行為實踐，也方便級任教師及科任教師融入各科教學，適時給予行為規準的實例分享及價值詮釋，孕育學生品格情操。

以三條「行為規準」的產出，可依據「品格形成」的兩大因子「好習慣」及「服務心」來規劃設計，第一條通常就是該年段學生實踐此中心德目（核心價值）的生活及學習好習慣；第二條則為實踐此中心德目的合適年齡階層之助人公義行為；第三條再選擇古今中外「名人佳言」對於本中心德目的傳神註解。

四、教師帶領學生依「行為規準」來實踐新五倫之核心價值

優教師會結合同事教師，啟動學校集體智慧，共同規劃策定「新五倫品德教育實施計畫」，經由教師的集體智慧，在一至二年內，完成下列幾項行動研究：(1)研發新五倫核心價值：每倫有八個至十個核心價值，寫明主要意涵及可融入領域學科單元教學規劃，彙編成冊，並建置在網頁上，供全校教師參照；(2)蒐集兩年各年級實踐「中心德目（品德核心價值）」之行為規準（條文內容），並由核心幹部系統蒐集（亦可策略聯盟三至四個學校共同彙集）；(3)蒐集實踐品德核心價值故事：每一個核心價值的實踐，都有一則至三則的經典故事，編輯在品格教育網頁上，供師生閱讀、瀏覽、下載使用；(4)舉辦品德之星選拔競賽：依據中心德目（新五倫核心

價值）的各年級「行為規準」之實踐引導，選拔品德之星（實踐行為規準最有價值事蹟的學生），公開表揚獎勵，並安排其分享「價值事蹟」，再將其分享事蹟「標題」及「內容」，轉化成系統文字，擇優公告在網頁上，供師生欣賞；(5)學校新五倫情境布置：定期選擇「十則」新五倫核心價值及其優雅行為規準，配合校園美化及彩繪，建置新五倫品格校園；(6)實施新五倫品德教育月：推動品德教育主題閱讀、班級新五倫情境布置競賽、學校大型或校際品德教育活動（師生績效成果展示）、邀集家長及志工共同參與活動。

優教師是國家教育事業的基石，其能力實踐展現在「用得出來」的教育專業知識（致用知識），展現在「有自編教材」的課程教學技術（經營技術），展現在「智慧人・做創客」的智慧創客能力（實踐能力），以及展現在「能楷模示範」的新五倫價值（教育價值）。

第十七章　能家長的教育

本章使用了一個新名詞——「能家長」，其主要用意有三：(1)代表有能力實踐的家長（符合「能力實踐篇」的本意）；(2)代表能夠做到的家長（有能代表能實踐，「做得到」對家庭及孩子才有具體貢獻）；(3)教育也在教有能量的家長，家長有能量，才能在家庭以父母的角色責任，實踐教養孩子的責任。「能家長」的教育很難在學校或社教機構開設「專門課程」，以培育天下父母們「掌家」的專業「知能」。本章提列「能家長」的行為表現指標，僅供為人父母者在面對「掌家」及「教養孩子」的需求時，參照指標努力調整（系統重組）自己的「知能模組」，實踐「能家長」的角色責任。

本章分四節闡述「能家長的教育」：第一節「能示範愛家的家長」，用愛家的行動表現來呈現能家長應有的教育；第二節「能承擔責任的家長」，從家長的四大責任，來敘明能家長的價值教育；第三節「能經營本業的家長」，從經營本業的「知識、技術、能力（產品）、價值」來解析能家長教育的重點；第四節「能支持兒女的家長」，從教養兒女的條件與能力，來敘述能家長的情意教育核心知能。

第一節　能示範愛家的家長

「愛家」人人都愛，「家」是人類基本生活的基地，基地安全溫暖、有情可靠，努力學習的孩子以及辛勤工作的父母才會喜歡回家；回家休息，蓄積明天的能量，然後再出發，經營自己多彩絢爛的人生。父母是家長，要有能力示範愛家的行動。作者認為，家長要喜歡養兒育女，有孩子的家最可愛，更可以經營豐富多彩的家；家長要喜歡回家顧家，最好每天都回家當彼此及孩子的依靠；家長要喜歡親情和諧，適度的親密行為及親情互動才是愛家的實際行動；家長也要喜歡創價平衡的經營，量入為出創價平衡，才能協助家庭在安定中成長，大家過著健康有品質、有溫情的生活，大家才會有幸福的感受。

一、喜歡養兒育女的家長

有孩子的家更像家，三人以上的世界才是符合定義中的家長。是以，喜歡養兒育女的家長，更可以展現「愛家」的家長。孩子（兒女）在家的豐富意涵中，以下列四項最為重要：(1)創新之意：每一個孩子都是新的生命，人類有兒女，靠兒女創新生命；(2)傳承之意：人類的文明文化要靠宇宙繼起之生命傳承及創新；(3)永續之意：代代有兒女，一代傳一代，一代優於一代，人類的文明文化就能永續經營；(4)有根之意：兒女就是父母家庭經營的根，因為兒女是父母生命交會、親密行為（互愛）之後的共同產品，是愛的結晶，也是夫婦願意永續共同經營家庭的根。

讓家長喜歡養兒育女的教育，須在下列事項經營著力：(1)優勢專長的教育：父母在孩子階段時，能夠經由教育順性揚才開潛能，優勢智能明朗化；曾經擁有專長亮點，才會覺得「孩童時期」的珍貴，增加自己喜歡孩子的動能意願；(2)專業職能的教育：父母在求學階段能夠取得專業職能的知識及技術，取得好的工作機會，薪津養家活口沒問題，就會喜歡養兒育女；(3)人倫綱常的教育：生兒育女本即人類生命的本能，因為人類時代的演進，演變成競爭型社會，過於競逐「求生存」、「重享受」，迷思掉「人倫綱常知識及道德」的傳遞，扭曲了人性本質與常態，因此有必要實施新五倫及其核心價值的教育，關注人倫綱常的常軌教育；(4)價值永續的教育：

目前推廣人類愛地球，將永續教育界定在節能減碳及資源再生的事項，其實更應該回歸生命（人性）本身的再生與永續，用價值永續的教育，教育家長喜歡生兒育女。

二、喜歡回家顧家的家長

「愛家」的家長，第一個意涵是喜歡生兒育女的家長，第二個意涵則是喜歡回家顧家的家長。喜歡回家顧家的家長有下列四個觀察指標：(1)天天回家，沒有遠程的出差，或特殊任務後就會立刻回家，回家顧家，回家經營家庭，享受家庭生活；(2)關注家庭生活品質：愛家顧家的父母，會帶著孩子經營家庭的食、衣、住、行、育、樂，關注家人家庭生活的品質；(3)關注孩子的學習績效與健康成長：配合學校教育，引導孩子經營「適配的教育」，順性揚才，健康成長，知道孩子的優勢亮點；(4)解決家人生活、學習、事業、人際問題：家人有任何的問題，愛家顧家的家長都有能力立即迅速的解決，維持家庭的溫暖和樂。

培養喜歡回家、顧家的家長，教育機制可從下列事項經營著力：(1)家庭本位的教育：以家庭為對象的本位經營教育，教導未來的家長系統性的「知識、技術、能力、價值」；(2)家庭價值的深化：家庭的核心價值就是家人關係的核心價值，它們是親密、觀照、支持、依存，家人有親相依存；(3)家庭經營的範例：舉辦模範家庭選拔，公開表揚家庭經營典範，並將其經營方法與技術分享流傳社會；(4)家庭智慧的系統：將智慧型機具設施的發明使用在家庭生活，提高家庭生活品質，也需要教育推廣流傳。

三、喜歡親情和諧的家長

「愛家」的家長第三個意涵是：喜歡親情和諧的家長。家人有親，行為互動親密溫暖，相處互尊互重，彼此關懷照顧，支持各自的想法與作法，家庭是匯聚親情、享受溫情、發揮熱情、安詳休憩的基地。喜歡親情和諧的家長，就是能示範愛家的家長。

喜歡親情和諧的家長，來自溫暖的童年經驗、適配教育的經營，以及品格素養的陶冶，綜而言之是具有全人格發展的情意教育，其主要內涵包括：(1)「七情俱」的情緒教育：人類與生俱來七情六慾，喜、怒、哀、樂、愛、惡、欲七情俱，我們要教育每一個人面對自己的情緒，處理抒發，找到情緒的出口，逐步提升成合宜的情感；(2)「致中和」的情感教育：「喜怒哀樂之未發，謂之中；發而皆中節，謂之和」，「致中和」的情感表達別人才可以接受，自己也才能「自在」；(3)「成風範」的情操教育：大仁、大智、大勇的胸懷稱情操，它是人類情感情意的昇華與優化，在人類族群中，有成就的人及得道的人願意關照一般世俗大眾，協助他們跳脫弱勢，跳脫病痛纏身，一起辛勤工作，修持布施，就是情操；在教育歷程中多講述史懷哲故事、德蕾莎修女事蹟，讓學生「雖不能至，心嚮往之」的情懷就是情操教育；(4)「全人格」的性情教育：「七情俱」的情緒→「致中和」的情感→「成風範」的情操，才能完成「全人格」的性情（鄭崇趁，2016c）。

四、喜歡創價平衡的家長

「創價平衡」是作者在《家長教育學：「順性揚才」一路發》（鄭崇趁，2015a）一書中首先採用的名詞，是指家長要經營好一個家庭，要以全家為本位，「量入為出」，經濟流動要「創價平衡」，全家人總共的薪水收入有多少，全家人的總支出就要與之取得平衡，要創價平衡地經營家庭，家庭才能在穩定中求進步，孩子的生活與學習才會有安全感，更重要的是，家人的休閒育樂生活才會有「真實」的感覺與擁有，在家能夠得到真正的休息、溫情及快樂，家庭才能帶給家人蓄積更充沛的能量，開創更豐富精彩的未來。是以，「能示範愛家的家長」之第四個意涵是喜歡創價平衡的家長。

「創價平衡」的觀念與實踐是夫婦兩人共同的事，夫婦兩人要彼此「順家人之性，揚適配幸福之才」方能做到，其教育經營要領有四：(1)創價平衡最優先：夫婦兩人要商量確認，家裡的經常性支出及養育孩子的費用如何支付，個人及家庭的「經費」如何有效管理，才能為家庭持續創價，並有更多的盈餘；不寅吃卯糧，家庭的日常運作有「常軌標準」，才能永續經營；(2)能量經營要適力：強調「不做能力做不到的事」、「不做過於勉強的事」，以及「做事講求要領重於盲目苦幹」，適力經營自己的本業，用專長專業「有要領地」創造最大的能量與績效價值；(3)食、衣、住、行好習慣：固定時間的食、整潔典雅的衣、可以回家的住、順暢移動的行，以及計畫方案的休閒育樂，才能在「創價平衡」中「順性揚才」，逐步提高家庭生活品質；(4)親密觀照相依存：關注家庭的時間能量也要適力經營（有固定時間的親情互動，刻意在一起的活動），夫婦兩人的親密行為也要適力經營（常態關係，不太黏也不疏遠），才能在「親密觀照相依存」中達到「創價平衡」（參考鄭崇趁，2015a，頁 37-41）。

第二節　能承擔責任的家長

能家長，能承擔責任的家長。為人父母者籌組家庭，生育子女，成為家長，就要能夠承擔經營好這個家庭的責任。父母成為家長之後，就要承擔家庭經濟的責任，承擔教養子女的責任，承擔工作學習的責任，也要承擔育樂休閒的責任，這些角色責任既神聖又挑戰，為人父母者都要努力承擔，也要有能力承擔。天下的父母（家庭）那麼多，所有的父母都要有能力承擔，社會才能民富國強，這也要靠教育機制的輔助。概要說明如下。

一、承擔家庭經濟的父母

在家長對家庭承擔的責任中，「家庭經濟」是首要責任。身為父母者要有能力工作賺錢養家，承擔家庭運作的經濟條件，夫婦兩人的所得收入，要超過家庭運作的經濟條件，要超過家庭平時常態需求的支出。家庭經濟的重大支出包括下列四個部分：(1)全家每天食、衣、住、行的基本生活支出；(2)教養子女所需的教育支出或投資；(3)家庭設施現代化的重點支出：如購屋、買車、高級音響、整修房舍、冷暖氣設備或智慧型手機等；(4)休閒育樂生活的支出。父母的責任在系統思考「需求總量」及「收入總量」的平衡，在「創價平衡」的前提下，規劃家庭經濟的合理有效流動，創造全家人最大的幸福。

能承擔家庭經濟責任的父母，也是教育來的。在我們的教育機制中，可以強化下列幾項教育作為：(1)推動「創價平衡」的理念成為實踐信仰：當代的人，物慾橫流，生活學習軟體又創新迅速，人想要的東西太多，稍一不慎，就容易支出多於收入，寅吃卯糧，時日一久，會陷於卡債及高經濟壓力下，讓整個家庭陷入困境；唯有「創價平衡」的理念落實在一般生活中實踐，讓它成為信仰般的律則，成為每一位父母的好習慣，才能真正地承擔家庭經濟的責任；(2)思考家人基本生活條件的標準：家裡所有人的食、衣、住、行基本生活支出費用不會太大，但很多家長（父母）很少思考這方面的流動基準，錢多就多花一點，錢不多就少花一點，沒有「基本標準」，以致於生活基本支出占總收入的比例沒有「常態百分比」，有時落差太大就會危及「創價平衡」的實踐；是以家長（父母）宜對於全家人的基本生活條件定有「基本標準」，是個能承擔家庭經濟責任的父母象徵；(3)規劃家庭重點建設計畫：所謂重點建設計畫是指買屋、修房、購車、添購十萬元以上的軟體機具設施，這些重點建設的執行會影響家庭經濟的重大流動與缺口，預為計畫性準備，缺口會縮小，家人的心理與幸福感才會真正增加；(4)激勵家人永續創價：成員永續創價，增加自己及家庭整體收入，就能有計畫提升全家人的生活品質，優化「創價平衡」的層次。

二、承擔教養子女的父母

父母承擔教養子女的責任，其責任的意涵有四：(1)承擔教養子女所需的經費：子女接受教育及養育的所需經費，由父母（家長）負責承擔支付；(2)承擔正確教養子女的責任：正確教養子女必須健康成長、順性揚才及適配教育，幫助子女優勢智能明朗化；(3)承擔孩子全人發展的責任：家庭（父母）的養育教育，有效連結孩子的學校教育，幫助孩子順利發展為成熟人、知識人、社會人、獨特人、價值人，以及永續人，子女全人發展是父母責任的核心；(4)承擔解決子女教養問題的責任：如是否要參加補習、選擇安親班、才藝班、人際互動問題與學習適應問題，都要由父母（家長）承擔解決責任。

能承擔教養子女責任的父母，也是承續教育而來的。在教育的歷程與內涵中，要強化經營下列事項：(1)父母的能力條件與楷模示範是教養子女的根：父母的遺傳基因、賺錢能力及行為風格是教養子女品質的最核心因素；(2)生活好習慣才是健康成長的路：身心平衡與健康發展主要來自食、衣、住、行生活好習慣，也就是「遵時序、有規律」、「能定時、講適量」、「具動能、訂目標」，以及「求簡約、得品質」的生活好習慣，對人的健康成長舖一條康莊大道；(3)學習的方法要領才是學會知識能量的梯：很多人盲目學習，什麼都學，很多都沒學會，也有很多人過度努力但沒有要領，事倍而功半，成就有限，反而落後同儕很多；教給孩子有效的學習方法，掌握不同知識技術的學習要領，才是孩子登上高峰經驗的梯；(4)新五倫價值教育統整人間四種大愛之方：夫妻之愛、父母子女之愛、教育之愛、等差之愛是人間四種大愛，新五倫及其核心價值的教育，可以統整人類四種大愛的健全發展，成就全人格性情。

三、承擔工作學習的父母

父母（家長）的第三個責任是承擔自身的工作學習永續不輟，也承擔孩子的學習工作具有效能與效率。為人父母者要有好的工作才能有薪津，有能力承擔家庭的經營，本身的工作學習至為重要。要讓自己的專業能力有辦法為自己的公司（老闆）持續創價（優創產品及精緻服務），家庭的經營始無後顧之憂，孩子的學習工作也得以永續優化。

教育能承擔工作學習的父母，得從下列事項經營著力：(1)工作神聖論：有工作的人才有尊嚴，「人之所以為人」的要素之一，就是這個人有工作，有正職的工作，有工作的人就有生產力，有生產力的生命才有意義與價值；(2)終身學習說：專門專業的工作，其產品皆有核心技術，且產品的優化日新月異，每一位員工均應終身學習，學習優化產品的核心技術，能夠為公司持續創價；(3)標準品質說：工作學習要符合標準品質，服務性質的工作要符合 SOP，實物產品的品質，其原料、製程及成品都要全面品質管理，符合既定的品質標準；(4)價值永續論：不管任何行業與工作，行行可以出狀元，並且工作無貴賤，只要工作性質合性向，專門專業又專長，對自己及組織主體都成相對優勢價值，就得以永續經營。

四、承擔休閒育樂的父母

家長（父母）的第四個責任是承擔家庭成員的休閒育樂活動之安排，要安排家人休閒育樂的：(1)時間：每日定時的休息時間、運動娛樂時間、每週或每月的出外旅行、休假育樂時間；(2)項目：育樂活動要讓家人得到休息，活動筋骨，運動平衡身心，以娛樂身體感官效果，是以要安排爬山、旅遊、球類練習（比賽）、琴棋書畫藝文、溯溪攀岩體驗活動等；(3)計畫：日常的休閒娛樂要成為習慣，最好定時定量，但項目要稍有變化，以「做得到成習慣」，對自己最有「績效價值」；外出的旅遊休閒則要有年度計畫，要考量地點、車程、工具、體力、經費及全家人時間的「系統思考」；(4)執行：休閒育樂活動重在規律與實踐篤行，全家人才能共享親情，增進互動關懷、照顧、親密的縝密度。

「休閒育樂」是一個國家的文化，其精緻化及品質化與國家的國力及教育機制攸關。國力強的國家，其整體社會經濟環境能夠提供高科技及高品味的休閒育樂設施，一般民眾也消費得起，休閒育樂的常態文化才能升級。教育機制完備的國家，人民的休閒育樂教育會從小教到大，幼兒園及國小會有唱遊及一般體育運動課程，國中、高中、大學都有體育課，將休閒運動、球類、舞蹈、體操、技巧運動均列為體育課程。如果能在體育課程中強化下列教育事項，對於人民的休閒育樂升級與品質優化會有顯著的提升作用：(1)將生活體育與休閒體育列入課綱主題：讓體育教育的內容更能連結生活化休閒；(2)落實體育之常態化教學：避免因為體育與升學考試沒有直接關聯而常有「借課」或「彈性教學」的狀況，要求體育教師確實依據課綱授課；(3)配合體育教學，師生共同完成運動休閒項目的「核心技術」QRcode製作：將休閒育樂主要項目的核心技術，結合現代化行動學習系列情境布置，供學生隨時可自主學習；(4)每學期舉辦重點育樂休閒活動敬師或會師活動：倡導健康團體喜好團隊動能之休閒育樂項目，孕育終身實踐意願。

第三節　能經營本業的家長

家庭中父母親的主要工作行業，稱為家長的本業。有些家庭，父母親自己創業，自己當老闆也當員工，這是本業中的本業，一般人所指的「家大業大」即是這種自己當老闆、要負責經營成敗的本業。本書所指的家庭本業，定義上再寬一點，家長自己不一定要當老闆，其本身是受雇用的員工，而雇用他工作的行業別，也可稱之為父母的本業，因為它是父母親從事一輩子的工作，並且是家庭經濟的主要來源，是全家人生活發展的主要軸心之一。

「培育能經營本業的家長」，原係教育的主要功能（目標）之一，然因家長本身具有「自願」、「抉擇」接受教育內容的權利（自主選修），國家雖然布建了相同一致的教育機制（如學制、課程、師資、設施、計畫政策），但人民接受教育的結果，能否有效選擇職業、發展志業、經營本業，自我實現並成為有效智慧資本，其績效成果有時落差頗大。是以，在教育歷程中，要強化下列事項之經營。

一、符合性向與專長的本業工作

「性向」是自己喜歡的，是優勢潛能所做選擇的工作，符合自己興趣和性向的工作，自己工作起來才會快樂，也相對得心應手，在短時間之內就會有明顯績效價值，自己的動能也才會綿延不絕，願意永續經營。「專長」是人的亮點，找到符合自己專長的工作，容易發揮、容易展現相對優勢，工作的效率與品質，可以領先同事，工作價值很快受肯定，有尊嚴價值，獲得較高的薪津報酬，同事的回饋及老闆的獎勵，會激勵自己對此本業永續深耕，樂此不疲。

要每一個人都找到符合性向與專長的本業工作，也具有一定的難度。教師要不斷地引導學生思考下列價值：(1)順性揚才的價值：天賦秉性，性向和興趣明朗化最有價值；(2)適配教育的價值：適性、適量、適時、適力，四適連環的教育，對每個人來說，就是適配教育；適配教育才能幫助每一個人順性揚才，優勢智能明朗化；(3)適配事業的價值：找到符合性向及專長的工作，就可以當作適配事業，經營深耕一輩子；(4)適配職位的價值：對於本業志業的經營，也要依自己的能量貢獻，爭取到適配的職位，在這職位上「人盡其才，才盡其用」，在這職位上「充分自我實現，成為有效智慧資本」。

二、留有作品與成果的本業工作

能經營本業的家長，會留下本業經營的具體作品以及經典的成果績效，留給同事或子女欣賞參照，也留給子女或組織同仁，具以傳承創新，持續開展本業工作新產品，創新績效價值。各種產業的作品琳瑯滿目，有時專指「產品」，有時則包括產品之「零組件」及「核心技術」，甚至是指產品之「售後服務機制」，這些產品、零組件、核心技術、售後服務機制的焦點都可以是員工的集體作品或個人作品。所謂留有作品與成果的本業工作，專指家長（父母）參與組織經營，個人工作主題留下的個人作品或集體作品。

家長（父母）能否真的留有本業經營的作品與成果，也是教育來的、養成習慣來的，在教育機制中要逐次強化下列事項：(1)師生喜歡做中學、做創客：做中學，將「知識」解碼成「可操作的技術」；做創客，以實物作品完成學習成果，用作品創新知識及教育的價值；(2)喜歡扮演智慧人，實踐有智慧的生活與學習：智慧包括四大元素「知識、技術、能力、價值」四位一體的教學，稱為智慧教育，四位一體的生活與學習就是「有智慧的人」，實踐智慧的生活與學習；(3)師生喜歡運用智慧型數位科技學習新知識技術，並操作完成精緻化的實物作品（如3D列印、機器人模組等），提升做創客實物作品的難度與品質；(4)常對學習作品與教育活動賦予價值評量：從作品本身的價值論述到整個教育工作的價值評論，回饋檢核學習的意義度與價值性。

三、適力經營與穩定成長的本業工作

能經營本業的家長，第三個意涵是指能永續經營本業，讓本業穩定成長。工作與學習都一樣，有其恆常性及常態性，且不進則退，人的「知識學習」不可能長期停留在「固定的水準」，如果我們長期不使用它，不擾動它、翻新它，它就會被人逐漸忘記，本來存有的會逐漸淡化而不一定存有。工作的性質及產品亦同，除了嚴謹的 SOP 可以管控其品質外，本業的經營是一個抽象的存有，它的相對價值必須與社會變遷及時代需求互動。唯有適力經營與穩定成長，才符合「能本業經營」（家長）的本意。

「適力經營」係指「適當努力」但「不太勉強」的經營，做人與工作均要活力積極、努力辛勤、對人關照、對事盡力，但一定不能過度操勞，勉強為之，每天過著壓力超過體力負荷的生活；時日一久，身體不堪負荷，積勞成疾，不但不能繼續創價，連原本的基本生活條件均無法維持，功虧一簣，家庭立即陷入困境。是以，適力經營才是本業穩定成長的根基，有智慧的家長，會充分掌握自己的能力條件，順性揚才，適力經營，開展自己及家業穩定成長。

四、自我實現與智慧資本的本業工作

能經營本業的家長，第四個意涵是：家長（父母）選擇的「本業」是一輩子的「志業」，可以讓其活出自己（自我實現），也可以讓其對家庭及職場有重大貢獻（智慧資本）。自我實現的人是「有路用」（臺語）的人，智慧資本的人是「有效用」（臺語）的人，要「有路用」，又要「有效用」，通常要在本業經營上，占上「適配的職位」，此一職位足以讓其「人盡其才」並「才盡其用」。

「適配的職位也是經營來的」，要努力經營下列的條件：(1)勝任工作，提升產能：個人的專業條件勝任工作任務，並且努力投入，能夠提升個人及組織工作產能；(2)群組合作，共創佳績：樂於助人，共同優先完成團體工作目標，群組績效領先其他群組；(3)傳承技術，優化產品：能將公司產品的核心技術，傳承給新進同仁，能夠永續經營；(4)卓越表現，帶動效能：個人自己的工作績效及成果創價領先同儕，表現亮眼，也能帶動同仁跟隨，創發團隊更高效能。上述四種條件經營到位，公司老闆或組織領導自會盡速安排合適職位，讓當事人能「人盡其才，才盡其用」。

第四節　能支持兒女的家長

「能家長」的第四大層面是能支持兒女的家長。家長（父母）有能力，表現在能夠真正支持兒女的實踐之上，能支持兒女喜歡的事物，能支持兒女適配的學習，能支持兒女順性的發展，更能支持兒女自決的志業。能支持兒女的家長，本身要能了解兒女，知道兒女的需求；要有能力才能支持，有能力解決兒女身上發生的困境或發展上的瓶頸；也要有「經費能力」，才能支持孩子「財力」上的需求；更要有「意願」及「行動」，才能真正支持孩子的發展。

一、支持兒女喜歡的事物

兒女喜歡的事物，往往是其潛在興趣和性向的傾向，是孩子成長之後的優勢智能之所在。支持兒女喜歡的事物要用下列行動表示：(1)玩具：買給孩子他（她）喜歡的玩具，孩子能夠從玩具中，玩出手腳靈巧，增益感覺統合，訓練心智思考與意志的能力；玩具可以幫助性向和興趣的操作學習；(2)教育用品：如孩子喜歡繪畫，就買畫冊、粉蠟筆、水彩給他（她），訂閱美術雜誌供其閱讀，帶他到處寫生或參加比賽活動；(3)才藝班：孩子喜歡學習的才藝，就徵詢他（她）的意願，支持其報名才藝班，學習喜歡的才藝；(4)社團：孩子在中小學及大學階段，喜歡的社團就支持其參加，需要學習配備與教育用品，優先支持其取得，事欲畢其功，必先利其器。

二、支持兒女適配的學習

適配的學習是指以孩子（學生）為本位，依其性向與意願，提供他最合適的教育，產生最有價值的成果，也就是讓孩子學會最適合的「知識、技術、能力、價值」四位一體的知能（模組）。再從學習的結果看孩子（學生）的適配，則包括下列四個適配：(1)適配的學習力：學習力是指讀寫資訊的能力，適配的學習力是指人的四大基本學習能力得到順性的開展；(2)適配的知識力：知識力來自博通經驗及專門學能，適配的知識力依本書的觀點，係指孩子（學生）學到致用知識、經營技術、實踐能力及行動價值（四位一體）的新知能（模組）；(3)適配的藝能力：藝能力來自時空美感的覺知及個殊的藝能，適配的藝能力則是指孩子喜歡，而且已經擁有，且樂於表現的運動藝術專長能力；(4)適配的品格力：品格力來自「好習慣」及「服務心」的交織孕育，適配的品格力是指，孩子（學生）在教師及父母指導下，用「新五倫」的人際分類，以及核心價值為中心德目，並發展行為規準的品格實踐，讓孩子「情緒→情感→情操」獲致適合自己的全人格發展。

三、支持兒女順性的發展

很多教育家都主張在學校要實施「全人教育」，很容易被誤解為每個孩子都要被教育成完全一樣的全人教育。學校要創造「全人教育」的環境與設施，但對個別的學生而言（學生主體而言），都只能「順性發展」。

「全人教育」有五種學說，其與「順性揚才」的教育觀結合，方能支持兒女的順性發展，說明如下：(1)「五育說」的順性發展：德、智、體、群、美五育均衡發展是國家訂的教育目標，但家長與教師不必苛求孩子「五育均優」，能夠適性及順性發展較為適配；(2)「多元智能說」的順性發展：七、八種潛在智能，只要優勢智能明朗化，就能行行出狀元，唯有順性發展才得以優勢專長明朗化；(3)「全人發展說」的順性發展：作者主張，人從小到大經由成熟及教育要發展成六種角色責任：成熟人、知識人、社會人、獨特人、價值人，以及永續人（鄭崇趁，2012），六種角色責任發展到位稱為全人發展，然而父母及教師也僅能從教養、教育使力，不宜期待子女的六種角色責任均能完整到位，宜尊重孩子順性發展，支持其個殊的組合系統；(4)「教學目標說」的順性發展：布魯姆（Bloom）主張教學目標有三：「認知教學目標」、「技能教學目標」、「情意教學目標」，認知、技能、情意三者兼具也稱全人教育；我們每學科單元之教學能兼重最佳，但在教學評量時，仍要支持學生（孩子）順性發展，順著孩子學習之性，建構自己的新知能模組；(5)「全人格說」的順性發展：在情意教學上，面對「七情俱」的情緒→表達「致中和」的情感→孕育「成風範」的情操，稱為全人格說的全人教育，因此要順學生（孩子）之性，尊重其不同階段，針對三種情意元素有不同比例的組合。

四、支持兒女自決的志業

孩子從小到大會有兩大夢想：「事業之夢」與「功名之夢」，這兩大夢想都與自決的志業有關。志業是由職業發展到事業，然後再由事業的經營，結合理想抱負而成為一輩子的志業。功名之夢是指「功成名就」理想抱負的實現，也與志業的傳承創價攸關；每一個人在志業上有所發揮，創新知識及產品，才能實現功成名就的夢想。家長（父母）支持兒女自決的志業，可以從「事業之夢」及「功名之夢」的指標，支持兒女自決的志業。

事業之夢的指標在「專門的行業」、「專業的技術」、「專長的優勢」，以及「專利的產品」；功名之夢的指標在四高：「高官」（高職位）、「高名」（高聲望）、「高價」（高成就），以及「高峰」（高影響），這八大指標都是孩子一生「志業發展」上的理想抱負。我們鼓勵孩子「人生有夢，有夢最美」，人的一生要有事業之夢及功名之夢，並且實現「適配之夢」，人生才有真實的意義及價值（鄭崇趁，2015a，頁247-261）。父母（家長）要支持孩子實現「適配之夢」，則要從「解夢尋根」及「築夢有梯」著力。「解夢尋根」要尋四種根：尋遺傳秉性之根（性向條件能力）、尋學習效能之根（優勢專長亮點）、尋文化傳承之根（意識生活型態），以及尋知識通達之根（小成大成悟道），解夢尋根，了解自己四大根性的潛能與開展程度，審度決定志業的理想抱負與深耕內容。

第十八章　行國民的教育

本章也使用了一個新名詞：「行國民」，這個名詞主要意涵有三：(1)具有行動實踐能力的國民；(2)做得出作品及能夠實踐有價值行為的國民；(3)代表「起而行」，有動能實踐「智慧人‧做創客」的責任公民。這三個意涵的綜合，作者名之曰「行國民」，有價值行為能力的國民。行國民需要知識的孕育，更需要教育的陶冶。是以知識教育學的第三篇：能力實踐篇（第十三章至十八章），分別論述「智慧人的教育」、「做創客的教育」、「新領導的教育」、「優教師的教育」、「能家長的教育」，以及「行國民的教育」，從個別角色本位，從能力實踐需求的立場，論述其應有的教育內涵。

本章分四節闡述培育「行國民」教育的著力點：第一節「好習慣與樂助人的文化」，從人民生活文化型態的形塑，分析行國民應具備的文化教育內涵；第二節「開潛能與築優勢的教育」，從教育的歷程，闡述行國民應有的教育經驗；第三節「有亮點與能創價的事業」，從國民選擇事業的視角，探討行國民職涯教育的方向；第四節「講適配與高幸福的人生」，從「適配幸福人生」的生涯目標，論述行國民「適配與幸福」教育的具體內涵。

第一節　好習慣與樂助人的文化

「行國民」的核心意涵在呈現每一位國民均具有「行的文化」，具有行動實踐的文化，這種人人實踐行動的文化，表現在整個國家人民的生活上，也就是到處充滿著「好習慣」與「樂助人」行為實踐的人，顯現「有秩序・守禮節的文化」、「愛整潔・勤服務的文化」、「喜對話・展動能的文化」，以及「能包容・多創價的文化」，分別說明如下。

一、有秩序・守禮節的文化

文化是生活的總稱，人要與他人生活在一起；大家生活在一起時，能夠和諧不亂、溫情有禮、順暢通達、律則鮮明，就可以稱之為「禮儀之邦」，禮儀之邦國家的國民，能實踐「有秩序・守禮節」的文化。「有秩序・守禮節」文化，可從下列四個指標觀察：(1)規律生活，努力實踐：人的日常生活食、衣、住、行規律有秩序，每個國民（從小到大）都努力實踐，用規律秩序的生活經營自己的人生；(2)循序學習，智慧行動：人類生活的第二大層面是學習生活，每位學生的學習都能循序漸進、依階而上，並善用智慧型產品，行動學習，產出作品，習慣於有作品的智慧行動，學習創客；(3)標準處世，圓融有度：人類文化的第三個層面在「做人做事」生活，當代人講究做事的SOP以及機構單位的ISO認證，標準處世，輔以圓融有度的實踐，可以持續創新「有秩序・守禮節」的生活文化；(4)公德有道，簡約便捷：「道德」是人類生活最崇高的秩序，道德實踐是人民最優質的好習慣，也是開展新文明文化最深層的根；從私德到公德，公德成為人民簡約便捷生活之道，例如：臺北人的捷運文化生活，就是經典的「有秩序・守禮節」的文化。

行國民「有秩序・守禮節」的文化，需要教育的長期經營，深耕下列幾個事項：(1)知行合一的教育：「知道的知識」立即「行動實踐」稱為知行合一，教師的單元教學都要考量知行合一的教育，引導學生將單元習得的知識，立即用作品或有價值的行為加以實踐；(2)探索體驗的教育：如童軍教育、食農教育、溯溪攀岩、超越障礙、大地遊戲等教育活動，讓學生的身體（生命）有直接參與體驗的經驗；教育讓身體與實踐文化融合，也能「有秩序・守禮節」；(3)操作學習的教育：「做中學」是杜威的主張，操作中學習就是知識的實踐，實踐操作知識裡的技術，進而變成帶得走的能力；操作中學習在「解碼」並驗證知識、技術、能力及價值之間流動的秩序與旋律；(4)品德實踐的教育：品德教育及情意教學都要要求學生將「核心價值」化為「行為規準」的行動實踐，成為「有秩序・守禮節」的行為文化。

二、愛整潔・勤服務的文化

「愛整潔・勤服務」的文化，可從下列幾個指標觀察：(1)個人衛生整潔程度：如三餐飯後刷牙的普及率、每日衣服換洗的普遍性、勤洗手、居家及學習物品定位、整潔程度，也就是個人衛生習慣在食、衣、住、行的落實程度；(2)公共衛生整潔程度：公共衛生建設普及化及定期整潔維護標準，可以明確呈現人民「愛整潔・勤服務」的文化水準；(3)公益法人服務普遍化：衛生助人公益財團法人及社團法人愈多，代表整個國家人民著重整潔健康及公益助人服務之實踐，可以持續激勵國民「愛整潔・勤服務」習慣的助人文化；(4)自然生態之美：人民「愛整潔・勤服務」的文化表現，其終極目標會反映國民居住的大地之上，會有自然生態之美，當前的日本及德國都是最好的例子。

行國民「愛整潔・勤服務」的文化，也需要教育的著力經營，教育機制可強化下列措施：(1)推動群組整潔習慣教育：妥適運作學習共同體的群組動能，由分組成員相互督責個人衛生習慣的養成與實踐標準；(2)強化公共衛生整潔教育：在美化公共衛生建設的同時，由學校教育結合社會教育，強化學生使用公共衛生、運動休閒設施之整潔習慣與服務助人行為；(3)激勵衛生服務教育：個人衛生習慣及團體公共衛生服務，亦有弱勢族群及地區存在，需要學習及人民互助；學校及政府都應訂定辦法，激勵學生及社區人士組織梯隊或公益社群投入衛生服務工作；(4)提高公共衛生服務標準：適度提高公共衛生服務標準，能夠引導國民「愛整潔・勤服務」文化的形塑與升級，例如：公共汽車的整潔標準及衛生設施的標準，或是社區休閒育樂場所的整潔標準及服務助人機制，都是教育「行國民」實踐好習慣與樂助人文化的焦點場域。

三、喜對話・展動能的文化

好習慣與樂助人文化的第三個向度，可從「人際互動」的情形觀察，如果群組系統的人員都能展現「喜對話」及「展動能」的文化，就會是一種優質的人際好習慣及大家有貢獻的互助文化。「喜對話」是指人與其隸屬同一組織的人，都願意經由「對話」來實踐「深層互動」；對話就是理性的持續探討「問題」與「議題」的解決方案及發展策略，經由理性深層溝通，就能得到大家認同的解決問題方案以及發展努力方向，人際和諧而專注努力，共榮共享。展動能，就是展現個人活力及能量，將自己的內在能量用在本職事功及助人達成共同任務的目標之上，「力惡其不出於身也，不必為己」。「喜對話・展動能」的文化實乃好習慣與樂助人的文化之一。

「喜對話・展動能」的文化，也需要教育的著力經營，教育機制可強化下列事項：(1)教學「對話」的技術：好的「對話」是有技術的，例如：真誠、接納、支持、尊重、同理心（共鳴性了解）、面質、價值回饋、哼哈哲學、自我表露、問題解決等；(2)教學系統思考的要領：任何對話的內容，都需要「系統思考」的檢核對焦，「觀照全面」→「掌握關鍵」→「形優輔弱」→「實踐目標」的系統思考要領，可以引導對話的歷程及雙方滿意的成果；(3)指導「動能規劃」的技術：系統思考人生階段之「動靜平衡」→「焦點循環」→「資源統整」→「計畫實踐」，稱之為動能規劃，其技術的習得與運作，可以有效協助個人實現階段人生目標；(4)激勵「服務助人」的實踐：教育部的「331 政策」（每日 30 分鐘閱讀、30 分鐘運動、日行一善、週休二日）是十分人性化而可行的政策，尤其是日行一善，可以每天實踐「服務助人」，普遍到每一位學生及國民身上，就會是一種「好習慣及樂助人」的文化；教育機制可運用聯絡簿、班級網頁分享「行善週」活動，或是好人好事表揚、設立「布施助人」平臺等激勵「服務助人」的實踐。

四、能包容．多創價的文化

好習慣與樂助人文化的第四個向度，可以指向人類更深層的本質：「能包容．多創價」的文化。能包容是指人與人互動，共事共學，彼此要能包容彼此的不同，包容性別的不同、能力的不同、專長的不同、意見的不同、作法的不同、習慣的不同、文化的不同、價值的不同、做事態度的不同、階層與職位的不同，也要包容機運與飛黃騰達的不同，千萬不要在同一組織或族群系統中產生對立而有礙組織運作。多創價則是指人要活力積極，多為自己創價，多為組織創價，為產品創價，為同仁創價，為家庭創價，為社會國家創價，多做有貢獻、有價值、有尊嚴、有意義的人。「能包容．多創價」兩者合體，成為能跳脫（包容）差異，活力積極，致力「新產品」創價的人。

「能包容．多創價」文化的教育不易實施，其與德育攸關（但效果難以驗證），然近代的教育機制，仍可從下列事項著力：(1)有「新產品」的教育：關注於「新產品」的經營，努力就能多創價，用「多創價」增加「能包容」的互動與程度；(2)有「新價值」的論述：生活、學習、做事、待人處世，每一停留處（如單元學習結束、任務目標達成、每天或每週或每月的結束）都給予新價值的評論（價值評量），就能適度地反思「能包容．

多創價」的實踐程度與意義內涵；(3)有「新智慧」的素養：「能包容・多創價」的文化是人民集體智慧的實踐，新課綱的「核心素養」即為其一體的兩面，它是一種（真、善、美、慧）的新知能模組，內隱的新知能模組也就是有「新智慧」的素養；(4)有「新創客」的能力：從能力實踐的立場來看，創客教師教創客學生，師生都成為新創客，都有能力做出教育作品，也是「能包容・多創價」文化的具體實踐。新產品、新價值、新智慧、新創客是好習慣與樂助人文化的新註解，也是新實踐。

第二節　開潛能與築優勢的教育

本章第一節談「行國民」的文化取向與教育作為，本節談「行國民」的教育主軸與重點措施。「行國民」需要教育，需要「知識教育」，需要經由知識教育，將習得的知識優化為可操作的技術，再將正在操作學習的知識和技術，進一步與自己身上既有的「知能」產生「螺旋」與「系統重組」，然後成為帶得走的能力，再表現出「有價值」的行為（完成作品或服務助人）。「行國民」教育的主軸在「開潛能與築優勢」的教育。

一、順性揚才與優勢智能明朗化教育

「上善若水，水可就下，因材器使，成就萬物；教育若水，激發潛能，順性揚才，玉成眾生」（鄭崇趁，2016a，頁 299）。「教育若水，順性揚才」是作者近年來主張的教育「核心價值觀」，是以在經營教育四學中，均有專章論述「行政長官」、「校長」、「教師」，以及「家長（父母）」如何對「自己」、「家人」、「學生」、「教師」、「幹部」、「學校」順性揚才，更倡議「新五倫及其核心價值」，用新的「人際關係」分類，研發新人類的核心價值及行為規準，來順人類之性，揚「順應當代社會的

品格人才」。

順性揚才之主要目的在開展（激發）每一個人的潛在智能，促成每一個人的「優勢智能」能夠明朗化。在學生學習階段，就要著力「優勢學習」，讓每一位學生（孩子）都善於運作自己優勢的學習力、優勢的知識力、優勢的藝能力，以及優勢的品格力，完整地健康成長，發展為「成熟人」、「知識人」、「社會人」、「獨特人」、「價值人」，以及「永續人」之六大角色責任，成為「全人發展」而具有優勢學識、專長及品格之人。「行國民」要接受「順性揚才」的教育及養育，促進優勢智能明朗化，讓人人都能「開潛能」、「築優勢」，成為有能力實踐六大角色責任的「行國民」。

二、適配經營與專長亮點看得見

「適配幸福人生」是「行國民」的理想抱負，然而此一理想抱負（既幸福又適配）也並非默默無聞地悄悄地來，又悄悄地走了，什麼也看不見！「行國民」的意涵是：人生的適配經營，讓自己的相對專長能被看得見。上智者經由教育與志業的「適配經營」，其專長亮點全國人民看得見，因為上智者用自己的專長為全國人民服務，點亮國家社會，大家都看得見。中智者經由教育與志業的「適配經營」，其專長亮點老闆、同事及同業看得見，因為中智者學有專長，能為公司（組織）傳承創新核心價值及技術，專長亮點能為任職公司（組織）暢旺業績，提升產品競爭力，是故大家欣賞其才華與貢獻。基層才智者經由教育與志業的「適配經營」，其專長亮點家人、同學、同事或親戚朋友看得見，因為基層才智者勤奮努力，做好能做的本業工作，儘量用自己相對的專長優勢，實現自己及團隊的「績效責任」，為家庭及公司（組織）的永續經營，做出貢獻，大家都認同他是家庭與團隊運作發展的基石，缺一不可。

「適配經營」帶有「努力有要領」，但「不勉強」之意。經營自己的生活、學習、工作與人際，均要講究下列四大適配：(1)適配的能量規劃：人的體力、智力、時間、空間都是有限度的，人要依自己的條件能量，規劃最適配的經營，讓自己的身心效能處於高峰狀態，才能對自己及組織產出最大價值；(2)適配的方法技術：選用自己優勢智能明朗化的優勢專長（方法技術）來為大家服務，增益創新產品核心技術的可能性與貢獻度；(3)適配的資源整合：講究組織人力資源（專長）互補（合作）、物力資源流通（物盡其用）、事理要領串聯（生產線設計），以及時空智慧資源的調節整合，可以運作「資源統整」，帶動「團隊動能」，擴大個人及組織的產值；(4)適配的績效價值：每一個人為組織創造多少績效成果，就獲得相對等值的價值（薪津待遇）回饋，主雇與員工均可接受，稱之為適配的績效價值。

三、全人發展與生命價值有尊嚴教育

本書及經營教育四學都主張「全人發展說」，以學生從小到大接受教育之後的「發展」為主體，強調每個人都要發展為「成熟人」、「知識人」、「社會人」、「獨特人」、「價值人」，以及「永續人」六種人的「角色責任」，六大角色責任都發展到位，才是全人發展的人，才符合接受教育的目的與功能。全人發展的人，其生命才有意義、價值與尊嚴。全人發展的人既成熟又有知識，是胸中有墨水的成熟人、知識人，既能社會化又獨特自主，是平時隨波逐流（社會化行為），關鍵時刻走自己路的人（獨特化自主行為）。既有核心價值觀又有能力觀照人類永續，是價值行為實踐的永續價值人。

教「人之所以為人」的教育，是指教育的開始及其延續都在幫助每一個人活得有意義、活得有價值、活得有尊嚴，是以英國的大教育家彼得斯

（Peters）才主張教育要符合三大規準：自願性、認知性，以及價值性。自願性是指學生自主意願的學習，不是強迫的學習；認知性是指學生能夠理解，學得來的知識或技能；價值性是指學習的結果對學生本人及周邊的人都能夠產生正向的價值，例如：懂得更多，有能力做更多的事。「全人發展說」的教育實踐也要遵循這三大規準，為每位學生實施「適配的教育」、「順性揚才的教育」、「優勢學習的教育」、「自我實現的教育」，以及「智慧資本的教育」，點亮每一個人的生命價值與尊嚴，點亮每一個人的「全人發展」，點亮每一個人都能這般力行實踐的「行國民」。

四、智慧創客與作品傳承得永續的教育

人之所以為人的最佳註解是：「智慧人‧做創客」。「智慧人＋做創客」＝每一個人都能過著「有智慧」的生活，並且能用智慧產品完成作品的人。人類的作品可概略分為兩大類：生育作品（生小孩）及知識作品（實物作品）；人有這兩種作品，就能傳承創新文化與文明，先傳承文化，再創新文明，能夠優化這兩大類作品者，就是新文明的締造者。人類的歷史，靠這些優化而精緻的作品彩繪世界，提升人之所以為人的意義、價值與尊嚴。是以，「智慧人＋做創客」才是具有真實生命價值的人，教育的內容應陶冶每一個人「用作品傳承得永續」的教育。

用作品傳承得永續的教育，在「生育作品（人生人）」的層面上，要關注兩大策略：「優質遺傳」與「適配教育」。好的遺傳就是彩繪世界的動能，不夠好的遺傳往往是人類社會的包袱，我們有現代精密科技儀器，可以偵測判斷不夠好的缺陷遺傳，可以在不違背人倫綱常價值的前提下，控制其不再流動增升，避免增加人類的「包袱負荷」。在「實物作品」層面，要積極推動「智慧創客教育」，激勵「創客教師」教導「創客學生」，每年都在學校舉辦智慧創客嘉年華會，師生都樂於分享自己的實物作品，

分享作品本身「新知能模組」的意涵：「真（知識）、善（技術）、美（能力）及慧（價值）」的組合。國小、國中、高中及大學畢業典禮時，學生都能夠用電子書（網頁）展示自己此一學習階段的十大作品，用作品註解每一學習階段的人生價值，證明自己是「行國民」。

第三節　有亮點與能創價的事業

行國民的第三個層面展現在「工作事業」的績效表現之上。行國民喜歡工作，喜歡經營自己的事業，因為「行國民的工作事業」有亮點，能為自己及其工作創造價值。「有亮點」代表行國民選擇經營的工作事業符合自己的專長亮點，所創發的績效價值優於同儕的平均產值。「能創價」代表行國民的事業經營能為自己創價，也能同時對自己所隸屬的組織群體（如公司及家庭）有貢獻。「行國民」能否盡情發揮「有亮點」與「能創價」的事業經營，與下列教育內涵攸關。

一、符合性向與趣的事業

「工作性質」與「性向興趣」吻合，稱為適配的事業，找到適配的工作，經營適配的工作，是「職涯輔導」上最為重要的課題。符合性向興趣的事業有下列四個精簡的定義：(1)喜歡的：不管任何行業，工作本身是自己喜歡的，做它的時候會覺得是快樂的、心喜的；(2)勝任的：工作的難度與自己的能力水準吻合，能勝任、做得來，是不勉強的；(3)等值的：工作本身是有價值的，其創價水準與自己的需求等值，沒有大才小用或小才大用的問題；(4)永續的：符合性向興趣的事業等於找到自己的「職業原鄉」，自己歡喜永續經營，也能長期「創價平衡」。

職涯輔導教育應關照下列事項：(1)了解自我：了解自己的遺傳秉性，

了解自己的喜好事物、了解自己的能力條件、了解自己的性格傾向、了解自己的人生價值，充分了解自己的人，才能選擇符合自己性向興趣的工作，進而永續經營；(2)充實自我：經由自主學習、多元課程進修、參加社團，開展才藝技能，不斷充實自我知識及技術能量的人，才能讓自己的性向興趣明確化，進一步找到符合性向興趣的事業；(3)表現自我：在接受教育的歷程中，要持續地表現自我，在家要經常把所學及心得成就表現給家人看，在學校要配合教育的節奏，定期表現學習成果，每一次的表現演出，都要讓自己「真實的融合」表現出來；有多次表現自我，才能檢核自己性向興趣的事業「實際吻合程度」；(4)成就自我：工作事業，除了養家活口的功能外，最好也能夠成就自我，完成自我的理想抱負；自我的理想抱負也要在充實自我及表現自我中融合檢驗，明確化與可欲性清晰之後，才能藉由符合性向興趣的事業成就自我。

二、發揮優勢專長的事業

人類經由百業分工，耕耘了每一世代的文明與文化；文明與文化的傳承、創新、轉變，只要是活著的人都有貢獻，只是部分的人貢獻大，部分的人貢獻小。在百業分工的「群組動能」行為中，個人的優勢專長能與自己的事業工作結合，行行可以出狀元，每一個人都能對「撐起全世界」有所貢獻，而不只是「苟活於世」。能發揮優勢專長的事業有下列四個特質：(1)有興趣：能發揮優勢專長的事業，其工作性質符合自己的興趣，是自己喜歡的工作；(2)有專業：事業的工作性質具有一定的專業程度，必須在大學階段或高中以上學到該核心知識及其技術才得以擔任；(3)曾耕耘：曾經投入心力學習深耕專業知識及技術的人，再加上自己優勢專長的工作經驗，多能為自己以及所隸屬的組織創價，多創價的經驗，更激勵優勢專長用在事業的經營之上；(4)多創價：發揮優勢專長的工作經驗，多能為自己以及所隸屬的組織創價，多創價的經驗，更激勵自己永續經營。

職涯輔導教育應關照下列事項：(1)優勢學習：從自己的優勢入手學習，有效果的地方開始經營，讓自己的生活、學習及做事看到優勢的足跡；(2)發展專長：生活事務有專長、學習方法有專長、知識藝能有專長、人際互動有專長，逐漸促進專長明朗化；(3)形優輔弱：知識與藝能的學習，專長明朗化之後，運作優勢專長形優輔弱，生活與學習也讓優勢專長充分發揮，彌補不易做好的部分；(4)優勢爭輝：發揮優勢專長的事業，其主要目的在優勢爭輝，群組中每一個人都以其優勢專長做事（執行任務），大家共放光明，呈現一片優勢爭輝的天空，用事業共創大家的幸福生涯。

三、能夠創價持家的事業

行國民的事業要能夠創價持家。每一種工作行業都能夠創價，創價的內容質量多寡雖多元分歧，難以用單一的標準（或單位）衡量，然而其基本薪津足以養家活口，卻是創價持家的基本標準。能夠創價持家的事業要達到下列四大條件：(1)正當職業：用體力、智力、服務、經營的正當工作，且不違背善良風俗文化之工作；(2)合理報酬：體力、能力的付出與薪津所得平衡，工作有合理報酬；(3)登記有案：公司在政府登記有案，是合法經營的正當職業；(4)常軌營運：無論何種工作事業，均應常軌營運，員工輪班及機器啟停均應常態運作，不能過與不及，過則傷身，不及則員工難以溫飽。

職涯輔導教育應關照下列事項：(1)審專業能力：自己的專業程度與能力條件是所有工作事業的基石，審專業能力與工作事業難度的一致性，對自己最有價值；(2)思創價平衡：付出與收入也要能滿足家庭的收入及支出，兩者都能創價平衡；(3)得適配工作：符合前兩者條件且自己又喜歡、做得到符合興趣性向的工作仍然很多，要找到自己最適配的工作，當作終身經營的事業；(4)勤永續經營：能夠創價持家的事業，仍須努力永續經營，持續累增其能量、事功，家有盈餘，能夠逐日提高自己及家庭的生活品質。

四、充分自我實現的事業

行國民的工作事業「有亮點．能創價」的終極意涵，在於能夠充分自我實現的事業。人生一輩子就是在追求自我實現，期待自我的「理想抱負」與「現實成就」吻合，自己想做的事都完成了、做到了，為自己的人生創發自己最滿意的價值與尊嚴。自我實現的人生，要從「事業的經營」累積成就而來，且在人生的每一階段，都有自我實現的目標與任務。人要完成眼前的、階段的「生活與工作」之階段性自我實現，才得以逐步邁向遠大的終身性自我實現。

職涯輔導教育應關照下列事項：(1)進行個別化願景領導：當每一個人多思考這一輩子的生命目標與理想抱負，就有利於當下工作的積極勤奮，有必要時也可進行調整對焦；(2)尋求個人事業目標與組織目標一致吻合：讓自己勤奮工作，既為達成組織目標，也在累積達成個人的理想抱負；(3)規劃設定事業、生活的階段性任務目標：終身性的理想目標遙遠難達，宜立足當下，規劃設定年度階段（甚至分季為階段）任務目標，並依期限達成任務，累積階段性自我實現，邁向終身性自我實現；(4)計畫實踐篤行：策定中長程計畫及年度執行計畫，並依計畫項目內容實踐篤行；計畫執行內容含括按月（季）檢核反思事項，督責自我力行實踐，公務私事不達目標絕不終止。

第四節　講適配與高幸福的人生

行國民的「行為標準」，在扮演成功的責任公民。責任公民的角色責任具有下列四大意涵：(1)有工作、有產能：行國民的最核心責任，就是要有工作能力，生活能力要能夠執行專業工作，工作事業有產能，能與人類族群共榮共享；(2)守法治、行稅責：自由、民主是人類的兩大基本生活訴求，但人類是群體生活的動物，要有公共建設及法治規範，方能傳承創新文明與文化；責任公民就要守法治，並依法治規範，篤行納稅責任；(3)受教育、宏價值：責任公民要接受適配的教育，開展自己的優勢智能，宏揚自己的生命價值，並對家庭、社會、國家做出貢獻；(4)擔責任、施福慧：責任公民的責任包括維護人類生態的和平共榮，對於弱勢族群的人也要盡「公平正義」的責任，布施福慧，平等人權。

行國民承擔責任公民的實踐責任，具此四大意涵，仍難以詮釋個人在群體社會中明確的責任精神與具體操作事項。是故作者再以「當事人」為本位，「高幸福」為人生目標，「講適配」為軸心，論述「適配的潛能開展」、「適配的創客作品」、「適配的事業伴侶」，以及「適配的智慧生涯」，來描繪「行國民」的適配幸福生涯。逐一說明如下。

一、適配的潛能開展

潛能是人一生下來就已經具備的可能能量，經由模仿學習以及教育的誘導與啟發，會成為生活、做事或思考、言語、表達的能量與能力。依據迦納（Gardner, 1983）發表的多元智能理論：(1)人類的潛在智能可概分為七至八種（語文、數學、繪畫空間、音樂、肢體、人際、自省、自然觀察者），然每個人的強弱結構均不一樣；(2)教育的目的主要在發現學生的潛在優勢智能，促其優勢智能明朗化；(3)運作優勢智能修習專門學術與技術，可以具備相對較高階而深層的學能；(4)運用優勢學能選擇工作、經營事業，行行可以出狀元。

依據多元智能理論的觀點，適配的潛能開展具有下列四大指標：(1)找到優勢智能：每一個人的「智慧餅」結構與潛能強弱均不一致，找到自己最優勢的潛能並適度開展，才是適配的基點；(2)開展優勢潛能：每一個人「智慧餅」中的最大塊或最強的潛能，得到適度的誘發、伸展而有表現的經驗，是「適配」的第二步驟；(3)展現優勢亮點：在潛能開展的歷程中，優勢智能逐漸明朗化，個人多參與優勢智能為基礎的才藝、運動競賽活動，展現優勢亮點，彰顯優勢潛能價值；(4)形成優勢專長：適配的潛能開展，其最終旨趣在教育潛能，成為自己的優勢專長，用優勢專長經營高階學習，經營事業績效價值；「適配」也代表「適力」經營之意，不勉強行事或用力過猛，而折損自己的優勢專長。

二、適配的創客作品

二十一世紀的人類要實踐「智慧人．做創客」的教育目標，行國民也要能行「智慧人．做創客」，在做創客的部分就要有適配的創客作品。「行國民」可以配合學校教育，國小、國中、高中、大學四階段，每階段都留下自己創作的十項代表自己的教育作品，這樣的「創客作品」至少就會有四十個以上，從這些適配的創客作品，可以發現自己的優勢潛能，可以找到已開展的優勢專長，可以當作職業選擇與被選的「作品」。留下適配的經典創客作品，是二十一世紀新教育的核心趨勢與考評重點。

適配的創客作品也要延伸到職場事業領域上，「行國民」要配合任職公司的經營需求，為自己及任職公司研發新產品、新技術或新服務標準程序，做創客提升公司產品品質或服務品質，增益公司永續經營能量。適配的創客作品之「適配」，是指「符合需求」、「適時產出」、「適量經營」，以及「創價平衡」。適配的創客作品是行國民在職場事業場域的「實踐力行」，「行國民」會配合時代需求與組織發展，產出適配的創客作品。

三、適配的事業伴侶

「行國民」也要有適配的事業及適配的伴侶，有適配的事業才有產能，才能善盡公民責任，才能賺錢養家活口，才能經營適配的創客作品，才會有生命的意義、價值與尊嚴。有適配的伴侶，才能合理地滿足性需求，才有人可以溫情慰藉，才可以延續生命的創客（人生人），才可以組成家庭，有家庭得以經營，增益人生的豐足光彩，創發新時代、新生命的意義、價值與尊嚴。

「適配的事業」及「適配的伴侶」，尚須輔以「適配的教育」以及「適配的職位」才能真正經營適配幸福人生。「適配的教育」最先行，經由適配的教育，順性揚才開潛能，優勢智能明朗化，留下適配的教育作品，再以能力條件與作品作為適配事業及適配伴侶的基石。「適配的事業」是指「工作性質合性向，專門專業又專長」；「適配的伴侶」則是指「條件能力相登對，品味一致幸福多」。再輔以「適配的職位」，讓人盡其才、才盡其用，為組織及個人也留下適配的創客作品，過一個厚實的適配幸福人生。

四、適配的智慧生涯

「行國民」就是要能夠力行「智慧生涯」的人，智慧生涯的人要符合下列四大指標：(1)要會使用智慧型數位科技產品：讓智慧產品生活化，提高自己生活品質；(2)會均衡事業經營與生活的品味：忙中有閒，生活品質和品味與事業齊揚，具有自主的生命風格；(3)能將智慧教育生活化：能整合「知識、技術、能力（作品）、價值」四位一體的知識學習，並實踐於日常生活，生活也能智慧創客，也能價值實踐；(4)生活做事也不受制於現代科技產品：智慧人不受制於任何有形的器物及限制，能與大地自然合體，能與時空律則融合，自主自在、無拘無束生活。

適配的智慧生活，其核心意涵在於：智慧生活的適配經營。智慧生活要聚焦在下列經營事項，才能真正符合適配之意涵：(1)適配的財富：智慧人需要基本生活，適配的財富才能構築智慧人的品質和品味生活；(2)適配的住所：智慧人就是要實踐其智慧，其居住環境時空條件，要能足夠智慧人的發揮，要有適配的住所；(3)適配的休閒：有智慧的人，生活上不會埋頭苦幹，其智慧也表現在休閒育樂生活之上，適配的休閒也是不可或缺的條件；(4)適配的創價：智慧生活不是毫無作為，不是只有休閒享受，有智慧的人即能平衡事業及休閒，讓彼此融合、適配創價，創造養精蓄銳的價值，創造平衡身心的價值，創造迎接新生的價值，也創造重組出發的價值。

第四篇

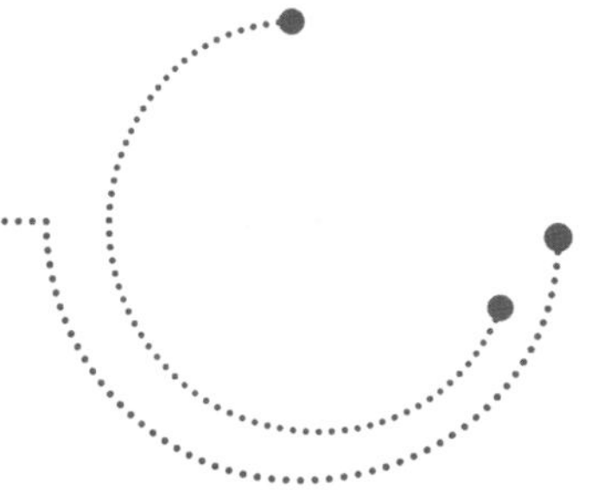

價值詮釋篇

靜態的知識本身沒有價值，人習得的知識，並且會使用它，知識才產價值。知識的教育價值在：搭建教育機制、成為教育目標、活化教育歷程，以及創新教育價值。技術的經營價值主要有四：技術是知識的次級系統、技術是經營的操作變項、技術是經營的著力焦點，以及技術是能力的來源要素。能力的實踐價值在：表達知識及技術、創新作品及行為、建構新知能模組，以及實踐智慧及價值。價值詮釋人生與教育的四大價值：「人之所以為人」的價值、「順性揚才」與「全人發展」的價值、「適配人生」與「適配幸福」的價值，以及「智慧傳承」與「作品創新」的價值。智慧的共榮價值表現在：善用知識及技術、美化自我及群組、優化效能與效率，以及領航生活及生涯。創客的定位價值呈現在：生兒育女定位生命傳承創新的價值、學習作品定位受教成果績效的價值、任務產品定位事功成就的價值，以及實物作品定位人生福慧的價值。

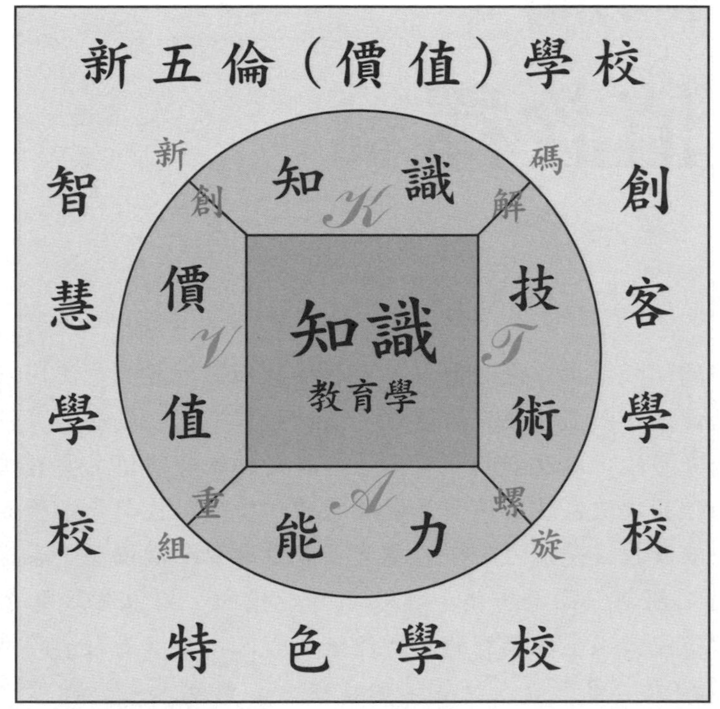

- 教育的實體是知識，「知識教育學」定位人類學習知識之後，所產生的「知識、技術、能力、價值」四者之間的關係。

- 在上圖中，圓形的外圈「知識、技術、能力、價值」四者之「界線」（銜接邊界）隱藏著「知識遞移說」的影子，依稀可以看到「解碼、螺旋、重組、創新」的歷程。

- 使用「KTAV單元學習食譜」轉動（點亮）臺灣新教育，幫助更多的學校成為新五倫智慧（價值）學校、智慧創客學校，或者創客特色學校。

第十九章　知識的教育價值

本書共有四篇：「知識本質篇」、「技術經營篇」、「能力實踐篇」，以及「價值詮釋篇」，每篇六章，共計二十四章。「知識本質篇」探討知識的來源、分類及其經由人學習（教育）之後，產生的「致用知識」、「經營技術」、「實踐能力」，以及「共好價值」（智慧人．做創客）。「技術經營篇」以作者的「經營教育四學」為主軸，分析經營國家、教育、學校、教學、教養，以及「知識教育」的核心知識及技術。「能力實踐篇」則探究「智慧人」、「做創客」、「新領導」、「優教師」、「能家長」，以及「行國民」的能力指標與實踐作為。

本篇「價值詮釋篇」，接續用六章的篇幅，論述（詮釋）「知識的教育價值」、「技術的經營價值」、「能力的實踐價值」、「價值的人生意涵」、「智慧的共榮價值」，以及「創客的定位價值」。本章是價值詮釋篇的開始，首論知識的教育價值，界定「知識」在整體教育活動歷程中，對人類產生的貢獻與價值。我們可以這樣說：沒有知識的教育是空的，沒有教育的知識是盲的。知識本身（靜態的知識）沒有價值，知識要經由教育的途徑，讓人類學習之後，轉換為具動能的知識（包括致用知識、經營技術、實踐能力、德行作品）才有價值，本章詮釋知識對人的教育價值。

本章分四節論述說明：第一節「知識搭建教育機制」，說明知識對產生學制、學校教育、師資素養，以及學生能力的價值貢獻；第二節「知識成為教育目標」，分析知識是智慧人、做創客、優教師、亮學生共同的根，有了知識，才能有優化教育目標；第三節「知識活化教育歷程」，論述課程設計、有效教學（知識遞移說）、操作學習，以及實物作品的知識技術在教育上的價值貢獻；第四節「知識創新教育價值」，綜論知識創新「立己達人」的教育價值、創新「百業興隆」的教育價值、創新「富民強國」的教育價值，以及創新「文明文化」的教育價值。

第一節　知識搭建教育機制

最原始的人類生活，其「教育機制」並不明顯，就如杜威的名言：「教育即生活」、「生活即教育」。人類靠本能需求與環境「和平共處」，從簡陋的食、衣、住、行開始生活，然後代代相傳，每一代都掌握「寶貴經驗」再傳給下一代，漸漸地這些「寶貴經驗」就發展成有形的知識（如語言、文字）及無形的知識（如生命力、學習力、理性）。語言文字發明之後，就逐漸地開始用「知識」傳承創新人類的「寶貴經驗」，人類「知識化」的經驗，才能締造人類歷史長河中的文明與文化。今日所見的教育機制，也是文明與文化的一種，都是「知識」的傳承創新所搭建的。

一、知識傳承創新當前學制

臺灣當前的「學制」：國小六年、國中三年、高中（職）三年、大學四年，稱「六、三、三、四」學制，完整的學制尚包括學前的「幼兒教育」（幼兒園）（二至五歲）、「碩士、博士學程」，以及「終身教育」（社會教育、補習教育）之制度規劃，學制的調整與優化，是「知識」傳承創新的績效成果。每一個國家的「教育家」與「領導人」，將「如何教育人民的知識」、「國家建設需要的人才與知識」、「國家發展知識」（社經能力），以及「國家人民需求的知識能量」，綜合考量之後，選擇決定了每一個國家的當前「學制」。

「學制」是一個國家教育機制的輪廓，是知識傳承創新而來的。每一個國家學制的發展，通常與下列知識攸關：(1)教育專業的知識：每一個國家，其師資培育系統的專業知識稱為教育專業的知識，教育專業的知識流量大，代表國家重視教育事業，關注各級學校教師素養的培育；(2)教育普及的知識：有的國家基本教育僅六年，有的國家基本教育有九年，現代化的國家基本教育長達十二年，基本教育年限往往是普及化教育指標，普及化教育的知識也代表一個國家人民知識水準的平均起點；(3)社經水準的知識：如國民所得水準（GNP或GDP）與學制的發展攸關，GNP不到一萬美元的國家或GDP在四萬美元以上的國家，其學制的發展內涵會有明顯的落差，所謂「民富而好禮，有恥且格」；(4)國力發展的知識：國力發展的知識是指政府組織的運作系統知識，以當代的國家組織而言，國力是指民主化、精緻化、數位化、平權化，以及產能化的程度，也就是人民集體智慧的表現；人民集體智慧的強弱與學制的發展互為因果。

二、知識開展規範學校教育

現代化的學校教育就是計畫教育的實踐，學制、課程、師資、教學、設備、日課表，學校中的定期教育活動，都是有計畫的。學校教育機制必須按年度教育計畫實施，稱為計畫教育；計畫教育的學校，也是由知識的開展，逐漸規範而來的。今日的學校教育歷經「沒計畫」→「半計畫」→「完全計畫」的三階段：「沒計畫」階段是指遠古時代的人類生活，教育即生活，父傳子、母教女，求生存而已，沒有計畫；「半計畫」階段是指「私塾時代」，農業社會，鄉村找「師爺」在員外家或廟裡教村落的小孩，教材課程和上課時間方式，均由「師爺」自主決定，稱為「半計畫」教育階段；「完全計畫」階段的教育，則是指今日學校教育的現況，政府設學校、頒課程、聘教師、教學生，以日課表，依年施教，都有完整的計畫，稱為「完全計畫」的教育（鄭崇趁，2013，頁 133-160）。

知識開展規範學校教育，代表「知識」具有下列四大教育價值：(1)知識是可以經由教育傳承創新的：知識本來在人身之外，教育讓知識從身外到身內，並且一代一代傳承穩定的知識，創新（發現）更豐沛的新知識；(2)知識的傳承創新需要「計畫教育」始可徹底實踐：當代的國家都設立各級學校辦教育，並且在中央政府及地方政府都設立了「教育」主管部門，依「計畫」及「政策」引導教育的發展，教育人民傳承創新知識，培育人民的「集體智慧」；(3)「計畫教育（學校教育）」仍需「教育計畫（專門知識）」的適時調整、充實、補強、優化學校教育的內涵（知識傳承與創新），才能滿足人類的時代需求與社會變遷，推進新人類的文明與文化；(4)「知識」已經融入人類，並且成為人類用以教育後代的「實體」，知識離不開人類，人類已經不能沒有知識的教育。

三、知識詮釋標準師資素養

知識對教育最大的貢獻在知識培育師資，教師再用知識教育學生，並且隨著時代的演進，每一個國家都用知識來詮釋標準師資素養，例如：作者是 60 年代的師專畢業生，當時「師範專科學校畢業」就取得國家規定的「小學教師」資格，直接分發回雲林故鄉任教；「師範大學」畢業，就直接取得「中學教師」資格。當時的大學及專科以上學校的師資要求，只要有碩士學位以上就可以參加各「大專校院」徵聘教師，錄取者碩士學位教師由「講師」起聘敘薪，博士學位者由「副教授」起聘敘薪。

時代推移，今日臺灣各級學校的教師任用標準逐漸提升，中小學教師需要大學以上畢業，修畢教育學程專業學分，並通過教檢，完成實習，始得參加正式教師甄試。教檢通過率約百分之五十，教甄通過率多為百中選一，十分困難，近年更有全面碩士化趨勢，並且要求教師個人的領域（學科）專長認證。而大學教師，現代的基本門檻都是「博士學位」，取得博士學位並有專門學術著作者，才較有可能受聘為大學專任教師。師資標準素養日益提高，代表所有的國家都愈來愈重視教育事業的經營，用知識來定位（詮釋）標準師資素養。

四、知識累進增長學生能力

學生是教育的主體，學生能力的增長靠教育，教育的歷程提供學生「知識的學習」，有知識的學習，知識才能逐漸轉化成為學生的能力。學生的核心素養及能力都來自知識，知識就是教育的內容，也是教育的實體，教育活動如果離開此一實體（知識），將成為沒有意義與價值的活動，就不是真正的「教育」。是以，知識是累進增長學生能力的根，根源豐沛、有效學習，學生才得以具備「帶得走的能力」。

學生的能力（有時稱為核心素養）概略包括四力：「學習力」、「知識力」、「藝能力」，以及「品格力」。「學習力」是指讀寫算說及使用資訊的基本學習能力，這些能力的主要知識來自國語、數學、閱讀寫作及資訊的知識技能。「知識力」是指學生真正學到，且會運用、有產出的致用知識，這些能力來自通識經驗及專門學能交織而來的知識及技術。「藝能力」是指每個人在運動或藝文方面的優勢專長能力，這些能力來自「個殊才藝」及「時空美感」交織而成的知識及技術。「品格力」是指人的人際關係行為能力，高尚的品格能力來自「好習慣」與「服務心」知識的系統重組及有價值行為的實踐。知識讓學生學習之後，經由「知識解碼→知識螺旋→知識重組→知識創新」之歷程（知識遞移說），轉化為學生應具備的學習力、知識力、藝能力，以及品格力，知識累進增長學生能力（素養）。

第二節　知識成為教育目標

知識經由教育的途徑，讓人學習之後，成為有知識的人。「有知識的人」是教育目標之一，但深遠的教育目標，以「有知識的人」為基礎，邁向「有智慧的人」、「做創客的人」、「優教師的人」，以及「亮學生的人」。知識是教育的實體，教育都在教人學習「知識」，知識在滋養人類，成為知識人、智慧人、做創客。在師資培育機制領域的「知識」傳承與創新，知識滋養有心從事教育事業的人成為「優教師」，優教師在運作知識的教與學，開展學生的「優勢智能明朗化」；知識在滋養每位學生成為「亮學生」，知識成為教育目標，也是知識對於教育最大價值貢獻的寫照。

本節詮釋「知識成為教育目標」的四大價值，包括：智慧人（知識的優化）、做創客（知識的創價）、優教師（知識的經營），以及亮學生（知識的實踐）。逐次說明如下。

一、智慧人：知識的優化

教育經營學六大原理學說中的「發展說」（鄭崇趁，2012）曾主張，人接受教育之後，要發展六大角色責任，包括：成熟人、知識人、社會人、獨特人、價值人，以及永續人，這六種人的角色責任均發展到位，自然會成為一個平衡和諧而尊貴的人，此就是本書所強調的「有智慧的人」。智慧人是人學習各種知識之後，優化融合，然後表現出具有真、善、美、慧內涵的行為實踐者。

本書將「智慧人」與「做創客」作為書名的副標題，其最大的用意在揭示「知識教育」的核心目標。教育在經由知識的學習，每一個人都能成為「有智慧的人」；教育在強調操作中學習及有作品的當下，每一個人都能成為「做創客」的師生。「智慧人」是知識優化的績效價值，「做創客」

是知識創價的具體成果。對學生來說，「智慧人」是人類的「智慧資本」，是人類的潛在資本（價值）；「做創客」則是人類看得到的正式資產（作品有價，並可以傳承及做為後續知識創新的基礎）。

知識的「優化」成為「智慧」，有賴「新知能模組」的建構。在本書第四章「知識遞移說」、第五章「知識智慧說」，以及第六章「知識創客說」對於「新知能模組」的內涵，包括真的「致用知識」（行為表現時用得出來的知識）、善的「經營技術」（行為表現時對眾人均有價值的良善技術）、美的「實踐能力」（行為表現時的適力圓融實踐，巧妙精緻能量與作品），以及慧的「共好價值」（有價值作品與行為創價的詮釋）。因此，智慧人是「知識、技術、能力（作品）、價值」四大元素（知識）的優化成果，也就是所謂核心素養或「新知能模組」外顯化的行為實踐。

二、做創客：知識的創價

本書將「做創客」列為知識教育學的第二個教育目標，其深層意涵有四：(1)為知識的創新找到真正的主體與出口：以前強調「創新」及「創意」的年代，都不是以人為主體或以知識為出口的創新；創客的使用，明確的指出人要做出東西來（創客），才是知識的創新（用知識做實物作品）；(2)知識的大用在可以「做中學」及「成作品」：知識解碼之後可以成為可操作學習的技術，人「既有知能」與「新技術」的螺旋重組，就可以做出作品，作品創新知識的價值；(3)「創客」教「創客」是教育學的新趨勢：以前的教育「知識」、「技能」、「產品」分開教，當代的教育，單元教學就直接使用「KTAV 單元學習食譜」，創客教師教有作品的創客學生；(4)創客教育可以與智慧教育及價值教育同時教學：尤其是「智慧創客教育 KTAV 單元學習食譜」的運用，讓三者可以同時（統整）教學。

「做創客」是知識的創價，也具有下列四大意涵：(1)知識創新作品：

作品是有價值的，得傳承、得評分、得出售；(2)知識創新人的新知能：對學習者來說，能做出新的產品，就是自己學到新知識，並且創新知能模組，此一新知能模組是有價值的（外顯化可以成智慧人・做創客）；(3)知識隨時可以幫人創新價值：知識存在宇宙與人類理性之中，隨時隨地讓人學習，只要知識遞移成功，知識基模系統重組，就能創新自己的知識，創新價值；(4)創客可引導知識創價：「做中學、有作品」的教育稱之為創客教育，師生增加創作自己的作品，可以引導知識的活用及優化，積極創價。

三、優教師：知識的經營

教師是教育事業的靈魂，教育事業的興衰成敗端賴教師的「績效表現」。教師教會學生，學生習得應具備的知識、技術、能力、價值，教育事業就蓬勃發達；若學生沒有學到「課綱」規範的「素養能力」，教育事業形同耽誤學生。是以，優教師是國家「知識教育學」的第三個教育目標，先進國家在整體的教育機制中，逐漸發展了師資培育課程，培育「優教師」來教育「亮學生」，且師資培育的規範條件愈來愈嚴謹，優教師要具備大學畢業以上的基本學力（擁有知識分子的知識），並且要修畢教育學程，通過教檢、教育實習及教甄，學會「知識的經營」，才有可能被聘為中小學教師，近年更有全面碩士化趨勢。目前大學教師的基本學歷是博士學位並且要有專門研究著作，也是強調善予「知識經營」的人才，才是優教授。

優教師（含教授）的知識具有下列四大價值（貢獻）：(1)善於自己的知識經營：要當教師者，會配合國家大學教育及師資培育機制，經營好自己的專門及專業知識，有能力規劃及實踐自己的角色責任；(2)善於教導學生的知識經營：教師的角色，不但自己的知識要經營得好，更要善於教學，引導學生學會單元主題的知識，建構新知能模組，並力行實踐，完成有價值的作品或有價值的行為表現，完整學習，經營好學生的知識；(3)善於創新學校（組織）的智慧資本：優教師除了「教會」學生之外，還要有效實踐學校的各項教育活動，經由知識經營，達教育育才之善，為學校創新師生豐碩的智慧資本；(4)善於創新師生的自我實現：教師的知識經營直接幫助教師本人的自我實現（有知識能力實現自己的理想抱負），也帶動學生有效的知識經營，能夠展現學生的優勢亮點。

四、亮學生：知識的實踐

知識教育學的第四個教育目標在「亮學生」，意味著教育事業在教導學生經營知識的學習。每一位學生都由於知識的滋養與「新知能模組」的建構與實踐，開展個人的潛在智能，達到有效學習、優勢智能明朗化，每個學生均有自己的專長與優勢亮點。有專長與優勢亮點的學生，對「知識」本身而言最有價值，因教育（教學）讓知識的本質與功能得致最大發揮（知識的實踐，點亮所有學生的亮點）。

「亮學生：知識的實踐」，代表學生以知識實踐下列四大價值（意涵）：(1)學生得到知識，會用知識才有價值，不具知識成分（基礎）的學習不符合教育的本質；(2)依據多元智能理論的觀點，每位學生內在的七、八種知能之強弱及結構都不一樣，多元並存，因此知識在學生身上的實踐，要從「優勢學習」入手，並且「順性揚才」，才能真正點亮學生（有優勢專長）；(3)知識本身是公平地對待所有學習者：知識本身乃靜態的存有，教與學的活動可以幫助所有學生進入職場之後，行行可以出狀元；豐沛的知識公平地提供給所有師生，並點亮個別學生的優勢亮點；(4)KTAV 四位一體的教學可以持續點亮學生：KTAV 從單元教學，綜合考量學生習得的真（致用知識）、善（經營技術）、美（實踐能力）、慧（共好價值），增益學生的有效學習，持續點亮學生，知識的實踐價值得致最大化。

第三節　知識活化教育歷程

知識對教育的價值是什麼？談完教育機制及教育目標，以下繼續論及教育的內容及教育的實施（歷程）。作者認為，知識具有活化教育歷程的價值，可以從「課程設計」、「有效教學」、「操作學習」，以及「實物作品」四方面來詮釋知識活化教育歷程的具體價值。逐一說明如下。

一、課程設計進行知識脈絡統整

教育的內容稱之為「課程」，課程原本即知識的化身。教師要提供給學生學習的內容稱為「課程」，也可說是「知識」，各種不同的課程，就是各種不同的知識類別。課程設計約可分成三大層次：國家頒定的「課程綱要」、學校的「校本課程」，以及教師真正教學的「主題教學」設計，三個層次的課程設計都在進行知識脈絡的統整（學術用語就是課程統整）。

國家定期頒訂「課程綱要」，由課程綱要中，提列課程目標、領域學科、教學時數，以及領域學科的教學主題。臺灣的課綱自 2000 年以後，即標榜以「領域」統整「學科」，課程綱要配合社會變遷及時代需求，定期調整。本身就是政府的教育行家，對於學生需學習的知識，進行脈絡統整，引導學校教師教給學生「核心知識」。學校本位課程的統整，則以校本學生、師資及在地教育資源統整為考量，由學校教師共同「本位經營」（課程統整），教給學生「校本主體」的知識、技術、能力及價值，展現學校教育特色及風格（個殊化的知識統整價值）。教師的主題教學，則要避免學生學習過多零碎的知識，難以統整所學，因此會以核心主題知識為軸心，串聯知識脈絡系統，並以能夠「做中學」為手段，完成「實物作品」來統整知識技能的學習，創新學生「帶得走的能力及產品」，並實施「價值評量」。

二、有效教學啟動知識遞移績效

「有效教學」的界定愈來愈嚴苛，以前教師能夠以「如何教」來評斷「教師的能力」，現代則以學生確實「學到什麼」來評斷教學是否有效，是以「知識遞移」的績效價值被用來做為「教學效能」的判準。本書之所以強調「知識遞移的核心技術」，之所以研發「知識遞移說」（理論）（見第四章），旨在順應此一趨勢，統整「有效教學」的核心知識與技術，協助教師有效教學（使用 KTAV 單元學習食譜），啟動教師與學生之間的知識遞移績效，創新知識的教育價值。

「KTAV 單元學習食譜」之所以能夠成為「有效教學」的實用工具，因為它具有下列四個重要的教育價值：(1)有理論的依據：學生要習得創新知識，必須經歷「知識解碼」→「知識螺旋」→「知識重組」→「知識創新」的過程，本書的「知識遞移說」提供其穩固的理論依據；(2)有實踐的可欲度：2016 至 2017 年間，十數個中小學採用「KTAV 單元學習食譜」活化課程教學，百分之九十五以上的教師覺得容易學、可操作，學生的學習績效明顯高於往年，建議可普及推廣至各學習領域；(3)能統整時代教育趨勢：特色學校、創客學校、智慧學校及新五倫（價值）學校，是當代教育四大趨勢，「KTAV 單元學習食譜」的應用，可以統整實踐此四大教育需求；(4)真實知識的教育：學生用智慧工具做中學，並完成實物作品，具有價值反思，能夠學得「真實的知識」，此真實的知識是一種「真、善、美、慧、力、行」的新知能模組外顯化之成果。

三、操作學習奠定知識體驗價值

杜威倡導「做中學」以後，做中學雖受教育界的部分人員重視，然普及化的程度並不穩定。目前「創客教育」以及「KTAV 單元學習食譜」的實施，建議每個單元知識的學習，都要找到可操作學習的技術，教師指導學生針對這些「技術」進行「操作學習」，學生在「操作」中學習，其技術直接與內在的既有知能產生螺旋作用，這種體驗式的螺旋效應最後要產出作品。具「體驗」的價值又有作品產出，格外深刻珍貴，才是學生能夠習得的「帶得走的能力」（或可稱之為真實的核心素養）。

做中學的知識包含可操作的技術，對人而言具有下列四種「體驗」上的價值：(1)知識解碼的體驗價值：任何知識均可以解碼為可操作的技術，人對知識進行解碼而後操作其體驗，具有「創新」的深刻價值；(2)知識螺旋的體驗價值：知識螺旋雖為心理動能現象，在操作技術而學習時，其螺旋的對象具有明確化的體驗價值；(3)知識重組的體驗價值：具有建構新知能模組及知識基模系統重組之體驗價值，做中學、完成作品或表現有價值的行為，都具有知識創新的體驗價值；(4)知識創新的體驗價值：做中學、完成作品或表現有價值的行為，都具有知識創新的體驗價值。

四、實物作品詮釋知識創價生新

知識的教育價值豐沛而多元爭輝，學習者用學習中的知識（含技術），做出作品來，代表其完成學習；這些作品創新了知識教育的價值，也詮釋每位學習者自身生新的知識。知識的傳承與生新都發生在學生的身上，就彰顯了「知識遞移」的有效性，具有教育的績效價值。作者的腦海中曾有多次浮現此一景象：國小、國中、高中，每一個學校，都有百種以上的學生「實物作品」，每年舉辦智慧創客嘉年華會，實物作品詮釋知識創價生新的場景是多麼壯觀，它可點亮臺灣新教育。

廣義的作品包括四大類：立體實物作品、平面圖表作品、動能展演作品，以及價值對話作品，四大類的實物作品，詮釋了知識教育的下列四大價值：(1)真實：有實物作品的知識都是真的，是可以看到、摸到的真實知識；(2)體驗：做中學的知識技術就是身體的經驗；(3)生新：作品的完成總給人生新雀躍，充滿著希望想要繼續學習的心；(4)創價：作品創新知識，知識創新價值，作品的知識給人永續傳承與創新。

第四節　知識創新教育價值

本書探討知識、教育與人的關係，人靠教育學習知識，教育用知識教人成長發展，知識經由教育創新人的價值，三者關係的緊密程度，擘建了今日人類的文明與文化。人類之所以能夠偉大，全靠知識及教育的功勞，少了任何一個元素，就不太可能看到今日人類的榮景。

知識創新人的教育價值，包括：知識創新「立己達人」的教育價值、創新「百業興隆」的教育價值、創新「富民強國」的教育價值，也創新「文明文化」的教育價值，逐一詮釋說明如下。

一、創新「立己達人」的教育價值

人用教育傳承創新知識，知識搭建教育機制，知識成為教育目標，知識活化教育歷程，知識創新教育價值。知識創新的第一種價值是「立己達人」的教育價值。教育在教「人之所以為人」，人要靠知識的傳承與創新，才能成熟發展成「人之所以為人」，因此知識具有「立己達人」的重要教育價值。人要接受完整的教育，習得應具備的知識，知能的表現水準達到（有時還須超越）時代標準，才能「立己」，才能「自我實現」，擁有活得像「人之所以為人」的尊嚴與價值。

知識幫助人「立己」之後，經由百業分工，各自追求自我實現，伸展每一個人的理想抱負，並服務人群，促進社會共榮。有部分的人選擇「教師」行業，立己然後達人，配合國家整體教育機制，在各級學校中，依自己的知識專長領域（或學科），教導學生學習「新知識」，知識遞移成功，學生的「新知能模組」持續優化，才有優質的教育作品及有價值的行為表現，是學習達人，具有各自的優勢專長。知識創新「立己達人」的教育價值。

二、創新「百業興隆」的教育價值

知識創新的第二種價值是「百業興隆」的教育價值。人接受完整教育之後，習得各種專門行業所需的「知識」、「技術」、「能力」、「價值」之後，進入職場服務，一方面養家活口，另一方面實現理想抱負。知識能力愈優者愈能受聘高階專門職位，知識是百業興隆的重要根基。組織企業員工的核心能力（知識的轉化）愈紮實穩定，企業的產品與競爭力就能永續經營；企業產品的核心技術（也是知識的系統重組）愈能優化創新，企業就愈能興隆暢旺，領導品牌，帶領人類開創新文明。知識具有創新「百業興隆」的教育價值。

百業能否興隆，決定在其產品與服務項目「核心技術」（含員工的核心能力）的優化與研發。核心技術通常是人類內在「新知能模組」素養的外顯化，教師在教育的歷程中，要積極指導學生建構「新知能模組」的效能與效率。本書強調的「知識→技術→能力（作品）→價值」四位一體的智慧教育，以及「有創意的學習食譜→能創造的操作學習→再創新的知能模組→做創客的實物作品」四創一體的創客教育，且使用「KTAV 單元學習食譜」，用「知識遞移說」導引學生「做中學」、「有作品」、「系統重組」自己的「知能模組」及「有價值」的行為實踐，深入詮解知識創新「百業興隆」的教育價值。

三、創新「富民強國」的教育價值

知識創新的第三種價值是「富民強國」的教育價值。民主國家是全民參與的國家，全民參與的國家要全民教育。整個國家的人民素養與能力，端賴教育的普及化，經由教育，把全國的人民，都教導成有知識、用技術、有能力及正確價值觀的人。教育人民知識是國之本，全民教育成功、知識學習到位，人人均有一技之長，都有產能、都能創價，民富而國強。知識具有創新「富民強國」的教育價值。

「富民強國」的價值都是知識創新來的，揆諸中國歷代興衰與西方鼎盛國家，「知識」流量最旺盛的時代，國家最為鼎盛；「技術」發明最多、最尖端的國家，國力最強；人民的「能力」產能最高、平均所得高的國家就是富民強國的國家；人民正向價值觀最普及，勤奮積極，愛國愛家者眾，就是最文明、最進步的國家。這些國家或朝代的共同點，就是教育普及、全民教育，知識經由教育，讓人習得創新生活與事業的知能，人人能創價而富有，國家興旺而強盛。

四、創新「文明文化」的教育價值

知識創新的第四種價值是「文明文化」的教育價值。人類生活的總稱叫文化，新生活的開端叫文明，文明及文化都是人類學習知識、內化知識、融合知識、運用知識所形成的「優質習慣」，也可以說是「知識」在人類食、衣、住、行、育、樂上的「傳承創新」之實踐。從人類的實質生活觀察，人類經由遠古的游牧農漁生活，發展到農牧生活，再發展到工業商業生活，以及今日的數位雲端生活，都是來自「知識創新」帶動人類生活的改變。飛機、高鐵、衛星、手機、雲端、動畫、手遊等當代人類生活必需品，都是知識不斷精緻化與推陳出新的成果，知識對人類而言，具有創新文明文化的教育價值。

對人類而言，知識創新了人類下列五大「文明文化」的教育價值：(1)「民主生活」的文明文化：全民參與與全民教育的民主生活，民主機制決定人類的生活內容與發展趨勢，是知識創新人類「文明文化」的首要教育機制；(2)「理性領航」的文明文化：人類透過理性開展知識的教育價值，「理性」是人之所以為人的最珍貴資產，今後知識創新的新文明文化，也將由人類集體的「理性」永續領航；(3)「地球一家」的文明文化：數位雲端及交通工具的便捷，語言文字轉譯匯通的精緻化，已締造了「地球一家」的新文明文化，人類的悲歡離合與人倫綱常的知識，由「地球一家」重新定義；(4)「包容多元」的文明文化：「地球一家」是表象的文明，「包容多元」與族群價值是實質的文明內涵，其在社會正義論（弱勢優先）及各國社會福利機制的普遍化訴求下，「包容多元」的新文化已然誕生；(5)「永續創新」的文明文化：人類文化已累積數千年，知識經由教育，將帶給人類「永續創新」的文明文化，持續不滅。

第二十章　技術的經營價值

「知識、技術、能力、價值」四者都是知識的化身，四者之間的關係與定位，隨著受教育者使用主體的不同，會有焦點位移的現象。若以知識為主體，會有「創新技術」、「創新能力」及「創新價值」的衍生價值；若以技術為主體，也會有「創新知識」、「創新能力」、「創新價值」的衍生價值，彼此的關係緊密而相生，互助而共榮，端賴人類本身的學習、統整、融合與運用。本節以「技術」為主體（本位），闡述其在「經營教育」上的價值，為技術與能力、價值及知識的關係，再予敘明定位，並賦予應有的價值意涵。

本章分四節敘明技術的經營價值：第一節「技術是知識的次級系統」，說明知識與技術之間的相屬關係、實踐關係、編序關係，以及鷹架關係；第二節「技術是經營的操作變項」，闡述操作步驟流程、操作原型元素、操作成因脈絡，以及操作系統結構的經營技術；第三節「技術是經營的著力焦點」，依循知識遞移說的主張，列舉著力內化外化焦點、著力交流對話焦點、著力新化活化焦點，以及著力同化調適焦點的範例，來驗證技術的經營價值；第四節「技術是能力的來源要素」，說明技術成就能力的真、技術成就能力的善、技術成就能力的美、技術成就能力的慧。技術是「新知能模組（能力）」的核心元素。

第一節　技術是知識的次級系統

人活在不同的群組組織中，知識也存在於不同的群組系統之中，知識除了存在於人的身上外，更存在於它自己的群組系統之中。人的群組系統很好說明，例如：住在一起的人，稱為「家人系統」；同一個社區的人，稱為「社區系統」；同一個鄉鎮市的人，稱為「同鄉系統」；同一個國家的人，就稱為「同國系統」；超越國家的系統，還有地球系統、宇宙系統。是以，每一個人都同時存活在相屬而不同層次的系統之中。從學校教育的主體來看，人也同時活在「班級系統」、「年級系統」、「年段系統」、「學校系統」、「教育系統」、「國家（或地方）教育系統」之中；相屬系統之中有大小，相對而大的系統稱之為「上位系統」，相對而小的系統稱之為「次級系統」，知識隨著人存在，都會存在於不同層級的相屬系統中。另外，知識也超越「附隨人的存有」，知識本身存在於宇宙之中，還有很多人類尚未發現的「知識、技術、能力（作品）、價值」，並且其自成系統，等待著人類發現它、使用它，然後給其妥適的定位及命名。

一、知識與技術的相屬關係

知識包括可操作的技術，任何抽象的知識都可以經由「解碼」的分析，成為可以操作的系統技術，這些可操作的技術就成為知識的次級系統，絕大多數的知識與技術的關係都可以用圖 20-1 來表示。知識就是技術的上級系統，技術是知識的次級系統，兩者之間具有相屬關係（互為隸屬、共同存有）。

知識與技術的相屬關係，具有圖 20-1 中「相對性」鉅觀的或主體的、整體的知識，可直接稱之為「知識」，其所屬的次級系統知識，就可以用「技術」來稱之。這些技術如果躍升為主體系統，也就名之為知識，而其次級系統的知識，再稱之為「微觀的技術」。是以，在知識相屬而相對的關係中，「鉅觀」的稱「知識」，微觀的稱「技術」。杜威的「做中學」理論，就是主張任何知識本身，都包含可操作學習的技術。

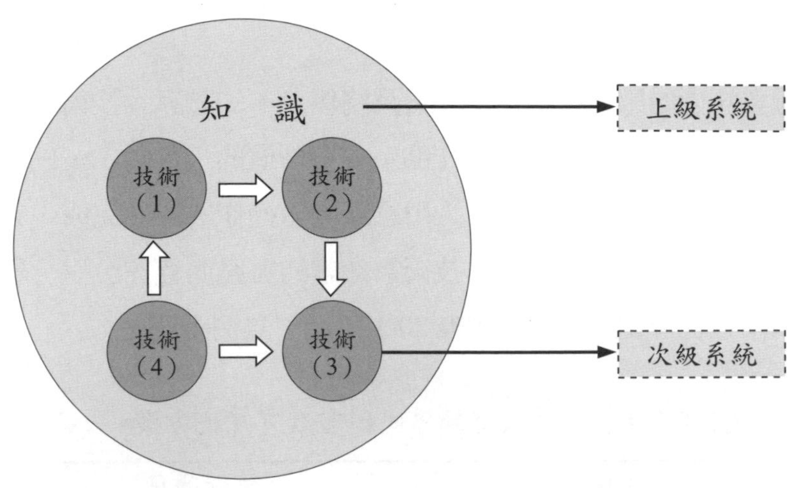

圖 20-1　知識與技術是「相對」而「相屬」的關係

以下舉一實例來說明知識與技術之間的相屬且相對的流動關係。作者在 2012 年出版《教育經營學：六說、七略、八要》一書，「教育經營學」五個字是一本書的書名，其代表鉅觀的「知識」，該書包含三篇二十一章：「原理學說篇」（六說）、「經營策略篇」（七略）、「實踐要領篇」（八要），篇名及章名都是次級系統，屬於微觀的「技術」。

但若以章的知識為主體，章名是鉅觀的「知識」，節名及節內的操作點，就成為微觀的技術，例如：第十四章「系統思考」，包含四節：「觀照全面」、「掌握關鍵」、「形優輔弱」，以及「實踐目標」，章名就是知識，而節名就成為「可操作的技術」。知識本身有自己的相屬而相對的系統結構關係，技術是知識的次級系統；能力和價值也都是知識的次級系統。

二、知識與技術的實踐關係

知識與技術的第二種關係是「實踐關係」。知識靠「技術」的運作實踐，再結合人的能力，而完成「作品」或有價值的「行為」，任何作品都要靠「知識裡的技術」，並經由人用意識能力操作，才能完成，完成它的系統結構，完成它的整體之美。技術為知識的實踐而存在，以下舉國民教育輔導團創客教育實施方案（如表 20-1 所示）為例說明。

表 20-1　〇〇市（縣）國民教育輔導團創客教育實施方案

目標	策略	執行項目
闡揚創客理念，研發創客教材，翻轉新世紀創客教育；教學核心技術，評量學習作品，實踐新承諾創客師生。	一、探討創客理論，銜接教育實踐。	1. 參與系列智慧創客領導研習。 2. 參訪智慧創客教育標竿學校領域（學科）的課程教學。 3. 擬定領域（學科）的智慧創客教育實施方案。
	二、研發學習食譜，編製創客教材。	4. 學習「知識→技術→能力（作品）→價值」的智慧創客教材設計模式。 5. 研發每一年級十個單元領域（學科）的智慧創客單元學習食譜。 6. 編製領域（學科）的智慧創客教育教材。
	三、實驗創客教學，操作核心技術。	7. 編寫單元智慧創客教學簡案。 8. 實驗「操作核心技術」的智慧創客教育 KTAV 教學模式。 9. 檢核「知識→技術→能力（作品）→價值」四位一體的教與學。
	四、評量實物作品，優化學習成果。	10. 設定學生在學習中操作事物及學習成果作品。 11. 討論評量學生期中及期末實物作品（兼重知識、技術、能力、價值之品質檢核）。 12. 舉辦師生創客教育產品展示活動。

資料來源：鄭崇趁（2016a，頁 142）

「創客教育」是知識，是鉅觀而上級系統的知識。二十一世紀是創客的世紀，各行各業都在「創客」，教育事業應該加入創客的行列，是以「創客教育」受到關注。在行政領導官員的帶動下，國民教育輔導團承接「實踐此一任務（知識）」，於是集合團員的智慧，據以策定計畫的核心技術，包括：「目標設定技術」、「策略分析技術」、「項目選擇技術」，以及「配套措施規範技術」等，撰擬表 20-1 之實施方案。這些技術運用的統整內容，方能實踐創客教育（知識）的精神與具體工作事項，讓知識與技術具有實踐關係（「創客教育」是知識，「目標」、「策略」、「項目」都是次級系統的實踐技術）。

三、知識與技術的編序關係

知識與技術的第三種關係是「編序關係」。「編序教學法」是目前全世界被應用最廣的教學法，是史金納（B. F. Skinner）依據其「操作制約原理」所發展出來的教學法，其主要作法有四：(1)確立行為目標（終點行為）；(2)解碼終點行為：將終點行為分解成三至五個步驟；(3)編序教材：由易而難，將學生應學的三至五個步驟教材排序；(4)進行編序教學：讓學生依序逐步學會終點行為。

以下舉「帶球上籃」之籃球教學為例說明。在籃球運動中，「帶球上籃」是一專業的專有名詞，代表球員能在動態跑動中，一邊運球，逐漸靠近籃框，且能伸手將球投進籃框之內（得分）。這是一種知識（包含數個連貫的高級技術在內），教師為了教會學生「帶球上籃」的知識，先將其編序為四個技術：(1)走路運球；(2)跑步運球；(3)跨步持球；(4)起跳投籃（擦板或抛投），然後依序教學，全班學生都學會「帶球上籃」的知識與技術。知識與技術的關係，是一種編序的關係。

四、知識與技術的鷹架關係

知識與技術的第四種關係是鷹架關係。技術是學會知識的鷹架，維高斯基（L. S. Vygotsky）的鷹架理論能有效註解知識與技術之間的特殊關係。鷹架理論有下列兩大核心主張：(1)有社會支持力量的學習效果高於自我獨自學習，教師、父母、兄弟姊妹及同學都是重要的鷹架（社會支持力量）；(2)優秀的教師能為學生在學習目標與起點行為之間築梯（提供鷹架），學生靠鷹架（梯）學習，容易達成學習目標；學習目標是想獲得的鉅觀知識，鷹架（梯）就是墊腳石，屬於知識中的微觀技術。知識包括技術，而兩者具有「鷹架關係」（墊腳之梯）。

以下以「學習乘法」為例說明。「3×2＝6」是教師要教會學生的「行為目標」，但對尚未學會乘法的學生來說，乘法是抽象的，很不容易在心智上明瞭而「真的學會」，於是教師就準備了六個蘋果（或棋子）為教具，分為三個一堆，共兩堆，先誘發學生已經學會的加法：3＋3＝6，三個蘋果兩堆共有六個，再以實物為例（梯、鷹架），三個兩堆是3×2，它的結果也等於6，是以3×2＝6，學生終於學會了乘法。善於為學生築梯（布鷹架）的教師，其學生的學習成果較佳，「技術」是學會知識之梯，兩者之間具有鷹架關係。相屬關係、實踐關係、編序關係，以及鷹架關係，都說明了「技術是知識的次級系統」，而知識是技術的上級系統。

第二節　技術是經營的操作變項

知識具有教育價值，而技術是知識的次級系統（是知識的一部分），具有經營的價值，此乃因為經營操作技術就可以學會知識，完成作品，並實踐有價值的行為。本節針對「技術」可以「操作」的部分，加以說明其當作「操作變項」的經營價值。

一、操作步驟流程

技術是經營的操作變項，應用最廣的領域是博碩士論文的撰寫。研究生在撰寫碩博士論文時，除了要決定論文題目外，尚要決定「研究架構」及「研究步驟流程」。研究架構要為「研究主題」的主要變項來決定「次要變項」，這些架構中的「次要變項」就是研究的「操作變項」，操作變項要與「名詞釋義」中的操作型定義一致，如果有問卷設計，問卷的題目結構也要與操作變項一致。因此可以這般界定：「研究題目」係鉅觀的「知識」，研究主題的次要變項就是經營技術，這些次要變項也是實際研究時的操作變項。

研究的步驟流程通常分為十二至十六個步驟，例如：(1)決定研究題目；(2)蒐集文獻資料；(3)分析次要變項；(4)繪製研究架構；(5)選定研究方法；(6)編製訪談問卷；(7)編製調查問卷；(8)進行問卷預試；(9)分析信度效度；(10)修正正式問卷；(11)進行問卷調查；(12)回收調查問卷；(13)統計調查結果；(14)撰寫結果討論；(15)撰寫結論建議；(16)完成論文審查。這些步驟流程在質化研究與量化研究會不太一樣，然而它就是實際進行研究時操作的技術，每一個步驟（技術）都有一定的要領與標準，研究生必須審慎掌握這些技術的要領，才能完備自己碩博士論文的品質，通過審查，拿到學位。整本論文是鉅觀（整體）的知識，這十二至十六個步驟流程就是完成論文的操作技術，也是經營的操作變項。

二、操作原型元素

技術是經營的操作變項，第二個意涵是操作知識的原型元素。在此以「智慧型手機」為例，目前的智慧型手機功能超強，本身裝滿了各種知識，人類藉著它學習很多知識，藉著它輔助生活與學習。手機是各種「零組件」組成的，這些零組件的通話功能、攝影功能、導航功能、影音播放功能、閱讀功能、蒐集文獻功能、記事備忘功能等，都是「原型元素」，整合串聯運作，就成為今日的「智慧型手機」。若要再優化智慧型手機的功能，強化其品質，也要從這些「原型元素」（零組件）的優化與強化著手。操作微觀的零組件技術，可以強化鉅觀手機知識之致用功能。

以下再以「核心價值」的知識探討為例，說明如何操作知識裡的原型元素。核心價值來自兩大元素：「組織任務」與「成員心願抱負」交織的價值取向。曾有人向作者炫耀說，他與太太結婚時曾約法三章：忠誠、孝順，以及努力。作者立即向他豎起大拇指，誇讚他說出了兩人結婚的共同願景，或者更時尚的說法，他們道出了「成家」的「核心價值」。結婚是取得合法的性關係權利，是以結婚之後兩人要彼此「忠誠」；結婚成家之後，兩人彼此的父母都要「孝順」；剛成家的兩人都還年輕，要努力「生小孩」、「工作賺錢」努力「經營家庭」、「經營幸福人生」。「家庭的任務」×「兩人彼此的相愛」＝結婚成家，其核心價值取向，就會形成了忠誠、孝順、努力三大核心價值。「核心價值」是知識，「家庭的任務」及「兩人彼此的相愛」是操作技術（原型元素）。

三、操作成因脈絡

技術是經營的操作變項，第三個意涵是操作知識的成因脈絡。2018 年新課綱的最大特質是用「核心素養」的課程目標取代了原本「核心能力」取向的課程目標，對於「素養」與「能力」的「知識」如何界定，如何正確使用，便成為學校教育人員最大的挑戰議題，政府傾全力，邀集國家所有課程專家學者，商議宣導，仍很難找出好的「版本」。作者認為，必須針對「素養」及「能力」的知識先找到其「可操作的技術」，並用圖表呈現其結構關係，方可引導教育人員（尤其是教師及校長）正確使用知識及技術。

本書主張「素養」與「能力」是一體兩面，內隱的「新知能模組」（看不到）稱為素養，「新知能模組」外顯化的行為表現（看得見）稱為能力。作者經營教育四學對於「教師及校長」的基本素養及核心能力，曾用圖 20-2 來呈現。

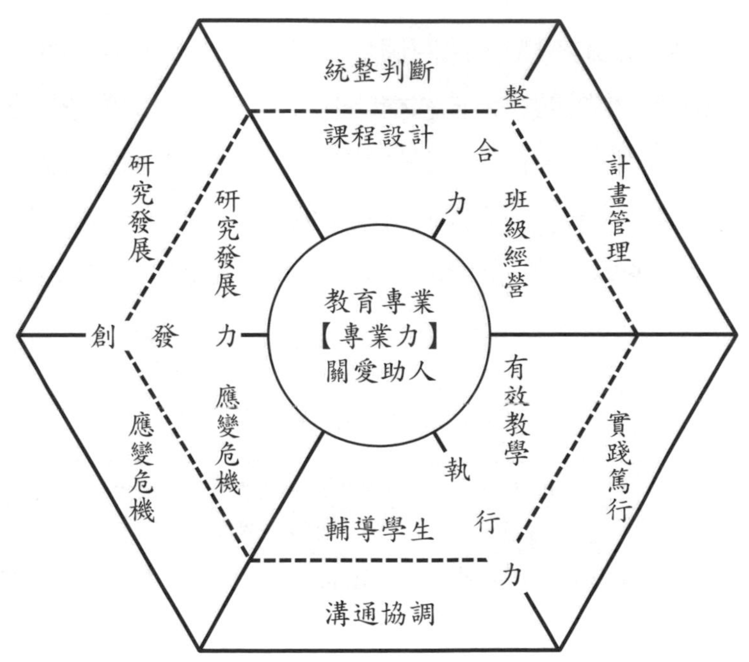

圖 20-2　教師及校長的核心素養及能力系統重組

資料來源：修改自鄭崇趁（2016a，頁 98）

校長與教師的核心素養是共同的，他們都需要「專業力」、「整合力」、「執行力」，以及「創發力」在圓的圓心及周圍。校長乃「優教師」的晉升，其職能除了要具備「優教師」應有的「素養能力」外，專業力及創發力的核心能力方向要一致且更為深層與創新。「整合力」及「執行力」

則應再躍升：「整合力」的素養要增加「統整判斷的能力」及「計畫管理的能力」兩大核心能力；「執行力」的素養則應再增加「實踐篤行的能力」及「溝通協調的能力」兩大核心能力。操作「素養」與「能力」兩者之間的成因脈絡（技術變項），可以清楚地釐清鉅觀的「知識」（素養）與微觀的「技術」（能力）互動相屬的關係。

四、操作系統結構

技術是經營的操作變項，第四個意涵可用操作「知識」與「技術」之間的「系統結構」來說明，系統結構的圖及表，就可以更明確地呈現「技術」的經營地位與價值。以「新五倫及其核心價值」為例，以下列出「品德教育」、「情意教學」、「人倫綱常」的知識及技術，再列出新五倫及其核心價值與這些知識名詞之間的「系統結構」關係，如表 20-2 及圖 20-3 所示。

表 20-2　新五倫與品德教育、情意教學結構表

知識 →	技術（次級系統的知識）→		能力
	新五倫	核心價值	
品德教育	第一倫　家人關係	親密、觀照、支持、依存	好習慣的能力
情意教學	第二倫　同儕關係	認同、合作、互助、共榮	勤服務的能力
全人格教育	第三倫　師生關係	責任、創新、永續、智慧	樂助人的能力
人際關係教育	第四倫　主雇關係	專業、傳承、擴能、創價	有貢獻的能力
學生輔導工作	第五倫　群己關係	包容、尊重、公義、博愛	享幸福的能力

資料來源：修改自鄭崇趁（2015a，頁 7）

圖 20-3　新五倫及其核心價值與品德教育、情意教學的系統結構

資料來源：修改自鄭崇趁（2016a，頁 228）

「知識」是指鉅觀而具整全性質的名詞，如品德教育、情意教學及人倫綱常（新五倫）的知識，這些知識內涵豐厚、探索難盡，其次級系統的知識變項就可名之為技術。在「新五倫」的「五倫分類」中，包括：家人關係、同儕關係、師生關係、主雇關係，以及群己關係，就是第一種技術，內含五個可操作的變項。第二種技術，則指「新五倫」中的每一人際關係的「核心價值」，並將每一倫（人際關係）的核心價值，各研發了四個核心價值，共二十個，都是可以操作的次級系統變項，表 20-2 將這些知識及技術用表（系統結構）來呈現。就操作技術的立場來說，就是操作知識及技術之間的系統結構，系統結構的圖表可以清楚定位知識及技術變項之間

的關係。

圖 20-3 的圓心是品德教育與情意教學的知識，此領域的知識都是「人倫綱常」（人際關係）的知識，它們的理論基礎都建立在「好習慣」與「服務心」兩者交織的「價值行為」實踐之上（理論基礎），它們的行為實踐用新五倫的操作變項（技術）來分類，較符合後現代社會的人性需求，是有效的技術，而更外圍的核心價值也是可以操作的次級（次要）變項。操作知識及技術之間的系統結構，用表及圖來呈現兩者之間的關係與定位，可以為「知識教育學」拓展新天地與新境界。

第三節　技術是經營的著力焦點

技術的經營價值，第三個層面關係到「技術」如何轉變成人的「能力」。依據「知識遞移說」（本書第四章）的「理論觀點」，「知識」與「技術」的關係（本章第一節）以及「技術」是經營的操作變項（本章第二節），都是「知識解碼」效應而來的，將知識解碼成可操作的技術，就得以闡明「知識」與「技術」之間的相屬關係及其次級系統的操作變項原理與事例。本節將進一步說明學習者正在學習中（操作中）的外顯技術，如何與自己本身已有的「知能」產生「互動」及「知識螺旋」效應，然後成為帶得走的能力，有能力產出具價值的行為（包括完成實物作品），敘明技術是經營成能力的著力焦點。

一、著力內化外化焦點

「知識螺旋」效應常久存在每一個學習者的身上，但有人明顯，短時間內就學會很多新知能（學習效率高），也有人不明顯，長時間還是學不會該學的知能，成為學習落後、能力薄弱，在班級或職場上成為弱勢族群。

「知識螺旋」效應的首要步驟是要「有感」，學習者本人要先「有感」自己正在學習的新知識，這些新知識已經解碼成外顯化的「可操作技術」，學習者知道（有感）自己已經在操作這些技術，並正在進行外顯技術「內部化」，正在與自己的內隱知識接觸尋求對話。這個階段就是著力在「內化、外化」的焦點，有感於技術操作學習，是「知識螺旋」效應的基石。

內化及外化的焦點，內化是指外顯知識內部化，外化是指內隱知識外部化。就學習而言，要從教師提供的「外顯知識」（含技術）先行接觸，然後有感再內部化；內部化的知識技術元素，與自己已有的知能產生螺旋效應，然後將成果（系統重組後）表達出來，此表達的歷程就是內隱知識外部化。著力內化外化焦點應關注下列四個要領：(1)釐清內隱知識及外顯知識；(2)與外顯的操作技術螺旋，而非抽象的知識；(3)要有螺旋的主體（操作變項或次要變項）；(4)如果是大型的研究（如博碩士論文），其螺旋的主體宜指向「研究架構」中的主要變項及次要變項。因此，知識解碼之後的「可操作技術」，是學習者經營內化外化的焦點。

二、著力交流對話焦點

「知識螺旋」的第二個步驟是「互動」。自己的內隱知能對外來的「技術」有感之後，進一步接觸就是「互動」，也就是「交流對話」；交流對話在釐清「知識」及「技術」的深層內涵，這些深層內涵包括「性質」、「元素」、「功能」、「動能」、「作用」，然後新舊彼此交流對話、互動重組，企圖產生新知能模組，再演化為人的新能力。

新知識（學習的）與人的舊知識（既有的）互動要有效，學習中的新知識要能夠讓原本既有的知能產生「共鳴性的了解」，才會「相見恨晚」，才會「相知相惜」，產生實質的互動螺旋，然後「我泥中有你」、「你泥中有我」，重新再作，真的產出新知能模組。為增進彼此的「熟悉度」，要用「對方聽得懂或看得懂」的語言或圖表，將知識技術深層的性質、元素、功能、動能、作用等讓學習者直接了解，互動才容易有共鳴、有感動。

三、著力新化活化焦點

「知識螺旋」的第三個步驟是「更新」部分的存有。學習中的知識技術與既有的知能「互動」之後，「更新」部分的既有知能，讓學習者原本的知能有新化、活化、優化、進化的改變。「更新部分」是「創新知識」的前奏，也是「知識螺旋」的主要目的之一，是重要的焦點步驟。

「更新部分的存有」最明顯的例子，當以智慧型手機的進化歷史來說明。蘋果的 iPhone 及 iPad 發明讓手機及平板電腦正式進入「智慧型手機」世代，目前智慧型手機經歷了 iPhone、iPhone 3G、iPhone 3GS、iPhone 4、iPhone 4S、iPhone 5、iPhone 5S、iPhone 5C、iPhone 6、iPhone 6 Plus、iPhone 6S、iPhone 6S Plus、iPhone SE、iPhone 7、iPhone 7 Plus，大多只更新了部分零組件的功能，更新了部分的存有，讓人使用時更為新化、活化、優化、進化，有更快的速度、精緻度，讓人立即滿足需求，可以更快速的學到新的知識、技術、能力及價值。

四、著力同化調適焦點

「知識螺旋」的第四個步驟是「同化」或「調適」。同化或調適是教育心理學使用的名詞，將既有的知能模組吸收融合學習中的新知識技術，稱為「同化」，如果學習中的新知識技術無法與既有的知能融合，就必須「調適」，了解它，也承認它的存有，但無法（或尚不能）產出新知能模組，兩者各自存有。如果「同化」的少而「調適」的多，就代表沒有「螺旋」或無效的「螺旋」，也就難以「系統重組」。

優質的教與學，在促進學習者增加「同化」而減少「調適」，其要領在：(1)原理可類化的知識：類似的刺激引起相同的反應稱為類化，新知識運作的原理與既有的知能可類化者，就可以增進同化的學習；(2)技術能遷移的知識：如學會桌球的技術，再學網球，其技術可以產生遷移作用，學網球的知識技術就相對容易上手，容易學會；(3)系統近脈絡的知識：各種知識都存在於個別的系統脈絡之中，學習中的知識可以「跨界」學習，但相近脈絡者，容易同化，「跨界」太遠者，「適調」時間必然拉長；(4)難度較接近的知識：部分的學習無效來自於企圖心過高，卻直接學習高難度而自己知能模組無法接受的知識，「螺旋效應」轉不動，等於浪費學習時間，是以直接學習難度較接近的知識，可以轉動同化的速度。

第四節　技術是能力的來源要素

技術的經營價值，在於技術經營產出能力，能力實踐後，再完成產品（作品）及有價值的行為表現。本節用「新知能模組」的內涵，來探討「技術」與「能力」的關係，定位能力的「系統模組」：真、善、美、慧；真是指學到的致用知識，善是指用得出來的經營技術，美是指實踐出來的能力作品，慧是指有價值的行為表現。

一、技術成就能力的真

知識經人學習之後，在人的身上會轉化為「知識、技術、能力、價值」四種具有「知識元素」的「新知能模組」，作者將此一「新知能模組」用「真、善、美、慧、力、行」來稱呼：真是指新能力所具備的致用知識，善是指新能力使用到的經營技術，美是指新能力表現出來的實踐能力，慧是指新能力對於人我有價值的詮釋，力是指新能力的行動意願，行是指新能力實際表現出來的作品德行。「真、善、美、慧、力、行」六個元素的新知能模組之組合，才是作者心目中能實踐「智慧人・做創客」的「核心素養及能力」，本節僅就「知識智慧說」（知識、技術、能力、價值）四位一體教育的一致性來統合說明。

技術成就能力的真，係指新能力用到的「知識」通常是上級系統的鉅觀知識，是理論、原理原則的知識，這些論理念的知識，通常要經由技術的操作才能成為「新能力」的內涵。是以，技術成就新能力的真。作者曾分析「建立學生輔導新體制：教學、訓導、輔導三合一整合實驗方案」（教改十二行動方案之一）（鄭崇趁，2000），其背後所依據的教育理論有：學習型組織理論、多元智能理論、鷹架理論、知識管理理論，以及漸進決策模式等五種，此五種教育理論與整體方案的關係，如圖 20-4 所示。

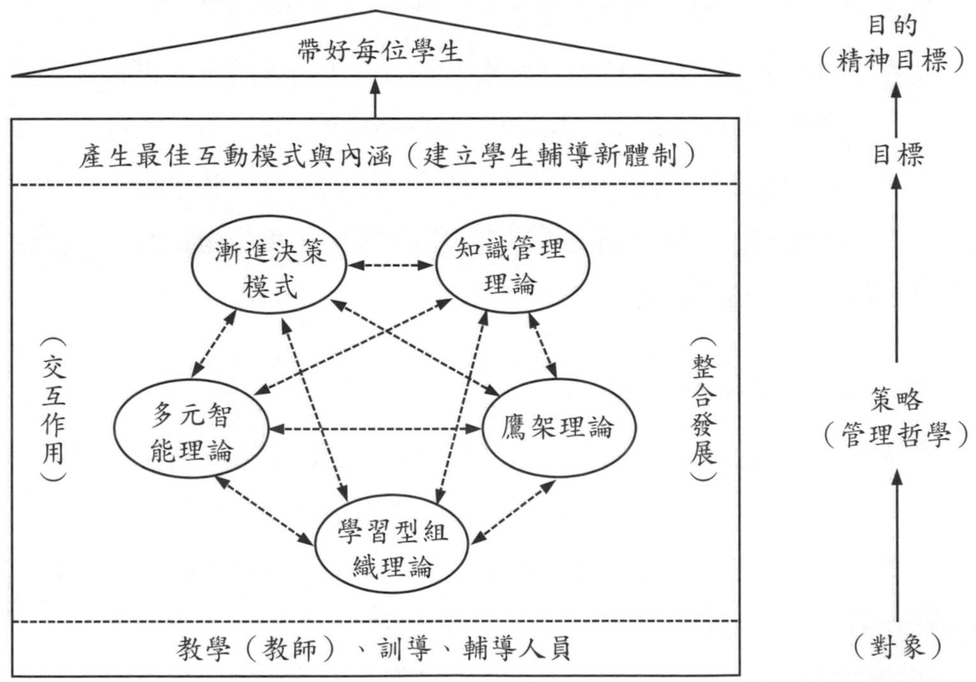

圖 20-4 「教訓輔三合一方案」的理論依據

資料來源：修改自鄭崇趁（2000，頁 41-56）

「教訓輔三合一方案」的實施對象，在帶動教學（教師）、訓導、輔導三種教育人員共同把學生帶好，其帶動的理念為「運作五種理論」的「交互作用、整合發展」，目標則在促進三種教育人員產生最佳互動模式（建立學生輔導新體制），而目的（精神目標）則在帶好每位學生。然而，整個計畫的帶動作為則包括十七項具體工作項目，這些工作項目（技術）來自前述五種教育理論的核心論點，表 20-3 即可呈現此五種理論的核心論點與工作內涵之對照。

表 20-3　「教訓輔三合一方案」教育理論之應用

目標	策略		教育理論應用
建立教訓輔三合一最佳互動模式與內涵，實現帶好每一位學生的教改願景。	交互作用、整合發展	成立規劃執行組織	‧試辦推廣（逐步漸進） ‧討論最佳作法（系統思考、知識螺旋）
		落實教師系統輔導學生職責	‧了解系統職責（系統思考） ‧增益輔導知能（自我超越） ‧交互支援功能（共同願景、知識螺旋） ‧認輔支持學生（充實鷹架）
		增進有效教學措施	‧觀摩研討教學（自我超越、知識螺旋、團隊學習） ‧提供適性滿意學習（多元智能） ‧教師及教學評鑑（知識外部化）
		整合訓輔行政組織	‧整合調整（系統思考） ‧彈性定名（漸進發展）
		建立學校輔導網絡	‧結合資源（豐厚鷹架） ‧交互支援（共同願景、知識螺旋）

理論理念是優質教育計畫的根，其名稱是鉅觀的知識，其核心論點就是次級系統的「技術」。「優質的計畫方案」，其方案（或計畫）名稱本

身（指整體計畫），也是一種知識；方案的執行項目，也就是次級系統的「技術」，從表 20-3「教育理論應用」欄位內之「理論核心素養」及「計畫項目」之連結觀之，「項目」是計畫（知識）的技術，而「理論論點」也是理論（知識）的技術，技術連結技術；是以「技術成就能力的真（連結背後的理論理念）」，成為一具體的範例。

二、技術成就能力的善

新知能模組中的「真」，是指能力表現中用得上的理論、理念、知識；新知能模組中的「善」，是指能力表現中實際使用出來的「經營技術」，這些經營技術要符合「善」的本質意涵，要在人、事、時、地、物的互動運作上，都符合「善技術」的使用。對人而言，不管做任何事，必須與人互動，互動的經營技術是良善的，對方（人）是可以接受、認同、尊重、有意願跟隨的，通常會結合新五倫的核心價值併用，用善的經營技術與服務對象相處。對事而言，做每一件事都要找到最佳、最精簡的 SOP，讓做事的效能與效率最高，新知能模組中有此完成事務作品最佳要領的技術能力，就是善的經營技術。

對時空而言，能力的表現要找到最妥適的時間空間使力，效果最佳，此一能力的表達最有績效價值，就是善的時空經營技術，也是善的能力。對地與物而言，人的能力都「站在地球上」「拿物做事」，技術成就能力的善，亦指人的能力施展，要用好的方法技術和自然大地相處，統整生態、物理、事理，找到最佳時空，然後運作新學到的「知識及技術」，系統重組「生態、物理、事理」的技術經營，產出有益無害的新價值績效（作品或價值行為）。技術成就能力的善，是指「善技術」成就人的能力在「人、事、時、地、物」之有效經營實踐。

三、技術成就能力的美

內隱的「新知能模組」稱為「素養」，外顯的「新知能模組」稱為「能力」，「素養」與「能力」同體而兩面，它們是「真、善、美、慧」的組合，這些素養的能力實踐成為「智慧人」及「做創客」。能力實踐的結果都是「美」的，能力之美表現在「善意」、「善行」、「有德」、「有價」的行為實踐上，善意是指好的動念與正向的學習，善行是指善方法技術（善技術），有德是指對群己都有幫助（符合常態道德基準，扶弱利他）的行為表現，有價是指行為結果是有價值的，智慧生活多作品的能力實踐更有價值。技術的經營價值，從能力的層面來看，技術是能力的來源素養，技術成就能力的「真」、成就能力的「善」、成就能力的「美」，也成就能力的「慧」。

四、技術成就能力的慧

「知識成智慧」是本書的核心觀點之一，在第五章「知識智慧說」已詳為說明。智慧四元素包括：知識、技術、能力（作品），以及價值。是以智慧是一種「能力」的表現，必須要「致用知識」、「經營技術」，以及「價值意念」的支持與輔助，才能真正將能力實踐成「有價值行為」（作品或德行），有價值的能力表現就是「慧」。「技術」是「知識解碼」出來的次級元素，提供人「知識螺旋」的具體對象，容易產出新知能模組，再經由「知識基模系統重組」的精緻化，才有能力完成作品及有價值的「智慧」行為，技術成就能力的「慧」。

智慧行為的「能力實踐」可以展現在：(1)智慧的生活：人的食、衣、住、行，精緻效率，簡約有品；(2)智慧的學習：學習力、知識力、藝能力、品格力四大素養的學習與增長，健康成熟，適配卓越；(3)智慧的事功：事業功名時代化，暢旺本業，回饋社會；(4)智慧的人際：有適配幸福人生，充分享受人間四種大愛：男女之愛、親情之愛、教育之愛，以及等差之愛，用人際能力經營「人之所以為人」的意義、價值與尊嚴。技術的經營價值，在於「技術是知識的次級系統」（相屬、實踐、編序、鷹架的關係價值），在於「技術是經營的操作變項」（具有將知識解碼成可操作技術的價值），在於「技術是經營的著力焦點」（技術的性質成為知識螺旋的主要對象價值），在於「技術是能力的來源素養」（技術幫助能力轉動重組成具有真、善、美、慧的新能力價值）。

第二十一章　能力的實踐價值

人的能力概分兩類：「本能」與「知能」，生下來就有的能力稱本能，學習知識之後，產生的綜合能力稱知能。人的本能是遺傳來的，會吃、會動、會行走、會長大、會成熟、會生小孩、有理性，都是與生俱來，遺傳賦予人類的本能。人的本能還包括了「會學習」、「可以學習」、「能學習」的能力，是以人類的先輩們發明了今日的「教育機制」，來幫助人學習「知識」，讓知識注入人的「本能」之中，形成新的「知能」。時至今日，人的生命發展已離不開「知識的學習」，已離不開「教育」。很多「人類本能」的充分開展，都需要「食物」與「知識」的滋養、健康的飲食，以及適配的教育，才可養育每一個人有能力發展為成熟人、知識人、社會人、獨特人、價值人，以及永續人。

本章以「能力」為主體（本位），分四節闡述「能力的實踐價值」：第一節「能力表達知識及技術」，用能力的運作，表達「知識、技術、能力」三位一體的關係；第二節「能力創新作品及行為」，從學習生活及事業職能證明能力創新作品的實踐；從日常行為及品德實踐闡述能力創新行為的價值實踐；第三節「能力建構新知能模組」，敘明本能與學習之後，知識與既有知能螺旋、重組、創新的「真、善、美、慧」新知能模組；第四節「能力實踐智慧及價值」，綜論能力實踐生活智慧、能力實踐學習智慧、能力實踐事業價值，以及能力實踐人生價值，定位能力在「知識、技術、能力、價值」四位一體中的實踐價值。

第一節　能力表達知識及技術

「能力」要經由「實踐」，才能讓人「覺知」其存在。有很多人潛在的能力充沛厚實，但是沒實踐、少表達，就少有作品或有價值的行為表現，大家就沒看到他的能力，沒看到他「對自己」及「對群體」的具體貢獻，沒看到他生命的價值，人生浮沉一世，來了又去，真是過眼雲煙，連天邊乍現的「彩霞」都沒出現。是以，「人的能力」要積極實踐，要在與他人互動中表達出來，讓群組中的人知道它的存在，所謂「被知即存在」，能力有實踐才有價值。能力的第一個實踐價值是能力表達知識及技術。

一、能力表達「已學到・能致用」的知識

「知識、技術、能力、價值」四者都是從「知識學習」來的，人經由教育學習知識，再由鉅觀的知識中學習到次級系統的「知識、技術、能力、價值」，這些次級系統的知識再與人既有的知能互動之後，產出「新能力」，才是本書及本章所要探討的「能力」。作者對於「知識、技術、能力、價值」四者之間的定位關係，有三階段的發展性主張：第一階段僅主張「知識內含可操作的技術」，其代表著作有兩本：2012 年的《教育經營學：六說、七略、八要》及 2013 年的《校長學：成人旺校九論》；第二階段主張「知識、技術、能力」三位一體，其代表著作有三本：2014 年的《教師學：鐸聲五曲》、2015年的《家長教育學：「順性揚才」一路發》，以及 2016 年的《教育經營學個論：創新、創客、創意》；第三階段主張「知識、技術、能力（作品）、價值」四位一體的教育，代表著作即為本書《知識教育學：智慧人・做創客》。三階段的主張有其階層性、發展性及銜接性，本章的論述必須交代第一階段及第二階段主張的「核心原理及技術」，才能帶領讀者觀照「知識、技術、能力、價值」四位一體定位的

全貌。

「能力」是指人接受教育之後能做好事情的力量，此一力量要藉由身體的動作表現出來。人除了「食、衣、住、行、育、樂」的基本生活能力外，「能力」通常表現在「學習」、「事業」、「人際」的事功之上：很會學習知識、藝能、情意的能力，稱為「學習力」；用學到的本事表現在事業主體的產品或完成任務上的能力，稱為「執行力」；和他人相處的能力要帶有「好習慣」與「服務心」交織的「價值觀」與「實踐意願」，稱之為「品格力」。其中，「執行力」是人最為重要的「核心能力」，它包括已學到的（能致用的）知識及會操作的（可經營的）技術，這些知識及技術與人的本能重組成新能力。能力表達下列幾項「已學到．能致用」的知識：(1)充分了解的知識：如「學習三律」，能說出準備律、練習律、效果律的名稱及其正確的意涵；(2)運用分析的知識：如有能力分析「計畫方案」內涵的教育理論與核心價值，有能力運用的理念價值就是「已學到．能致用」的知識；(3)生活實踐的知識：如智慧型手機的功能日新月異，導航與對話的知識如果能在生活中實踐，也就能成為人自己身上「已學到．能致用」的知識；(4)作品產出的知識：任何實物作品都要有知識的元素做根底，作品的難度愈高，愈需要連結的「知識」及「技術」就愈為「精密」，兼及「上級系統」的知識，實物作品的創新，來自上級系統知識的發現或精密次級系統技術的串聯。新作品產出的知識根底，就是「已學到．能致用」的表現。

二、能力表達「會操作．可經營」的技術

「知識、技術、能力」三位一體時，技術必須藉由能力表現出來，通常每一個人的行為能力中，其所表現出來的「技術」就會是可操作、可經營的技術。能力表達下列幾項「會操作．可經營」的技術：(1)關鍵分解的

動作：技術都要有動作為基礎，做成一件事、完成一項任務，其關鍵而且可分解的核心動作，就是知識中「會操作・可經營」的技術，例如：足球的「倒掛金鉤射門」技術可分解成三大關鍵動作：「倒身→擺腳→扣球」，要將這些動作均可「有要領地學習」及「反覆地練習」，並學習經由能力表達出來的技術；(2)次級操作的變項：有能力完成博碩士論文的研究生，會將研究題目的次級系統（研究主題的操作變項）做為可操作的技術，經過調查或訪談，完成其論文的撰寫，次級操作的變項就是能力「會操作・可經營」的技術；(3)新零組件的功能：智慧型手機的發展之所以日新月異，遠遠超過二十世紀人的想像，在於組合手機的零組件功能之優化與更新，零組件同時優化就會成為手機的能力（功能）；人只要有使用智慧型手機的能力，其零組件的功能也會成為人能力中「會操作・可經營」的技術；(4)上級系統的脈絡：能力的表現除了掌握「知識」次級系統的「技術」之外，也有可能向上發展，掌握知識本身上級系統的脈絡，這些上級系統的脈絡，也是能力中「會操作・可經營」的技術，例如：作者撰寫《教育經營學：六說、七略、八要》一書時，將其上級系統的脈絡定為「原理學說」、「經營策略」，以及「實踐要領」三篇，三大脈絡，然後撰述六說、七略、八要，共二十一章。三大脈絡適用於管理經營學門的任何一個學科，屬於上級系統的操作技術。

三、能力表達「作品中・有系統」的知識

能力的實踐是在成為有價值的行為，有價值的行為表現有兩大方向：完成作品以及助人共好。在完成作品的行為績效（作品）中，表達了有系統的知識。所有的新作品都含有「致用且有系統」的知識，致用是指被用到的知識（理念原理或核心主張），有系統是指這些被用到的知識之間成一「有系統的結構」，系統結構愈明顯的知識，愈能夠襯托出作品的珍貴

及價值。新能力完成的作品，有系統地表達下列知識：(1)立體結構的知識：如積木、實物、建築、模型之點、線、面、體的有機結構知識；(2)圖表結構的知識：如經營教育四學的「六說」、「七略」、「八要」、「九論」、「五曲」，都是可用圖表給予有效統整、結構表達的知識；(3)動能展演的知識：如體操舞蹈藝能表演競賽、歌曲、韻律、節奏、肢體展現之美等，均有知識化名稱，其串聯組合成為有系統知識的作品；(4)價值邏輯的知識：有價值論述的作品流傳最廣，如文學小說、詩詞歌賦、各專門行業的經典學術論著，其作品都含有價值論述的邏輯系統，如人性論中有善性論、惡性論、善惡混性論、不善不惡論，具有價值邏輯的分類系統。

四、能力表達「善行為．新五倫」的技術

能力實踐的第二大方向，則是為了能做出「福德助人」的行為表現，也就是「善行為」；人要活在各種不同的人際群組中，用能力實踐有價值的「善行為」。中國傳統有五倫之教：「父子有親、君臣有義、夫婦有別、長幼有序、朋友有信」，作者於 2014 年撰寫《教師學：鐸聲五曲》（鄭崇趁，2014）一書時開始倡議「新五倫及其核心價值」，用「家人關係：親密、依存」、「同儕關係：認同、共榮」、「師生關係：責任、智慧」、「主雇關係：專業、創價」、「群己關係：包容、博愛」來說明。「新五倫」的名稱是當代社會「人際群組」的分類型態，屬於「善行為」的新技術；新五倫之後的「核心價值」及「行為規準」的研發與力行實踐，亦屬於「善行為」的新技術。

能力使用「善行為．新五倫」的技術，可務實表達人間四大愛：(1)男女之愛：伴侶家人之親密關係；(2)親情之愛：家人有親相依存；(3)教育之愛：價值體認而來，順性揚才開潛能，帶好每位學生；(4)等差之愛：由親而疏，由近而遠，由家人至群己，由本土到世界，等差之愛，愛己而後愛

人，愛人而後愛物，愛物而後愛自然，愛大千世界。能力表達知識及技術的實踐價值，能力表達「已學到・能致用」及「作品中・有系統」的知識，也表達「會操作・可經營」以及「善行為・新五倫」的技術。

第二節　能力創新作品及行為

能力的實踐價值，第二個層面展現在：能力創新作品及行為。完成作品及實踐有價值行為，都是人習得的知識、技術轉化為能力，再藉由能力，創新知識的具體行為表現。能力創新學習生活作品、創新事業職能作品、能力創新日常有價行為，也創新品德實踐行為，這些創新的作品及行為都是有價值的，是能力的實踐價值之一部分。詳加說明如下。

一、能力創新學習生活作品

「有智慧」的學習生活及「有作品」的創客師生，是本書最為關注的教育實踐。智慧創客教育的實施，激勵教師廣泛採用 KTAV 單元學習食譜進行教學，激勵「創客教師」有智慧地教育「創客學生」，研發「有創意」的學習食譜→教導「能創造」的操作學習→建構「再創新」的知能模組→完成「做創客」的實物作品，導引學生「做中學」，再用新能力完成各種學習生活實物作品，能力創新學習生活作品。

作者接續本書的撰寫之後，將致力於輔導各縣市「國民教育輔導團」團員（多由精英校長及教師擔任團員），共同研發國民小學、國民中學、高級中學各有百樣作品及其 KTAV 單元學習食譜，並依領域（學科）及年級「知能模組」之難度，劃分其可結合教學的單元主題。作者期望每一個年級在每一個學期，教師都能針對其授課領域（學科）規劃三至五個單元主題採用「KTAV 單元學習食譜」進行教學，帶領學生智慧創客學習，每一個學期至少完成三項以上的學習作品，可以參加智慧創客教育成果展示或期末的嘉年華會。

二、能力創新事業職能作品

學生在學習階段，用能力完成各類的教育學習作品，最能彰顯能力的實踐價值；作品愈多，代表自己學得的能力愈為廣泛，某一類型的作品愈精緻多彩，代表個人能力的潛在優勢，可以當做深耕的學門以及將來職業與事業選擇的方向。本書第二十四章「創客的定位價值」，強調「作品定位人生價值」：學生學習階段的作品，可定位其大學選讀系所，以及定位其志業選擇；就業之後能力創新的事業職能作品，則將定位其「人生價值」。因為事業職能作品，代表人對組織的價值貢獻，人要對自己所隸屬的組織（家庭、學校、任職單位、社會、國家）具有動能貢獻，人生才有價值。用專業能力創新事業職能作品，留下可傳承創新的「新產品」及「新作品」，用作品定位人生價值，最為具體實在。能力的實踐價值，很大的部分，展現在能力是否能持續創新事業職能作品。

以教育從業人員為例，行政領導的職能作品在「政策」與「計畫方案」。好的「教育政策」及「經營策略」要書面化，適時公告周知；優質的中長期計畫及主題式教育計畫要逐年產出，有效帶領各級學校經營實踐新教育，點亮臺灣。學校教師每年都要產出三至五個「KTAV 單元學習食譜」，指導學生有效學習知識，並完成三至五種作品；教授每年至少要發表一篇論文（學術作品），每五年至少要出一本專門著作，或編製一本夠水準的授課講義。用能力實踐創新職能作品，作品定位人生價值。

三、能力創新日常有價行為

能力實踐在日常生活中，會永續創新食、衣、住、行、育、樂的有價值行為。在學校的生活中，能夠彼此認同，相互激勵，合作學習，發揮團體動能與支持網絡系統，用學到的能力創新學習生活的有價值行為。教師的日常生活，還多了「同事」的互動，以及與本業「知識」的交流；教師的日常生活除了教學要指導學生「學會知識」之外，還要與同事共組專業學習社群，經由團隊動能與研發深耕「知識教育學」，深化個人「知識遞移」的技術與能力。這些都是教育人員用能力創新日常有價行為的實例。

一般人常忽略「能力可以創新日常生活有價行為」，因此常平淡簡約度日，沒有思考「生活價值」的課題，也有些人繁忙終日都為事業功名而活，竟日勞累不堪，浮沉消長在凡塵婆娑之中，談不上所謂「生活價值」。這些情況可用下列方式加以經營改善：(1)培養系統思考的習慣與能力：「觀照全面→掌握關鍵→形優輔弱→實踐目標」的系統思考，是一種習慣，習慣之後就成為能力，系統思考的能力會帶來日常生活有價行為；(2)實踐規律平衡的生活內容：日常生活有規律，時空節奏明確，事物定位有秩，動靜平衡，身心效能常處高峰狀態，能力就可以創新日常生活有價行為；(3)譜寫生活旋律計畫：日常生活的創價在於變化與溫情共鳴，它像歌曲一般，是可以計畫經營的，個人要以年度為單位，譜寫家庭各季（或月）的生活旋律計畫，據以實踐，即可創新日常生活有價行為；(4)計畫留下生活作品：有價值的日常生活活動、照片、作品都能儲存管理，並適度複製布置家庭情境，可激勵永續創新日常生活有價行為。

四、能力創新品德實踐行為

能力的出口在完成作品及創新行為。創新有價值的行為，「有價值」行為，要對自己有價值，也要對群組中的他人有價值，更要對所隸屬的組織有價值，能夠兼及這般普遍化價值的行為，即為品德實踐行為，己立立人、己達達人的行為實踐。能力創新下列的品德實踐行為：(1)自強不息：

能力必先創新自己，讓己身自強不息，才有能力觀照他人，創新他人；(2)布施共榮：能力願意布施到群組的他人，常為弱勢族群布施，常為有需求的人布施，布施人力、財力及智力（慧力），三力都是能力，能力布施共榮價值；(3)福慧永續：有生命的人生是有福報的人，有能力的人都成為有智慧的人，福慧雙修、永續經營是人能力的重要出口，也是具體的品德實踐行為，福慧永續創新每天的生命價值；(4)智慧創客：品德實踐行為的創新也回饋到最原始的教育目的：「智慧人．做創客」；智慧人營造慈悲世界，做創客用作品開展新人類文明及文化，能力創新智慧創客的品德實踐行為。

第三節　能力建構新知能模組

能力是知識與身體互動後的優化，隱藏在身體之內，用一種「新知能模組」的狀態存在著，這新知能模組的具體內涵可以名之為「素養」。是以，本書主張「素養」的外顯化為「能力」，「能力」的內隱化為「素養」，這樣的主張可以為新課綱將「核心能力導向」的課程目標，調整為「核心素養導向」的課程目標，找到較為合適的註解。本節再詳加論述「能力」建構新知能模組「真、善、美、慧」的具體內涵，深層註解能力的實踐價值。

一、能力建構新知能的真

本書對於「素養」及「智慧」的內涵主張包含下列四大元素：真的致用知識、善的經營技術、美的實踐能力，以及慧的行動價值。就知識層面而言，真的致用知識係指「已學會、用得出」的知識，這些真知識從知識成為能力的過程，可以「再解碼」成下列四個元素：(1)實感的知識：知識來自「感→知→覺→識」，也就是感覺而來的知識→知覺而成的知識→具有心得（覺）的知識→能有主張（識）的知識。人類身體之感覺器官（眼、耳、鼻、舌、身）實感的知識是真知識的首要元素；(2)真知的知識：是指確實明瞭知道的知識，例如：對事物的存有、事實及其發展演變瞭若指掌；(3)有覺的知識：對於學習的主體有自己的心得，感覺學到具體的知能；(4)能識的知識：是指能有自己主張的知識，自己的主張將習得的知識系統重組在知能模組中，然後用能力將其表現出來。能力建構新知能的真，係指真的「實感→真知→有覺→能識」之知識。

二、能力建構新知能的善

能力建構新知能的善，是指建構新知能模組中的第二個內涵：善的經營技術。善的經營技術也可以「再解碼」成下列四種善的元素：(1)好方法：善的經營技術就是找到做事的好方法、學習的好方法、生活的好方法、表達的好方法、互動的好方法、溝通的好方法、達成任務目標的好方法，好的方法無所不在，都是善的經營元素；(2)優技術：善的經營技術，是指找到完成任務的最佳技術、用力精要效果最佳的技術、最符合效能及效率的技術、最適合知識本身發展的技術，是知識次級系統且最具系統結構的優技術；優技術也無所不在，看能力如何將其建構在新知能模組之中；(3)活策略：善的經營技術也代表找到經營事業的活策略；活策略是靈活有效的使力方向、活策略是經營事業上位的共原則、活策略是知識學習的解碼策略、活策略也是能力建構的關鍵要素；(4)新要領：善的經營技術也包含找到完成目標任務的新要領、生活的新要領、學習的新要領、運作知識及技術的新要領、撰述論文著作的新要領、表達思想觀念的新要領，新要領成為能力建構的重要元素。

三、能力建構新知能的美

能力建構新知能的美，是指建構新知能模組中的第三個內涵：美的實踐能力。美的實踐能力係指能力實踐表達之後，具有美的意涵，能力之美可以「再解碼」成為下列四種美的元素：(1)完整表達之美：人用能力做事，把事情做好，讓自己的能力完整地表達出來，就是一種美；「我有能力做到」、「我做好事情了」就是美，完整表達能力之美；(2)完成任務之美：事情做好、完成任務也是一種美，盡己之力完成任務，對自己而言有做好該做的事之美，對組織而言有「績效責任」之美；(3)達成目標之美：任務到目標是銜接而連貫完整的，眾人能力的綜合發揮，可以有共同達成目標之美，例如：教師指導學生學習單元新知識，師生共同達成了「知識遞移」的單元教學目標，學生都習得帶得走的能力，師生都有達成目標之美；(4)實踐理想之美：能力實踐之美包括實踐理想之美，就個人而言，藉由能力的展現，做好自己的生活事務、學習事務、開展事業、實踐理想抱負，具有自我實現之美，實踐理想之美；就組織而言，綜合成員能力的實踐與發揮，大家都是組織的有效智慧資本，提升組織競爭力，具有實踐組織理想之美。

四、能力建構新知能的慧

能力建構新知能的慧，是指建構新知能模組中的第四個內涵：慧的行動價值。慧的行動價值是指能力的行動是有價值（慧）的成分，也可以「再解碼」成下列四種行動價值（元素）：(1)人性之慧：能力的使用對象包括人、事、時、地、物，在人的方面，能力的元素來自人性之慧，人性本善，人與人互動，人與人共同做事、相處都是為了我好、你好、大家好，任何能力的來源與發揮都具有人性的慧根；(2)事理之慧：人類的生活，就是在個人的時空中拿物做事，任何事務的本身，都具有「完備事理」之慧，物事之間的連結建構，有好的方法技術存在，有新活的策略要領存在，只要掌握好方法，優技術、活策略、新要領無事不成，善的經營技術，孕育著事理之慧；(3)時空之慧：時空律則的知識也是良善的慧根，了解時空的規律、循環、節奏、模式，有助於能力的建構及使力；時空之慧讓能力的取得及發揮可以預期，可以計畫學習及計畫經營事業與人生；(4)自然之慧：大地自然生態呈現一種生生不息之「自然之慧」，當我們想到六祖慧能大師悟道的關鍵法語「心無所住而生其心」（《金剛經》上的話）：「無所住」就是自然，就是不被既有的框架所限；「生其心」就是生生不息的「慧」與「能」之力；六祖能夠一夕悟道、大徹大悟，除了熟念《金剛經》（心無所住而生其心）之外，「慧能」為名的引導可能大於《金剛經》，自然之慧在六祖的身上成為悟道之能。

第四節　能力實踐智慧及價值

能力的實踐價值，第四個層面要回到「人本身」的價值。人類學習知識及技術，提升做人處世的「能力」，所為何物？其實都是在實踐「人之所以為人」之價值與尊嚴，能力的取得，發揮事功、績效都在創新人的意義及人生價值。是以，本書強調知識教育的兩大目標：「智慧人・做創客」，有智慧生活的人生及有實物作品的人生最有價值。智慧人、做創客都要能力的實踐始能做到，能力實踐「人本身」的智慧與價值。

一、能力實踐生活智慧

有智慧的人之能力會表現在日常生活的實踐，用生活實踐來抒發人本身的智慧能力，能力實踐生活智慧，智慧也實踐在生活能力之上。能力是智慧的動能，智慧則是能力的創價表現，智慧引導適力的能力經營。能力是智慧的根，智慧則是能力的花與果，人類學習知識，是為了增強自己的能力，讓根基厚實，能夠有所作為，更期待優化的知識成為人的智慧，導引能力適配地經營生活與事業，創新生命的花與果。

能力實踐下列幾項生活智慧：(1)健康生活的智慧：健康的身心來自健康的生活，有智慧的人就有能力實踐健康生活的好習慣，督促自己的食、衣、住、行、育、樂生活，「好的習慣」多於「不好的習慣」，讓自己成為健康的人，讓自己的心智能力與體力都常處巔峰狀態，實踐健康的生活智慧；(2)自在幸福的智慧：有智慧的人生活自在，滿足於當下的適配幸福人生，雖有事業功名之夢，多能解夢尋根、築夢有梯，以自己當下的能力條件為根，築進階之梯，不勉強躁進，享幸福自在的智慧生活；(3)勤奮積極的智慧：人一生一世，晃眼而逝，「人之所以為人」的意義、價值與尊嚴，也需要勤奮積極的經營，用正向積極的心態經營自己的生活習慣、經營家庭、經營學習、經營志業、經營生命的價值；(4)人倫綱常的智慧：人的生活在與他人相處，人類開展了「人倫綱常的智慧」，指導每一個人如何與他人及群組互動；過去有五倫之教（父子有親、君臣有義、夫婦有別、長幼有序、朋友有信），當代則有新五倫（家人關係、同儕關係、師生關係、主雇關係、群己關係）及其核心價值的倡導，都是人倫綱常的智慧。

二、能力實踐學習智慧

有智慧的人之能力也會表現在學習生活的實踐上。當代的人，基本教育年限至少十二年，如果加上高等教育的大學，就要超過十六年以上，如果再加上研究所的碩士博士，學習生活就會超過二十年以上，這二十年以上的學習生活都在接受教育，培養生活、學習、事業及人際的能力及智慧。智慧與能力的增長，也會交織反映在學習生活的實踐上，學習力愈強的人，也象徵著愈能實踐學習的要領及智慧。

能力實踐下列幾項學習智慧：(1)系統學習的智慧：用有系統的方法來進行學習，稱為系統學習的智慧；系統思考的方法（觀照全面→掌握關鍵→形優輔弱→實踐目標）、編序教學法（將教材依易而難編序排列，依序學習），以及 KTAV 單元學習食譜（知識→技術→能力→價值四位一體的教與學），都是有效學習的要領與智慧；(2)關鍵學習的智慧：針對核心知識及基礎知識進行學習，不以多方喪生，學會關鍵的知能，避免龐雜煩亂，反成落後，是為關鍵學習的智慧；(3)優勢學習的智慧：順性揚才開潛能，優勢智能明朗化，並運作優勢亮點進行優勢學習，開展人生的專長優勢，點亮生命的光彩；(4)精熟學習的智慧：精熟學習法是針對必備的知識及能力進行複習及練習，直至精熟方止，例如：九九乘法表，加法到乘法及除法的知能，必須充分理解並練習至精熟無誤為止；精熟學習法的智慧，讓中庸才智者也有習得中高級以上知能的能力與智慧。

三、能力實踐事業價值

人的能力，大部分用在事業經營的創價上，唯有本業職能的持續創價，讓自己和家人的生活無後顧之憂，讓自己的創價與雇主發給的薪津平衡，才能適配自在地留在當前的職位之上，專業能力也才能在事業產品上實踐其應有的價值，人才有真實的價值與尊嚴。

能力實踐下列幾項事業價值：(1)專門行業的價值：人的能力具有階層性，習得專門學能的知識轉化為專門行業的能力，就可以實踐專門行業的價值；(2)專業服務的價值：以教育人員為例，教師的基本資格，除了大學畢業以上學歷外，需加修教育學程、教育專業學分（國小四十學分、國中二十六學分、特教四十學分），並通過教檢及教甄方得成為中小學正式教師，能力實踐專業服務的價值；(3)專長亮點的價值：教育人員如能優勢智能明朗化，教師以自己的專長亮點授課，學生學習的績效價值必然提升，能力實踐專長亮點的績效價值；(4)專利產品的價值：專門、專業、專長能力的優化與躍升，就能為自己的事業創新專利產品或出版有著作權（版稅）的著作，能力就可以實踐事業專利產品的價值。

四、能力實踐人生價值

有能力的人才能存活，生命才有價值，能力實踐人生的下列四大價值：(1)「人之所以為人」的價值：人活著，生命要具有生活的能力、工作的能力、賺錢養家活口的能力、實踐理想抱負的能力，人有了這些能力之後，生命才能展現「人之所以為人」的價值；(2)自我實現的價值：人的能力經由深耕經營之後，可以促成「理想抱負」與「現實成就」吻合適配，達成人生自我實現的價值；(3)智慧資本的價值：人活著除了自己的自我實現有價值之外，也要對所隸屬的群組（組織）產生動能貢獻的價值，能力實踐個人成為組織有效智慧資本價值，能力可以帶動創新隸屬群組的競爭力；(4)提升生命品質的價值：能力愈強的人，其生命品質在生活、學習、事業、人際上都可以明顯獲得提高，邁向精緻卓越，能力提升人生命品質的價值。

本章以「能力」為本位，論述能力實踐的價值。能力是「本能」加上教育的「知識學習」而成的，人的能力必須要「實踐力行」才會產生價值。本章分四個層面論述能力的實踐價值：「能力表達知識及技術」是首要的實踐價值，能力表達「已學到・能致用」及「作品中・有系統」的知識價值，能力表達「會操作・可經營」及「善行為・新五倫」的技術價值。「能力創新作品及行為」是次要的實踐價值，能力的實踐創新了「學習生活」及「事業職能」作品的價值；能力的實踐也創新了日常行為及品德實踐的有價行為。能力實踐的再次要價值在「能力建構新知能模組」，能力建構了新知能中的「真、善、美、慧」，成為創新價值行為的新模組。能力實踐的最大價值在創新人生的智慧與價值，能力實踐人的「生活及學習」智慧，能力更實踐人的「事業及人生」價值。

第二十二章　價值的人生意涵

共好的生命品質曰價值，價值也可以針對人、事、時、地、物及知識來註解論述，然價值的主體是人，人在生命成長過程中輔以「知識教育」、「拿物做事」、「滿足需求」、「生活實踐」，以致於能夠創發生命的價值：健康成長、全人發展，成為「智慧人．做創客」，參與傳承文化，開展人類文明，過著適配幸福人生，詮釋著「人之所以為人」的意義、尊嚴與價值。本章以「價值」為本位，論述人在「知識教育」之後，最大的績效成果：「價值觀的形成、獲得、轉變、定位及實踐」，是以章名定為：「價值的人生意涵」。

本章分四節詮釋價值的人生意涵：第一節「價值源自生命的需求與目標」，從「人性本能及發展」、「日常生活及學習」、「工作職能及經營」，以及「人際互動及群組」四個生命層面的需求與目標探究「價值的源頭」；第二節「價值經由知識的教育與學習」，分析「知識教育」及「人學習知識」之後，「知識、技術、能力、價值」四位一體的系統重組，創新價值之內涵；第三節「價值匯聚人類的動能與貢獻」，解析個人價值及組織（集體）價值的重要名詞意涵與實踐；第四節「價值詮釋人生的意義與尊嚴」，綜論「價值教育」的焦點及「有價值人生」的實質意涵。

第一節　價值源自生命的需求與目標

人活著，就有「生命的價值」：人可以享受人生，有生命就有價值；人可以長大，有成熟人的價值；人可以有生活品味，過自己想過的生活價值；人可以做事，成就自己功名事業的價值；人可以助人，幫助他人共好、共榮、共享的價值；人也可以傳承優質文化，創新人類文明的價值。

價值源自「人」生命的需求與目標，也就是說，價值來自於「需求的滿足」以及「目標的實現」，能夠滿足人類需求並實現人類目標的「知識」（名稱）最有價值。馬斯洛（Maslow, 1954）曾發表「人的五大需求」（需求層次論），包括：生理的需求（食、衣、住、行、性）、安全的需求（人身安全、行動安全、自由民主安全、人權法治安全）、愛與隸屬的需求（有愛的對象及群組）、尊榮的需求（受到共鳴、認同、尊敬、欣賞、肯定、榮耀）、自我實現的需求（自己的理想抱負與現實成就吻合，既活出自己也對群組有貢獻），其引導人格心理學、教育心理學，以及教育學的核心議題探討超過半個世紀（二十世紀的後五十年）。「自我實現說」將結合「智慧資本說」開展二十一世紀嶄新的「教育學」（尤其是「教育經營學」的價值說，以及「知識教育學」的價值論）。本章係「知識教育學」中的「價值論」，論述價值本源、價值教育，以及價值能夠詮釋的生命意涵，本節先行探討「人」與「價值」的本源。

一、人性本能及發展的需求與目標

人性本能是指人生就具有的「生理」、「心智」、「情意」的能量，這些與生俱來的人性本能都有發展的需求與目標。在生理方面：人的身體有四肢、五官、呼吸、血液、飲食、消化、排泄各種系統，這些器官的系統整合，延續了人的生命，有生命的成長發展，也才有美麗人生可言。是以，人只要活著，活著的生命就有價值，這些系統器官的功能與作用，共同創造了生命的價值。生理本能的需求指的是食、衣、住、行及性的需求，這些本能的發展目標是健康成長為「成熟人」，是一個有能量「傳宗接代」及「從事工作」的成熟人。是以，價值是指能夠滿足人生理需求的物、對象、事、時空，以及能夠幫助人成為成熟人並且實現人性本能發展目標的「養育」及「教育」工作，因此「價值」源自於「人性本能」的需求滿足及發展目標的實現。

在心智方面：人有理性，會思考判斷、了解事理（認知發展）、決定做或不做，而這些心智效能與生俱來，並隨著認知發展及教育效果而日漸成熟精進。心智發展的目標有二：(1)隨著生理成熟，心智（認知）能力也跟著成熟精進，與同年齡階段的人有同一水準的心智（認知）能力；(2)結合教養與知識教育的整合發展，能夠建構達該年齡階段的「新知能模組」。在情意方面：人性包含情緒、情感、情操，人性情意的需求及發展目標在面對處理「七情俱的情緒」（喜、怒、哀、樂、愛、惡、慾）表達得體、「致中和的情感」（喜怒哀樂未發，謂之中；發而皆中節，謂之和），以及培養孕育「成風範的情操」（大仁、大智、大勇的胸懷）。是以，人性需求與目標的價值在「全人格」教育，在孕育「全人格的性情」。

二、日常生活及學習的需求與目標

日常生活的需求是指人活著，就要滿足「活下去」的條件。活下去的基本條件要身體健康，要食、衣、住、行、育、樂的生活，要學習與做事的生活，也要與他人互動的群組生活。對於這些日常生活與目標有價值的資源，包括：食物、衣服、房舍、行動工具，以及休閒育樂設施，在學習生活與目標有價值的資源上，則是「家庭養育」與「學校教育」。家庭養育的價值資源包括：有家可回、有父母照顧、能支持生活基本條件、能夠健康成長；學校教育的價值資源包括：設學校、建教室、頒課程、聘教師、優教學、帶學習、傳知識、學技術、獲能力、得價值。

日常生活及學習的需求與目標具有階段性與時代性，階段性是指人的成長發展有其階段性，生理成熟度分兒童、少年、青少年、青年、中年、壯年，以及老年，每一階段的日常生活及學習目標會有焦點的不同，因此在家庭中的角色責任與價值行為會有轉換循環旋律。在學校教育則有國小、國中、高中、大學、研究所，以及終身教育等不同教育機制（價值資源）的建設，幫助國人開創多彩價值的人生。從人的「生活及學習」視角看人生，家庭的教養及學校的教育最具價值，它們提供的價值資源是「人之所以為人」最不可或缺的基石。

三、工作職能及經營的需求與目標

人的工作職能及經營，其主要的需求與目標有四：(1)適配的行業：工作性質與人的性向興趣吻合，是自己喜歡的工作，也是自己能力可以發揮的工作，才是適配的行業；人類都致力於適配行業的經營，可以充分自我實現，並產出最大的「集體智慧」價值；(2)專門的學能：工作性質、百業分工，專門行業的工作，就要專門學能為其必備條件，符合自己專門學能的行業，才是自己可以永續經營創價的行業；(3)專業的技術：任何行業的產品，都需要其產品的核心技術，具備專業技術的人，才具有優化產品的能力，也才有能力提升產品競爭力，讓事業永續經營；(4)永續的創價：任何行業的產品都要適時優化，符合時代需求與社會變遷，能夠永續的創價，收入多於支出，方能永續經營。

人的一生可概分為兩半：前半段的重點在長大與學習，後半段的重點在工作與經營。前半段的核心價值可概分為：健康、成長、快樂、覺識、有情、智慧，而提供這些價值的資源來自於「家庭教養」及「學校教育」。後半段的核心價值在：專業、傳承、創新、適配、永續、責任，而提供這些價值的資源在「自己」對「自己」的經營，經營自己的「致用知識」、「專業技術」、「實踐能力」，以及「智慧價值」，才有能力在事業職場上經營實踐這些核心價值，其創價的回饋（薪津），也才得以帶回家，支持經營家庭應盡的責任與價值。是以，人生的後半輩子更應理解「知識教育學」，掌握其「核心技術」的經營實踐，為人生創新多彩多姿的光亮與價值。

四、人際互動及群組的需求與目標

人活著，必須與他人一起生活。人是群組的動物，同時活在不同的群組系統之中，從「地區」來分類，有「家庭→社區→鄉鎮→縣市→省市→國家→地球→宇宙」由小而大的相屬系統之中，人際互動的範圍也從少數到多數，從親密到疏遠。從「行業」來分類，則百業分工，各行各業自成群組系統，並籌組「工會」，為各自行業之「專業發展」與「勞資問題」處理需求的滿足與目標的實現。從「性質」來分類，則以前有「五倫之教」：父子有親、君臣有義、夫婦有別、長幼有序，以及朋友有信，現代則有新五倫的分類：第一倫「家人關係」（指住在一起的家人）；第二倫「同儕關係」（指以同學及同事為主的群組）；第三倫「師生關係」（指教師及學生）；第四倫「主雇關係」（指老闆及員工）；第五倫「群已關係」（指人與他人的關係）。

地區群組會依據地區人民的需求及經營目標（任務），策定地區的核心價值，例如：臺北市：「正直誠信、開放共享、創新卓越、團隊合作」；新北市（施政目標）：「在地就業、在地就學、在地就養、在地樂活」；高雄市：「宜居、創意、國際、經濟、生態、安全」；北京市（北京精神）：「愛國、厚德、創新、包容」。中國也在2014年頒布社會主義核心價值觀：「富強、民主、文明、和諧、自由、平等、公正、法治、愛國、敬業、誠信、友善」，我國也要儘速頒布臺灣的核心價值，作者建議不妨使用：民主、自由、智慧、創客、精緻、永續。行業群組的主管機關也要適時頒行行業群組的願景（vision）、任務（mission），以及核心價值

（core value），作為階段願景領導策略，例如：教育部曾在 2010 年召開第八次全國教育會議，並於 2011 年頒布《中華民國教育報告書：黃金十年、百年樹人》，會議及報告書都以「新世紀、新教育、新承諾」為願景（vision），以「精緻、創新、公義、永續」為目標與核心價值（core value），會議則以十大議題為任務（mission），將討論的結果與建議列為報告書中的各種執行方案。在人際群組系統的核心價值上，五倫之教的「親、義、別、序、信」，以及五常之教的「仁、義、理、智、信」，在當代的社會人際群組中已很難找到妥適的經營著力點，是以作者倡議「新五倫」的分類，用新五倫的「人際關係」來研發其核心價值，可以作為品德教育及情意教學的經營焦點，目前的成果請詳見本書第二十章的表 20-2。

第二節　價值經由知識的教育與學習

個人的價值觀會隨著自己參與的群組或任職的單位，帶進群組成為單位的價值觀，但因人而不同；而群組（單位）均有共同任務，是以單位領導人都會揭示組織的核心價值（core value）來凝聚人心。「核心價值」的元素有二：「人的共同性（需求及心願）」以及「組織（群組）的任務目標」交織的價值取向。類似的群組因成員的心願有別或階段任務不同，也會發展出不同的核心價值，已經揭示的群組（組織）核心價值，也會因為時代變遷及需求轉變而需適度調整。然任何組織單位的領導人，均應適時地在其任期內，運作階段性的願景領導策略，揭示單位組織的願景（vision）、任務（mission），以及核心價值（core value）。

個人價值觀及組織的核心價值，也是經由知識的教育與學習來的。「價值」的概念型定義及操作型定義就要「教育（學習）」很久，而且「百家爭鳴，莫衷一是」，從臺灣目前的重要公民營企業組織都沒有「核心價值」

的情況，可見臺灣學界尚找不到「較為理想（妥適）」的教法，或者正確的見識及教法也難以普及，是以當前的行政領導人都「不會運用」或沒把握可以找到「核心價值」，而這也是作者撰寫本書的目的之一。作者主張，「價值觀」也是「知識」優化而來的，教育指導人類學習知識，知識再衍化成人學到的「知識、技術、能力、價值」之「知能模組」（素養），「知能模組」外顯化才成為有價值行為的能力。新知能模組中的「知識、技術、能力、價值」元素（成分），都是經由教育學習來的。

一、「知識教育」及「人性發展」交織決定價值取向

我國的春秋戰國時代，是知識智慧最為昌盛的時代，儒道墨法四家的學說留傳古今，孔子、老子、莊子、墨子、韓非子、管子、張子、屈子在歷史戲劇中不斷地上演，每一個中華兒女百看不厭，史稱為「九流十家」時代。當時的戰亂頻仍，大爭之世，為何孕育著這些知識及智慧的萌芽與興盛？作者認為，係來自「人性發展」及「知識教育」的追求。春秋戰國時代在周朝後段，諸侯坐大，群雄併起，稱王成國，交互兼併，需才若渴，有才德智慧者，必得國侯重用，是以史稱「大爭之世」，大家爭著「行銷自我」，爭著「儲才備用」，列國爭著「延攬人才」，爭著「謀略擴疆」，有知識者才有可能成為人才，有知識者才有可能貢獻好的謀略對策，有知識者才有可能提出自己的學說與價值的論述及主張。「知識教育」及當時的「人性需求」，決定了春秋戰國百家爭鳴的「大爭世代」，是價值取向的兩大核心要素。

歐洲也出現過希臘羅馬文化的知識榮景，但也出現了中古世紀的「黑暗時期」。所謂黑暗時期，是指知識文化流動消極低迷的時代，因為當時的歐洲「政教合一」，天主教教宗既是宗教領袖也是國家領導，人類的核心價值在「來世」、「升天」，人的這一輩子沒有意義及價值，辛苦工作

是當然的，活著的所有努力都是為了死後，升天到另一個「天堂」，是以男生要勤誦「阿門」，協助傳教，女生要「勤抄聖經」，大家為來世預作準備。此一現象迄至文藝復興運動之後，才有重大轉變，人類的核心價值才又回到「當下」、「人文」、「藝術」，從天上掉到人間，從「來生」回到「今世」。這些「價值取向」的決定，也是「知識教育」及「人性發展」交織的成果。黑暗時期的核心價值是「宗教知識教育」力量最大的時期，它讓當時的「人性發展」都陶醉在「心身靈合一」的境界，宗教的說法可能主張「人從此超脫（升華）」世俗的「柴米油鹽醬醋茶」，卻讓那時代的人性陷入了另一種「束縛」，這也是宗教價值的誤用或極端發展，就好像佛教傳入中國，曾有幾度興盛，也有多次滅佛的災難。但不管如何，「知識教育」與「人性發展」共同決定了人類價值的取向。

二、「技術經營」與「生活學習」交織決定價值內容

二十一世紀進入了「知識經濟時代」，其具體意涵是，「知識的經濟價值」超越了傳統的（以前的）四大經濟價值來源：土地、人口、設備，以及資金。知識經濟時代的核心價值是「創新」，創新的知識產品就能賺取高價值回饋，而當代最典型的代表人物及產品當屬比爾蓋茲（B. Gates）的微軟世界、賈伯斯的蘋果手機，以及蘿琳（J. K. Rowling）的哈利波特，他們創新的產品，已成為人類生活的必需品，也改變了人類生活文化。「創新」核心價值的實踐，來自「技術經營」及「生活學習」的交織，以數位科技為例，從大電腦到小電腦，從電腦教室到個人電腦，從 2G 手機到 4G 手機，零組件功能不斷「創新」、「優化」，這都是「技術經營」的創新。人要學習使用電腦及手機才能生活，才方便與人溝通，才能有效學習，才能完成工作任務，「生活學習」與時俱進，不斷創新，也才能符合「知識經濟時代」人之所以為人的訴求。「技術經營」及「生活學習」交織共同

決定了「知識經濟時代」核心價值的內容：「創新」。

「創新」在教育領域的運用，其實質意涵包括了「創新的領導」、「創客的教師」，以及「創意的經營」，是以作者於 2016 年出版《教育經營學個論：創新、創客、創意》一書，共十八篇論著，分三篇，從「創新領導」、「創客教師」到「創新經營」，提供教育人員「經營教育」的著力點。作者期待二十一世紀的臺灣教育，能夠看到更多的「新五倫智慧（價值）學校」、「智慧創客學校」或者「創客特色學校」，共同點亮臺灣新教育。

三、「能力實踐」與「職能經營」交織決定價值意涵

核心價值的決定與主事者（領導者）的「能力」及組織的「階段任務」攸關，領導者的「專業視野」及「能力實踐」的程度，決定核心價值的「品質位階」，例如：具備「計畫管理策略」能力的校長或主任，就有能力策定學校優質的主題式計畫及中長程發展計畫，用有理念、有技術（經營策略）及核心工作項目成為系統結構的優質計畫，帶動學校精緻發展，提升教育品質價值，點亮師生優勢亮點，促成教師自我實現，統整大家的集體智慧。

有智慧的領導者會思考組織的「階段任務」，然後決定核心價值的「意涵」，例如：一位新到任的校長或主任，要考量當下其接掌學校的「基礎條件」、「環境條件」，以及「時代文化」（組織氣氛）；如果三個個殊條件均弱，則學校的行政經營首重「正常運作，回歸本質」，此為第一個層次的階段任務（目標）；如果三個條件均為中等，則學校的行政經營著重在「開創新局，精緻優化」，此為第二個層次的階段任務（目標）；如果三個條件已屬中上，則學校的行政經營著重在「智慧創客，優質卓越」，此為第三個層次的階段任務（目標）。作者發表〈卓越學校行政經營的理念與策略〉一文（鄭崇趁，2011，頁 171-190），即建議學校領導者（校

長、主任），依據這三個層次的學校階段任務，再統合運作「經營理念」，例如：「系統思考」、「活力積極」、「順性揚才」、「賦權增能」、「本位管理」、「績效責任」等核心理念，然後選擇好的經營策略，例如：「願景形塑策略」、「目標設定策略」、「計畫管理策略」、「定期溝通策略」、「實踐篤行策略」、「回饋省思策略」。領導者本身的「能力實踐」與「職能經營」的交織，共同決定了價值意涵。

四、「智慧創客」與「人際群組」交織決定價值質量

「智慧校園及智慧教育」是二十一世紀數位科技發展後的重大教育議題，先進國家的教育建設常提升「學校智慧設施基準」，要師生共同運作智慧型教學。而「自造者運動及創客教育」則又是另一個新教育議題，杜威的「做中學」理論好像在教育界復活，大家都倡導「做中學」及「有作品」。創客教育是指教育歷程中，師生大部分時間都在「操作中學習」，並且留下很多精緻的教育產品（作品）。為因應兩者的共同需求，作者依據「知識遞移說」，研發了「智慧創客教育 KTAV 單元學習食譜」，倡導「知識→技術→能力（作品）→價值」四位一體的教育。「智慧創客教育」的認同程度及實踐能力，將成為教育經營核心價值的質與量。

「人際群組」是指今後臺灣人的「人際群組」劃分能否由「五倫」進化到「新五倫」劃分的程度，以及以「新五倫」為基礎的「核心價值」及「行為規準」研發實踐之程度。「新五倫」可讓臺灣社會的人際群組劃分合理化、現代化，順應人的真實互動情境與人性需求，其研發之「核心價值」及「行為規準」也才能真正「啟動人心」、「共鳴實踐」。「智慧創客」的實踐程度與「人際群組」的發展程度，將共同決定臺灣人的價值質量，價值質量也象徵文化底蘊的深層意涵。

第三節　價值匯聚人類的動能與貢獻

人活著，「共好才有價值」。人要「自我實現」、對自己好、有價值；人更要帶動大家一起好，成為組織的有效「智慧資本」，為自己所隸屬的群組產生動能貢獻，更有價值。「價值」的揭示與目的，在匯聚人類的動能貢獻，帶領（凝聚）人與人之互動能量與心智能力的使力方向與經營操作著力點。「價值論」在哲學上屬於「人生論」（含人性論）的核心議題，在管理學上列為「願景領導策略」的一環。操作願景（vision）、任務（mission）及核心價值（core value），在教育學上則為「自我實現論」以及「智慧資本論」的核心元素。在知識教育學上，則為「知識遞移說」及「核心素養」的四大元素之一，價值也是知識遞移來的，知識、技術、能力（作品）、價值四位一體的教育，產生「真、善、美、慧」新知能模組（核心素養），以及有價值的行為實踐：「智慧人·做創客」。

本節分析與價值有關的「重要名詞」，由名詞的概念型定義及操作型定義，來解碼「價值」的深層意涵及應用時機，包括：「個人價值與組織價值」、「自我實現與智慧資本」、「人盡其才與才盡其用」，以及「智慧創客與集體智慧」，逐一說明如下。

一、個人價值與組織價值

價值詮釋人生，人生的意義與尊嚴由價值來詮釋，人生的價值表現在生命本身。生命的作品（後代及著作）、生命經營的事業及功名，除了生命本身及後代是人的本能之外，生命的作品、事業及功名都需要知識的融入。人要長期學習知識，將知識與自己的能量融合，轉化為「致用知識」、「經營技術」、「實踐能力」，以及「共好價值」，建構「真、善、美、慧」的新知能模組（核心素養），再外顯化為有價值的行為（能力），這些有價值的行為（能力）才得以經營事業、成就功名，以傳承知識、創新知識、完成作品，用作品定位個人的人生價值。

組織的價值指的是組織的任務與核心價值，每一個人都隸屬在一些相屬系統的組織之中，例如：家庭、學校、公司，任務小組、委員會等大大小小的組織（群組），每一個組織群組都會有其成立時的「任務」及「核心價值」，例如：想要「成家」的任務是：與自己心儀的對象滿足性的需求，並傳宗接代，永續經營；是以，有位大學教師結婚時，與太太共同宣誓彼此要「忠誠、孝順、努力」，用管理學與教育學的用語，就是共同揭示成家的「核心價值」，做為兩人經營家庭生活的方向。再以經營一所學校為例，學校領導人要適時運用「願景領導策略」，要為學校的階段性發展揭示願景（vision）、階段任務（mission），以及核心價值（core value），通常核心價值就是配合階段任務組織作為所做的價值詮釋，好的核心價值詮釋，可以凝聚組織成員的向心力並激勵士氣。

二、自我實現與智慧資本

每一個人來到這多彩繽紛的世界，參與人類的文明與文化，是多麼珍貴的「一生」。在這一生當中，每一個人的際遇與實際展現的情形，雖百態雜陳，很不一樣，但每一個人都會有「自己想要的生活」、「自己對自己一生的理想抱負」。自己想要的生活以及自己的理想抱負，真的在現實的成就上吻合了，就是「自我實現」。自我實現需求的滿足，對個人來說具有最大價值，自我實現的人生最有價值。

人都要與他人組成群組，共同生活在這世界（地球）之上；人要「共好」才有價值，每一個人都要對自己所隸屬的群組產生動能貢獻才有價值。從「績效責任」的視角看「群組生活」，每一個人的工作表現一定要達到組織賦予的「任務」，達成組織目標中個人應完成的「工作質量」，才能依合約支領薪津。「創價」與「薪津待遇」平衡，就是個人在團體中所盡的「績效責任」，而績效責任僅是人生「智慧資本」的一部分，人的智慧還可以為組織產生「傳承核心技術」、「創新知識及技術」、「創新優化產業產品」，為自己及團隊擴大創價，成為有效的智慧資本。因此，人的「自我實現」係個人價值的展現，「智慧資本」則是組織價值的根基。

三、人盡其才與才盡其用

人盡其才，才能用專長優勢，經營個人及職能上的事功，追求自我實現，才盡其用則更進一步，自己的才德有機會充分施展，永續創價，提升生命的價值與對人的群組之貢獻程度，自己滿意並受到同儕及親人的認同、欣賞與尊敬，活得最有意義、最有尊嚴及價值。人盡其才也指在組織中（任何的一個群組中的人），每一個人都承擔符合其性向興趣及專門專長的工作。才盡其用也概指團體中的每一個人，其才能都能在組織中盡力施展，大家共同達成組織任務，共榮共享，一個都不少。「人盡其才」及「才盡其用」是從「才智致用」的視角，描述人生的意義價值。

四、智慧創客與集體智慧

本書一再強調「知識教育」的目標在「智慧人‧做創客」。一個國家的國力，要看人民的「集體智慧」，無非在主張知識與人的價值，都用「智慧人‧做創客」及集體智慧來呈現。「有智慧的人」會統整善用自己的「致用知識」、「經營技術」、「實踐能力」、「共好價值」，人盡其才，才盡其用，對自己能夠充分自我實現，對群組能夠成為有效智慧資本，這樣的人生最有價值。

「做創客的人」一生留下精緻而經典的作品繁多，作品可以詮釋他的一生，作品可以傳承創新知識，作品可以提供後人精神糧食，作品可以彩繪世界，作品可以定位人生，「智慧創客」就是經營個人自我價值的主要橋梁。人民「集體智慧」的綜效就是一個國家的國力。

本書針對集體智慧中的「智慧」做了明確之定義，其包括了四大元素：「知識」、「技術」、「能力」、「價值」並且四位一體，是新知能模組（核心素養）的外顯化；智慧也可指「真、善、美、慧」的力行實踐，智慧代表人的「有價值行為」，集體智慧則是指人與組織都願意對國家產生動能貢獻，並且都已力行實踐，共同搭建今日大家看到的國家整體競爭力。

第四節　價值詮釋人生的意義與尊嚴

本書探討「知識」、「教育」與「人」的關係，「人」本身的「生命」個體，就具有「生生不息」與「發展」的價值。是以，人只要「活著」，就有價值，人經由「教育」，學習並獲得「知識」之後更有價值。人與「知識」相遇融合之後的「致用知識」、「經營技術」、「實踐能力」，以及「共好價值」，得以讓自己的人生具備「真、善、美、慧、力、行」的核心素養與能力，實現「智慧人・做創客」的目標與價值。價值在詮釋人生的下列意義與尊嚴。

一、「人之所以為人」的教育價值

教育在教「人之所以為人」，是教育哲學及教學原理不斷的向教育人員提示的「經典名句」。教育在教每一位學生「經由知識的學習」，發展成「理想中的人」，這理想中的人就是「像人」的意思；「像人」如果由自己定義，就是「自我實現」的人，「理想抱負」與「現實成就」吻合適配即為自我實現，自我實現的人很「像人」，具有「人之所以為人」的意義與尊嚴。「像人」，如果由他人定義，就是「智慧資本」的人；人對自己所隸屬的「群組系統」產生動能貢獻，就是「有效智慧資本」；能夠扮演有效智慧資本的人更「像人」，更具有大眾心目中的「人之所以為人」的意義與尊嚴。充分自我實現的人及有智慧資本的人形成一個國家（或組織）的「集體智慧」，這些「集體智慧」的發揮展現了一個國家的國力及組織的競爭力；強國的公民與有競爭力企業的員工，他們也活得更「像人」，具有「人之所以為人」的意義與價值。因此，知識教育的最大價值，在成就每個人的人生，都能活得「像人」，具有「人之所以為人」的意義與價值。

二、「順性揚才」與「全人發展」的價值

人的生命本身就有價值，但每個人的「潛在能量」具有個別差異。性向興趣與本然根性各自不同，是以對每一個生命個體來說，能夠「順性揚才」，充分開展生命的能量更有價值。對人所隸屬的組織（群組）來說，每一位個體都能「全人發展」，達到大家對個人的期待，更有價值。「順性揚才」需要「教育」帶著「知識」介入，才能「順學生之性，揚優勢智能之才」，其更為深層的作為，更須：「順『學習力』之性，開其群組動能之才」、「順『知識力』之性，展其優勢智能之才」、「順『藝能力』之性，揚其運動技能之才」，以及「順『品格力』之性，長其情感毅能之才」。「順性揚才開潛能，優勢智能明朗化」的適配教育，讓知識成為人的優勢能量（專長），開拓各自亮麗精彩的人生。

「全人發展」係指「社會大眾」對人發展「角色責任」的共同期待，大家都期待每一個人，經由「教育學習」（知識融入）之後順利發展「成熟人、知識人、社會人、獨特人、價值人、永續人」的六大角色責任，此之為全人發展的價值（鄭崇趁，2012，頁 91-107）。本書則進一步將全人發展說用兩種人來總結：「智慧人．做創客」，賦予人的生命（人生）更有「價值」的詮釋。

三、「適配人生」與「適配幸福」的價值

人生的價值可以從「適配」的視角予以詮釋。「適配」含有「登對」之意，人的「本然」得到「登對」的開展稱為適配，也就是「名副其實」的「應然」。作者曾主張人生有四大適配：「適配的教育」、「適配的事業」、「適配的伴侶」，以及「適配的職位」（鄭崇趁，2015a）。「適配教育」的指標是：順性揚才開潛能，優勢智能明朗化；「適配事業」的指標為：工作性質合性向，專門專業又專長；「適配伴侶」的指標為：能力條件相登對，品味一致幸福多；「適配職位」的指標則為人盡其才的職位，才盡其用的職位。人生的四大適配讓人產生「適配人生」的價值，也帶給人「適配幸福」的價值。

四、「智慧傳承」與「作品創新」的價值

人的一生用教育傳承創新知識，人更結合知識，傳承創新人類的文明與文化。人、教育、知識三者之關係，交互融合、交相致用，知識經由教育，讓人產生更大的價值，教育帶領人類學習知識，也創新知識的價值，人類更以教育機制之運作，傳承創新「知識」及「人」的價值。上述三者的關係縝密連結，併存在這個宇宙之中、地球之上，「知識教育學」亦僅能描寫闡述其中的大要，難以窺其全貌。綜論三者之關係，人的「智慧傳承」及「作品創新」扮演了「高價值」的角色定位。人類經由教育「學習知識」、「知識成為人的智慧」、「智慧傳承智慧」，人類始得傳承文化，創新文明。「智慧完成有價值作品」，作品創新人類的新知識及智慧。是以「智慧傳承」及「作品創新」是「知識教育學」最具價值的「核心技術」，同時也是人生最珍貴的價值詮釋；人可以傳承智慧、創新作品，人生最有價值。

第二十三章　智慧的共榮價值

「價值詮釋篇」共有六章，前四章（第十九章、第二十章、第二十一章、第二十二章），分別敘述了「知識的教育價值」、「技術的經營價值」、「能力的實踐價值」，以及「價值的人生意涵」，從「知識、技術、能力、價值」四位一體的主軸脈絡，分別論述其「核心價值」內涵；接續的第二十三章及第二十四章，則是本書的最後兩章，作者以全書的總目標：「智慧人．做創客」之旨趣，於第二十三章撰述「智慧的共榮價值」來銜接「智慧人」的總目標，第二十四章撰述「創客的定位價值」來銜接「做創客」的總目標。

智慧的價值就是它能夠增進人的「共好」及「共榮」，「智慧人」即是能在生活、學習、做事、人際及事業經營層面都能促成群組「共好、共榮」的人。本章分四節詮釋智慧的共榮價值：第一節「智慧善用知識及技術」，說明智慧人具備厚實的知識及技術，並經由能力善予實踐力行，善用自己的知識及技術，學以致用；第二節「智慧美化自我及群組」，闡述智慧人多能參與群組共學，合作共榮，提高產能，己立立人；第三節「智慧優化效能與效率」，敘述智慧的人生，較能融合時空律則、事理要領、人倫綱常的知能，實踐其核心價值，開展集體智慧，優化生命的效能與效率；第四節「智慧領航生活及生涯」，描繪智慧人深耕自主品味生活，豐厚知能素養，擴展價值生涯，領航適配幸福。

第一節　智慧善用知識及技術

智慧的元素有四：「知識」、「技術」、「能力」，以及「價值」（詳見本書第五章「知識智慧說」）。智慧行為的實踐（有價值的行為表現）即是「有效重組四者的知能模組」，然後再出發，表現出有系統價值的行為。這些有「系統價值」的行為主要分兩類：「完成作品」或者「德行助人」。在這四大元素的融合關係中，「智慧」的詞性偏向「能力」結合「價值」的表現，屬於成果目標的元素；然「知識」及「技術」卻是「能力」及「價值」的源頭，因此有智慧的人必先具備厚實的知識及技術，並且善用這些知識及技術，經營自己的能力，才得以實踐有價值行為。智慧人善用知識及技術的價值，表現在下列事項。

一、通過基本能力檢測，知能水準不落人後

人在學習階段，尤其是基本教育階段，教育單位使用「一至十二年級基本能力檢測」來了解學生的知能水準。智慧伴隨著每一位學生，「智慧化」明顯的學生，通常皆能通過各年級的基本能力檢測，知能水準不落人後。然而，當前教育單位對於「基本能力檢測」之實施，並未明確規範，有的單位「偷偷進行」，卻私下要求「辦學績效」，有違大數據時代之精神與本質。本書作者強力主張實施一至十二年級領域（學科）基本能力檢測，並逐年正式化、公開化，給予教師「績效責任」化，方能真正提升教育的品質與價值，證明教師能夠善盡教學責任，帶好每位學生，維護教師應有尊嚴，激勵表現優秀教師。

配合智慧數位時代來臨，強化一至十二年級領域（學科）基本能力檢測的要領有五：(1)責由國家教育研究院研發題庫，每一年級的領域（學科）約三千題，並每年替換百分之五至百分之十的新題目；(2)每年 6 月及 12 月

開放由學校經由電腦網路系統進行班級學生檢測，每個領域（學科）評量五十題，題目由電腦由難而易依比例隨機編組；(3)學生若施測結果不滿意得隔週再施測乙次，依兩次平均或較高成績登錄為基本能力成績；(4)每年7 月及隔年 1 月由國家教育研究院公布學校常模、縣市常模及全國常模，提供學校及教師參照比較；(5)學生領域（學科）基本能力低於縣市常模平均數一個標準差以上，或與上一年度比較低於 3 分以上的班級授課教師，應參與教師專業發展進修十八小時以上。

二、取得高級學位，成為國家知識分子

有智慧的人一定有知識，人要有厚實的知識及技術，並予以「優化」、「致用」，才能成為「智慧行為」。中國之傳統很重視「讀書人」，將之稱為「知識分子」；後來，「知識分子」的意涵配合學制的普及化而有所轉變。二十世紀時，普遍將「大學畢業」以上學歷者稱之為「知識分子」，進入二十一世紀後，大學太普及，部分大學畢業生沒有真正的「知識及技術」，只能從事較基礎的服務性工作，支領基本工資，很難再稱為是「知識分子」。是以，臺灣當下的「知識分子」即成為取得高級學位，能夠從事專門專業行業的人。

以「教師」的行業為例，知識分子才得以任教師，因為教師的主要職能就是用「知識」教會學生「知識」，自己要先會（具備、運用）教材的知識，才能教會（遞移）學生這些知識，且教師本身的知識及技術，就授課學門而言，要領先學生的「深度」及「廣度」，才有辦法勝任教職。是以，大學教師的基本條件需要「博士學位」，並且要有「專門著作」。中小學教師需要「大學畢業」加修「教育學程」（專業學分），並通過「教師資格檢定」考試及「教師甄試」方得以被聘為教師，而最新的發展更有全面碩士化之趨勢。有智慧的人會取得高級學位，並善用知識及技術，成

為國家真正的知識分子。

三、具備厚實專門學養，兼取專業職能證照

厚實的專門學養（知識及技術）是智慧的根，能夠學以致用才是有價值的智慧行為，因此真正有智慧的人，多會配合學習階層，參加各種考試（如高普考、教師甄試、專門職業考試）及技能檢定，取得自己想要的專業職能證照，為自己的事業經營預作準備。就專門行業而言，有醫師、律師、會計師、教師、建築師、工程師，以及高普考、特考舉辦的專門職業考試，就一般職業證照類有各種「技能檢定」證照，如廚師甲級、乙級、丙級、美髮師、水電技師、縫紉師、大卡車司機、設計師、園藝師等百業分工，百種證照。證照代表專門及專業水準，有證照的從業人員，也代表其可以表現「智慧實踐」的程度，例如：醫師及博士的英文，我們都用「doctor」，大家都習以為常，因為他們有同等級厚實的「知識及技術」。

四、能夠學以致用，為社會奉獻專長亮點

有智慧的人，也指「學以致用」、用到「剛剛好」的人，不是神隱遁世的人，更不是急功近利、好大喜功的人。有智慧的人，最容易融入同事同儕的群組，最不會帶給同儕壓力，會在同事和同仁認同的前提下，儘量奉獻自己的專長亮點，學以致用，有智慧地展現自己的「知識、技術、能力（作品）、價值」，對組織群組產生動能貢獻，讓自己所隸屬的系統群組邁向精緻、優質、卓越，具有永續經營的競爭力。

有智慧的人，也善於「布施」、「創客」、「傳要」。布施是指能夠供給他人食物、錢財、衣物、生活必需品的人，有智慧的人具有「知識通達」的特質，其布施的內涵往往超越了財務的布施，強調布施知識、布施智慧、布施要領、布施恩惠。「創客」是指能夠創新知識並且有實物作品

的人，有智慧的人會專業示範開創新產品，留下著作，帶動同儕一起做創客。「傳要」是指傳遞知識要領的人，例如：本書所強調的「教師角色責任」，就是「傳要之人」，能傳給學生學習知識的方法要領，教導學生養成生活及學習好習慣，做事尋找SOP的要領，以及人倫綱常核心價值之實踐等。有智慧的人，「力惡其不出於身也，不必為己」，善於用自己的知識及技術對周圍的人「布施」、「創客」及「傳要」（鄭崇趁，2015a，頁254）。

第二節　智慧美化自我及群組

智慧包括四種元素：知識、技術、能力，以及價值。知識是指已經學到的、會用的致用知識，技術是指用得出來的經營技術，能力是指能夠找到完成新作品及有價值行為表現的實踐能力，價值則是指本次學習之後，對於自己及群組產生的共好價值。是以，「智慧」對個人而言，能夠綿延不絕產出新作品，並且為自己創新有價值的回饋；對群組而言，「新產品」也為公司提高競爭力，個人的有價值行為表現，也可匯聚成公司的興旺卓越，讓公司群組（員工）在社會上均有崇高的尊嚴與價值。有智慧的人，從下列幾個途徑美化自我及群組。

一、參與群組，領導共學

「智慧」可以從小「學習孕育」，以目前中小學流行的「學習共同體」教學方式，就是一種明顯的範例。學習共同體強調師生共同備課、議課、觀課，並實施分組群組教學，藉由「群組對話」學習新知識。因此，有智慧的教師及有智慧的學生，都會積極「參與群組，領導共學」，且通常會表現出下列有價值行為：(1)帶領群組確認對話主題：確保討論不會離題而能聚焦；(2)導引對話發言順序：能依群組的個人專長及意願，導引最佳發言秩序，能在較短時間內得到共識（結論）與帶得走的能力；(3)整合群組不同意見及觀點：人心不同，各如其面，任何議題或學習內容、個人看法、觀點往往多元並陳，領導者必須整合不同意見及觀點，以表達核心共識；(4)永續經營核心技術：任何知識都包含可操作的技術，有智慧的師生會引導同儕依主題知識的核心技術，進行深入對話，儘快學會這些知識及技術。

二、認同同儕，合作共榮

有智慧的人最認同同學及同事，也認同共同執行同一任務的組員。認同同儕才會尊重同儕，才會誠心與同學或同事合作，大家一起把該做的事做好，共同產生「群組動能」，共同把學習任務及工作使命完成。「認同同儕，合作共榮」讓智慧美化自我及群組。其具體的經營要領，得參照下列幾項：(1)認同同儕的出身：每一個人的背景條件都不會相同，既是同學或同事，就應認同每一位同儕，不計其出身的尊貴或卑下；(2)認同同儕的能力：大家都是有能力的，有能力學會該學的知識，有能力完成組織的任務，認同同儕有能力，才是合作的基礎；(3)認同同儕的差異：人有不同的價值觀與做事的方式，認同彼此的差異、交互互補，才能合作共力，共榮共享；(4)認同同儕的風格：有智慧的人，通常有自主的處世風格，不同風格的人在一起為學共事要彼此認同，才能匯聚風格，繁星爭輝，用智慧美化自我及群組。

三、發揮專長，提高產能

「智慧」含有「用最小力」並「創大價值」之意，亦即個人適度的使力，就能為大家帶來豐沛的智慧。能夠為群組帶來豐沛福慧，而處世可以不用勉強用力者，一定是用自己的專長優勢投入組織工作的經營，讓自己勝任愉快，且又能提高產能。智慧是適配的專長發揮，智慧是大家優勢智能明朗化的結晶，智慧要由個人智慧邁向集體智慧才是真正的智慧。發揮專長的智慧經營，得參照下列幾項作為：(1)貢獻相對的專長：大家都有的專長不必爭著表現，必須要相對不同專長而自己有的多做，就能使力小而價值大；(2)貢獻適時專長：在最適當的時機，例如：大家都不太願意輪值的時刻，或者正好人力調度的缺口，自己主動補上去，讓自己的專長與整體同仁專長的運作，產生最大化的永續經營，創新組織價值最大化；(3)貢獻補足專長：任何公司的產品都要有多種零組件的組合，產品零組件的系統結構需要不同專長的人力才能產製及管理，個人能夠貢獻零組件補足專長，才能創最高價值；(4)貢獻突圍專長：產品要突圍創新，產能要規模最適化，自己的專長正好用得上，及時出手，創新產品突破瓶頸，讓產能的競爭力提高最有智慧。因此，發揮專長、提高產能，可以美化自我及群組。

四、經營人倫，己立立人

智慧也含有「我好、你好、大家好」的通俗意涵，這種大家共好共榮的價值，展現在生活上「人倫綱常」知識的實踐，有智慧的人，會實踐「新五倫及其核心價值」，己立立人：家人「有親」相「依存」，同儕「認同」能「共榮」，師生「盡責」傳「智慧」，主雇「專業」多「創價」，群己「包容」有「博愛」。己立立人的「愛」，有智慧地實踐人間四大愛：男女之愛、親情之愛、教育之愛，以及等差之愛。用人間四大愛應對著「新五倫及其核心價值」，經營己立立人的人際關係。

「男女之愛」的緣由來自於「生理需求」及「彼此欣賞」，其經營的重點在「相敬如賓，交互尊重」，適配伴侶的指標是：條件能力相登對，品味一致幸福多。「親情之愛」的緣由在於「血緣的必然」及「教養的需求」，其經營的重點在「觀照支持，共鳴給力」，適配親情的指標是：養育教育大本營，健康安全好習慣。「教育之愛」的緣由來自於「價值的體認」及「職能使命」，其經營的重點在「自我實現，智慧資本」，適配教育的指標是：順性揚才開潛能，優勢智能明朗化。「等差之愛」的緣由來自於「親疏有別」及「能量有限」，其經營重點在「尊重多元，弱勢優先」，適配等差的指標是：人倫綱常有親疏，由近而遠多布施。經營人間四大愛，己立立人都幸福。

第三節　智慧優化效能與效率

人的一輩子，都在不同的時空中「拿物做事」，智慧幫助人「很會做事」，用學理來分析，就可以說，智慧優化每一個人做事情的效能與效率。實現事務的總體目標稱「效能」，發揮個人的單位時間工作能量稱「效率」；也有另一種說法，整體績效成果論效能，個人工作滿意度稱效率。不管用哪一種說法，有智慧的人，其工作的效能與效率，自己對自己的表現滿意，群組同仁也對他感到滿意，不但個人效率滿意，組織的效能也滿意。智慧優化效能與效率的價值，實踐在下列事項之上。

一、生活旋律結合時空美學

作者於2014年出版《教師學：鐸聲五曲》一書，用五部曲歌頌教師，將教師描繪成最有智慧的人，這五部曲的標題是：首部曲「鐘鳴大地・人師」，二部曲「朝陽東昇・使命」，三部曲「春風化雨・動能」，四部曲「明月長空・品質」，五部曲「繁星爭輝・風格」。就實際的內涵而言：首部曲（第一～四章）撰寫教師的生命願景與教育志業；二部曲（第五～八章）闡述教師的核心價值與專業示範；三部曲（第九～十二章）敘述教師的核心能力與智慧資本；四部曲（第十三～十六章）說明教師的教育品質與績效責任；五部曲（第十七～二十章）論述教師的系統思考與順性揚才。之後，很多同事（教授）及學生（校長、教師）都相繼與作者討論「五部曲」篇名的緣由，其解釋是：知識包括「時空律則的知識」，有智慧的人（教師）善於將生命（生活）的節奏（旋律）結合時空美學，巡迴展演，創造豐富多彩的一生，而該書僅提供一個「有效融合」的範例。五部曲的篇名就是「智慧教師」一天的生活，也是一世的情懷。

有智慧的人，其生活旋律多能結合下列幾項時空美學：(1)每天的時空美學：每日的食、衣、住、行、育、樂，固定時間的位移與空間運作，成為一種節奏與旋律之美，每日循環，並帶有精彩的微調變化；(2)居家的時空美學：回到家的時間裡，充分運作居家空間，在整潔、秩序的前提下，譜寫生活品味旋律；(3)工作的時空美學：每一個人皆有任職工作，每一個人的辦公做事、環境移動空間都是有限的，智慧能夠引導當事人有效規劃有限時間的律動，營造最佳職場的動線與人員互動組織的氣氛；(4)交往的時空美學：人際關係的流動與往返，也能同時關照大家的時間與空間，規劃互動交流的點、線與緊密程度，讓時空元素進入新五倫關係的融合。

二、做事要領契合標準程序

智慧領導人「很會做事」，智慧人做事情比一般人要快，比一般人要好，比一般人精緻、有要領，這些做事的要領契合事物本身的 SOP。SOP 現已流行在公民營企業單位，組織體的核心事務大都已建置 SOP。SOP 係指做好事務本身的「最佳流程步驟」，要完備每一件重要工作，都有必要依據最佳流程步驟予以「實踐完成」，例如：汽車公司，其汽車零件的組裝到整部車子的完成，該產製流程就是SOP的實踐；精準的SOP才可以為公司產製高品質汽車，產品才有競爭力。又如：麥當勞（餐飲業）及統一超商（便利店），其店員的服務流程，也有標準程序的規劃與實踐，因此消費者（顧客）感覺的滿意度較佳，商店的競爭力也就跟著提高。

智慧人會從下列幾項「事務要領」契合標準程序：(1)常態生活事務：食、衣、住、行、育、樂是每個人的常態生活事務，「簡約生活好習慣、定食適量保健康、動靜平衡高效能、自主品味美旋律」成為幸福生活的SOP；(2)學習事務要領：「專注學習」、「用對方法」、「當下學會」、「練習精熟」、「價值評量」可成為學習事務要領的 SOP；本書研發的「KTAV 單元學習食譜」，強調「知識、技術、能力（作品）、價值」四位一體的智慧創客教育，也是一種學習事務要領的SOP；(3)職分核心事務（技術）要領：專門行業的工作，其工作本身具有SOP，其產品則具有「核心技術」，此核心技術就是「元素組成」的 SOP；就像「有效藥品」的配方也是物質組合的 SOP，掌握精準的配方及產品的核心技術才能為公司產製具有競爭力的產品；(4)重要任務要領：如中階公務員受命「計畫的擬定」以及一般企業研發人員「新產品」的研發，屬於職分上的「重要任務」，這些重點任務要完成使命，其「著力要領」也要契合SOP，才能精準達標。

三、本業經營統合集體智慧

智慧含有「共好共榮」之價值，一個國家的國力，就是人民「集體智慧」的綜合表現。集體智慧大於個人智慧的總和，集體智慧來自個人智慧的累加與乘積，個人智慧的「本業經營」能夠統合到「集體智慧」，才能為國家社會經營出最厚實的國力，是以前有古訓：「國家興亡，匹夫有責」。智慧是連結「個人」到「集體」的核心元素，也是「人之所以為人」的核心技術，更是創造「自我實現」及「智慧資本」的價值動能。

本業經營統合集體智慧的著力點得參照下列方式經營：(1)設定個人及組織的績效責任：個人績效責任導引個人智慧貢獻基準（最基本的績效價值），組織績效責任匯集成員的集體智慧，兩者統合可共創組織更大的產能及價值；(2)擴大分紅持股福利：將公司（組織）的盈餘多數給員工分紅及持股，導引個人智慧連結集體智慧，創造共好共榮價值；(3)核發績效獎金及團隊獎金：個人及團隊貢獻超過原有績效責任者，核給績效獎金，用績效獎金導引個人智慧串聯集體智慧，個人及團隊大家都有最佳的動能貢獻；(4)適配經營與轉型規劃：任何行業及其產品都要面對時代需求與社會價值的轉變，個人本業及組織本業經營都要考量「適配調整」與「轉型規劃」，才能讓個人智慧及集體智慧永續經營，產值最大化，例如：教育事業少子女化的挑戰以及當前數位產品日新月異的挑戰，都考驗著從業人員，如何將本業經營統合到組織的集體智慧，教育人員（校長及教師）都要趕緊進行「適配調整」及「轉型規劃」。

四、人際互動融合核心價值

人的一生都要與人相處，生下來就由「家人」照顧，長大成人都要與家人相處，為學階段要與同學及老師相處，就業以後要與同事及老闆相處，行走在大馬路上則要與「不一定有關係」的人相處。人活著的時候，總要有他人的存在與互動，這個生命才真實地存在，才有所謂的「意義」、「價值」與「尊嚴」。所謂「被知」即「存在」，自己活著，當下不被知，似乎就等於「不存在」了。因此，人都在活在「群組」之中，要有他人知道你的存在。「智慧」從人群互動的視角來看，智慧就是知道自己「你我」共好的存在，智慧也是經營你我共好共榮的存在。

「人際關係」要共好，要能辨識群組的類別及其核心價值，中國的傳統「五倫之教」就是註解以前五大類人際關係的核心價值，所謂：父子有「親」、君臣有「義」、夫婦有「別」、長幼有「序」，以及朋友有「信」，或者「五常之教」：仁、義、禮、智、信，兩者都強調以「價值」之實踐來經營共好的人際關係。為順應當代社會的變遷與需求的轉變，作者（從 2014 起）倡議用新五倫（家人關係、同儕關係、師生關係、主雇關係、群己關係）及其核心價值，來經營共好的人際關係，似乎為「智慧」的經營找到了更為理想的途徑。期待今後的師生，真的更有智慧，在人際互動的層面上，會融合不同群組的核心價值來經營互動之品質，用智慧優化自己生命（人際）的效能與效率。

第四節　智慧領航生活及生涯

智慧對人的價值，在於善用知識及技術，讓人有能力經營事業，行善布施；在於美化自我及群組，讓自己能夠己立立人，己達達人；在於優化效能及效率，讓人能夠充分自我實現，大家都是有效智慧資本；也在於領航生活及生涯，讓人擴展生命價值，過適配幸福人生。智慧領航生活及生涯，其中的「智慧」就是個人「價值觀」的發揮，用學到的價值觀指揮自己的生活型態與方式，抉擇自己的生涯進路，經營自己的人生。智慧用「價值抉擇」領航下列生活及生涯事項。

一、優化生活條件，自主品味生活

有智慧的人，必先善待自己，將自己整備優化，有餘力再善待他人。智慧的共好共榮也是漸進的，也是永續經營的，自己的能力條件尚未達基本水準，卻急著要經國濟世，並不符合「智慧」的本意。智慧者「智者之慧」，指的是本身有能力條件（知識能力）者的慈悲施慧，是以有能力施慧者，必先優化自己的生活條件，自己先有能力過著自主品味的生活。

智慧者優化下列生活條件，方能確保自主品味的生活：(1)穩定而創價平衡的經濟收入：家庭的經濟收入是基本生活條件的根，有穩定而創價平衡（總收入稍大於總支出），才有條件規劃自主品味的生活；(2)溫暖支持的居家環境：有家、有溫暖支持氛圍的家，有想要回家的家，有足夠空間及基本設施讓自己休息和慰藉的家，有可以做作業、讀書、寫作、施展部分理想抱負的家；(3)好的生活習慣及健康的身心：人的食、衣、住、行好習慣，確保身體及心智常處顛峰效能，才能有高品質的自主生活；(4)休閒育樂與心智動能平衡循環：有常態的休閒育樂項目（如跑步、打球、爬山、下棋、繪畫、看電視），適時平衡人的動能節奏，讓生活品質與動能產出價值最大化。

二、活化學習要領，豐厚知能素養

人的一生，活在四大情境中：家庭、學校、職場、休息。家庭提供居家生活，學校提供學習生涯，職場提供事業經營，休息則是指睡覺及育樂休閒生活時段，四大情境的總稱即為人一生的生活及生涯。學習生涯是獲取「知識、技術、能力、價值」最重要的階段，人一生的成就、貢獻與價值，都奠基在學習生涯階段。智慧者，在此階段會活化學習要領，獲得豐厚的知能素養，讓自己有能力慈悲施慧。

智慧者常活化下列學習要領，來豐厚建構自己的新知能素養：(1)依序學習：由易而難，依照編序教學法的方式學習最符合人性認知發展，學習最有效果，是首要的學習要領；(2)三適學習：適性、適量、適時三適連環的學習，對「學生學會」最為有效，有效果的學習能夠帶動下次的學習效果（何福田，2010）；(3)學習三律：準備律、練習律、效果律三律的活化運作，準備律深化學習動能及專注程度，練習律精熟當下學習內容的知識及技術，效果律增益下次想要學習的效果及績效；(4)優勢學習：順性揚才開潛能，全人發展築優勢，優勢學習亮專長，優勢智能明朗化，讓自己的優勢智能適度開展，豐厚專長知能素養，擘建璀璨人生。

三、創化事業能量，擴展價值生涯

知識帶給人的智慧，展現在人生的兩大階段：學習階段及事業階段，學習階段重在獲取知識及智慧：「建構新知能模組」（素養及能力），事業經營階段則重在產出（創新）知識及智慧：「實踐完成實物作品或有價值行為」，兩大階段事實上也皆由智慧在領航生活及生涯。在事業經營階段，創化事業的能量愈大，擴展的生命價值就愈大，愈受到他人（世人）的尊敬、讚揚與歌頌。

智慧者常創化下列的事業能量，來擴展生涯的價值與尊嚴：(1)創化新產品：事業經營要靠產品來支撐，有新的產品，才能永續提升事業的競爭力，以大學教授為例，要常發表出版新的著作或研究論文，用新產品專業示範給學生看；(2)創化新技術：知識包含可操作的技術，產品大都帶有核心技術的更新，以本書為例，《知識教育學》整本書是新產品（新知識），書裡的「知識遞移說」就是新技術（重要的核心技術，知識螺旋技術的進階技術）；(3)創化新服務：調整對顧客的服務品質、創新服務流程的 SOP 也是屬於事業經營的創新，服務品質精緻化也可創化更多的顧客群；(4)創化新標準：由於產品廣受歡迎，普及到一定的程度，會成為人民大眾生活文化的一部分，人人參與、不可或缺，擴展成「新標準」的價值。

四、新化人生價值，領航適配幸福

人的一生總期待「人盡其才」、「才盡其用」，不希望大才小用或小才大用。「人盡其才，才盡其用」是智慧，「大才小用或小才大用」則是悲歌；智慧使人充滿希望，邁開大步走向光亮的未來，悲歌常聽嘆息雷電，時亮時輟虛度有能的生命。智慧者新化人生每一階段的價值，領航營造適配幸福的一生，不嘆大才小用，英雄少了舞臺，也不企求小才大用，辛苦而難成。智慧領航，航向人生新價值，航向適配幸福。

智慧人新化下列階段的人生價值，經營適配幸福的未來：(1)新化自己知識及智慧的價值：在學習階段，每一個學習者每天都在新化自己的知能模組，新知能模組孕育新智慧的滋長；這些新知識及智慧開展人生的素養與能力，彩繪人的新價值；(2)新化工作知識及智慧的價值：在進入職涯階段，工作的知識及智慧也是逐步新化而成的，工作者將自己已有的知能和當前的工作需求（知識及技術）螺旋重組，然後產生實踐知識及智慧，完成工作任務，產生新的生命價值（可以完成工作任務、目標使命）；(3)新化事業知識及智慧的價值：在事業經營階段，要有新產品、新技術、新服務及新標準的創新，這些創新都需要人新化事業知識及智慧，唯有新的知能模組，知識及智慧取向明顯，才得以創新事業的產品、技術服務及標準，新化事業知識及智慧價值在詮釋人生新價值；(4)新化休閒知識及智慧的價值：人的一生除了事業經營之外，要花四分之一的時間在休息及休閒，儲備創新的工作能量，休閒的知識及智慧也是累進新化而成的，新化的休閒知識及智慧主導個人的生活品味與人際風格，創新群組人員對於個別人生價值的詮釋。

第二十四章　創客的定位價值

「智慧人．做創客」，是「知識教育學」的終極目標。作者期盼，「知識的教育」之終極目的，在成就每一個人都是「有智慧的人」，每一個人也都有厚實累累的作品，做創客，用自己創新的作品，定位自己的一生。「創客」由廣義到狹義概有四義：(1)創新知識的人；(2)會操作知識裡的技術之人；(3)有作品的師生；(4)有生小孩的人。從最狹義看，「人會生小孩」就是創客，因此人本身具有「創客」的本質與能力。創客是天經地義的事，人人能創客，教育的實施，就是創客教創客的歷程。

「創客」最流通性的說法應是「有作品的人就是創客」。人都是創客，只是作品的多寡與品質有時落差甚大，有作品，即代表創客。本書第十四章「做創客的教育」，將作品分成「立體實物的作品」、「平面圖表的作品」、「動能展演的作品」，以及「價值對話的作品」，都圍繞在教育領域的範圍；本章再以「人生」與「創客」交集做分類，人生的作品有下列四大宗：(1)兒女作品：自己生的孩子就是自己的作品；(2)學習作品：在接受教育歷程中，完成的各種習作，都是人的學習作品，對人來說學習作品最為豐富，有人成千上萬，但有系統保存或整理者不多；(3)德行作品：人與他人相處互動過程中留下的「有價值行為」（包括把事做好、將任務完成，以及服務助人實踐行為）；這些德行作品屬具體的「能力行為」表現，當時看得見，能獲同儕共鳴、認同、讚賞，但不易留存記錄，作為具體的實物作品；(4)任務（實物）作品：人為自己的本業經營或習作性向的開展所創作的任務產品及實物作品。人生這四大宗作品，綜合定位人一生的價值。

本章以四大宗作品的分類，分四節詮釋創客如何用作品定位人生的價值：第一節「作品是生命的延續」，主張「生生不息」是人個體生命的本質，人藉「生育子女」及「留下作品」來延續生命；第二節「作品是知能的結晶」，說明作品必須經由人的「能力」才能完成，說易則易、說難則難，人生可以有能力完成作品時，要專注適時地完成並系統整理最為重要，有作品的人生（做創客），每一階段都精彩、有意義、有價值；第三節「作品代表教育成果」，強調政府與父母都投入龐大的教育資源在自己國民（兒女）身上，學生（子女）都有責任義務留下自己的「學習作品」，因作品代表教育在每一位學生身上的具體成果；第四節「作品定位人生價值」，綜論「做創客」的人，其四大宗作品能有效詮釋並定位其一生的價值。

第一節　作品是生命的延續

「生生不息」是人的本質，也是「人之所以為人」的意義、價值與尊嚴。教育幫助人有效學習「知識」，並將知識融入人的身體，轉化為人的「知識、技術、能力（作品）、價值」四位一體的「新知能模組」（素養），讓人有能力做創客，用作品來延續生生不息的生命。有作品的人就是創客，創客用作品延續生命的價值與尊嚴，沒有留下任何作品的人生也有意義（活著精彩就好），然而有作品的人，才能讓人知道、探索、研究、傳承、創新，因此作品是生命的延續。作品在下列四大層面展現，延續人類生命的價值。

一、子女延續生理的生命價值

生命的生生不息，展現在人最基本的本能。「性慾」及「繁衍後代」，生兒育女是天經地義的事，每一個人的遺傳基因，讓每位子女都很像自己的父母，子女具有延續生理的生命價值。人類靠生兒育女，來傳承創新自己及族人的命脈，一方面滿足自己的需求，另一方面靠子女延續生命的生理特質。在研究人類的族群文化時，都會發現同一族群人的生理特徵、個殊的表現、個殊的文化意涵，有綿延不絕的子孫，才能代代相傳人的生理文化特質。

子女延續生理的生命價值，展現在下列幾項生理特徵：(1)膚色：皮膚顏色是人生命的重要元素，目前的世界大致分成白種人、黃種人、黑種人及棕種人，膚色沒有好壞之分，自己族群的人自己認同最重要；由於地球村國際交流的結果，混種膚色的人也都被大家接受，膚色含有生命延續的特質意涵；(2)高矮：身高是人生命的另一重要元素，各種人種族群的身高體重有不同標準，人生人延續這個標準；(3)體型：身體四肢與軀幹的系統結構稱體型，人類不同種族族群往往延續各自族群的體型，父母子女的體型常常十分相近；(4)動作：人的行為表現之固定模式稱為動作，同一群組的人多有相似的動作，這些動作大部分來自人生人的遺傳，少部分來自後天的學習。子女延續父母的膚色、高矮、體型、動作，這些生理生命的價值。

二、習作延續知識的生命價值

學習中完成的作品稱習作。習作是廣義的，包括：紙筆的習作、操作的習作、實物的習作、展演練習的習作、完成作品的習作；習作就是將學習中所產生的「新知能」建構「新模組」，然後「做出來」、「完成作品」，這些「做中學」及「成作品」就是「新知識」。每一個人學到的「新知識」，靠「新習作」來傳承並創新其「生命」，將一輩子接受教育所做過的重要、有價值之「習作作品」留存、整理，做成電子書，後人就可從電子書中看到這些作品，探討這些作品的知識價值。因此，習作可以延續個人「知識生命」的價值。

習作的作品所延續之「知識生命」係指學習中「新知能模組」的內涵，也就是「真、善、美、慧」的「致用知識」、「經營技術」、「實踐能力」、「共好價值」的「新元素組合」。習作的作品雖屬在學習階段中所完成的作品，但這些作品如果「系統重組」得巧妙精緻，其創新的產品也可能流傳千古，很多「神童」年幼時就有舉世驚嘆的表現，都是廣義的習作，都具有延續知識生命的價值。

三、圖像延續智慧的生命價值

圖像表格的作品，通常是實物作品的精緻化，例如：一篇文章約一萬字至二萬字，用一張圖或表呈現其「核心內容」及其「系統結構」就很容易讓讀者了解其意涵；又如：一本書的文字量約十至二十萬字，有智慧的作者會繪製一張具有系統結構的圖或表，讓讀者很快看了就了解該書內容概要。很多自然科學的實驗，實驗的「歷程」及「結果」都用圖表來呈現其「現象」與「結果」，最具可讀性；實驗者本身，要運作自己的智慧將實驗的情形用圖像的作品來完成報告，是以圖像作品具有延續智慧的生命價值。

圖像表格的作品，延續下列四種智慧的生命：(1)邏輯的智慧：知識包含相屬系統的可操作技術，這些技術具有邏輯系統，圖像表格作品將這些次級系統的知識（技術）有智慧地表達呈現，圖表作品更容易讓後人傳承創新；(2)結構的智慧：知識用圖像表格來呈現，是一種結構技術，是作者的結構智慧（用得出來的整合技術）；這種結構的智慧如果精準度高，就有可能流傳千古，例如：太極圖像、易經的八卦圖示、愛因斯坦的相對論公式（$E=mc^2$）、Nonaka 與 Takeuchi 的知識管理公式 $KM=(P+K)^S$，都可視同為廣義的圖像作品；(3)編序的智慧：圖像表格的作品有一定的秩序，這種秩序來自編序的智慧，史金納的編序教學法之所以受到流傳使用，在於其編序的圖像表格能夠導引師生由易而難的循序教與學，圖像表格傳承創新編序的智慧；(4)鷹架的智慧：維高斯基的鷹架理論用圖像表格來呈現，學習者才能夠快速地掌握到學習技術以及核心知識（近側發展區）；圖像表格的作品，具有鷹架作用的智慧。圖像表格的作品，延續了邏輯智慧、結構智慧、編序智慧，以及鷹架智慧的生命價值。

四、作品延續價值的生命意涵

價值也是有生命的，就像人的生命有價值一樣，人只要活著，生命就有價值，人死了之後，就靠其一世功名及留下來的作品，延續其價值。作品流傳多久多遠，價值就流傳多遠多久，是以有作品，就會有價值，價值的生命依靠作品的留存，作品在、價值就在，作品不存在，其價值也跟著不存在。「被知即存在」，被知的作品就有價值，不被知的作品等於不存在，很難發現其價值。作品延續價值的生命意涵，此之謂也。

作品留存在人間，常用下列的方法延續其價值的生命：(1)作品不滅：作品以實物留存在世上，只要其實體不滅（實體不被焚毀，灰飛煙滅），就有被發現（被知）的價值，作品不滅，價值的生命長存；(2)傳家有價：作品為傳家之寶，子孫長期傳承，一代傳一代，永遠有價值，價值的生命流傳久遠；(3)拍賣增價：珍貴的作品人人要，收藏增值，待價而沽，轉手拍賣，累增其價值；作品的價值在轉手拍賣中，屢屢豐厚延續其價值的生命；(4)展演深價：許多高貴經典的作品，由國家或博物館收購，常年展出，參看者人山人海，價值深遠，價值生命永不止息。此四者驗證作品延續價值的生命意涵。

第二節　作品是知能的結晶

廣義的作品，包含四大類：(1)人生人；(2)教育習作；(3)創作實物；(4)有價行為。這四大類作品都來自於人「新知能模組」的結晶，分析而言，「兒女是情愛的結晶」、「習作是認知的結晶」、「德行是智慧的結晶」、「作品是知能的結晶」，逐一說明如下。

一、兒女是情愛的結晶

兒女是來自父母情愛的結晶，男歡女愛是人類的本性，是本然與應然的作為；父母的情愛來自本能的衝動，更來自彼此的欣賞、認同與尊重，彼此的相互吸引、欣賞及共同願景，結為連理生下兒女，兒女是父母情愛的結晶。情愛除本能驅動外，也是學來的、教育來的，經由知識轉化而來的。愛與慾的情緒，發而中節成為「男女之愛」的情感，再升華為認同、欣賞、尊重，並行「夫妻之愛」的情操。兒女是父母「情緒→情感→情操」發展而來的作品，是情愛的結晶，格外珍貴，更是自己生命的延續，教養其長大成人，得以延續自己生理的生命，開展親情之愛的價值。

兒女是情愛的結晶具有下列四大價值：(1)抒發性慾需求：性慾是人的本性，父母結為連理，選擇彼此為抒發性慾需求的主要對象，讓自己的生理獲致愉悅滿足，是人生最大的慰藉與幸福；(2)證明生理常態：有能力生育，有兒女為生命作品，證明父母自身的生理常態，是一種本能的榮耀，也具有「人之所以為人」的價值實踐；(3)情感情操交織：現代的父母，要不要有「情愛的結晶」（子女）已可以理性決定，凡是決定生下子女者，都具有情感及情操交織的價值；(4)闡揚人間之愛：人間四大愛概為「男女之愛」、「親情之愛」、「等差之愛」，以及「教育之愛」，父母有兒女之後，才得以同時實踐人生四大愛，完備人生的價值。作品（兒女）定位人生（父母）「愛」的價值（廣度及深度），尤其是親情之愛。

二、習作是認知的結晶

學習歷程中的作品稱為習作，習作的完成需要學習新知識及技術後「新知能模組」的支持，認知能力的結晶與外顯化實踐，才能按時完成各種習作作品。過去的教育，教師教學之外，交付給學生太多的紙筆測驗與練習題目，「做中學」太過單一化，形成「紙上談兵」，學生完成習作，多為「抽象認知」的反覆練習，少有「知識、技術、能力（作品）、價值」四位一體的教與學，是以學生真正學習成功的比例與進程常不理想，師生常陷於「辛苦而無成」的窘境。因此本書倡導使用「智慧創客教育 KTAV 單元學習食譜」，強化「教導學生做中學」以及「完成實物作品」的習作。精緻度高的實物學習作品，都是學生認知（新知能模組）的結晶。

習作是認知的結晶具有下列四大特質：(1)知道「知識」的價值：習作完成的作品，是有「新知識」的元素加入，作品讓學習者知道這些新知識，這些新知識是有價值的（讓學習者完成作品）；(2)會做「技術」的價值：作品的完成都要「動手做」、「做中學」，習作作品讓學習者操作新技術，連結成新作品；(3)做到「能力」的價值：習作作品的完成，讓學習者的能力得到實際的驗證，學習者「做得到」（完成作品），這些能力是有價值的；(4)完形「價值」的價值：作品的內涵，都具備「整體完形的價值元素」（成為東西，有用的東西），凡是看得到、具體的東西，都有其存在的價值，這種存在的價值是「實踐價值」的價值。

三、德行是智慧的結晶

最廣義的創客包括「創新有價值行為（品德實踐）的人」，例如：布施知識、智慧、財物造福給弱勢族群學生或社會上需要的人，這些品德實踐、服務助人的事實也是廣義的作品，人的品德作品，有品德實踐作品的人，也是創客。德行是智慧的結晶，指的是「共好共榮」有德行為的實踐，來自於實踐者的「價值觀」領導「知識、技術、能力（德行）、價值」新知能模組的結晶，將人的價值傳輸到他人的價值之上。智慧的結晶，也是指價值化的行為實踐。

德行是智慧的結晶，具有下列價值：(1)知識「價值化」的價值：智慧的元素含有價值的成分，價值也是人學習知識而衍化來的，德行是智慧的結晶，代表知識具有「價值化」的價值；(2)品德「實踐化」的價值：德行是指品德的力行實踐，據德不一定有為，有為的德才是真德行，德行智慧代表品德「實踐化」的價值；(3)德行「可教化」的價值：品德來自智慧的實踐，智慧是教育來的，故德行可經由教育培育灌溉而來，德行「可教化」的價值讓教育更為重要；(4)價值「核心化」的價值：價值觀的教育是品德教育的基石，價值觀也是智慧的核心元素，人際倫常關係更需要研發其核心價值，價值「核心化」開啟了知識教育新天地，創發新價值。

四、作品是知能的結晶

廣義的作品，包括四大類：「人生人」、「教育習作」、「實物創作」，以及「有價行為」，這四者都是「新知能模組」的結晶，也都是人經由「知識學習」、「知識遞移」所產生「真（致用知識）、善（經營技術）、美（實踐能力）、慧（共好價值）」新知能（素養）的外顯化。用作品的完成表達出來，代表完整的教育以及有效的學習，學習者能學到完整的知識技術，具備做得出作品的能力，以及有價值的行為表現。

作品是知能的結晶具有下列價值：(1)知能「合一化」的價值：知能「合一化」（系統重組）的結晶，才能產出新作品，合一化具有深遠價值；(2)知能「實物化」的價值：作品用實物彰顯學習者學到的新知能，實物化的價值讓抽象的知識技術成為看得見、可以操作的真實知識；(3)知能「實踐化」的價值：新知能模組在學習者的身體內是「素養」，實踐出來就能完成作品，或者表現出有價值行為，就成為能力，作品就含有知能實踐化的價值；實踐愈到位，愈能創新有價值的作品及行為，深化「人之所以為人」之意涵、價值與尊嚴；(4)知能「價值化」的價值：知能的元素含有「共好價值」，知能價值化為教育學及知識學開闢新理論（知識遞移說），使用新工具（KTAV 單元學習食譜），彩繪教育的綠地藍天。

第三節　作品代表教育成果

知識、教育與人的關係是本書探究的主軸。知識教育在培養「智慧人・做創客」是本書最崇高的旨趣，「做創客」留下豐厚多彩的作品，傳承創新自己的知識，也為傳承創新文化文明盡力。本節再從作品與教育之間的連結，闡述創客（作品）與教育（教其完成作品）定位人生的價值，人生如何經由教育（留下學習作品），成為創客的積極意涵（價值）。

一、養兒育女來自教育的傳承

從表象來看，人都能夠生兒育女，生育是人的本能，男女長大，男歡女愛，就可以生育後代，不一定與教育有關。然而，人類的進化成果，老早就超越（跳脫）了僅是本能的行為，「性愛」是本能，但決定是否有意願、要不要、要與誰才要完成這件事，當代的人類講究「安全的」性愛，並且在「性愛」之前多已決定要不要「養兒育女」。因此，養兒育女的決定，來自教育長久以來的傳承，教育教人「有計畫地」、「永續地」養兒育女，但當代許多青年男女不願意生小孩，不婚不子，只要「同居」、「拍拖」，不願意籌組「家庭」，原因複雜，有部分顯示對「人倫綱常」教育傳承之反動，值得施教者（教師及行政領導人）重視關切。

教育人類養兒育女具有下列四大價值：(1)教育教人善盡本能：生育是人的本能，人要善盡本能，生小孩、做創客，人類的文明和文化才會有後代傳承創新；(2)教育教人教養子女：子女需要家人的教育及養育，才有可能健康成長，並具備符合同年齡者的知識及技能，故作者出版《家長教育學：「順性揚才」一路發》（鄭崇趁，2016a）一書，提供父母教養子女時參照；(3)教育搭建人倫綱常：過去的五倫之教（父子有親、君臣有義、夫婦有別、長幼有序、朋友有信）、當代的新五倫及其核心價值都是教育搭建的人倫綱常，人類需要這樣的人倫綱常，才得以與他人健康互動，生存下來；(4)教育實踐親情之愛：人間四大愛包括：男女之愛、親情之愛、等差之愛、教育之愛，教育人永續養兒育女，人才有機會實踐親情之愛。

二、多元習作綜合教學的評量

各種多元學習作品，係綜合教學評量的成果，只要有「教」與「學」的事實，就要適時的進行教學評量，用評量了解學生的學習情形。教育界倡導多元評量、實作評量，以及形成性評量，以多元、多次、形成性習作評量為主軸，普遍流行於當代學校課堂。本書作者倡導作品評量（創客評量）以及價值評量（使用 KTAV 單元學習食譜），作品評量係指將繁瑣的作業（多紙筆練習）提升為「做中學」、「有作品」的「習作作品評量」，並結合「KTAV 單元學習食譜」的使用，針對學生的作品及教學歷程與結果進行價值反思與論述、實踐。「價值觀教育」結合「多元習作作品」的教育氛圍，是本書最期待的教育成果，價值觀教育帶領學生邁向「智慧人」，「多元學習作品」指導學生實踐「做創客」，「智慧人・做創客」，教育每一位學生都有適配幸福人生。

教學評量綜合成多元習作作品，具有下列價值：(1)精緻化的作業：把多次繁瑣的紙筆作業綜合成精緻的作品，將「作業次數」減少，「作業品質」提升，「作品」取代「作業」，作品成為精緻化的作業，學生要更專注用心的完成「自己的作品」，讓學習更為真實、珍貴、有價值；(2)操作化的作業：作品比作業更完整，多要於操作中完成，較符合做中學的意涵，是以，能夠操作化的作業，能增加學生體驗學習的價值；(3)形成性的作業：傳統的作業「練習題」、「測驗題」多而且以「點狀」、「小節」的評量為主，雖也是形成性評量，然而「連貫」、「邁向完形」不易；將作業躍升為「作品」之後，方能成為真實的「形成性作業」（評量），「操作中」完成作品，可以連貫點狀學習，邁向完形；(4)價值性的作業：學生的精緻作品具有「雀躍生新」的價值，傳承創價的價值；一般性的作業學生做完就丟，很少保留，也沒有保留的價值。

三、人倫表現實踐品德教育

德育與智育常被嚴格劃分，有很多品德不夠好的知識分子，更使人類失望，認為智而無德是人類的災難，也是教育最大的失敗。作者持不一樣的看法，學到「知識」、「技術」及「有能力」的人，不一定與「價值」連結、貫通，是以「知識、技術、能力」三者沒有結合「價值」，各自存有的結果，才會「德智不一」或「有智缺德」，或者更嚴重的「有學問的人」犯了「不可救藥的大罪」，成為人類的災難。「能力」含有「價值」的元素，才可能正確使力，才會表現出「有價值的行為」（包括完成作品及德行實踐），若「能力」連結「價值」的緊密度不足，就會出現「智德不一」或「有智缺德」的現象，如能實施「知識→技術→能力（作品）→價值」四位一體的教育（採用「KTAV 單元學習食譜」），讓學生完整的學習，應可大幅提升教育的正向效果（有多大能力就可做多少好事）。

人與人相處做事，人際群組互動之間，展現和諧共好的人倫綱常，就是品德教育的實踐。人倫品德的實踐具有下列四大價值：(1)正向人倫的價值：品德得以實踐的群組，都是處於正向人倫綱常中的人，正向人倫的價值在於人性本善的闡揚，在於群組動能真正的根源；(2)等差之愛的價值：愛是人類最珍貴的本能資產，愛的資源也是有限的，真正的品德（大家共好）也僅能建立在「等差之愛」的基礎之上，所謂親疏有別、長幼有序，有限的愛方能開展最大價值；(3)和平富強的價值：和諧的人際互動（品德實踐）能夠創造和平富強的社會，穩定發展的國家才能幫助人人都能充分自我實現，也都能對組織產生動能貢獻，成為有效智慧資本；(4)共榮共享的價值：人倫品德的實踐，才能促成共榮共享的價值；人有個性，但必須要過群組生活，人倫品德的實踐，幫助互動共好，共好帶動共榮，共榮之後共享，邁向世界大同，人人都能適配幸福，這是人的最大價值。

四、智慧創客代表教育成果

智慧創客代表教育的成果，教育的實體是「知識」，接受教育的每一個人都要變成「智慧人・做創客」。「知識智慧說」闡述了人學習知識，如何由知識成為智慧的歷程，智慧來自致用知識，智慧表現經營技術，智慧彰顯實踐能力，智慧經營共好價值，是以智慧人的元素是「知識、技術、能力（作品）、價值」，要用「KTAV 單元學習食譜」實施四位一體的教育，才能培育「有智慧」的人。創客教育之實施，要由「創客教師」帶著「創客學生」一起經營，主要的教育歷程包括：研發「有創意學習食譜」→教導「能創造操作學習」→建構「再創新知能模組」→完成「做創客實物作品」。智慧創客教育的主要歷程，都能由「知識遞移說」理論來加以註解，人學習「知識」，將「知識」遞移成為人身上的「知識、技術、能力、價值」，要經由「知識解碼」→「知識螺旋」→「知識重組」→「知識創新」的歷程。是以，智慧創客代表教育真實的成果，每位學生成年之後，都能扮演（實踐）「智慧人．做創客」的責任公民，每一個學校都應該成為「新五倫．智慧創客學校」。

智慧創客教育具有下列四大價值：(1)回歸教育本質的價值：教育的本質在教人之所以為人，教育在「學習知識」，教育在「教學知識」，教育應採用「KTAV 單元學習食譜」，實施「知識、技術、能力（作品）、價值」四位一體的教育，「智慧人．做創客」就是「人之所以為人」的最佳註解；(2)知識本位教育的價值：「知識」才是教育的實體，「知識本位的教育」，才能讓人獲得「致用知識」、「經營技術」、「實踐能力」，以及「共好價值」，成為「智慧人．做創客」，知識本位教育具有永續深耕的價值；(3)永續創新知識的價值：知識經濟的時代，「創新知識」成為人類最主要的「核心價值」，智慧創客教育在學校中實踐，具有永續創新知識的價值（創客創新個人知識，智慧實踐共好價值，創新集體智慧）；(4)註解知識對人的價值：「知識」本來靜悄悄地留存在「宇宙」與「人類的理性」之中，人類發明了教育機制，教人如何學習知識、獲得知識、運用知識、創新知識，知識對人的價值，就個人來說就是使人成為「智慧人．做創客」，就集體來說，就是創新了今日人類的「文明和文化」。

第四節　作品定位人生價值

人的一生有四大類作品：兒女、習作、任務產品，以及實物作品，此四大類作品共同定位人生的價值。分別說明如下。

一、生兒育女定位生命傳承創新的價值

人類的生命是宇宙間最為珍貴的資產，人靠生命的成長，結合教育機

制，有效學習知識、整合知識，成為「智慧人・做創客」。自己也生兒育女，教養兒女健康成長，成為成熟人、知識人、社會人、獨特人、價值人、永續人，用兒女一生的自我實現及智慧資本來定位生命傳承創新的價值。

人類用「生兒育女」來傳承創新生命的下列四大價值：(1)生生不息的價值：生命傳生命，生命創新生命，生命的延續讓人類生生不息，就像聖經上的話：「愛永不止息」，有生命就有愛，生兒育女，讓愛的生命（生命的愛）生生不息；生生不息的價值，詮釋著人類生與愛永不止息；(2)代代生新的價值：生兒育女的生命價值在「代代生新」，每一代有一代的新，每一代有一代的情，每一代有一代的生，每一代也有一代的亡（息），新情生息，循環不已，代代生新；(3)理性不滅的價值：人有理性，有生命的人就有理性，理性導引人類學習知識，將知識轉化為能力，創新代代的文明與文化，生兒育女的價值在於理性不滅，生命的傳承創新方得永續；(4)尊嚴創新的價值：人的生命價值，在於活得有意義、有尊嚴、有價值；代代之間的核心價值會有變遷，其意義與尊嚴的意涵也會跟著變遷，養兒育女，代代傳承，代代創新，對人的生命而言，具有尊嚴創新的價值，是以代代的人類，都享受著適配幸福的生命。

二、學習作品定位受教成果績效的價值

本書作者主張，教育單位應編輯國小、國中、高中、高職、大學，各百樣學習作品樣本及其 KTAV 單元學習食譜，供學校師生參採運用，並激勵學生畢業時將自己最得意的作品製作成電子書，用學習作品定位受教成果績效的價值，做一個名副其實的「智慧人・做創客」。百樣學習作品樣本及其 KTAV 單元學習食譜亦得依領域（學科）規劃，每一領域（學科）各自編輯十至二十個單元及作品供教師教學時參照使用。如此一來，學校很快就能成為新五倫智慧（價值）學校，很快成為智慧創客學校，或者特

色創客學校，可以迅速實踐當代教育的四大趨勢：特色教育、創客教育、智慧教育，以及價值教育。

學習作品定位受教者學習績效的五大價值：(1)真實：做中學、有作品的知識最為真實，真實的知識讓人帶得走，長期得以運用；(2)體驗：完成之作品都由人的直接經驗所完成，有體驗的學習激發人類的能量與智慧，深耕潛能的開展；(3)生新：作品的完成，圓滿單元「知識、技術、能力、價值」四位一體的學習，以及「有創意→能創造→再創新→做創客」四創一體的教育，作品讓人有生新的雀躍（做成一樣作品，就像生了一個小孩般地喜悅），學生都會很想再做一件；(4)傳承：作品的完成，本身就是知識（新知能模組）的傳承，作品多有實體並經由智慧電子系統保存，容易傳承給後人欣賞、探討、研究；(5)創價：實物作品有價值，電子書的著作權也有價值，這些價值詮釋著學習者的教育績效與成就。

三、任務產品定位事功成就的價值

任務產品是指執行事業任務所研發完成的新產品，其給任職的企業帶來新價值，例如：作者有位親友為其任職的企業研發了一個「節能減碳」的電腦程式，此程式（作品）獲得商品檢驗局的專利產品認證；當這個程式在服務的公司掛上去之後，一年可以節省電費一千八百萬元，這個程式（作品）就屬於任務產品，任務產品的總和，可以定位人的事功成就價值。

任務產品可以定位人事功成就的下列四大價值：(1)技術研發價值：新的任務產品都含有新的知識（理念）及新的核心技術（關鍵技術重組系統），具有技術研發價值；(2)專業示範價值：產品部門的研發人員就是要永續地研發、創新、組織公司的新產品，能夠持續研發任務產品者，就具有專業示範的價值，能夠帶領企業運作邁向共好共榮；(3)創新傳承價值：新的任務產品往往是以前產品的精緻化及優化，以前的產品有傳承的價值，新的任務產品則有創新產品的價值；(4)貢獻智慧價值：任務產品對組織產生動能貢獻，作品人的智慧得以有效發揮，是實踐「有效智慧資本」的深層意涵，具有貢獻智慧的價值。

四、實物作品定位人生福慧的價值

在此的實物作品泛指人生的四大類作品：兒女作品、習作作品、任務作品，以及實物作品，也就是有「實體」及「名稱」的「物」，這個「物」是人做出來、完成它的。人生的四大類實物作品，共同定位每一個人之人生福慧的價值，產品作品的有無及多寡（量）是福報的價值（這個人有後代、有作品傳承是多麼地有福報）。產品作品的品質與創價（質）是慧施的價值（這個人的作品多好，創新當時的價值，更能啟發後人的智慧）。福報傳承智慧，慧施創新人類集體智慧，是人之所以為人的「上善價值」。

作品定位人生福慧的四大價值如下：(1)福報創價的人生：作品多、福報多，福報多、創價多，人生的意義、尊嚴、價值，圓滿豐足；(2)福報永續的人生：作品多、能傳承，能傳承、得永續，人生的作品帶著福報傳承，永續流傳；(3)慧施自我的人生：作品是知識、智慧的結晶，作品的品質優、價值高，慧施自我的人生，象徵高品質、高智慧、高價值的一生；(4)慧施群倫的人生：優質高價作品流傳人間，傳承創新人類集體智慧，開展新人類文明文化，具有慧施群倫的人生價值，例如：四書五經、孔孟學說、佛經、聖經、可蘭經的作者，都具有慧施群倫的人生價值。多元智能理論、學習型組織理論、知識管理說、知識遞移說的作者，被知、被用、被流傳之後，都具有慧施群倫的人生價值。

✿ 參考文獻 ✿

中文部分

方炳林（1979）。**教學原理**。臺北市：教育文物。

何福田（2010）。**三適連環教育**。臺北市：師大書苑。

吳汝鈞（2009）。**西方哲學的知識論**。新北市：臺灣商務。

柯永河（1994）。**習慣心理學：寫在晤談椅上四十年之後**（理論篇）。臺北市：張老師文化。

柯永河（1997）。**習慣心理學：古今中外的習慣探討與研究**（歷史篇）。臺北市：張老師文化。

教育部（2003）。**創造力教育白皮書**。臺北市：作者。

教育部（2016）。**國民教育法**。臺北市：作者。

曾長泉（2007）。**作文架構一點通**。臺北市：新苗文化。

湯志民（2014）。**校園規劃新論**。臺北市：五南。

鄭依琳（2010）。**從感覺學作文**。新北市：螢火蟲出版社。

鄭依琳（2011）。**從聯想學作文**。新北市：螢火蟲出版社。

鄭崇趁（1995）。**教育計畫與評鑑**。臺北市：心理。

鄭崇趁（2000）。教訓輔三合一的主要精神與實施策略。**學生輔導雙月刊，66**，14-25。

鄭崇趁（2004 年 4 月 5 日）。教育愛的傳承與實踐。**國語日報，13 版**，學者觀察站專論。

鄭崇趁（2011）。**教育經營學導論：理念、策略、實踐**。臺北市：心理。

鄭崇趁（2012）。**教育經營學：六說、七略、八要**。臺北市：心理。

鄭崇趁（2013）。**校長學：成人旺校九論**。臺北市：心理。

鄭崇趁（2014）。**教師學：鐸聲五曲**。臺北市：心理。

鄭崇趁（2015a）。**家長教育學：「順性揚才」一路發**。新北市：心理。

鄭崇趁（2015b）。論新五倫及其核心價值：品德教育及情意教學的發展趨勢。載於**教育管理集刊第一期：教育核心價值**。臺北市：國立臺北教育大學教育經營與管理學系。

鄭崇趁（2016a）。**教育經營學個論：創新、創客、創意**。新北市：心理。

鄭崇趁（2016b）。創客教育的理論基礎及實踐作為。載於國立臺灣大學師資培育中心（主編），**第四屆師資培育研討會：各科教材教法研討會論文集**。臺北市：國立臺灣大學。

鄭崇趁（2016c）。「知識遞移說」與「新五倫・智慧創客學校」。載於國立臺北教育大學主辦，**東亞校長學學術研討會**。臺北市：國立臺北教育大學教育經營與管理學系。

英文部分

Dewey, J. (1916). *Democracy and education*. New York, NY: Macmillan.

Gardner, H. (1983). *Frames of mind: The theory of multiple intelligence*. NewYork, NY: Basic Books.

Maslow, A. H. (1954). *Motivation and personality*. New York, NY: Harper and Row.

Nonaka, I., & Takeuchi, H. (1995). *The knowledge creating company: How Japanese companies create the dynamics of innovation*. New York, NY: Oxford University Press.

Skinner, B. F. (1954). The science of learning and the art of teaching. *Harvard Educational Review, 24*, 86-97.

Thorndike, E. L. (1913a). *The psychology of learning*. New York, NY: Teachers College Press.

Thorndike, E. L. (1913b). *Educational psychology (Vol. 1): The original nature of man*. New York, NY: Teachers College Press.

Vygotsky, L. S. (1962). *Thought and language*. Cambridge, MA: MIT Press.

Vygotsky, L. S. (1978). *Mind in society*. Cambridge, MA: Harvard University Press.

國家圖書館出版品預行編目（CIP）資料

知識教育學：智慧人．做創客 / 鄭崇趁著.
-- 初版. -- 新北市：心理, 2017.06
面；　公分. --（教育行政系列；41434）
ISBN 978-986-191-772-6（平裝）

1.教育　2.知識管理

520.18　　106007777

教育行政系列 41434

知識教育學：智慧人、做創客

作　　者：鄭崇趁
責任編輯：郭佳玲
總 編 輯：林敬堯
發 行 人：洪有義
出 版 者：心理出版社股份有限公司
地　　址：231 新北市新店區光明街 288 號 7 樓
電　　話：(02) 29150566
傳　　真：(02) 29152928
郵撥帳號：19293172 心理出版社股份有限公司
網　　址：http://www.psy.com.tw
電子信箱：psychoco@ms15.hinet.net
駐美代表：Lisa Wu（lisawu99@optonline.net）
排 版 者：辰皓國際出版製作有限公司
印 刷 者：辰皓國際出版製作有限公司
初版一刷：2017 年 6 月
I S B N：978-986-191-772-6
定　　價：新台幣 500 元